CUBA SEM FIDEL

Brian Latell

CUBA SEM FIDEL

O regime cubano e seu próximo líder

TRADUÇÃO
Jorge F. Soares

Editora
Novo Conceito

1ª. impressão – abril de 2008

Título original: *After Fidel – The Inside Story of Castro's Regime and Cuba's Next Leader*

EDITORA: Bete Abreu
ASSISTENTES EDITORIAIS: Marília Mendes e Sonnini Ruiz
PREPARAÇÃO DE TEXTO: Samuel Dirceu
PRODUTOR GRÁFICO: Samuel Leal
TRADUTOR: Jorge F. Soares
CAPA: Gera Comunicação
CRÉDITO DA IMAGEM DE CAPA: © Christine Spengler/Corbis/LatinStock
DIAGRAMAÇÃO E EDITORAÇÃO: Megaart Design

Dados Internacionais de Catalogação na Publicação (CIP)
(Câmara Brasileira do Livro, SP, Brasil)

Latell, Brian
Cuba sem Fidel : o regime cubano e seu próximo líder / Brian Latell ; tradução Jorge F. Soares. – São Paulo, SP : Novo Conceito Editora, 2008.

Título original: After Fidel.
Bibliografia.
ISBN 978-85-99560-34-1

1. Castro, Fidel, 1926 - 2. Castro Ruz, Raúl, 1930 - 3. Chefes de Estado - Sucessão - Cuba 4. Cuba - Política e governo - 1959- 5. Irmãos - Cuba - Biografia 6. Irmãos - Relações familiares I. Título.

08-02278 CDD-972.91064092

Índices para catálogo sistemático:
1. Cuba : História : Período de Fidel Castro : Biografias 972.91064092

Rua Sansão Alves dos Santos, 102 – 2º Andar – Cj. 21 – Brooklin Novo
São Paulo – SP – CEP 04571-090
Telefones: 11 5102-4770 e 5102-4834
www.editoranovoconceito.com.br

Nota da Edição Brasileira

Este livro foi originalmente escrito em 2005 e, para a edição brasileira, o autor Brian Latell, a fim de manter o livro o mais atualizado possível, escreveu um posfácio contemplando os últimos acontecimentos ocorridos em Cuba em 2008.

Dedico este livro à Jill

"Pobre do país que não possui nenhum herói.
Pobre do país que precisa de um herói."
– Bertolt Brecht, *A Vida de Galileu*

"Para que surja um líder, basta que haja a
necessidade de haver um líder."
– Fidel Castro, 1985

Sumário

Agradecimentos

Se os leitores encontrarem nestas páginas um retrato vivo de Fidel e Raúl Castro, devo isso a muitos dos parentes deles, a ex-amigos e colegas de escola, professores, aliados e conhecidos que aceitaram conceder-me entrevistas. Ernesto Betancourt foi o primeiro e mais freqüentemente consultado dentre todos. Alina Fernández, filha de Fidel, e Juana Castro, irmã dele, mostraram-se grandemente generosas. Também devo muito a Luis Aguilar, Domingo Amuchástegui, Bernardo Benes, Luis Conte Aguero, Norberto Fuentes, Barbara Gordon, Juan Grau, Alcibíades Hidalgo, Huber Matos, Ramón Mestre, Lucas Morán Arce, Fidel Pino Martínez, José Ignácio Rasco, Manuel Romeu e aos padres Amado Llorente, Quevedo e Feliz. Outros que conheceram os irmãos Castro em Havana e em Oriente, mas que desejam continuar anônimos, contribuíram igualmente de forma fundamental.

Muitos amigos, ex-estudantes e colegas, novos e antigos, somaram-se de maneira generosa a meus esforços. Entre esses incluem-se Ignácio Álvarez, José Álvarez, Carlos e Rosa Batlle, Adriana Bosch, Donna Cherry, Peter Corsell, Hans de Salas-del Valle, Sergio Díaz-Briquets, Luis Fortuño, Georgie Anne Geyer, Andy Gómez, Eduardo Gómez, John Hamre, Bill Harlow, Meaghan Marshall, Timothy Naftali, Jorge Pérez López, Alexei Porfirenko, Natasha Porfirenko, Dr. Jerrold Post, William Ratliff, Sally Roessler, Henry Rowen, Juan T. Sánchez, Thomas Sanderson, Harry Shukman, Jaime Suchlicki, Juan Tamayo, María Urizar, Marc Wachtenheim, Kevin Whitaker, Betty Whitehurst, Abby Yochelson e Luis Zuñiga.

Agradeço em particular a María Werlau em vista das várias maneiras essenciais com que me ajudou e a Raúl F. Pino, por sua colaboração generosa ao fornecer cópias de documentos e de cartas relacionados com a família Castro.

Muitos arquivistas e bibliotecários meticulosos e criativos de várias áreas da Biblioteca do Congresso, e dos Arquivos Hoover da Universidade Stanford, da Biblioteca

Butler da Universidade Columbia, da The Cuban Heritage Collection da Universidade de Miami, e da Biblioteca Lauinger da Universidade Georgetown, ajudaram-me de formas por demais numerosas para que sejam todas mencionadas aqui.

Entre meus vários mentores na CIA durante a década de 1960 e no Conselho Nacional de Segurança, três precisam ser destacados por conta de sua profunda influência sobre mim. Eles me ensinaram a escrever, a pensar de maneira crítica e analítica e a servir desapaixonadamente aos interesses nacionais. Os três são Archer Bush, Harold Ford e Richard Lehman.

Meu agente Sterling Lord, e Robert Guinsler, da Sterling Lord Literistics, nunca deixaram de acreditar neste projeto. Os reiterados apoio e incentivo deles contam com meu profundo reconhecimento. Gabriella Pearce, minha editora, ofereceu conselhos sempre corretos, dando mostras de um bom senso afiadíssimo.

No entanto, acima de tudo, não poderia ter concluído este livro sem o amor e o apoio de minha mulher, Jill, e de nossos filhos, Jerry e John. Jill fez os primeiros comentários a respeito de tudo o que vai escrito aqui e, há muitos anos, tem aturado pacientemente meu fascínio por Cuba e pelos irmãos Castro. Este livro é tanto dela quanto meu!

O presidente cubano, Fidel Castro, e Raúl, seu irmão.
Fotografia de Niurka Barroso/AFP/Getty Images.

Prólogo

Em julho de 1964, comecei a trabalhar no departamento da CIA responsável por Cuba, no sexto andar do prédio da nova sede da agência, em Langley, Virgínia. Havia cinco ou seis de nós que tratávamos de Cuba em um momento no qual poucos líderes poderiam superar Fidel Castro quanto ao interesse despertado dentro dos círculos de poder de Washington.

Nos anos de 1960, os analistas da CIA recém-contratados aprendiam suando a camisa. Não existia nenhuma "Universidade da CIA", com burocratas pretensiosos posando de reitores ou chefes de departamento, e nem procedimentos codificados a respeito da análise de informações. Provavelmente, aprendíamos melhor e mais rapidamente do que as futuras gerações; porém, se esse era de fato o caso, tudo isso ocorreu porque fomos guiados por alguns dos melhores profissionais já saídos da Agência.

Meus mentores pertenciam todos à geração fundadora de analistas de informações. A maior parte deles, veteranos inteligentes e tarimbados da Segunda Guerra Mundial, vários deles estudiosos e intelectuais de instituições de ensino com uma ampla gama de interesses. Dentre esses havia especialistas nacionalmente reconhecidos em orquídeas e camélias, em assuntos da Idade Média, lingüistas, antropólogos, ex-professores de inglês e psicólogos multiculturais. Muitos deles, mesmo os que não estavam diretamente encarregados de tratar da análise de Cuba ou da América Latina, mostravam-se ardentemente interessados por Fidel. Essas pessoas deram-me bons conselhos a respeito do assunto.

"É preciso colocar-se no lugar deles", recomendaram-me várias dessas pessoas. Com isso referiam-se aos coturnos e ao uniforme militar de Fidel, marcas consagradas do dirigente. "É preciso tentar pensar como ele, compreender por que ele reage da forma como reage." Sugeriram-me que analisasse a forma como o dirigente tomava ciência dos fatos, o substrato emocional dele, a psicologia dele. Sugeriram-me que descobrisse o que estava por trás do estratagema referente ao estilo de atuar de Fidel.

Essas pessoas me aconselharam a meditar a respeito da forma como o dirigente toma suas decisões e sobre como age quando tem de solucionar algum problema. O que o motiva e o que o perturba? Como as experiências pessoais vividas por ele antes de conquistar o poder influenciaram seus pontos de vista e sua personalidade? Infelizmente, conhecia-se muito pouco da biografia dele à época, já que Fidel esforçava-se ao máximo para esconder seus anos de formação e diminuir a importância de seu passado no submundo do crime e de seu pendor pela violência.

Fora de Cuba, quase não havia informações sobre a infância sofrida e conflituosa dele, e existiam poucos dados confiáveis a respeito de sua formação intelectual. Elaborar um retrato da personalidade de Fidel impunha-se como alta prioridade exatamente pelo fato de o dirigente ser uma pessoa tão difícil de ser compreendida. Era preciso entrar dentro da carapaça dele, era preciso investigar e entender seu funcionamento interno.

A avaliação do perfil de líderes à distância era uma atividade com grande respaldo dentro da CIA à época, mais do que hoje em dia. Psicólogos e psiquiatras respeitados nacionalmente integravam o corpo de funcionários, e o trabalho deles gozava de muito prestígio. Esse era um legado positivo levado para a Agência por veteranos do Escritório de Serviços Estratégicos (OSS, Office of Strategic Services, na sigla em inglês), a organização do tempo da guerra da qual nasceu a CIA.

Durante a Segunda Guerra Mundial, a OSS encomendou uma análise psicológica clássica, a primeira do tipo realizada dentro do governo norte-americano. Uma equipe composta por quatro professores e psicólogos renomados escreveu uma análise psicológica grossa como um livro a respeito de Adolf Hitler. O documento recebeu a classificação de secreto, embora um exame de uma cópia integral não encontrasse hoje, aparentemente, nenhuma informação que pudesse ser considerada comprometedora.

Um marco nesse tipo de obra, a análise investigou de forma brilhante o caráter e a personalidade de Hitler, preparando o terreno para vários estudos semelhantes a respeito de outros líderes estrangeiros. O texto oferecia um modelo particularmente apropriado para um jovem analista dedicado a Cuba e a Fidel. E isso não porque eu ou qualquer um dos meus mentores comparasse Fidel a Hitler ou rejeitasse a revolução dele por princípio. Em verdade, havia muita simpatia pelo que Fidel realizava em Cuba e nós estávamos cientes do fato de ele ser um tipo único.

Com exceção da União Soviética, não havia outro alvo dos serviços de inteligência que provocasse tanto interesse em Washington. McGeorge Bundy, assessor para questões de segurança nacional do presidente Kennedy, mantinha três caixas para correspondências em sua mesa dentro da Casa Branca. Havia a caixa das Correspondências Recebidas, a das Correspondências Enviadas e a de Cuba.

Fidel obcecava aquele governo. O fiasco da baía dos Porcos, em abril de 1961, e os vários planos orquestrados pela CIA para assassinar Fidel e Raúl, o enigmático irmão dele, foram sucedidos pela Operação MONGOOSE (mangusto), um plano secreto responsável por provocar ataques de tipo terrorista e atos de sabotagem na ilha. A aliança estratégica de Cuba com a União Soviética sedimentara-se quando passei a integrar o departamento responsável pelo país caribenho. Todas as propriedades de cidadãos ou empresas norte-americanos existentes na ilha haviam sido nacionalizadas. A lista de desavenças entre os dois lados do estreito da Flórida revelava-se longa e carregada.

A crise dos mísseis ocorrida em outubro de 1962 representou a única vez em que as duas superpotências mundiais estiveram à beira de um conflito nuclear, tudo por causa do peso estratégico da Cuba de Fidel. Incorrendo em erro, as autoridades norte-americanas da época tomaram o dirigente cubano como uma simples marionete da União Soviética, e Raúl, o irmão dele e ministro da Defesa, como um obsequioso subalterno. Quando me envolvi com a análise de Cuba, a primeira dessas pressuposições fora descartada; a segunda, no entanto, perdurou durante muitos anos mais.

O regime de Fidel apresentou vários tipos de desafio aos Estados Unidos na década de 1960. Tanto ditaduras brutais como democracias modelares tornaram-se alvo da subversão cubana. Os discursos do líder de Cuba eram transmitidos pelas poderosas antenas da Rádio Havana e podiam ser ouvidos com facilidade em grande parte da América Latina. Fidel contava com uma grande massa de seguidores fiéis na região.

Jovens, nacionalistas, intelectuais e outros, em grande número, deixaram-se convencer pelos feitiços revolucionários dele e, com o apoio e o estímulo do governo cubano, grupos guerrilheiros formaram-se nos terrenos montanhosos de vários países.

Os serviços de inteligência dos Estados Unidos concluíram que alguns deles acabariam, provavelmente, saindo vencedores. Uma estimativa nacional dos serviços de inteligência – o mais alto grau de uma análise completa de informações – chegou à conclusão, em junho de 1960, de serem "consideráveis [as chances] de um ou mais regimes ao estilo do de Fidel" assumirem o poder.[1] Durante a maior parte do decênio de 1960, e novamente durante o de 1980, o temor de que regimes revolucionários semelhantes fossem galgados ao poder com a ajuda de Cuba mostrou-se uma preocupação central dos responsáveis por decidir os rumos dos Estados Unidos.

Trabalhar com a questão cubana na qualidade de analista de política e liderança dentro da CIA significava um desafio empolgante. Aquele era um assunto premente e de destaque, garantindo que as conclusões escritas por mim para as avaliações de inteligência ultra-secretas chegariam às mãos dos integrantes dos mais altos escalões do governo.

A América Latina me interessava muito desde a pós-graduação. Eu morei e estudei na Espanha e no México, mas não pretendia seguir carreira nos serviços de espionagem lotados no exterior. Analistas e agentes da CIA sempre viveram afastados de suas famílias. A análise é um trabalho sedentário, quase sempre anônimo e muitas vezes tedioso, e mesmo na década de 1960, antes de existir um aparato estruturado de supervisão dos serviços de inteligência dentro do Congresso dos Estados Unidos, corria-se o risco de cometer graves erros. Quase todos os exemplos de fracasso notório dos serviços de inteligência deveram-se a erros de análise.

Independentemente disso, não havia nada que me atraísse mais do que revirar as entranhas da revolução cubana como analista da CIA. O que significava, na prática, que eu dedicaria meus esforços para tornar-me um especialista em Fidel Castro, um dos mais complexos, dinâmicos e ainda assim inexplicáveis líderes do século 20.

Raúl, nascido cinco anos depois dele e apontado como sucessor de Fidel desde os primeiros dias do regime dos dois, passou a destacar-se gradualmente em minhas meditações como uma peça fundamental para compreender o líder cubano. Nos anos de 1970, concluíra que Raúl era subestimado por quase todos os observadores estrangeiros, um descuido compreensível em vista da personalidade e carisma titânicos do irmão. Percebi então que Raúl era o único aliado realmente indispensável de Fidel e que seu comando brilhante e firme à frente das Forças Armadas assegurara o sucesso da revolução. Sem Raúl, é improvável que Fidel ainda estivesse no poder.

Em verdade, segundo descobri, cada um deles portava-se como o protetor do outro. Os talentos, estilos e inclinações de ambos sobrepõem-se e complementam-se. Os maiores atributos de Raúl como líder correspondem às maiores debilidades de Fidel. Nas áreas em que Raúl revela-se inapto – como comunicador, no planejamento estratégico e no enfrentamento de crises –, Fidel atua como um grande mestre enxadrista. Desde a metade do decênio de 1950, os dois trabalharam juntos como unha e carne, tendo, segundo se sabe, enfrentado apenas algumas desavenças.

Recentemente, conversei sobre a relação existente entre os dois irmãos com um ex-membro dos serviços de inteligência que trabalhou com Cuba. Essa pessoa hoje mora em Miami e conheceu os dois. Na sua opinião, se a revolução cubana pode ser considerada uma peça de teatro ainda em desdobramento, Fidel deve ser pensado como seu diretor e Raúl como seu produtor. Fidel é um visionário, tendo se comportado como o gênio criador de vários dos atos e cenas da revolução por mais de quatro décadas e meia. Mas quase nenhum deles teria sido possível sem a destreza organizacional de Raúl.

Hoje, quando o envelhecido e enfermo Fidel chega ao fim de seu reinado, Raúl chama para si um papel decisório de maior destaque e aguarda nos bastidores para assumir o poder sozinho. Que tipo de líder Raúl se tornará? Desejará o novo dirigente melhorar as relações com os Estados Unidos? Se sim, não terá muita experiência para se orientar. O irmão de Fidel passou um total de apenas 24 horas, mais ou menos, em território norte-americano, muitos anos atrás, e desde então não manifestou nenhum interesse em aprofundar o contato com os Estados Unidos ou em tentar compreender melhor seu vizinho.

Raúl tem sido freqüentemente descrito como "enigmático". Minha esperança é de que ele surja nos capítulos seguintes como um líder ao menos tão fascinante quanto seu irmão mais famoso.

INTRODUÇÃO

Mais radical do que eu

Fidel Castro esbravejava caminhando pela suíte presidencial existente no 18º andar do pomposo hotel Shamrock Hilton, em Houston, arrotando xingamentos de baixo calão em um espanhol cubano frenético que a maior parte dos latino-americanos teria dificuldade para compreender. O dirigente encontrava-se exausto após um giro de 11 dias e muitas paradas pelo norte dos Estados Unidos. E estava furioso com Raúl, seu irmão mais novo, o alvo totalmente impassível de sua fúria.

Fidel acabara de desembarcar no Texas após uma escala em Montreal, e Raúl chegara horas antes, naquele mesmo dia, a bordo de um avião da Cubana Airlines vindo de Havana. Os dois viajavam com um séquito de assessores e guarda-costas, muitos dos quais, da mesma forma como os dois irmãos, ainda trajavam os amarrotados uniformes de soldado raso característicos dos guerrilheiros. Fidel e Raúl poderiam ser descritos como sobreviventes empedernidos de um movimento de luta armada iniciado em julho de 1953 e que culminou, após uma insurgência de dois anos, na deposição do ditador Fulgencio Batista. Raúl ficara subordinado a Fidel ao longo de todo o processo revolucionário e, até o desentendimento manifestado aos berros em Houston, tinham atuado juntos sem nenhuma dificuldade aparente.

Todavia, naquele momento, no início do governo, os dois passaram a divergir a respeito de uma série de questões centrais. Fidel e Raúl tinham planos e prioridades diferentes, ao menos para o futuro imediato de Cuba. Eles pareciam acalentar lealdades e afinidades contraditórias. Raúl era mais açodado, mais rígido ideologicamente e menos cauteloso do que Fidel. O elemento mais agourento para a parceria dos dois irmãos talvez fosse o fato de que a confiança recíproca dos dois ruía. Houston transformou-se em uma localidade conveniente, a meio caminho entre Cuba e o Canadá, onde os dois poderiam se encontrar e discutir tudo o que se passava. Uma testemunha ocular lembra-se dos dois no Shamrock, naquela noite, atirando insultos um contra o outro durante horas, apesar de nada do que disseram parecer ter sido compreensível.

O mês de abril de 1959 chegava ao fim, e pouco mais de quatro meses tinham se passado desde que os irmãos e suas esfarrapadas unidades de guerrilha haviam triunfado em Cuba. No primeiro dia de janeiro, Fidel e Raúl, ao lado do malfadado Che Guevara e de um grande número de outros guerrilheiros barbudos comandados por eles, tinham descido de seus esconderijos nas montanhas para serem recebidos por multidões em polvorosa ao longo de toda a ilha. Eles eram heróis jovens, vistosos e românticos como Cuba – ou talvez nenhum outro país da América Latina – jamais produzira antes. A euforia instilada nas massas cubanas pela revolução promovida por eles sugeria que contavam com uma aprovação quase unânime quando os irmãos Castro e seus tenentes foram atirados, naquele entusiasmante primeiro dia do Ano Novo, para debaixo dos holofotes de uma incrédula imprensa internacional.

A viagem de Fidel aos EUA não tinha caráter oficial. O líder cubano fora convidado para participar de um encontro com editores de jornal no National Press Club, no centro de Washington, e aceitou comparecer mesmo depois de o presidente Eisenhower ter optado por ignorá-lo, indo jogar uma partida de golfe na Geórgia. As relações entre os dois países já apresentavam sinais de tensão à época. O celebrado presidente de 68 anos de idade, herói da invasão da Normandia e que aposentara seu uniforme militar anos antes, não aceitava a idéia de sentar-se à mesma mesa de um Fidel com 32 anos de idade, desgrenhado e vestido com roupas de soldado, um Fidel que criticava os Estados Unidos regularmente em seus discursos nacionalistas.

Na cabeça de Fidel, se Eisenhower não quisesse vê-lo nem pintado de ouro, ele se dirigiria ao povo norte-americano diretamente a fim de explicar a si mesmo e à sua revolução. Após cortejar a elite dos meios de comunicação em Washington, Fidel prorrogou sua estadia, viajando até a Costa Leste. Pegou o trem para Princeton e viu-se festejado por uma grande multidão de estudantes universitários. No dia seguinte, Fidel continuou a jornada até Nova York, onde, com ares travessos, disse a repórteres que Cuba deveria ter seu próprio time na liga principal de beisebol. De uma concha acústica do Central Park, discursou para uma multidão curiosa e entusiasmada, composta por 35 mil pessoas, segundo estimativas. Mais tarde, em Boston, deixou arrebatada uma platéia com cerca de 10 mil pessoas, dentro de Harvard. Repórteres de jornais e de agências de notícias não saíam do seu encalço. Fidel concedeu entrevistas a programas de TV bastante conhecidos. Sua estratégia para conquistar a opinião pública dos Estados Unidos rendia frutos para além das mais otimistas expectativas. Falando um inglês vacilante, mas muitas vezes charmosamente musical, o novo líder cubano, durante sua viagem pelo território norte-americano, parecia ser tão popular quanto dentro de Cuba.

No entanto, sentia-se pouco à vontade com o jogo por vezes inclemente de toma-lá-dá-cá imposto pelos meios de comunicação dos Estados Unidos e ficava cada vez mais impaciente diante da obrigação de sorrir para empresários norte-americanos bajuladores na esperança de selar contratos lucrativos. Os repórteres reuniam-se a seu redor para lançar-lhe perguntas que não desejava responder. "Premiê Castro, quando Cuba terá eleições? É verdade que seu irmão Raúl e Che Guevara são comunistas? O seu governo dá apoio a revoluções armadas em outros países da América Latina?" Em público, Fidel disfarçava sua irritação com seu instinto teatral, sorrindo sempre, disparando sempre rapidamente uma resposta milimetricamente calculada e tranqüilizadora. Porém, nas conversas telefônicas com Raúl, que estava em Cuba, Fidel esbravejava.

Fidel acusava Raúl de minar seus esforços, provocando tensões com os Estados Unidos no exato momento em que ele tentava conquistar a simpatia do país. Ao lado de Che Guevara, seu maior aliado, o irmão de Fidel patrocinava grupos revolucionários dedicados a depor outros governos latino-americanos. Uma expedição desse tipo acabara de desembarcar na costa do Panamá, e todos os invasores, com a exceção de um deles, eram cubanos, conforme se descobriu mais tarde. A incursão, a primeira de centenas de manobras do tipo realizadas pelo regime dos irmãos Castro em apoio a causas revolucionárias no Terceiro Mundo, gerou um grande volume de críticas nos Estados Unidos e no Panamá, fazendo com que as forças militares norte-americanas presentes na Zona do Canal entrassem em estado de alerta. Colocado na defensiva pela questão panamenha, Fidel precisou negar por diversas vezes que seu governo estivesse envolvido naquela ação.

E para piorar as coisas, Raúl não tentava mais esconder o fato de ser um comunista. Poucas semanas após a vitória da guerrilha, e ainda lotado em seu posto de comando na segunda maior cidade de Cuba, Santiago, o irmão de Fidel aceitara ser entrevistado por um repórter da *The Worker*, o semanário oficial do Partido Comunista Americano. Para leitores propensos a vê-lo positivamente, Raúl resmungou sombriamente a respeito do "jugo do imperialismo" e confessou ser o marxista veterano que de fato era.[1]

Raúl chamara a atenção dos soviéticos, pela primeira vez, em 1953, quando viajou para Viena a fim de participar de um festival internacional da juventude comunista, visitando depois três capitais do Leste Europeu comunista. Em 1959, não havia talvez nenhum juiz melhor da filiação comunista de Raúl do que Nikita Khrushchev, o premiê soviético, que ficou impressionado com o cubano. Khrushchev escreveria em suas memórias que Raúl era "um bom comunista" capaz de esconder suas convicções de Fidel.[2] Mais recentemente, documentos antes secretos dos arquivos do Kremlin mostraram que Fidel havia sido enganado, durante vários anos, a respeito das verdadeiras crenças de seu irmão.

Os soviéticos perguntavam-se se o sabidamente instável Fidel seria capaz de seguir a disciplina exigida de um comunista, um traço que, segundo acreditavam sem sombra de dúvida, constava como uma das maiores qualidades de Raúl.[3] Desejando proteger seu maior aliado dentro do regime cubano, Moscou tentou manter em segredo a relação então florescente com o irmão de Fidel, mesmo do próprio Fidel. Na verdade, porém, os soviéticos mal compreendiam a relação labiríntica existente entre os irmãos Castro e, com certeza, ainda não sabiam como avaliar Fidel.

Foi durante o giro de relações públicas realizado por Fidel nos Estados Unidos que Raúl, às escondidas, iniciou os primeiros contatos oficiais de Cuba com a União Soviética. Ironicamente, o pedido dele por ajuda para consolidar as pequenas e desorganizadas Forças Armadas de Cuba foi aprovado pelo Kremlin no mesmo momento em que Fidel, na cidade de Washington, conferenciava secretamente com uma importante autoridade da CIA. Raúl talvez tivesse recebido a notícia sobre aquele encontro de três horas e sobre o fato de Fidel haver concordado com trocar informações regularmente com a Agência a fim de manter sob vigília os comunistas cubanos. Esse acordo nunca entraria em vigor, mas um ministro de governo que participava do *entourage* de Fidel observou que a autoridade da CIA mergulhou em um estado de euforia após a reunião. A autoridade teria garantido a seus superiores dentro da Agência que Fidel não era um comunista e que poderiam contar com o líder cubano para investir contra as atividades dos comunistas na ilha.[4]

Em Havana, Raúl ficava cada vez mais preocupado com o fato de as convicções revolucionárias do irmão estarem sendo minadas. Fidel realizava discursos nos quais prometia manter boas relações com os Estados Unidos e realizar eleições em Cuba a fim de que um regime democrático fosse implementado no país após anos de ditadura. Fidel condenara a incursão contra o governo do Panamá e prometera que Cuba não daria apoio a tais intervenções. Raúl, porém, temia que seu irmão estivesse entregando à opinião pública norte-americana exatamente o que esta desejava ouvir – ou pior, preocupava-se com a possibilidade de Fidel estar ele próprio começando a acreditar nisso tudo.

Em uma entrevista franca concedida a um repórter mexicano anos mais tarde, Raúl adotou ares pensativos, algo raro no caso dele, para trazer à tona os sentimentos vivenciados naqueles dias. Ele disse que nunca teria colocado sua vida em perigo como guerrilheiro em nome apenas "de algumas reformas".[5] Raúl lutara em defesa de uma ampla reforma socialista, por uma profunda reestruturação das instituições e da cultura política de Cuba. E, em abril de 1959, já na qualidade de segundo homem mais poderoso da ilha caribenha, o obstinado e experiente Raúl, 28, não se mostrava inclinado a ficar quieto ou a adotar uma postura subserviente. Um aliado importante de Fidel que participava do *entourage* dele escreveu que, durante a estadia em Nova York, o líder cubano recebeu um telefonema nervoso do irmão. "Dizia-se" em Cuba que ele "se vendera para os norte-americanos".[6]

É verdade que o encontro de Fidel com o vice-presidente Richard Nixon, no Capitólio, desenrolara-se de forma surpreendentemente cordial. Nixon via o jovem revolucionário de forma um tanto favorável, ao mesmo tempo em que, astutamente, o avaliava. Fidel demonstrava ingenuidade e uma variedade de debilidades, escreveu Nixon em um memorando dirigido a Eisenhower, mas o vice-presidente também observou que o cubano manifestava "qualidades indefiníveis" capazes de garantir-lhe um lugar de liderança em Cuba e na América Latina.[7] Durante o pernoite em Princeton, Fidel observou para Ernesto Betancourt, uma autoridade cubana também presente na viagem, que os norte-americanos com os quais entrou em contato durante a visita não eram iguais aos que conhecera em Cuba antes.[8] Aquela era uma descoberta potencialmente determinante.

Os irmãos Castro cresceram perto de áreas de propriedade de grandes empresas norte-americanas de mineração e de açúcar. Lá, Fidel condenava de forma ácida a vida confortável da ampla comunidade de estrangeiros que vivia perto de sua família, seus clubes particulares e sua atitude neocolonialista. A United Fruit Company representava a maior proprietária estrangeira de terras da região. A filha do gerente da empresa conhecia Fidel na época em que ele casou-se com uma garota da região, em 1948. Ela lembra-se de que, quando Fidel visitou a companhia, mostrou-se várias vezes exasperado com o fato de a United Fruit manter para seus empregados uma praia que os cubanos não podiam freqüentar.[9] Talvez, e esse era o temor de Raúl, o irmão estivesse repensando esses sentimentos de repúdio aos norte-americanos em meio ao entusiasmo acolhedor das multidões que encontrou em todos os locais visitados nos Estados Unidos, de Washington a Boston.

Hugh Thomas, o primeiro estudioso a escrever um amplo relato sobre a história da Revolução Cubana, concluiu que a visita de abril de 1959 transformou-se no "ponto alto da fase democrática do regime de Fidel".[10] Caso o líder cubano tenha em algum momento adotado uma postura favorável a respeito do papel dos Estados Unidos no mundo e da dominância deste país sobre Cuba, isso teria ocorrido quase certamente naquela época, quando Fidel comprazia-se sob a luz morna da aprovação da opinião pública norte-americana. De outro lado, muitos outros especialistas continuam convencidos de que a antipatia de Fidel por tudo que dissesse respeito aos Estados Unidos já se arraigara em abril de 1959 e que o dirigente cubano, cinicamente, fingiu simpatia durante a visita.

Como ocorre com muitos outros mistérios relativos às intenções dele, poucas provas concretas surgiram para dirimir a questão. Quando era um jovem analista da CIA, eu acreditava que Fidel esteve sinceramente interessado em melhorar as relações com os Estados Unidos e que o governo Eisenhower deixou passar então uma oportunidade favorável. No entanto, anos depois, quando fiquei conhecendo Fidel melhor e identifiquei padrões de dubiedade em seu comportamento, concluí que a principal intenção do líder cubano havia sido a de manipular a opinião pública norte-americana. Em verdade, não existia nada com que Raúl precisasse preocupar-se.

Raúl, porém, acreditava que seu irmão mantivera-se afastado de Cuba por tempo demais. Ele conclamou-o a regressar para casa a tempo de anunciar os novos programas revolucionários em um comício marcado para ocorrer em Havana no dia 1º de Maio, feriado que se transformaria em um dos mais importantes do novo governo. Fidel ignorava os últimos acontecimentos ocorridos na ilha: as tensões e os conflitos políticos intensificavam-se. Decisões fundamentais adiavam-se. Aumentavam as dúvidas sobre quem estaria no comando do país e mesmo sobre se Fidel – ainda novato no cargo de primeiro-ministro de Cuba – não seria antes um diletante do que um líder determinado.

Vários anos mais tarde o dirigente cubano comentou a respeito da qualidade de sua liderança naqueles dias. "Chego a tremer quando penso na minha ignorância durante a época do triunfo da revolução", afirmou Fidel a dois entrevistadores norte-americanos. "Aquilo me deixa perplexo."[11]

Na verdade, algumas pessoas familiarizadas com os irmãos Castro naqueles dias suspeitam que a relação entre os dois era tão problemática no começo de 1959 que poderia chegar às vias de fato. Huber Matos, um dos mais eficientes e populares comandantes guerrilheiros de Cuba, acreditava que os dois mantinham uma relação psicológica de ódio ou mesmo uma relação homicida do tipo Caim e Abel. Matos disse a algumas pessoas que Raúl acabaria por matar Fidel algum dia.

E um dos professores de Fidel na universidade – um pesquisador e intelectual de destaque da era pré-revolucionária, um homem conhecido por sua inabalável probidade – chegou à mesma conclusão por outras vias. Depois de ter se exilado, esse professor escreveu que um jornalista estrangeiro que conhecia os dois irmãos também estava convencido de que Raúl, naquela época, seria capaz de assassinar Fidel. Segundo relatos, o jornalista teria questionado Fidel a esse respeito e ouvido a seguinte resposta: "Sim, Raúl seria capaz de fazer isso".[12]

De fato, o irmão mais novo de Fidel acalentava a fama de ter um comportamento marcadamente sanguinário, fama essa nascida no México quando os dois se preparavam para a insurgência em Cuba. Como comandante de guerrilha, Raúl insistiu na necessidade de executar um grande número de civis acusados de colaborarem com o inimigo. Um soldado mercenário dos Estados Unidos que serviu sob as ordens dele durante um curto período de tempo contou que as patrulhas do irmão de Fidel costumavam capturar supostos informantes e levá-los ao acampamento, onde "Raúl os enforcaria".[13] Na verdade, os pelotões de fuzilamento eram a forma padrão de execução à época e sempre desde então. Uma centena dos prisioneiros de Raúl, ou mais, acabou sendo morta a tiros nos últimos dias da guerra de guerrilha, no final de 1958, e, segundo um membro do regime, ele continuou a determinar a realização de execuções mesmo depois de ter recebido ordens do irmão para não o fazer mais.[14] Raúl encarregou-se pessoalmente, e sem remorsos, de algumas das execuções.

Philip Bonsal, o novo embaixador dos Estados Unidos em Havana, um diplomata de carreira fluente em espanhol, viu-se escolhido pelo governo Eisenhower na esperança de que conseguiria achar um *modus vivendi* com o regime cubano. Tendo fracassado, Bonsal mais tarde escreveu em sua autobiografia que os prisioneiros "eram mortos indiscriminadamente" a mando de Raúl e enterrados em valas abertas por tratores, sem que se realizasse nada que mesmo lembrasse um julgamento.[15] Durante os primeiros meses no novo governo, Raúl defendera a execução de Felipe Pazos, um economista gentil e de renome internacional acusado de ter cometido um pequeno ato de deslealdade. Huber Matos, o comandante de guerrilha, repreendeu Raúl e disse-lhe: "Somos um governo agora e deveríamos evitar a violência". Irritado, o irmão de Fidel respondeu: "Não, isso é romantismo".[16]

Durante o início caótico da revolução, coube ao jacobino Raúl esforçar-se ao máximo para submeter os inimigos a um império do terror. E, curiosamente, coube ao próprio irmão dele divulgar, mais do que qualquer outra pessoa, a reputação inicial de Raúl como o Robespierre de Cuba. Depois de apenas três semanas no poder – na metade de janeiro de 1959 –, Fidel disse a uma grande multidão reunida no palácio presidencial, em Havana, que, se fosse assassinado, "depois de mim virão outros mais radicais do que eu". Na frase seguinte, deixou claro que se referia a Raúl. Fidel anunciou que seu irmão seria dali em diante o segundo na cadeia de comando do Movimento 26 de Julho bem como o homem designado para sucedê-lo.[17]

No entanto, em abril de 1959, os irmãos desentendiam-se mais sobre as questões táticas do que em qualquer outra época, antes ou depois daquilo. Acima de tudo, Raúl conspirava para intensificar o ritmo e a severidade das mudanças revolucionárias ao mesmo tempo em que levava líderes do partido comunista cubano para dentro do governo a fim de que pudessem ajudar na implementação de programas da revolução e de redistribuição de bens. Com a colaboração de Che Guevara, o irmão de Fidel desejava patrocinar e ajudar jovens revolucionários de outros países latino-americanos que se dirigiam para Havana em grande número na esperança de repetir o sucesso da guerrilha de Cuba. Fidel deveria regressar imediatamente de sua longa viagem pelos Estados Unidos, segundo acreditava Raúl, e no dia 1° de Maio deveria falar com franqueza e paixão revolucionária ao povo cubano. Afinal de contas, Fidel prometera publicamente antes de partir da ilha que estaria de volta naquela data.

Talvez porque não fizesse idéia sobre o que deveria falar caso comandasse tais festividades, o líder de Cuba não regressou imediatamente. Em vez disso, prorrogou a viagem, dirigindo-se até Buenos Aires e Montevidéu após convocar Raúl para reunir-se com ele em Houston. Aceitando um convite então ainda em vigor da Câmara Júnior de Comércio como pretexto declarado de sua visita, Fidel desembarcou no Aeroporto Internacional de Houston no dia 28 de abril.

◁ ☆ ▷

Raúl, que chegara três horas antes, isolou-se prontamente no Shamrock e não voltou ao aeroporto a fim de receber Fidel. Apesar de nunca antes haver colocado os pés nos Estados Unidos, Raúl não se interessou por visitar a cidade, não tendo outros planos a não ser se reunir com o irmão. Houston, fervilhando com a atividade econômica que logo a transformaria em uma grande metrópole norte-americana, oferecia um terreno neutro, e Raúl não se mostrava disposto a encontrar-se com empresários dos Estados Unidos ou grupos de entusiastas e nem a ficar de conversa fiada. Talvez temesse ainda que, se agisse daquela forma, acabaria por ser visto por seus colegas mais radicais de revolução em Cuba como um bajulador dos norte-americanos. No final das contas, Raúl fez de tudo para ser rude e manter-se afastado.

Fidel, sempre comunicativo, estava cansado depois do longo vôo vindo de Montreal, mas dirigiu-se da pista do aeroporto diretamente para o Cloud Room, um restaurante e área de descanso do terminal onde a elite da jovem geração de executivos de Houston organizou um animado almoço para ele. O cubano comportava-se de forma alegre e expansiva como de costume, mas recusou um convite para realizar uma entrevista coletiva. Argumentou que os repórteres lhe faziam sempre as mesmas perguntas, perguntas essas que já respondera. Os produtores de arroz, de petróleo e de carne do Texas acotovelavam-se para falar com Fidel. Cuba representava um mercado lucrativo para as mercadorias deles, e os empresários esperavam ouvir garantias de que a revolução manteria as relações econômicas e comerciais de sempre com os Estados Unidos.

Um executivo da área do petróleo, ao lado de um conhecido produtor de Hollywood, acalentava um projeto de selar um acordo com Marlon Brando para que estrelasse um filme de aventura sobre a Revolução Cubana. Brando, obviamente, interpretaria o papel do inimitável Fidel. A película seria toda rodada na ilha caribenha e talvez, o que era improvável, com membros do exército rebelde de Raúl como figurantes.

A área petrolífera do Texas transformou-se na última escala da quarta temporada de Fidel nos Estados Unidos. Ele passara sua lua-de-mel em Nova York, no final de 1948, gastando prodigamente o generoso presente de casamento oferecido pelo pai. Em novembro de 1955, visitou a cidade novamente vindo do exílio no México, proferindo um discurso no Palm Garden, na rua 52. A platéia formada principalmente por exilados cubanos viu-se instada a doar fundos para o movimento revolucionário dele. Durante aquela viagem, Fidel também discursou no Flagler Theater, em Miami. "Não nos importamos se tivermos de pedir esmolas pela pátria", disse então. "Faremos isso com honra."[18]

Houston era uma novidade para Fidel, que, porém, já visitara o Texas antes. Tratou-se da única das hoje numerosas visitas aos Estados Unidos – uma visita clandestina – que Fidel nunca reconheceu ter realizado. Em 1956, quando os irmãos encontravam-se exilados no México, treinando e preparando-se para a insurgência que lançariam no final daquele ano, Fidel precisou ingressar em território norte-americano uma segunda vez para solicitar doações. Mas o visto dele fora cancelado em virtude de protestos do governo de Batista.

Em um momento de descuido ocorrido durante uma entrevista coletiva realizada em Havana, em fevereiro de 1959, Fidel revelou que autoridades norte-americanas "inventaram uma série de coisas e recusaram-me o visto".[19] Destemido, e exibindo sua conhecida audácia, o líder revolucionário dirigiu-se com dificuldades para o norte, até a fronteira do México com os Estados Unidos, e atravessou a nado ou a pé um ponto raso do rio Grande. Realizou a façanha sozinho, e provavelmente ao abrigo da noite. Depois, após reunir-se com um ex-presidente cubano em uma cidade de fronteira do Texas e receber das mãos dele uma doação de US$ 50 mil para sua causa, Fidel regressou discretamente ao México da mesma forma como partira.

A segunda estadia dele no Texas acabaria por revelar-se muito mais luxuosa. O Shamrock Hilton era o hotel de maior prestígio de Houston e, ao longo de vários anos após sua inauguração, no Dia de St. Patrick de 1949, encarnou o espírito empreendedor daquela cidade em franca expansão. O estabelecimento contava com cores vistosas, uma aparência tão extravagante – e talvez tão *kitsch* – quanto a de muitos dos novos milionários do petróleo surgidos no Texas. Glenn McCarthy, o "escavador irlandês de poços", o construíra.

Com 18 andares de altura, com mais de mil quartos e uma enorme piscina que segundo alguns conseguiria ser usada por praticantes de esqui aquático, o hotel representava uma caricatura dos exageros típicos do Texas. McCarthy fez com que todos os quartos e áreas comuns fossem decorados com não menos que 63 tonalidades de verde. Um visitante lembrou-se que o volante das torneiras de banheiro apresentava a forma de abacaxis.

A inauguração do hotel viu-se proclamada pela chegada de uma enxurrada de estrelas de Hollywood e dignatários. Cerca de 50 mil curiosos compareceram para testemunhar o espetáculo, e as filas que se formaram naquela noite estendiam-se por tantos metros que o prefeito de Houston precisou de duas horas para abrir caminho.

Conta-se que o fascínio de Edna Ferber por McCarthy e pelas extravagâncias encenadas a mando dele no Shamrock inspiraram o personagem central de seu romance *Giant*.

O hotel oferecia o palco perfeito para o embate entre os irmãos Castro. Os dois nasceram e cresceram na versão cubana do Texas, a Província Oriente, no extremo leste da ilha, uma região selvagem e então quase indomada. A família de Fidel adquirira seu patrimônio naquela área. Nenhum dos pais dele conseguia ler muito bem, e Ángel, o patriarca, adoeceu freqüentemente ao longo de toda sua vida e nunca se sentiu à vontade nas cidades de Cuba. Os Castro, de origem agrícola, certamente não compareciam às salas de visita ou aos clubes de campo das elites cubanas.

No entanto, da mesma forma como muitos dos depauperados cavadores de poços e rancheiros do Texas que enriqueceram, o pai de Fidel encheu-se de engenho, ambição e uma considerável astúcia para acumular uma das maiores fortunas da Província Oriente. Os irmãos cresceram em meio a uma situação contraditória nos decênios de 1930 e 1940, ao mesmo tempo ricos e miseravelmente pobres. Como os típicos novos-ricos do petróleo no Texas dos anos de 1950, os irmãos eram, em seu país, o protótipo da mistura entre audácia pessoal e ausência de papas na língua que as classes do *establishment* mostravam-se quase incapazes de compreender.

Ao lado de seus assessores, Fidel e Raúl ocuparam 56 quartos do Shamrock e, no momento em que os dois reuniram-se na espaçosa suíte 18-C, as tensões acumuladas ao longo de semanas eclodiram. Ambos dispararam lamúrias recíprocas naquele começo de manhã quente da metade da primavera texana. Ernesto Betancourt, que continuava a integrar o *entourage* de Fidel, mal conseguia distinguir o que diziam em um quarto próximo, mas contou-me lembrar-se claramente dos dois irmãos xingando-se com palavras de baixo calão – *hijo de puta* –, uma ofensa desrespeitosa em relação à própria mãe deles.[20] Poucos dos presentes nos cômodos próximos conseguiram dormir em meio ao barulho. Essas pessoas ficaram assustadas e fascinadas com um embate fraternal que parecia ameaçar a divisão de poder do então nascente regime cubano.

Na manhã seguinte, os irmãos surgiram em público. Fidel mostrava-se mais uma vez sereno e relaxado. Questionado por repórteres da região sobre se os dois haviam "rompido relações", Raúl respondeu que aquilo era um "absurdo". Fidel afirmou: "Nunca! Como isso poderia acontecer? Eu sendo o primeiro-ministro e ele o comandante das Forças Armadas. Nós quase nunca nos desentendemos".

A fim de desacreditar ainda mais os boatos sobre um rompimento, os dois passaram grande parte daquele dia juntos. De manhã, sentaram-se ao lado do motorista de uma limusine, no banco da frente do veículo, a fim de percorrer 100 quilômetros até o Bar JF Ranch, perto da cidade de Wharton. Um fotógrafo do *Chronicle* de Houston registrou o momento em que os dois saíam do Shamrock. Fidel sentava-se folgadamente, olhando para frente e mantendo um grande charuto preso entre os dentes à mostra. Raúl, sério, sentava-se com o corpo duro, ao lado dele, olhando para baixo e mantendo as pálpebras baixas. O comboio de 22 veículos que os acompanhava parou no meio do caminho a fim de que pudessem degustar um generoso café-da-manhã com filé e ovos fritos, em um bar de beira de estrada. Nesse local, como em todas as outras paradas realizadas naquele dia, os irmãos foram recebidos com a afável hospitalidade texana. Fidel, em resposta e como de costume, mostrava-se atencioso e loquaz.

No Bar Jr Ranch, o líder cubano ganhou de presente uma pistola em ouro e platina além de um potro premiado da raça quarto de milha que, segundo afirmou, lembrava-lhe um animal que possuiu quando garoto. Fidel sorria de orelha a orelha debaixo de um chapéu Stetson de aba dobrada que recebera de um empresário do petróleo e fez de tudo para garantir que essas lembranças do Texas regressassem junto com ele para Cuba.

Raúl exibia sinais de mau humor e não abriu mão de usar a característica boina da qual tantas vezes se servira durante os anos de comandante da guerrilha. Não constam relatos nos meios de comunicação de Houston sobre suvenires da visita presenteados para o irmão de Fidel. Raúl manteve-se amuado e distante durante a permanência no rancho, recusando-se a aderir ao clima de camaradagem à la caubói. Na manhã seguinte, o *Post* de Houston comentou de forma indulgente que o irmão de Fidel preferira permanecer em uma área de estacionamento com Vilma Espín, sua noiva desde alguns meses atrás, enquanto o líder cubano e seus anfitriões regalavam-se uns aos outros com histórias.[21]

Do rancho, os irmãos regressaram diretamente para o aeroporto de Houston, onde conversaram sozinhos pela última vez dentro de uma área do setor de bagagens. Ernesto Betancourt, que regressaria para Havana no avião de Raúl, lembra-se de que, quando sozinhos, os dois discutiram novamente, em voz alta e durante algum tempo. Fidel depois voou de Houston para Buenos Aires. Raúl e seus assessores partiram cerca de dez minutos mais tarde. Betancourt, que passou muitos anos exilado, contou que no avião de Raúl todos viajaram quase que o caminho inteiro até Cuba em silêncio. Segundo o assessor, o irmão de Fidel recusava-se a falar com ele porque "chegou à conclusão de que eu estava tentando convencer Fidel a melhorar as relações com os norte-americanos".[22]

◁ ☆ ▷

A cúpula acertada de última hora em Houston acabaria por tornar-se, para os irmãos Castro, uma espécie de travessia do Rubicão.* Durante as décadas seguintes, Fidel e Raúl trabalhariam intimamente ligados, quase como se fossem uma única pessoa, sem manifestar desentendimentos ou alimentar disputas em público. Como acontece com todos os grupos de irmãos, e particularmente com os implacáveis e de difícil trato, houve outros conflitos e desavenças, mas somente alguns sinais de embate chegaram ao público. Não obstante o fato de que, provavelmente, ninguém nunca ficará sabendo o que os dois exigiram e arrancaram um do outro em Houston, logo as questões mais prementes responsáveis por dividi-los estavam resolvidas.

Poucas semanas depois de regressar, Fidel comprometeu-se com praticamente todas as posturas mais radicais de seu irmão. Na metade de maio, proclamou uma ampla reforma agrária que, entre outras estipulações, "proscreveu" as grandes plantações de cana-de-açúcar de propriedade particular que definiam a economia cubana desde o século 18. Os revolucionários da América Latina passaram a receber mais ajuda de Cuba, e Fidel acabou por dar apoio pessoalmente a um grupo que desembarcou nas praias da República Dominicana em junho imbuído da fugaz esperan-

*Episódio da história romana, do ano 49 a. C., quando o general Caio Júlio César atravessou o rio Rubicão, que separava o seu território do território de Roma, precipitando uma guera civil, num ato de coragem. E que passou a designar uma tomada de decisão corajosa (N. do E.).

ça de derrubar o ditador solidamente arraigado naquele país.[23] A aproximação com os comunistas cubanos avançava enquanto as relações com os Estados Unidos deterioravam-se. O embaixador Bonsal, de viés liberal e que se aferrou à crença da possibilidade de criar-se uma relação amigável, realizaria somente mais dois encontros de peso com Fidel. Em outubro, Bonsal desistiria de "todas as esperanças de manter relações racionais".[24]

A opção esquerdizante provocou manifestações de oposição em várias frentes – incluindo nos Estados Unidos, onde as sementes da invasão da baía dos Porcos dois anos mais tarde logo começariam a germinar. Muitos cubanos contrários a Fidel passaram para a clandestinidade ou se refugiaram nas montanhas, de onde esperavam derrubar um regime cada vez mais parecido com a ditadura que substituíra. Houve várias deserções e expurgos de militantes moderados e anticomunistas, casos esses nos quais Raúl e Che Guevara costumavam dar a última palavra. As Forças Armadas então em formação sob o comando do irmão de Fidel começaram a perseguir os guerrilheiros que secretamente recebiam apoio da CIA.[25]

À medida que as ameaças multiplicavam-se, o líder cubano, um homem impulsivo e desorganizado, tinha consciência de que o talento administrativo e militar de Raúl, sua rede formada por tenentes e assessores leais, além do pendor do irmão para o uso da força bruta, seriam indispensáveis para que os inimigos do regime fossem eliminados. Fidel inspirava e mobilizava outras pessoas para adotarem uma postura semelhante à dele enquanto Raúl construía metodicamente as estruturas por meio das quais os dois conseguiriam vencer.

E independentemente de ser irmão de Fidel, Raúl revelava-se o nome óbvio para comandar os serviços militares de Cuba. Os outros comandantes da guerrilha eram ou românticos incuravelmente desorganizados ou seguidores subalternos com quase nenhuma formação escolar e imaginação. Ao contrário desses, Raúl demonstrara, durante os anos de comando de sua própria frente guerrilheira nos montes da Sierra Cristal, no norte de Oriente, um talento excepcional para organizar e liderar. Ele amadurecera e ganhara confiança, dera provas de habilidades que poucos tinham identificado nele e conseguira vitórias que ultrapassavam mesmo as conquistas do líder cubano no comando de seus guerrilheiros.

As áreas do território cubano que Raúl colocou sob seu controle excediam em tamanho as que Fidel dominava, e dentro delas o irmão mais novo criou um elaborado governo revolucionário que, em vários aspectos, serviria de modelo para o regime recém-instalado em Havana. Raúl mantinha um diário durante a época da guerrilha. Segundo esse documento, ele começou com um grupo de 53 homens, um núcleo que dentro de nove meses inchou para tornar-se uma força efetiva de mais de mil combatentes.[26] Raúl promoveu homens de seu grupo para o cargo de tenente e organizou seus próprios serviços locais de inteligência além de fábricas, escolas, hospitais e órgãos administrativos ao longo de toda a área sob seu controle.

Muitos dos registros encontrados no diário refletem seu interesse por organizar comitês de agricultores para doutrinar os pobres da região e induzi-los a dar-lhe apoio. Em uma anotação feita dias depois do lançamento, em 10 de março de 1958, da Segunda Frente, comandada por ele, Raúl escreveu: "Comecei a organizar a zona de Majaguabo". No todo, o tema mais marcante desse diário meio insosso é a obsessão de Raúl pela organização.

Ele destacou-se como o mais obstinado e mais versátil dos comandantes guerrilheiros de Fidel. Mesmo então, quando contava com cerca de 25 anos de idade, sendo cinco anos mais novo que seu irmão, Raúl mostrou-se criativo ao identificar e encorajar habilidades de seus homens que poderiam ser úteis para a revolução. Enquanto treinava na Cidade do México em 1955, foi ele o primeiro a notar o argentino Che Guevara e a marcar um encontro deste com Fidel. Nas montanhas de Cuba, Raúl recrutou e depois desenvolveu a destreza militar e de liderança de vários outros homens jovens, alguns deles sem escolaridade, homens esses que ingressaram entusiasticamente nas fileiras do irmão de Fidel. Vários deles exibem hoje a patente de general. Outros que atuaram lealmente sob o comando dele ao longo de vários anos aposentaram-se ou assumiram postos na administração civil. Os chamados *raulistas* espalham-se por todo o alto escalão do poder militar e civil de Cuba.

Raúl exibe a aptidão de reter a lealdade e a amizade de seus subordinados durante longos períodos de tempo. E isso porque, ao contrário de seu irmão, ele delega poderes prontamente, solicita opiniões, trata seus homens como parceiros intelectuais e mantém relacionamentos pessoais íntimos com eles e suas famílias. Raúl investe uma carga emocional em seus aliados, criando laços baseados na confiança e na interação franca. E também se revela paciente, exercendo uma influência paternal ao encorajar e recompensar os jovens promissores. Fidel, notoriamente, mostra-se incapaz de acalentar tal modalidade de empatia em seus relacionamentos.

O dirigente cubano jamais admitiu haver qualquer tipo de debilidade em sua capacidade de liderança, provavelmente nem mesmo para Raúl. Entretanto, em 1959, havia indícios claros dos erros grosseiros e recorrentes cometidos por ele na qualidade de organizador e planejador tático das forças militares. O ataque de 26 de julho de 1953, contra o quartel de Moncada, em Santiago, representou o primeiro sopro da revolução que estaria por vir. A ação foi um desastre e provou-se tão mal planejada e executada que acabou por ser suicida para a maior parte dos envolvidos nela.

Muitos anos mais tarde, em Miami, entrevistei um dos sobreviventes que se lembrava do estado de confusão em que Fidel mergulhou quando suas forças encontraram uma dura resistência. "Ele ficou correndo e gritando ordens histericamente. As ordens não faziam sentido."[27] Fidel acabou sendo capturado alguns dias mais tarde – por causa de um descuido que, segundo descreveu tempos depois, fora um dos maiores erros já cometidos por ele – e, após ser julgado e passar um período na prisão, começou a reorganizar-se no México.

Também no território mexicano instalou-se um clima bastante confuso enquanto Fidel treinava e organizava-se para a viagem, em novembro de 1956, a bordo do Granma, um iate de seis pés que comprara com parte do dinheiro recebido na visita clandestina ao Texas. O plano envolvendo o Granma foi quase tão calamitoso quanto o ataque de Moncada, e tão desorganizado quanto. O próprio Fidel confessou "não haver remédios" a bordo.[28] Mal existia comida suficiente para os 28 homens embarcados; a água e a comida estavam no fim quando o iate chegou à costa cubana. Fidel não dispunha de ajudantes para navegar e carecia de experiência como marinheiro.

Imprudentemente, o futuro líder cubano deu a ordem de zarpar do pequeno porto mexicano de Tuxpan no momento em que ventos fortes começavam a soprar vindos do golfo do México. Conforme era de se prever, o grupo afastou-se muito de sua rota e quando, dias mais tarde, avistou finalmente um pedaço de terra, ninguém sabia dizer com certeza se se tratava de Cuba ou da Jamaica. Fidel não cogitou a hipótese de levar consigo mapas da área da costa cubana onde lançariam a insurgência.[29] Os poucos equipamentos existentes no iate perderam-se na confusão instalada durante o desastroso desembarque. "Todos nós usávamos botas novas", contou Che Guevara, e logo "todos sofriam com as bolhas e as feridas nos pés".[30]

O talento de Fidel como estrategista político e propagandista logo compensaria sua falta de habilidade organizacional e gerencial, e sua excepcional sorte o auxiliaria a atravessar muitos dos momentos difíceis. No entanto, ele percebia gradualmente, sem nunca reconhecer isso de forma confessa, que suas maiores fraquezas como líder constavam, ironicamente, da lista das maiores qualidades do irmão. Um subordinado mais tarde escreveu que Raúl ganhou a patente de capitão ainda a bordo do Granma. "Raúl subiu no teto do barco com um lápis e um papel nas mãos. 'Acabei de ser promovido a capitão e estou elaborando a lista dos que selecionei para o meu pelotão.'"[31] A partir daquele momento, iniciavam-se suas responsabilidades reais na qualidade de comandante.

Notavelmente, até aquele ponto, Raúl não fora consultado por seu irmão, que insistia em controlar todos os detalhes das atividades e do planejamento de seu movimento. À época, Fidel não possuía nenhum chefe de gabinete, nenhum vice para ajudá-lo a estruturar as operações militares, e ele próprio contava com muito pouca experiência nesse setor. Olhando a situação em retrospecto, parece crível supor que, se Fidel tivesse reconhecido o talento de Raúl antes – ou caso se dispusesse a delegar mais responsabilidades para outro subordinado qualificado –, alguns dos erros desastrosos daqueles primeiros dias poderiam ter sido mitigados ou até mesmo evitados. É crível também que a vida de muitos dos colegas de Fidel que, corajosamente, expuseram-se a perigos sob o comando dele poderia ter sido poupada.

Foi nesse contexto que, depois de Houston, os irmãos Castro conseguiram estipular uma bem-sucedida divisão de trabalho que continua em vigor desde então. Raúl recebeu o comando dos militares e uma considerável liberdade para agir autonomamente, uma liberdade maior que a conferida a qualquer outro líder do regime cubano. Sob sua direção, as Forças Armadas logo se tornaram realmente meritocráticas em Cuba, apesar do medo renitente de Fidel da possibilidade de qualquer instituição submetida a uma liderança competente virar-se contra ele. Raúl seria a única exceção.

Dessa forma, em outubro de 1959, o irmão de Fidel tomou posse como ministro das Forças Armadas Revolucionárias.

No desempenho dessa função, Raúl tornou-se, vários anos atrás, o ministro da Defesa há mais tempo no cargo no mundo e um dos mais habilidosos também. Com a exceção de Israel, nenhum outro país de pequeno porte obteve tantas vitórias nos campos de batalha como Cuba. E nem mesmo os militares israelenses exibiram a capacidade cubana de enviar suas forças para ações de longo alcance como foi o caso de Cuba na década de 1970, quando dezenas de milhares de soldados seguiram primeiro para Angola e depois para a Etiópia, nos dois casos a milhares de quilômetros da ilha caribenha.

Não há dúvida de que Fidel desempenhou o papel de estrategista principal dessas intervenções e que, com argúcia, calculou os riscos e vantagens geopolíticas das empreitadas. E o mesmo Fidel, que, sempre avesso a dividir os holofotes, nunca reconheceu explicitamente o papel fundamental desempenhado por seu irmão, chamou para si a maior parte da glória por aqueles feitos. No entanto, caso Raúl não tivesse passado anos organizando e treinando as Forças Armadas de Cuba, essas vitórias não teriam ocorrido nunca.

Raúl representa ainda a peça-chave da estratégia sucessória montada por Fidel. Sem contar o pequeno número de monarquias ainda existentes no mundo, poucos países testemunharam, nos últimos 50 anos ou mais, um panorama de sucessão política tão congelado. Certamente, esse revelou-se um fator crucial para garantir a estabilidade do regime dos irmãos Castro. Como primeira opção na linha sucessória do governo, do Estado e do partido comunista, Raúl nunca viu surgirem adversários.

O irmão de Fidel tem sido tão temido – e respeitado, também, pela maior parte dos membros do governo –, que ninguém ousa miná-lo ou mesmo cogitar a possibilidade de fazer-lhe sombra em busca de conquistar os favores do dirigente de Cuba. Ao longo das sucessivas gerações de líderes cubanos, sempre se soube implicitamente que qualquer provocação contra um irmão ameaçaria por colocar ou colocaria os dois em ação. Como me disse, em um jantar em Little Havana (Miami), uma ex-autoridade do alto escalão que trabalhou junto dos irmãos Castro: "Cada um deles é muito perigoso, mas a somatória deles é algo terrível de se pensar".[32]

Hoje em dia, Fidel e Raúl mantêm gabinetes contíguos no Palácio da Revolução, em Havana, entre os quais há um corredor privativo no qual só podem ingressar os assessores mais próximos.[33] Não há dúvida de que esses irmãos notáveis consultam-se regularmente, discutindo suas opções quanto a uma política ou outra e suas prioridades. Os desentendimentos e as discussões ocorridos entre os dois acontecem hoje em espaços privativos e protegidos, em salas secretas, geralmente sem a presença de testemunhas que poderiam algum dia fofocar a respeito disso ou desertar. Como acontece em qualquer atividade enclausurada do tipo, o segredo envolvendo suas deliberações e seu relacionamento deu vazão a mistérios e confusões persistentes, em especial a respeito de Raúl, que costuma primar por sua discrição.

O principal resultado desse arranjo é que Fidel quase sempre recebe o crédito por todas as novas iniciativas revolucionárias, todas as políticas adotadas e todos os pronunciamentos. O dirigente é o gigante de Cuba: todo o poder e todos os princípios revolucionários emanam dele. E Fidel tem promovido de forma reiterada essa imagem que se faz dele. O suposto fato de que o dirigente não depende de ninguém reforça seu ar de invencibilidade. Em uma longa entrevista concedida a um confidente marxista, em 1992, Fidel discorreu em termos favoráveis sobre Raúl ao ser questionado a respeito do irmão, mas, da mesma forma como se deu em outras tantas situações semelhantes, o líder cubano não conseguiu esconder uma ponta de mesquinharia e de inveja. "Não sei quanto o prejudicou o fato de ser meu irmão porque, quando há uma árvore alta, ela sempre faz um pouco de sombra para as outras."[34]

Atuando diligentemente naquela sombra desde a cúpula de Houston, Raúl deixou-se ser visto como um subalterno insignificante, um estúpido ajudante-geral que saúda Fidel em riste e que cumpre as ordens dele. Raúl viu-se ridicularizado desde o início porque, fisicamente, não é páreo para seu robusto irmão. O historiador Hugh Thomas descreveu-o como um homem "misterioso, dotado de um porte físico quase infantil".[35] Mais baixo do que Fidel por uma cabeça, Raúl esforçou-se, quando guerrilheiro, para exibir uma barba rala enquanto os outros *barbudos* contavam com amontoados de pêlos grossos e negros no rosto, uma marca característica, durante muito tempo, dos revolucionários. Raúl foi zombado e interpretado erroneamente de várias outras formas também, foi subestimado pela maior parte dos observadores estrangeiros. Disso resultou, por exemplo, que não se escreveu nada de peso a respeito dele. Ao menos uma dúzia de biografias de Fidel saíram do prelo ao passo que nem mesmo um perfil biográfico decente sobre Raúl veio à tona.

No entanto, a verdade é que, se os meandros da relação entre os dois irmãos puderem algum dia ser compreendidos, então os segredos – os mecanismos mais recônditos da Revolução Cubana ao longo de sua história – se tornarão transparentes. Cada irmão manifesta qualidades de liderança, personalidade e traços de caráter únicos que aparentemente se complementam. Os dois encaixam-se perfeitamente, como os muros de pedra erguidos pela civilização inca, no Peru, centenas de anos atrás. Aquelas pedras eram talhadas com tal esmero, com tal precisão, que quando colocadas juntas, umas sobre as outras, não se fazia necessário usar qualquer tipo de argamassa ou outra substância do tipo. E as juntas mal conseguiam ser distinguidas. Unidos, os irmãos Castro, como aqueles muros incas, mantiveram-se sólidos e imponentes, e no caso deles por mais de quatro décadas e meia. Essa permanência no poder é superada apenas por um ou dois dirigentes dos tempos modernos e por apenas um em toda a história do Hemisfério Ocidental desde o começo da era colonial.

E é altamente improvável que Fidel conseguisse ter permanecido no poder durante tanto tempo sem o controle firme de Raúl sobre as Forças Armadas. Em qual outro país latino-americano, nas últimas quatro ou cinco décadas, se poderia dizer que não há notícia sobre um general ou coronel envolvido em uma conspiração contra o presidente? Onde mais os soldados mantiveram-se, de forma obediente, nos quartéis sem se envolverem no jogo político? Raúl tem sido o avalista dessa estabilidade política verificada em Cuba.

Fidel, porém, deu sinais freqüentes de um sentimento de rancor em relação ao único homem realmente essencial para seu regime. Um dia, quando os dois estavam nas montanhas, durante os primeiros dias da campanha de guerrilha, Fidel ficou furioso por conta de algum erro tático que atribuiu a Raúl. Uma testemunha lembra-se de ver Fidel gritar com o irmão mais novo: "Seu *hijo de puta*. Se não fosse por mim, você estaria trabalhando em um armazém de Birán".[36]

CAPÍTULO UM

Um camponês de Birán

Caminhando sem parar por sua casa, em Mayagüez, uma cidade universitária e arborizada da costa sudoeste de Porto Rico, Fidel Pino Martínez conversava comigo a respeito do passado da família Castro. Buganvílias exibiam suas brilhantes flores de cor magenta naquela manhã amena de inverno, o último dia de fevereiro de 1986. Eu tirara um ano sabático da CIA para realizar pesquisas sobre Cuba e o México na Universidade Stanford. À época, eu tentava encontrar pessoas que conhecessem os irmãos Castro a fim de descobrir mais detalhes sobre a dinâmica relação deles.

Pino tinha 78 anos de idade e havia se aposentado de uma construtora que tinha administrado com o filho. Alto e taciturno, costumava falar de Cuba apenas quando instado a fazê-lo, mas não se tratava, no caso dele, de um exilado amargurado ou exasperado. Pino vivia satisfeito em Porto Rico, uma ilha próxima que o poeta e patriota cubano José Martí unira de forma memorável com Cuba descrevendo-as como as "duas asas do mesmo passarinho". Suas montanhas verdejantes e suas plantações de cana-de-açúcar, mas especialmente a população vibrante e tagarela de Porto Rico, lembravam Pino da terra natal que deixara para sempre um quarto de século antes. Toda a família dele – sua mulher, seus irmãos e as companheiras deles, além das 28 crianças existentes no total – também haviam optado pelo exílio. Muitos deles acalentavam vivas memórias sobre os irmãos Castro porque as duas famílias mantiveram laços íntimos em Oriente e em Havana ao longo de três gerações.

O irmão mais novo de Fidel Pino, Raúl Pino Martínez – em homenagem ao qual Raúl Castro foi batizado –, trabalhou nas décadas de 1940 e 1950, em Santiago, como advogado dos pais dos irmãos Castro – primeiro para o pai deles, Ángel, e depois para a viúva Lina Ruz e alguns dos outros membros da família. O filho de Raúl Pino Martínez, que também recebeu o nome de Raúl, compartilhou comigo, de forma generosa, cópias de documentos e correspondências íntimas referentes à família Castro, objetos esses antes guardados pelo pai dele e hoje pertencentes à coleção da família Pino.

Em Mayagüez, Fidel Pino acalentava memórias vívidas dos Castro. A aproximação dele com o patriarca imigrante Ángel, os filhos deste e Birán, a remota comunidade onde os irmãos cresceram, dentro de uma grande propriedade rural, sedimentou-se devido a um capricho do destino responsável por ligá-lo a Fidel Castro. Os dois foram batizados em homenagem ao pai de Pino, Fidel Pino Santos. O mais velho dos Pino, nascido em 1884, se tornaria um eterno amigo de Ángel Castro. Os dois tinham começado a vida do nada, nos primeiros anos do século 20, nas cidadezinhas existentes na baía de Nipe, na costa nordeste de Cuba.

Mayarí, que entre seus 15 *barrios*, ou distritos, conta com o de Birán, e as municipalidades vizinhas de Banes e Antilla, estava vivendo uma notável expansão econômica e demográfica à medida que trabalhadores vindos de todos os cantos de Cuba buscavam chances de vencer na efervescente economia local. Empresas norte-americanas de açúcar e de frutas construíam grandes fábricas ao mesmo tempo em que limpavam várias áreas de terra para dar lugar a plantações. Bananas foram cultivadas durante um tempo nos locais onde, mais tarde, seriam exploradas valiosas minas de níquel. Algumas cidades da região, com destaque para Banes, transformaram-se em confortáveis centros para estrangeiros nos quais os trabalhadores e empresários norte-americanos gozavam de quase todos os confortos oferecidos em sua terra natal.

Durante as primeiras três décadas do século, Mayarí, por exemplo, viu sua população inchar, passando de 21 mil habitantes para quase 100 mil. Para jovens dinâmicos, sagazes, competentes e impetuosos como Ángel Castro e Fidel Pino Santos, havia fortunas a serem acumuladas. A oferta de terras baratas era grande, de forma que os dois conseguiriam reunir vastas propriedades rurais e então vender, auferindo lucros, carregamentos de cana-de-açúcar para os engenhos montados pelos norte-americanos na região.

Ajudando-se mutuamente, os dois se incluiriam entre os jovens proprietários mais ricos do leste de Cuba. Ángel Castro e Fidel Pino colaboraram em vários acordos comerciais, nos quais o primeiro, com freqüência, tomava emprestado dinheiro do segundo, um homem mais rico e com maior influência política. Em Mayagüez, o filho deste último, Fidel Pino, contou-me sobre um diamante imenso – com quatro ou cinco quilates, conforme imaginava – que Ángel deu certa vez ao pai dele como garantia de um empréstimo. O diamante ficou guardado durante muito tempo em um pequeno cofre existente na casa da família Pino em Havana.

◁ ☆ ▷

As pessoas vindas de fora, e com certeza os poucos moradores de cidades grandes que visitavam Birán, não se esqueceriam facilmente do assentamento de fronteira no qual a propriedade dos Castro destacava-se. Um deles descreveu a cena como algo "inacreditavelmente" incivilizado, "algo saído de uma obra de Dostoievski". A região caracterizava-se pela violência e pelo isolamento quando Fidel e Raúl eram jovens. Criminosos perambulavam pelas montanhas; e era prudente sempre manter armas de fogo ao alcance da mão e certificar-se de saber usá-las com destreza.[1]

Até mil pessoas, quase todas trabalhando de alguma forma para a família Castro, viram-se atraídas para esse rústico *melting pot*. Esses imigrantes tinham saído de todos os cantos da ilha caribenha, e do Haiti e da Espanha, e provavelmente de outros países também, em busca de um salário e na esperança de conseguir pequenas propriedades de terra onde poderiam erguer uma moradia simples, talvez plantar alguns pés de cana-de-açúcar e reivindicar seus direitos sobre o local. O comportamento sexual dessa população revelava-se antes avesso às regras, desimpedido. Os casamentos oficiais constavam da lista de luxos com os quais poucos se importavam, da mesma forma como as autoridades governamentais de qualquer tipo raramente se intrometiam.

As desavenças costumavam ser resolvidas na hora, muitas vezes com estocadas repentinas e golpes de facão, uma arma presente em todos os cantos. Prevaleciam as formas de justiça e retribuição do tipo olho por olho, dente por dente. Ser frágil nos confins de Cuba significava não apenas uma desonra, mas também uma ameaça constante. Nenhum dos filhos de Ángel contou alguma vez ter presenciado episódios de mutilação ou outros tipos de confronto violento em Birán. Porém, não restam muitas dúvidas sobre o fato de que situações do tipo ocorreram, principalmente quando as rodadas de rum se acumulavam e os galos de briga se enfrentavam.

As crianças de Birán vivenciavam um período curto de inocência. O sangue-frio de Fidel e de Raúl nos anos vindouros – quando ordenaram ou comandaram execuções e quando se envolveram em várias situações de violência potencialmente letal – enraizou-se naquele início de vida. A maior parte dos contemporâneos cubanos dos dois irmãos, que cresceram em ambientes mais refinados, nunca conseguiu compreender isso. Os dois podem mesmo ter aprendido a racionalizar os assassinatos observando o pai deles, Ángel, que, segundo boatos, teria matado friamente alguns homens ele próprio.[2]

A época mais agitada da região iniciava-se com a temporada da colheita da cana, a *zafra*, quando Birán pulsava com um ritmo frenético de trabalho ao mesmo tempo em que o calor inclemente do final da primavera e do verão fazia-se notar. Brigadas de *macheteros*, os cortadores de cana, suando debaixo das roupas de manga longa e balançando os facões de maneira ritmada, abriam caminho por entre a plantação. As folhas mais baixas da cana precisavam ser retiradas para que depois a planta em si fosse cortada perto do chão, *donde canta el sapo* – onde canta o sapo –, a fim de que o melhor do sumo, encontrado nas áreas mais próximas da raiz, pudesse ser aproveitado. Os *macheteros* mais habilidosos pareciam dançar nos corredores de cana, arqueando graciosamente as costas, desferindo golpes elegantes para cima e para baixo. Um chiado metálico ressoava de quando em quando, sempre que os trabalhadores afiavam seus facões.

A colheita começava pouco depois do amanhecer, quando o orvalho matinal misturava-se com a seiva da cana, o cheiro forte e marcante da sacarose bruta espalhando-se pesadamente pelo ar. Carros de boi guinchantes, sobre os quais acumulavam-se pilhas de cana-de-açúcar, gemiam ao percorrer as vias de terra em direção a um ramal ferroviário secundário que se ligava a uma moenda. Durante a *zafra*, os engenhos funcionavam seis dias por semana, durante a noite toda.[3] Não é de surpreender o fato de que todo esse balé fosse chamado de a "dança dos milhões".

O ringue de briga de galo ficava a uma pequena distância da casa da família Castro. Em todos os domingos da safra e nos feriados, multidões – que incluíam crianças

– reuniam-se para acompanhar o barulhento espetáculo. Em meio ao evento, realizava-se um grande número de apostas, gritava-se e aplaudia-se animadamente e consumia-se uma enorme quantidade de rum fabricado na região. Esse era o esporte favorito de Raúl e, na qualidade de homem jovem morador em Birán, o irmão de Fidel criava seus próprios galos de briga.

Não havia nenhuma igreja no vilarejo, e um padre aventurava-se ali apenas uma vez por ano, mais ou menos, a fim de realizar batizados e outros sacramentos. Na ausência da Igreja Católica, verificava-se um cruzamento de ritos tirados de várias culturas. O piar de uma coruja – um som estridente ouvido durante a noite – ou o cantar não respondido de um galo em um dado amanhecer representavam sinais evidentes de azar. A *santería*, uma religião afro-cubana envolvendo a prática de rituais secretos e o sacrifício de animais, somada ao vodu haitiano, era seguida por vários dos moradores da região, entre os quais a família Castro.

Ángel Castro trazia trabalhadores do Haiti por meio de um acordo com o cônsul daquele país presente em Santiago. Na infância, Fidel e seus irmãos gostavam de visitar os haitianos em suas choupanas, onde comiam milho assado e brincavam com os filhos deles. Alina Fernández, filha de Fidel, escreveu no exílio em Miami que seu extravagante tio Pedro Emilio, filho mais velho de Ángel, uma vez lhe contou um segredo de família: Ramón, um dos meio-irmãos de Pedro Emilio, manteve uma intensa relação amorosa com uma haitiana naquela época, quando tinha 13 anos de idade.[4]

Birán era um lugar tão perigoso e sem limites que Fidel Pino nunca deixava que sua filha, com quase a mesma idade de Raúl, de quem era amiga, visitasse aquele local. Uma amiga de infância de Mirta Díaz Balart – a bela e jovem mulher de Banes com quem Fidel casou-se em 1948 – contou-me quando a encontrei na casa dela em Georgetown (distrito histórico de Washington) que, antes do casamento, nem mesmo Mirta nunca tinha colocado os pés em Birán. E apenas alguns dos poucos amigos das crianças da família Castro eram convidados para comparecer à localidade.[5]

Em suma, Birán parecia-se talvez com uma cidade extravagante de um dos romances do realismo mágico que se popularizaram pelas mãos do vencedor do Nobel de Literatura Gabriel García Márquez, um amigo de Fidel. A comunidade girava em torno da *finca*, a fazenda ou a propriedade rural, da família, que chamavam de Manacas e onde se misturaram durante gerações os Castro, Ruz, Gonzalez e Argota. A jovial e astuta Lina Ruz Gonzalez, mãe de Fidel e de Raúl, era filha de trabalhadores itinerantes. Na qualidade de empregada adolescente trabalhando na casa de Ángel, ela começou a dar à luz os filhos dele, sete no total.

A casa principal equivalia a uma enorme e precária construção de madeira apoiada sobre estacadas enfiadas em grande profundidade na terra vermelha e dura. A sombra de um grande tamarindo ajudava a resfriar um lado da casa; e era possível passar horas agradáveis na ampla varanda característica de propriedades rurais do tipo. A moradia representava uma versão mais espaçosa e tropical dos barracos construídos por camponeses na Espanha, o país natal de Ángel. Poucos móveis, geralmente fabricados com madeiras da região, espalhavam-se pelo local. Além das estátuas de santo em tamanho natural, não havia na casa muitas peças de decoração ou artefatos familiares. Quase nenhuma obra de arte – de literatura, de artes plásticas ou de música – suavizava a realidade bruta daquele lar.[6]

Animais malcheirosos amontoavam-se debaixo do chão da casa suspensa, incluindo as vacas leiteiras da família que eram ordenhadas ali e todas as outras modalidades de bichos de criação – porcos, galinhas, perus, gansos e outras aves. A casa contava com um segundo piso apertado, o "observatório", que incluía as camas. A maior parte da construção encontrava-se "em um estado de desmazelo caótico", segundo Leycester Coltman, o mais recente biógrafo de língua inglesa de Fidel e um ex-embaixador da Grã-Bretanha em Havana. Galinhas ciscavam aqui e acolá, geralmente sem ser perturbadas, e chegando até mesmo, segundo o ex-diplomata, a "empoleirar-se" em vários dos cômodos.[7]

As instalações da cozinha e dos banheiros poderiam ser descritas como rudimentares, se tanto. Não havia luz elétrica, e nem veículos motorizados quando os irmãos Castro eram pequenos. A fim de chegar à propriedade, Fidel contou a Frei Betto, um frade brasileiro da Ordem Dominicana, em uma entrevista autobiográfica de 23 horas realizada em 1985, que "a gente tinha de pegar um trem e depois um cavalo".[8]

Havia um laticínio, uma padaria, um matadouro, oficinas mecânicas, uma precária escola do ensino fundamental, agências de correio e de telégrafos e um armazém que a família Castro operava. Fidel trabalhou nesse armazém, a contragosto, durante uma das férias de verão, e Raúl esteve atrás do caixa desse estabelecimento durante períodos maiores. Ángel pagava a polícia a fim de que enviasse homens para ocuparem uma delegacia rural. E dirigia uma locomotiva parecida com um bonde dotada de um gradil enorme na frente, percorrendo um trilho de bitola estreita que se estendia da fazenda até uma moenda de cana próxima. Na parte dianteira e plana dela, em letras grandes, lia-se o seguinte: "Ángel Castro e Filhos".[9]

Paulatinamente, Birán aumentou de tamanho para tornar-se um entreposto ao mesmo tempo fascinante e ameaçador, opressivamente primitivo, mas também divertido. Fidel e Raúl sempre alimentaram boas lembranças do tempo em que cresceram lá. Fidel, adotando uma postura incomum no caso dele, manifestou nostalgia quando relatou fatos daquela época na entrevista concedida a Frei Betto, como quando, aos 10 ou 12 anos de idade, visitava a cavalo uma pitoresca floresta de pinheiros – a Pinares de Mayarí –, onde Ángel alugava um pedaço de terra localizado em um platô alto e de temperatura mais amena.

"Os cavalos tinham de esforçar-se para subir aquelas encostas íngremes, mas, quando chegavam lá, os animais paravam de suar e, dentro de poucos minutos, secavam-se. O clima era incrivelmente ameno lá em cima, porque havia uma brisa constante atravessando os pinheiros altos e compactos, cujas partes superiores uniam-se para formar um tipo de teto", contou Fidel. "A água existente nos vários riachos era fria, pura e deliciosa."[10] Geógrafos cubanos consideram a área existente ao redor de Birán e de Pinares de Mayarí como talvez a mais bonita da ilha caribenha.

Fidel deliciava-se com a liberdade de perambular pelos domínios sempre em expansão de Ángel, coisa que fazia para caçar vários animais selvagens com estilingue, arco e flecha ou uma pequena arma de fogo (ele tornou-se um atirador bastante competente) ou para nadar nos numerosos córregos daquelas áreas. Uma foto de família tirada quando Fidel tinha 17 anos mostra-o no campo, posando de forma mais ou menos consciente como se estivesse participando de um safári. Ele está sozinho, com um joelho apoiado no chão, usa um capacete colonial e botas; e maneja com segurança um rifle. Fidel tem uma adaga de cerca de 30 centímetros enfiada em uma bainha presa à sua cartucheira. Um elegante cão de caça aparece ao lado dele. O retratado exibe, dos pés à cabeça, a imagem do filho mimado de um grande senhor proprietário de terras, e não o descendente de um camponês abrutalhado cuja casa não passa de um imenso barraco infestado de galinhas. Tais contradições surgiam freqüentemente na geração mais nova dos Castro.

Raúl parece ter sentido uma afinidade ainda maior em relação a Birán e sempre manifestou mais orgulho do que Fidel por seu passado. O irmão mais novo costumava regressar para casa a fim de recuperar as forças quando morava em Havana, a cidade grande e estranha na qual, como homem de pouca idade, nunca se sentiu à vontade, incapaz de encontrar um nicho ou um propósito próprios. Raúl fugiu na direção de Birán, a pé, depois do desastroso ataque contra o quartel de Moncada, em 1953. E regressou imediatamente para lá quando, junto com Fidel, foi libertado da prisão na ilha de Pinos após ficar atrás das grades por quase dois anos em virtude daquela ação armada.

Juanita, a irmã de Fidel e Raúl que fugiu de Cuba em 1964 e mora em Miami desde então, conversou comigo sobre seus irmãos em uma longa entrevista concedida em 1986. Sentada dentro do pequeno escritório existente atrás da farmácia de que foi dona ao longo de vários anos, Juanita contou que Raúl permaneceu em Birán após ter saído da prisão.[11] Fidel, no entanto, dirigiu-se prontamente a Havana a fim de dar início aos esforços para retomar seu movimento revolucionário. A irmã e outras pessoas que conheceram os irmãos comentaram várias vezes sobre a natureza sentimental de Raúl, sobre sua necessidade de estar com a família e os amigos, características que contrastam marcadamente com a insistência de Fidel em preservar sua absoluta autonomia pessoal. Ela está convencida de que Rául tornou-se um homem insensível e inescrupuloso quando estava na casa dos 20 anos, por influência do irmão mais velho.

◁ ☆ ▷

Ángel Castro nasceu na Província da Galícia, uma região rochosa do norte da Espanha, e por isso era chamado de *gallego*, uma designação algo insultante. Ángel foi enviado a Cuba como soldado durante a época da Guerra Hispano-Americana, mas nunca conversou com a família sobre sua participação naquele conflito.

Isso se justifica porque o pai de Fidel teria enfrentado os *mambises* cubanos, guerrilheiros que lutavam pela independência, e que forneceram o modelo de herói para os dois filhos dele quando travaram suas próprias campanhas armadas com o intuito de depor Batista. Fidel desaprovava o próprio pai por vários motivos, dentre os quais se destacavam o papel desempenhado por ele durante a guerra e sua recusa em renegar isso ou em aprender mais sobre a história de Cuba. Ángel só adquiriu cidadania cubana em 1941, aos 66 anos de idade.

Juanita disse para mim que o pai mantinha uma arma, "mas nenhum outro artefato, relíquia ou objeto que o lembrasse do serviço militar". Ela não se lembra de ter visto Ángel manifestar alguma vez opiniões de repúdio aos Estados Unidos. Fidel e Raúl, com motivos mais fortes para asseverar que o pai deles opunha-se aos norte-americanos, tampouco afirmaram algo do tipo publicamente. Todos os indícios apontam, pelo contrário, que Ángel respeitava os norte-americanos e apreciava o fato de trabalhar com eles – não menos, diga-se, porque a prosperidade dele estava profundamente relacionada com os negócios que mantinha com os norte-americanos. Juanita está convencida de que, se o pai dela tivesse vivido o bastante para testemunhar a revolução, teria sido um "inimigo de Fidel".

Depois da guerra, Ángel começou a trabalhar em uma fábrica de telhas que um tio dele mantinha em Santa Clara, na região central da ilha. No entanto, segundo Juanita, logo migrou para leste em busca de melhores oportunidades. Estabelecendo-se em Oriente, ao norte, ele começou a adquirir parelhas de bois e a organizar grupos de trabalhadores a fim de prover transporte e outros serviços às empresas norte-americanas. Esses trabalhadores derrubavam áreas de mata que se transformariam em plantações de cana-de-açúcar da United Fruit e vendiam madeira para alimentar as moendas. Essa empresa também recorria a Ángel para obter produtos de armazém antes de ele próprio começar a adquirir terras. Em meio a seus negócios, o patriarca deu mostras de um dom excepcional para a liderança – de forma semelhante a Fidel e a Raúl mais tarde –, o que significava ficar encarregado de comandar uma crescente força de trabalhadores sem qualificação.

Fidel Pino contou-me, durante nossas conversas em Mayagüez, que o pai dele e Ángel eram como irmãos. Nove anos mais velho que Pino, Castro, no entanto, submetia-se ao amigo mais requintado e com melhor formação escolar, um mentor a sua moda. Pino Santos nascera em Cuba, de forma que conseguia ajudar o imigrante Ángel a compreender melhor as peculiaridades crioulas e tropicais da ilha. Os dois confiavam um no outro e trabalharam juntos durante vários anos, mesmo quando a posição social adquirida por um e pelo outro acabou, necessariamente, por divergir. Pino Santos desejava progredir social e politicamente como fizera no plano financeiro. Ele e Mario, seu filho, se tornariam figuras políticas de peso em Santiago e mais tarde obteriam cadeiras no Congresso Nacional. Para Ángel, um quase analfabeto com pouca educação formal, no entanto, o microcosmo que criara em Birán provava-se mais do que suficiente.

O que conquistara representava, é de se supor, mais do que jamais sonhara em adquirir. Ele não se interessava por ser dono de casas na cidade, como Pino Santos, e nem por ingressar em círculos sociais dentro dos quais não saberia como se comportar ou o que dizer. Ángel era um homem despretensioso, um homem legítima e alegremente rústico. Fidel afirmou a Frei Betto que seus pais não dispunham de uma vida social, mantendo relações apenas com pessoas iguais a eles. "Eles trabalhavam o tempo todo." Quase não havia visitas na casa dos Castro.[12] Fidel Pino lembra-se de que, nas poucas visitas do patriarca da família a Santiago – e nas mais raras visitas dele a Havana –, Ángel ficaria hospedado com os Pino, onde se sentia mais à vontade.

O pai de Fidel e Raúl não tinha muito tempo para os filhos, e não havia manifestações de carinho. Amado Llorente, um jesuíta espanhol que foi o professor preferido de Fidel em Belén, a escola de ensino fundamental da elite freqüentada por ele quando jovem, contou-me que nunca se encontrou com Ángel. E o padre, que entrevistei em um asilo de Miami, tampouco conseguia lembrar-se de ter visto os pais de Fidel participando da cerimônia de graduação.

"Eu costumava dizer a Fidel para que arranjasse um encontro com o pai dele. Nós dois tínhamos vindo da Espanha. Eu sou de León e ele era um *gallego*. Mas Fidel sempre mudava de assunto."[13]

José Ignácio Rasco, colega de turma de Fidel em Belén e na Universidade de Havana, descreveu um cenário semelhante. Rasco disse-me, em Miami, que Fidel "falava muito pouco" do pai e que o fazia "em termos negativos quando isso ocorria".[14]

Em termos gerais, na entrevista concedida a Frei Betto em 1985, Fidel descreveu Ángel de forma elogiosa. Todavia, 20 anos antes, durante várias e longas conversas que manteve com o repórter fotográfico norte-americano Lee Lockwood, Fidel reservou palavras mordazes para o pai. Ele criticou Ángel "usando um tom peculiarmente indiferente", escreveu Lockwood. "Este havia sido um latifundiário, um rico proprietário de terras que explorava os camponeses. Não tinha pagado impostos por suas terras ou por sua renda. E havia 'feito política em nome do dinheiro'", disse Fidel ao repórter dos Estados Unidos.

Raúl acompanhou trechos da entrevista e tentou falar sobre suas próprias memórias de Birán e sobre a família Castro, buscando, sem dúvida, discorrer em termos mais favoráveis a respeito de Ángel. Ele e Fidel, no entanto, discutiram acaloradamente na frente de Lockwood antes de Raúl, conforme ocorria sempre à época, ter cedido.[15] Tudo indica que Fidel, à medida que amadureceu e ficou conhecido nos círculos políticos de Cuba, passou a envergonhar-se de suas raízes, evitando falar sobre seus pais e a vida humilde que levavam.

Nos anos mais recentes, o líder cubano admitiu vez ou outra que o pai dele continuou sendo um campesino – um *guajiro*, segundo o vernáculo da ilha – durante toda a sua vida. Ángel sempre usou botas de trabalho sem meias e roupas simples. Nas poucas vezes que foi visto em Havana, o pai de Fidel trajava uma *guayabera*, a camisa bordada de algodão que costumam usar muitos moradores dos países tropicais. Não é difícil imaginar as mãos dele, ásperas e calosas, enquanto trabalhava orgulhosamente desempenhando tarefas que exigem grande esforço físico, quase até o seu último dia de vida. Fidel talvez tivesse o próprio pai em mente – ainda que de forma inconsciente – quando afirmou a Lockwood que, antes da revolução, "quando ia para a cidade, o camponês sentia-se muito acanhado e inibido".[16]

Como Fidel e Raúl, Ángel tem sido objeto de narrativas notáveis e eventualmente caluniosas. Uma, repetida ao longo de décadas, dá conta de que, quando começou a trabalhar em Birán, Ángel saía sorrateiramente nas noites sem Lua para mudar de lugar as cercas a fim de reivindicar para si porções maiores de terra. Uma fonte da biógrafa de Fidel Georgie Anne Geyer informou que Ángel possuía um esquema para "adquirir" tratores da United Fruit Company e depois pintá-los com cores diferentes. O pai dos irmãos Castro seria também um capataz rígido. Um ex-revolucionário que conheceu a família de Fidel contou-me, em uma entrevista concedida em San Juan, Porto Rico, que Ángel "tratava os haitianos e os *guajiros* locais de forma bastante dura. Ele fazia com que trabalhassem até chegarem à beira da exaustão".[17]

Apesar disso, a forma como seu pai lidava com os trabalhadores não era algo que Fidel criticasse quando crescia em Birán ou, mais tarde, quando estudava em Havana. Relatos confiáveis indicam que o filho de Ángel também tratava os *guajiros* com crueldade e talvez, ao contrário do pai, de forma arrogante também. Durante nosso encontro em Miami, Juanita Castro narrou como, quando menino e homem jovem, Fidel não se interessava nem um pouco pelo sofrimento experimentado pelos empregados da família. "Havia muitos empregados trabalhando na fazenda e dentro da casa. Fidel nunca se importou com essas pessoas", afirmou. "Pelo contrário, lembro-me de vê-lo criticando meu pai por ser excessivamente generoso com os funcionários."

Juanita lembra-se com clareza de um episódio envolvendo um *guajiro* de Birán chamado Aracelio Peña, que apareceu de surpresa na casa dos Castro uma determinada noite, quando a família degustava um jantar especial por conta de um feriado. "A função dele era subir em coqueiros para apanhar cocos que seriam usados na alimentação dos porcos. Ninguém estava trabalhando na fazenda devido ao feriado", contou Juanita. "Quando ele entrou em casa, Fidel pegou-o pelo colarinho e ergueu-o no alto. Fidel empurrou-o até a porta de uma forma agressiva e o jogou escada abaixo, na frente da casa. Ele estava bravo porque Aracelio havia interrompido o nosso jantar." Membros da família Pino narraram fatos semelhantes a respeito de Fidel, que, quando vivia em Havana, mal entrado na idade adulta, conclamava o pai a ser mais duro com os empregados.

Fidel sempre foi o mais teimoso e o mais mimado dos filhos de Ángel. O pai, que tinha 50 e poucos anos quando Fidel nasceu, reconheceu provavelmente de forma bastante precoce que caberia ao terceiro e mais audacioso de seus filhos manter vivas muitas das qualidades dele. Desde a infância, Fidel imbuía-se da certeza de que superaria suas origens humildes para perfazer algum destino importante, em uma escala ainda maior do que aquela atingida por Ángel.

Nenhum dos filhos contou com um apoio tão indulgente e generoso. O pai de Fidel pagava por uma conta mantida por ele na loja de departamentos Ultra, em Havana, e, a julgar pelo guarda-roupa impecável que Fidel exibia durante os anos anteriores à revolução, os gastos não seriam nem um pouco modestos. Em várias ocasiões, Ángel comprou para o filho um carro novo. O primeiro foi adquirido em 1945, apesar da pouca oferta de carros novos em Cuba provocada pela guerra. Na época, Fidel preparava-se para ingressar na Universidade de Havana.

Raúl, o mais jovem dos filhos de Ángel, recebeu muito menos agrados do que Fidel. Raúl, segundo se sabe, não teria ganhado presentes caros, que dirá uma conta em uma loja de departamentos ou um carro novo. Quando jovem, ele alimentava gostos e ambições muitos mais modestos que os de Fidel, e ainda assim a diferença com que o orçamento familiar acolhia cada um dos irmãos causa espanto. No começo de 1953, viajando pela Europa nos anos do aprendizado marxista, Raúl ficou sem dinheiro em Paris. Ele enviou um telegrama pedindo ajuda, mas Ángel recusou-se a enviar-lhe um peso que fosse. Juanita diz que restou para ela a missão de auxiliá-lo a fim de que pudesse comprar uma passagem em um navio a vapor para regressar a Cuba.[18]

Apesar de Fidel ter sido sempre o filho favorito de Ángel, na conversa com Frei Betto, o líder cubano disse não se lembrar da data em que seu pai morreu. Em outubro de 1956, os irmãos preparavam-se para embarcar no Granma, saindo do México com uma força expedicionária que deveria fomentar uma insurgência. A notícia sobre a morte de Ángel chegou-lhes por meio de Rafael del Pino, um dos antigos colegas rebeldes de Fidel.

Del Pino, que mais tarde foi acusado de traição e que ou cometeu suicídio ou foi morto em uma das prisões do regime castrista, contou a um outro companheiro que Fidel mal se abalou com a notícia. Sem demonstrar qualquer emoção, ele balbuciou: "Que pena", para então mudar de assunto, pedindo que del Pino lhe repassasse as últimas novidades políticas vindas de Cuba. Raúl, por outro lado, teria entrado em um banheiro e chorado durante bastante tempo.[19]

◁ ☆ ▷

Ángel provou ser implacável e resoluto quando se tratava de atingir suas metas e, quando decidia que queria algo – fosse um trator para terras férteis, uma parelha de bois ou uma mulher –, nada o afastaria de consegui-lo. A primeira mulher dele, María Luisa Argota, era professora de uma escola de Província com a qual Ángel teve dois filhos, Lidia e Pedro Emilio, que sobreviveu até a idade adulta. María, porém, perdeu seu lugar na vida de Ángel quando a adolescente Lina Ruz González foi contratada como empregada doméstica. A numerosa família de Lina – nove irmãos e irmãs, no total – migrara para Birán a pé e de trem, atravessando grande parte do país, vindos de Pinar del Rio, na ponta oeste da ilha. Fidel referia-se a alguns dos ancestrais de sua mãe quando, em 1966, manifestou orgulho pelo fato de "parte de meu sangue ser árabe".[20]

Alina, a filha de Fidel criada pela mãe dela sem a participação do líder cubano, recebeu o nome da avó e escreveu de forma candente a respeito dela. "Ela extravasava uma energia exuberante e rebelde, bastante diferente da postura submissa e derrotista adotada pelas meninas da roça" que Ángel "engravidava" e que "lhe deram muitos filhos".[21] Alina afirma que, quando ingressou no lar da família Castro, a avó dela tinha mais ou menos a idade de Lidia, a filha de Ángel que então contava com cerca de 15 anos de vida.

Lina era uma "pessoa rude", segundo Fidel Pino, "e muito trabalhadeira". Ela disparava xingamentos como um *machetero* e não tinha formação escolar, mas era minimamente letrada. Fidel não se lembra de tê-la visto fazendo qualquer comentário sobre haver freqüentado uma escola, mas Lina dava lições básicas de alfabetização. Ela era perspicaz e ambiciosa, aproveitando-se de todas as oportunidades que tivesse para progredir.

Não demorou muito para Lina dar à luz os filhos de Ángel. Durante um período incerto de tempo, as duas famílias conviveram – sem dúvida precariamente – sob o mesmo teto ou ao menos de maneira muito próxima, até Lina impor-se, sucedendo sua rival na qualidade de patroa inquestionável de Birán. Ela impressionou Ángel com seu tino organizacional e seu tino para os negócios, ajudando a dirigir a loja, a monitorar as finanças e a tocar a fazenda.

As terras que Ángel possuía ou alugava estendiam-se por quilômetros de distância, em todas as direções, formando um patrimônio de grandes proporções mesmo para os padrões cubanos da época. As férteis plantações de cana-de-açúcar representavam o principal negócio do *gallego*, que, no entanto, diversificava seus investimentos. Em uma época, Ángel mandou plantar cem mil cedros para dar continuidade a seu negócio madeireiro. Havia ainda uma produtiva plantação de laranjeiras, a qual seria, supostamente, o orgulho de Lina. Certa vez, a mãe de Fidel flagrou ladrões roubando suas laranjas e, abordando-os, exigiu que pagassem por cada uma delas. E os homens podem ter realmente obedecido. Diz-se que Lina costumava patrulhar a propriedade montada em um cavalo, saindo ao amanhecer com um revólver preso na cintura.

Fidel Pino contou-me que a mãe de Fidel e Raúl dirigia todos os tratores e equipamentos agrícolas da fazenda usando uma *ropa fuerte*, as vestimentas rústicas dos campesinos.

Com o passar dos anos, Lina passou a ter uma preocupação maior do que Ángel com sua posição social e, recorrendo à ajuda das quatro filhas, aprendeu a vestir-se bem e a usar maquiagem. Teresa Casuso, uma amiga de Fidel, descreveu-a como sendo uma mulher alta, magra, com ossos salientes e cabelos pintados de preto quando as duas se encontraram no México, em 1957.[22] Lina visitou Casuso e outros simpatizantes do movimento de seus filhos quando Fidel e Raúl lutavam na Sierra Maestra e ameaçavam destruir as plantações de cana a fim de abalar a economia de Cuba e, por conseqüência, a ditadura de Batista.

"Eu vim aqui para falar com vocês sobre a destruição de minhas plantações de cana. Eu quero que vocês dêem um jeito para que ninguém toque nelas."

Casuso nunca admirou a matriarca da família Castro, à época viúva. Ela sentiu-se ofendida pela observação de Lina sobre o fato de oficiais do Exército cubano, entre os quais um comandante da região, costumarem visitá-la em Birán para tomar um café. Não era segredo para ninguém, no entanto, que Lina acalentava simpatias pelos inimigos de seus filhos. No começo da insurgência, ela teria afirmado, segundo meios de comunicação cubanos, lamentar o sofrimento imposto às mães dos soldados legalistas por causa do conflito. Depois de Fidel e Raúl terem conquistado o poder e nacionalizado as propriedades dela, Lina teria se referido ao mais velho dos dois como "*mi hijo sin verguenza*", meu filho sem vergonha, contou Fidel Pino.

O carinho de Lina por Raúl ficou patente quando os dois combinaram de se encontrar no abrigo dele, nas montanhas, durante o período final da guerra de guerrilha. Mãe e filho não se viam desde a visita dele a Birán, realizada pouco depois de ter sido libertado da prisão. Fidel, de outro lado, não tinha interesse nenhum em ver sua mãe enquanto se dedicava a levar adiante o movimento guerrilheiro. O líder cubano disse a Frei Betto que Lina não manteve nenhum tipo de contato com ele enquanto esteve nas montanhas porque sua mãe "estava sob constante vigilância".[23] Talvez Fidel não se lembrasse das fotos de Lina com Raúl, em segurança no quartel do grupo de guerrilheiros comandado pelo filho mais novo, fotos essas publicadas anos antes.

Constantes da coleção particular de Lina, as imagens mostram a presteza com que a matriarca aderiu aos ensinamentos dos guerrilheiros. Em uma foto, a mãe de Fidel segura uma pistola ao lado de dois camaradas de Raúl, cada um armado até os dentes. Ao fundo, pode-se ver uma palmeira solitária. Em outra, Lina usa uma boina e faz mira com um rifle, preparando-se para dispará-lo. A aparência dela é de alguém austero e pronto para qualquer coisa. Mulheres mais sofisticadas que se lembram de Lina naqueles dias afirmaram que ela parecia estar *de pelo en pecho*, como um homem com pêlos no peito.

De forma semelhante como fazia quando vigiava a movimentação das pessoas em Birán, a mãe de Fidel aparece em outra foto carregando com naturalidade uma arma de pequeno porte, uma pistola colocada dentro de um coldre na cintura, preso a um cinturão grosso dotado de uma fivela de metal brilhante.[24] Não há registros fora de Cuba sobre quanto tempo ela ficou com Raúl e os calejados guerrilheiros dele, nas montanhas, ou sobre as atividades que realizava para além da visita ao filho. Provavelmente, no entanto, Lina deve ter insistido com Raúl para interceder junto a Fidel a fim de que as plantações de cana dela não fossem queimadas. Ela sabia que poderia argumentar com o filho mais novo e que Fidel, tendo tomado uma decisão, não poderia ser convencido do contrário por ninguém – com exceção, talvez, de Raúl.

Quando a mãe dela, Dominga González, morreu, em junho de 1963, em Birán, apenas dois meses antes da própria Lina partir, coube a Raúl, e não a Fidel, participar do funeral. Pouco depois, quando Lina dava seus últimos suspiros na casa de Juanita em Havana, Raúl passou bastante tempo ao lado dela. Fidel Pino lembra-se de como ele dormiu no mesmo quarto dela, afagando-lhe a cabeça e cuidando de sua mãe. Juanita Castro, 23 anos mais tarde, contou-me que Raúl chorou no velório de Lina, mas que Fidel "chegou com uma postura empertigada, distribuindo ordens para todos os lados".

Os laços de Raúl com o restante da família Castro mantiveram-se intactos ao longo de toda a sua vida. Durante anos, muito tempo depois de ter saído de Birán com seus dois filhos, até mesmo a primeira mulher de Ángel contou com a proximidade de Raúl. Quando entrevistei Alina, a filha de Fidel, em Miami, ela me disse que, ao contrário de seu pai, Raúl "sempre foi simpático comigo".[25] O irmão mais novo também serviu de intermediário, arranjando os encontros de Fidel com sua primeira mulher, de quem ele se divorciou apenas alguns anos depois do casamento, e com o filho dos dois, Fidelito, que continuou em Cuba.

Hoje em dia, como tem sido o caso desde o começo da revolução, cabe a Raúl desempenhar o papel do patriarca da família Castro. Segundo se sabe, Raúl organiza encontros familiares com freqüência, na casa dele em Havana. O irmão mais novo de Fidel está casado com Vilma Espín desde o começo de 1959. Eles têm quatro filhos, entre os quais uma filha chamada Mariela, considerada a rebelde da família, e alguns netos.[26]

◁ ☆ ▷

Birán era um local divertido e algumas vezes perigoso, mas também solitário e isolado para os rapazes que cresciam ali. Fidel e Raúl possuíam primos na região do lado da família de Lina, mas, segundo Juanita, foi o segundo que formou laços de amizade com eles, e não Fidel. "Fidel nunca teve amigos", contou, exagerando, mas somente um pouco, a verdade.

Em meio ao grande número de *guajiros* e garotos haitianos que moravam na área, nenhum teve tantos privilégios ou agrados como Fidel. Esses companheiros de adolescência o veriam com reticências, considerando-o algo semelhante a um príncipe herdeiro dos domínios de Ángel. Fidel enfurecia-se quando não obtinha o que desejava, não aceitava sair perdedor nos jogos dos quais participava e costumava bancar o valentão para cima das outras crianças. Juanita contou o que se deu, certa vez, em um jogo de beisebol que os meninos disputavam.

"O time dele estava perdendo. Ele então levou embora todo o equipamento esportivo. Ele odiava perder."

Ao longo de toda a vida de Fidel, mantiveram-se intactos esses traços da infância. Ele nunca apreciou manter laços de amizade com homens que poderiam interagir com ele mais ou menos como iguais. Até mesmo Che Guevara – que, anos mais tarde, teria sido o homem a tornar-se mais íntimo de Fidel – precisava, invariavelmente, ceder diante do companheiro. Desde que ele subiu ao poder, seus "amigos" mostravam-se todos seguidores fiéis e obsequiosos, como Sancho Pança em relação a Dom Quixote.

Fidel não tinha muitas coisas em comum com seus dois irmãos mais velhos. Pedro Emilio tornou-se escritor e poeta, apesar de nunca ter conseguido se destacar, e seria uma pessoa instável, tendo dedicado grande parte de suas energias à realização de um romance que nunca terminou.[27] Juanita acredita que Fidel desprezava o meio-irmão por causa de desavenças referentes à divisão dos bens da família. De toda forma, não é fácil imaginar Pedro Emilio, um homem delicado, tendo interesses em comum com Fidel.

Ramón, o mais velho dos filhos de Ángel com Lina, contrastava com Fidel de outras formas. Ele mostrava-se satisfeito em seguir os passos do pai como fazendeiro e homem devotado à vida no campo. Ramón nunca se dedicou muito aos estudos e, mais tarde, resistiu a unir-se aos irmãos em suas empreitadas políticas e revolucionárias. Em pequena escala, ajudou-os a obter suprimentos na serra. Certa vez, porém, aguardando o envio, por Ramón, de um carregamento de munição, Fidel reclamou do fato de o irmão ter-lhe mandado apenas um relógio caro do qual não precisava. Após a revolução, Ramón viu-se recompensado por seu interesse de longa data pela agricultura e, desde a metade da década de 1980, apareceu algumas vezes, como membro do regime, em cerimônias realizadas em Cuba e no exterior.

Raúl mostrou-se sempre menos atlético e arrojado e nunca tentou participar de ou competir com Fidel em atividades fisicamente desgastantes. Ele se mantinha mais próximo de Juanita e costumava ficar mais perto de casa. Juanita contou a um jornal de Havana pouco depois de seus irmãos terem subido ao poder que os dois sempre foram próximos na infância, não obstante o fato de a irmã de Fidel estar provavelmente contando ao repórter bajulador o que este desejava ouvir.[28] O melhor indicativo desse fato é que, em todas as suas manifestações públicas, nos discursos ou entrevistas, Fidel nunca mencionou Raúl como um companheiro de infância ou como algo que se aproximasse de um amigo de idade adulta.

Certa vez, dois visitantes norte-americanos pressionaram Fidel: "O senhor possui muitos amigos íntimos?".

A resposta do líder cubano soou evasiva: "Eu, na verdade, não tenho o que os senhores poderiam chamar de um círculo íntimo de amizade".

Então, na defensiva, começou a discorrer longamente sobre o assunto, comentando sobre os muitos amigos *estrangeiros* com que contava, sobre seus aliados mais próximos que talvez pudessem ser considerados amigos e sobre seus funcionários, entre os quais cozinheiros, motoristas e outros subordinados que costumavam sair com ele para pescar. Fidel pareceu não perceber que quase todos os homens que mencionou precisavam obedecê-lo, precisavam fazer-lhe mesuras. Mais do que isso, nunca lhe ocorreu mencionar Raúl como sendo seu amigo.[29]

A inclinação de Fidel pela autonomia, por manter-se apartado de todos, sempre se revelou notável, em todos os sentidos. Já muito novo, o futuro líder cubano começou a dar sinais de um extraordinário sentimento de auto-satisfação. Não se tratava apenas de independência, mas de uma ferocidade emocional que lhe conferia um senso de excepcionalidade, a chave para sua crença renitente de que sempre esteve destinado à grandeza. "Não consigo me lembrar de alguma oportunidade em que tive dúvidas ou falta de confiança. Sempre contei com isso", afirmou Fidel a entrevistadores em 1980.[30]

Não há motivo para acreditar que o líder cubano estivesse exagerando a respeito de uma antiga determinação em prevalecer independente das chances contrárias, com a convicção de que seria bem-sucedido e de que o seria lançando mão de seus próprios instrumentos.

"Nunca tive um mentor", afirmou Fidel a Frei Betto várias vezes. E disse isso de forma tão freqüente e de maneiras tão variadas que não pode haver dúvidas a respeito da estranha autenticidade emocional disso. Na verdade, Fidel nunca careceu de um companheirismo franco ou de relacionamentos nos quais compartilhasse seus sentimentos, apesar de ter precisado sempre se cercar de pessoas quase que o tempo todo. Algumas vezes, chegou a admitir que odeia ficar sozinho.

"Ele era diferente", afirmou Juanita a um escritor norte-americano. "Não demonstrava seus sentimentos facilmente e sempre foi muito reservado."[31] Na infância, segundo contou a irmã de Fidel em outra entrevista, essa concedida a um jornal de Havana pouco depois da vitória dos irmãos Castro, o dirigente cubano sempre se mostrou "sério e introvertido. Ele lia e ficava meditando com freqüência".[32]

Fidel estava determinado, mesmo quando era uma criança de apenas 5 ou 6 anos de idade, a forjar uma identidade por meio da qual prevalecesse sobre o ambiente circundante. E, com certeza, Fidel revelava-se ambicioso e excepcionalmente inteligente. Ainda jovem, ele passava grande parte de seu tempo sozinho, fantasiando sobre os papéis heróicos que desempenharia de forma que, igual a seus heróis de infância – Napoleão, Alexandre, o Grande, e Júlio César –, o nome dele também seria enaltecido nos livros de história.

Suas épicas conjunturas alimentavam-se de um apetite voraz pela leitura. Fidel diz que, quando ainda jovem, consumiu uma história da Revolução Francesa em dez volumes. Quando chegou aos 10 anos de idade, ficou fascinado também pela Guerra Civil Espanhola, então em andamento. "Vários espanhóis moravam na fazenda do meu pai e alguns deles não sabiam ler. Eu então lia para eles tudo o que conseguia sobre a guerra na Espanha."[33] Foi assim que nasceu, segundo conta Fidel, seu antigo hábito de devorar as notícias do dia.

"Desde a Guerra Civil Espanhola, passei a ler todos os jornais, todas as notícias internacionais." O interesse dele pelas revoluções e pelos heróis revolucionários gravou-se de forma indelével já no começo de sua vida.

A notável autoconfiança de Fidel, de que dava mostras mesmo quando criança, e a certeza de que um grande destino o aguardava devem-se em grande parte a Ángel e Lina. Cada um deles saiu das mais abjetas pobreza e obscuridade, cada um planejando seus avanços, vencendo todas as adversidades e realizando suas metas. Ainda assim, Fidel nunca lhes deu crédito por provarem que mesmo campesinos analfabetos conseguiam erguer-se acima das massas e tornarem-se incrivelmente prósperos.

O ideal de dar voz ao campesinato se transformaria no princípio central de seu regime, um ponto repisado regularmente em seus discursos e declarações. A revolução dirigia-se aos *guajiros* de Cuba, aos pobres, à população rural antes explorada. Um dos primeiros e mais trombeteados programas de Fidel tratava da criação de brigadas de alfabetizadores que se espalharam por todo o país a fim de ensinar e formar os *guajiros* que moravam até nas regiões mais longínquas.

Os campesinos romantizados, pessoas nobres e nacionalistas segundo o credo da revolução, incluiriam-se também entre seus maiores beneficiados, fornecendo a Fidel seu contingente mais fiel de apoio popular. Mas, se para o líder cubano há alguma ligação entre o campesinato cubano e os pais dele, então isso deve estar guardado no mais recôndito de seu subconsciente.

Juanita observou que "a personalidade de Fidel e do meu pai são muito semelhantes [...] os dois são muito *gallegos*".[34] Pode-se, no entanto, vasculhar o grande repertório de discursos, entrevistas e conferências de Fidel sem, provavelmente, encontrar uma única reflexão sugerindo que ele alguma vez concordou com essa idéia. A vergonha que sentia na infância e na adolescência devido à simplicidade rústica, *guajira*, dos pais nunca realmente se desvaneceu na idade adulta, apesar de, ao longo do tempo, Fidel ter aprendido a disfarçar melhor esse sentimento.

Há, todavia, uma exceção nos registros. Em um discurso proferido por Fidel no dia 23 de março de 1991, diante de um grupo de estudantes cubanos do ensino médio, palavras dotadas de uma carga emocional diferente saltaram da boca dele, como se movidas por uma força própria. O Muro de Berlim caíra menos de um ano antes; a União Soviética encontrava-se em seu leito de morte. Fidel via-se sob uma pressão enorme.

Diante dos estudantes, as declarações iniciais do discurso foram introspectivas. Fidel contou a respeito dos anos em que cursou o ensino médio, narrando à platéia como se sentiu ao desembarcar em Havana vindo da zona rural pela primeira vez, inicialmente em Belén. Fidel tinha 15 anos de idade e nunca pusera os pés na capital antes.

O líder de Cuba desejava que os estudantes compreendessem que ele conseguia dar-se conta do medo que sentiram em seu primeiro dia na cidade grande e estranha. Talvez buscasse até mesmo despertar alguma compaixão nos estudantes. No que acabou por se transformar, de forma quase certamente involuntária, em uma confissão, Fidel relacionou a si próprio com o pai e com todos os agricultores pobres que conhecera na infância.

"Eu sou um camponês de Birán", exclamou.[35]

Fidel nunca dissera algo parecido sobre si mesmo em público antes e nunca o faria novamente. Aquela declaração divergia, inteira e singularmente, do perfil dele. Tratava-se de uma admissão implícita a respeito das pungentes dualidades e contradições de sua infância. Admitir que seus pais eram campesinos consistia em uma verdade que Fidel raramente se preocupou em expor.

Mas confessar que *ele* também fora um *guajiro* nunca – com exceção desse único escorregão – integrou a grandiosa figura pública que Fidel criou para si próprio e que exibiu inexoravelmente durante décadas.

CAPÍTULO DOIS

Vítima da exploração

Fidel tinha 12 anos de idade quando sua mãe, Lina, amuada e receosa, escreveu uma carta singular a ser entregue para Fidel Pino Santos.

O amigo de Ángel cumpria então seu primeiro mandato como integrante do Congresso cubano, nas fileiras do Partido Conservador, vendo sua influência aumentar junto com seu patrimônio. Pino Santos era seu confidente mais próximo e exercia grande influência sobre o velho e desconfiado *gallego*. Lina não tinha dúvida nenhuma a respeito do quão arriscada seria sua manobra, do quão facilmente poderia se transformar em um tiro pela culatra. No entanto, ficar omissa parecia-lhe representar um perigo ainda maior, de forma que se viu obrigada a apostar sua sorte e a de seus filhos acreditando na ajuda de Pino Santos. Enviada de Birán, em 8 de dezembro de 1938, a carta continha um apelo desesperado pela sua intervenção. Lina implorava-lhe que convencesse Ángel a reconhecer oficialmente ser o pai dos filhos dela e que assim, implicitamente, se casasse com ela.

"*Estimado Compadre*", começava a missiva, utilizando uma expressão em espanhol que significa tanto "caro amigo" quanto "estimado padrinho". Lina dizia que seus filhos – referia-se a eles como "as infelizes criaturas" – já se deparavam com "os sofrimentos da vida". Eles estavam sendo atormentados, e sem que tivessem culpa nenhuma. A situação social deles revelava-se precária. As meninas mais velhas não conseguiam matricular-se em escolas católicas devido à oposição de freiras conservadoras, as quais exigiam que recebessem antes os sacramentos. Os filhos eram todos ilegítimos e o sofrimento deles importava mais para Lina do que sua própria situação, igualmente indefinida. Mas isso também se transformara em uma questão porque o trabalho físico executado pela mãe de Fidel e seus talentos na organização da fazenda contribuíam de forma substancial para o sucesso financeiro de Ángel. No final do decênio de 1930, Lina agia como uma sócia virtualmente plena nos negócios de Birán, mas não ainda no lar de Ángel.

A mulher vinha dando à luz os filhos dele, um depois do outro, e isso durante muitos anos, apostando provavelmente que cada novo rebento aumentasse seu poder de barganha. Todos os sete já tinham nascido no momento em que escreveu a carta para Pino Santos. Ángela, a mais velha, tinha 14 anos de idade. Ramón era um ano e meio mais novo e logo depois dele veio Fidel, ao qual se seguiram Raúl, Juanita e Emma. Quando Lina enviou a carta, Augustina, a mais nova, contava com 4 meses de idade. A certidão de casamento já estava mais do que atrasada.

Se fosse para Ángel decidir-se algum dia por tomá-la como sua mulher, dando-lhe uma posição oficial, e por conceder legitimidade a sua prole aos olhos da lei, chegara a hora. María Argota já havia abandonado a *casa grande*, a sede da fazenda em Birán, mas Lina e seus filhos continuavam esperando Ángel reconhecê-los legalmente, concedendo-lhes o direito de usarem o sobrenome Castro e de serem aceitos pela Igreja.

A mãe de Fidel conclamou Pino Santos para interceder junto a Ángel "a fim de inculcar em Castro o dever dele de reconhecê-los e de legalizar sua situação". Lina implorou-lhe que não contasse a Ángel sobre a carta. Referia-se ao companheiro de forma respeitosa, chamando-o de "senhor Castro". A carta havia sido datilografada, com um linguajar em alguns trechos tão rebuscado que Lina, ao que tudo indica, teria pedido a ajuda de algum amanuense – talvez do contador da fazenda, que, segundo se conta, mantinha uma relação de grande proximidade com ela – para elaborá-la.[1]

◁ ☆ ▷

A maior parte dos biógrafos de Fidel abordou com cuidado o fato de ele ter sido um filho ilegítimo, quando o fazem. Tad Szulc chegou à conclusão de que María Argota morrera após o nascimento dos dois filhos dela, abrindo caminho assim para Lina. Robert Quirk e Leycester Coltman discorreram breve e delicadamente sobre a questão. Outros não a mencionam. Georgie Anne Geyer, de outro lado, concluiu que o fato de Fidel ser filho ilegítimo traduziu-se em um pesado fardo psicológico. A escritora atribuiu a José Figueres, o ex-presidente da Costa Rica que conheceu Fidel, a informação de que ele "pode ter sofrido amargamente com o fato de ser um filho bastardo".[2] Esses primeiros biógrafos viram-se limitados pela escassez de informações confiáveis a respeito do lar da família Castro disponíveis na época em que escreveram suas obras, e talvez, também, limitados por esforços compreensíveis para não adotarem atitudes antiquadas a respeito dos filhos havidos fora dos enlaces oficiais.

O mais recente biógrafo de Fidel, no entanto, o jornalista francês Serge Raffy, descobriu novas informações sobre a família que confirmam a observação de Figueres. O fato de Fidel ter sido filho ilegítimo representava algo profundamente traumático para ele quando menino e parece ter influenciado sua personalidade adulta. Segundo Raffy, Fidel só ganhou o reconhecimento oficial da parte de Ángel cinco anos depois de Lina ter escrito para Pino Santos. O autor francês entrevistou várias pessoas em Cuba e desenterrou provas reveladoras em arquivos existentes naquele país.[3]

Apesar de humilhada e afastada de Ángel, María Argota continuava, de toda forma, a ser a esposa legítima dele. E não desapareceria de uma hora para outra sem um arranjo apropriado, apesar de isso ser algo complicado diante das leis cubanas, que antes de 1940 dificultavam o divórcio.

Frente a esse quadro, Pino Santos, ao receber a carta de Lina, pode ter conclamado o amigo a preservar seu *status quo*, a manter a mais respeitável professora no papel de sua esposa e a enfiar as crianças bastardas e a mocinha que prestava serviços na casa em algum lugar distante dos olhos de María.

Para ter certeza sobre o que fazer, o intratável *gallego* procrastinou. Um divórcio dispendioso, um casamento com a ainda muito jovem e quase analfabeta empregada doméstica e o acolhimento dos filhos dela na qualidade de herdeiros dele, tudo isso poderia não beneficiá-lo a contento. Talvez fosse melhor contemporizar em vez de enfrentar o dilema de frente. Disso resultou que as crianças ficaram conhecidas pelo sobrenome de Lina – eram da família Ruz – até anos mais tarde, e durante um longo período de tempo as três mais velhas ficaram escondidas em Birán e depois foram banidas a fim de que María pudesse preservar sua reputação.

Raffy descobriu que, quando crianças, Fidel e seus irmãos mais velhos não eram bem-vindos na sede da fazenda de Birán, o único lugar onde María Argota ainda conseguia defender altivamente seu terreno. Em vez disso, os filhos de Lina moravam em um lugar então conhecido como a *casa de los abuelos*, a casinha dos avós Ruz, uma cabana ou um barraco, segundo alguns relatos. A habitação ficava próxima, mas não podia ser vista da *casa grande*. As três crianças mais velhas recebiam cuidados nesse local das mãos da avó enquanto Lina esfalfava-se na sede da fazenda. Ángela e Ramón nasceram na pequena *casa*, no barraco dos avós, relatou Raffy. Alina Fernández acrescenta que o pai viveu seus primeiros dias de vida ali também.[4]

Com certeza, não se conhecem mais informações a respeito dos anos iniciais de Fidel. Ele e os irmãos nunca ofereceram pistas sobre terem começado a vida em meio a uma situação de tamanha insegurança. Antigas fotos de família sugerem que, se Fidel nasceu realmente na casa dos avós e depois morou um certo período ali, submetido a uma constrangedora reclusão, houve alguns momentos, ao menos, em que seu *status* parecia assegurado. Em uma foto em preto-e-branco tirada quando tinha 2 anos de idade, Fidel aparece posando como o *Blue Boy* de Gainsborough,* de pé, trajando um terno escuro e brilhante orlado com uma gola e punhos brancos e espalhafatosos. Seu braço direito repousa sobre uma cadeira de vime. O menino parece triste, olhando fixamente para a câmera com um ar ríspido e carrancudo.

Nessa e em outra foto supostamente tirada quando tinha 3 anos de idade, Fidel veste-se com roupas sofisticadas que nenhuma família de uma criança camponesa de Cuba, à época, poderia sonhar ter.[5] Mas Lina não era uma mocinha da roça como as outras, e certamente lançava mão de sua astúcia e poder de barganha a fim de extrair de Ángel favores para seus filhos. Pressupondo-se que se trata realmente do pequeno Fidel nas fotos, o mais provável é que, durante seus primeiros anos de vida, o futuro líder cubano ficou perigosamente suspenso entre os dois mundos que coexistiam em Birán, entre a indulgência vacilante de Ángel e o banimento em uma cabana de camponeses.

Fidel conta que tinha 3 ou 4 anos quando deu início aos estudos, na primeira fila de uma versão de Birán para as casas-escola usadas pelos colonos norte-americanos.

---

* Quadro a óleo de Thomas Gainsborough, pintado por volta de 1770, mostrando um jovem todo vestido de azul (N. do E.).

Foi ali que ele começou a ler, a escrever e a aprender aritmética. Mas Fidel mostrava-se incorrigível.

"Quase sempre fui um menino empertigado na escola. Lembro-me de que, todas as vezes que discordava de algo dito pela professora, eu ficava bravo, eu xingava a professora e saía da sala logo depois, correndo o mais rápido que conseguia."[6]

A temporada na escolinha da fazenda terminou de uma hora para outra, cerca de dois anos mais tarde, conta Fidel, quando ele, Ángela e Ramón partiram para Santiago, supostamente a fim de serem tutorados na depauperada casa de uma haitiana que dera aula para os irmãos Castro em Birán. Essa mulher morava em uma habitação estropiada e úmida, em um dos bairros mais antigos da cidade, com a irmã dela e o pai das duas. Para Fidel, o lar adotivo traduzia-se em um ato chocante e doloroso de abandono, apesar de, na entrevista com Frei Betto, o dirigente cubano ter se esforçado ao máximo para discorrer em termos positivos a respeito daquela experiência.

"Uma professora havia feito minha família convencer-se de que eu era muito aplicado. Ela convenceu todo mundo de que eu era inteligente e que tinha talento para o aprendizado. Esse é o motivo verdadeiro pelo qual me enviaram para Santiago quando tinha cerca de 5 anos de idade."[7]

A formidável capacidade cognitiva de Fidel já teria se evidenciado naquela época, mas a casa haitiana dificilmente seria um lugar adequado para educar uma criança brilhante. Primeiro, não havia nada para ser lido, apenas quadros de tabuada e cadernos. Segundo suas próprias palavras, Fidel pouco aprendeu ali. Suas habilidades matemáticas, porém, foram despertadas. Ele memorizou as tabelas de multiplicação e divisão tão bem que, conforme se gabou certa vez, "eu algumas vezes calculava como um computador".[8]

Fidel passou dois anos e meio, talvez três, com a família substituta do Haiti, sofrendo e, pelo que conta, perdendo tempo. Ele recorda-se de ser muito magro à época, de passar fome, andar sujo e desgrenhado, com cabelos revoltosamente compridos porque os haitianos não dispunham de dinheiro suficiente para pagar um barbeiro.

Após a chegada de Ramón Castro, seis pessoas – três adultos e os três irmãos – dividiam o mingau de aveia colocado em um único recipiente do qual deveriam sair o almoço e o jantar. A estadia dos três em Santiago ocorreu durante os anos da Depressão. O estipêndio enviado por Ángel – ou talvez por Pino Santos – para a subsistência não bastava, ou segundo acredita Fidel, o dinheiro para a comida das crianças acabava sendo usado para outros fins porque a família haitiana não contava com quase nenhuma outra fonte de renda.

Fidel vivia desamparado, obrigado a conformar-se com padrões de vida, os padrões da família substituta, que considerava peculiares e opressivos. Os haitianos eram refinados, falavam francês e proibiam as crianças de usar palavras de baixo calão ou de exibir os modos rudes aprendidos em Birán. O futuro líder cubano afirmou a Frei Betto que, às vezes, apanhava. Se, conforme parece, alimentava uma grande ansiedade nesse exílio vergonhoso, Fidel nunca admitiu publicamente ou citou abertamente as emoções que o corroeram por dentro durante aqueles primeiros anos de formação. Ele sempre preferiu falar sobre as alegrias da infância que vivenciou logo depois.

O relato dele indica também que não havia qualquer contato com sua mãe ou com outros parentes, exceto por um período durante o qual os três irmãos regressaram para Birán. Fidel lembra-se claramente de ter passado três feriados consecutivos de final de ano – o dia 6 de janeiro, dia do banquete de Natal em Cuba, quando se trocam presentes – na casa dos haitianos. Mais de 50 anos depois, o líder cubano contou com amargura que os presentes encontrados debaixo de seu travesseiro em cada uma daquelas oportunidades não passavam de bugigangas baratas, um pequeno cartão e cornetas de lata.

"Por três vezes, eu ganhei uma corneta. Deveria ter me tornado músico."

Se, de fato, as três crianças não visitaram Birán durante os feriados, a saudade de casa e seus sentimentos de abandono e aprisionamento teriam sido extremos. Ao que parece, segundo indica o relato de Fidel para Frei Betto, as crianças quase não saíam da pequena e sombria casa. Lina e outros membros da família as visitavam raramente, se é que o fizeram alguma vez, e Ángel nunca. Raúl era novo o suficiente para ser poupado da casa de criação, apesar de ele também ter provavelmente morado a maior parte de seus primeiros cinco anos de vida na *casa de los abuelos*, longe dos olhos de María Argota.

As três crianças mais velhas não teriam como deixar de perceber sua precária situação. Fidel em especial teria compreendido que os três encontravam-se no olho de uma violenta e imprevisível tempestade capaz de, a qualquer momento, arrasar com quaisquer situação ou prospectos que tivessem em Birán e sob as asas de Ángel. Depois da passagem dessa tormenta, todos poderiam ser relegados a viver em barracos de camponeses e a um futuro de penúria, possivelmente como subservientes trabalhadores *guajiros*. Pelas leis cubanas, nenhum deles tinha direito a nada do que fosse de Ángel.

◁ ☆ ▷

De todos os assuntos pessoais que Fidel evita mencionar, sua infância tem se mostrado o assunto menos conhecido. Quase tudo o que se sabe a respeito dos primeiros anos de vida dele, antes de mudar-se para Havana e ingressar no Colégio de Belén, saiu de duas entrevistas. A primeira, com Carlos Franqui, um colega antes próximo de Fidel, escritor e companheiro de revolução, o primeiro editor do jornal oficial *Revolución*, não deveria, segundo os planos de Fidel, chegar a ser divulgada para o público.[9] A segunda, o diálogo algumas vezes confessional mantido com Frei Betto, fornece detalhes algumas vezes dolorosos. É nessa entrevista que Fidel comporta-se da forma mais espontânea, sendo muitas vezes levado pelo padre partidário da teologia da libertação a fazer confissões sem precedentes.

Não é coincidência, tampouco, o fato de o religioso dotado de empatia pelas e defensor das mesmas convicções políticas ter sido o único entrevistador a ter extraído tantos dados autobiográficos dele. Católico devoto na juventude, Fidel deixou-se persuadir pelas palavras lisonjeiras e de cunho sacerdotal saídas da boca de Frei Betto. Quando menino, confessara regularmente seus pecados para padres, e na escola de ensino médio Dolores, em Santiago, freqüentara a missa todos os dias. Os adultos que mais admirava eram os jesuítas espanhóis, seus professores naquela instituição e em Belén. Armado Llorente, o jesuíta do qual mais se aproximou no Colégio de Belén, lembra-se das manifestações religiosas explícitas de Fidel quando adolescente. Então, pode-se prever que, na conversa com Frei Betto, o líder cubano se mostraria mais acessível do que com outros entrevistadores.

Muitos anos depois da revolução, o padre Llorente conversou comigo a respeito de seu aluno favorito e certamente mais memorável. Durante várias expedições que fizeram ao campo, os dois costumavam trocar idéias durante horas.

"Fidel falava com freqüência de seus problemas familiares, do fato de nunca ter tido uma família de verdade. Apenas raramente falava de seus pais, mas ele sofreu bastante quando criança. Os pais dele nunca vieram, nem uma vez sequer, até o Colégio de Belén porque se sentiriam humilhados. A família Castro era mais rica do que a maior parte daquelas de Belén, mas Fidel continuava a ser, apesar disso, o filho de *guajiros*. Confortei-o várias vezes e lhe dei vários conselhos sobre os traumas da infância."[10]

Situações como aquelas vividas ao lado do jesuíta contavam-se nos dedos no caso do Fidel jovem e tornaram-se mais esparsas ainda no caso do Fidel adulto. No entanto, em suas conversas com o padre brasileiro em 1985, Fidel revelou os contornos de angústias indeléveis da infância. Falou com Frei Betto de forma algo carregada emocionalmente quando discorreu a respeito de seu exílio na casa da família haitiana de criação. Segundo disse, sentiu-se rejeitado pelo pai e abandonado pela mãe. Lembra-se daquele período como se fosse sua Santa Helena, sua Sibéria,** ou algo ainda pior. A experiência marcou-lhe de maneiras que nunca mais esqueceria – ainda que nunca reconhecesse isso totalmente.

Raffy escreve que esse era o preço cruel a ser pago por Lina para manter um mínimo de paz em Birán. A mãe de Fidel precisou abrir mão de seus filhos temporariamente a fim de preservar qualquer poder de barganha que tivesse com Ángel, qualquer esperança que tivesse de algum dia desbancar María Argota. Fidel, o mais impressionável e mais brilhante de seus filhos, contou a Frei Betto de forma bastante franca: "Fui uma vítima da exploração".[11]

Essa revelava-se uma confissão notável. Talvez não haja nenhum outro registro de Fidel admitindo, em qualquer período de sua vida e de maneira tão clara, experiências de vulnerabilidade pessoal. Ocasionalmente, falou a respeito dos quase dois anos que passou na prisão, na metade da década de 1950, quando, de várias formas, ganhou força, vivendo em um estabelecimento de segurança mínima. Consumindo vorazmente os livros de uma biblioteca pessoal, participando de reuniões freqüentes

** Santa Helena é uma ilha no meio do Oceano Atlântico, na costa da África, sob domínio britânico, onde Napoleão Bonaparte viveu prisioneiro e exilado entre outubro e novembro de 1815. A Sibéria é uma vasta região semidesértica muito fria para onde eram enviados os adversários do regime comunista da União Soviética (N. do E.).

com seus seguidores e sem perder contato com o mundo exterior, Fidel, durante o período que permaneceu encarcerado na ilha de Pinos, não lembrava em nada alguém desamparado ou explorado.

Na realidade, com a exceção da temporada de confinamento em Santiago, durante sua infância, não há períodos ou episódios da vida dele em que admita ter se sentido desamparado ou explorado. Nenhum de seus biógrafos ou ex-aliados descreveu, alguma vez, uma situação do tipo. Nada poderia contrariar mais a personalidade de Fidel do que confessar que, quando adulto, tivesse alguma vez perdido o controle da situação.

Força, bravura e determinação contam-se entre os traços pessoais e de *performance* que mais valoriza. Essas são as qualidades que exige de todos os que o cercam e que espera encontrar, também, em seus adversários. Se é que isso ocorreu, suas lendárias coragem e inclinação para assumir riscos levaram-no a vivenciar momentos em que se comportou de forma desenfreada, quando não irracional, mas as alegações de pusilanimidade nunca se justificaram. Manifestar qualquer tipo de fraqueza, hesitação ou dependência pessoal em relação a terceiros são atos impensáveis no caso dele. A insistência de Fidel sobre nunca ter contado com um mentor reflete essa característica singular de seu espírito, seu extraordinário sentimento de independência pessoal que, segundo confessa, nasceu na infância. Fidel afirmou a Carlos Franqui na metade dos anos de 1950: "Não posso ter qualquer fraqueza. Independentemente do quão diminutas essas fraquezas fossem hoje, você não poderia contar comigo amanhã".[12]

Essa postura, que o define, fixou-se provavelmente na estrutura psicológica de Fidel durante os anos de formação em Santiago. A confissão diante de Frei Betto sobre ter sido subjugado e explorado quando morava na casa de criação parece ligar-se diretamente a sua obsessão como adulto pelos temas da exploração e da injustiça. Esses males gêmeos iriam se transformar nos elementos definidores e invioláveis de todo o seu projeto revolucionário. O combate à exploração e às injustiças forneceria as explicações recorrentes para quase tudo que se seguiu em termos de política interna e internacional de Cuba.

E, prefigurando sua *persona* adulta, o pré-adolescente Fidel não continuou sendo uma vítima desamparada e explorada por muito tempo. Ele concebeu e depois lançou uma série de rebeliões de infância com uma ferocidade cada vez maior, rebeliões essas que, anunciando as investidas revolucionárias do futuro, livraram-no das situações mais penosas que enfrentara. Por meio de atos de coragem pessoal, de manipulações intrincadas e de exercícios de militância – incluindo ameaças e atos de violência –, Fidel conseguiu, na infância, superar situações às quais qualquer outra pessoa menos determinada teria sucumbido.

Ele falou com Frei Betto e Franqui sobre sua habilidade de vencer quando sob pressão, de recuperar-se psicologicamente tomando a iniciativa, de assumir o comando das situações e, ao fim e ao cabo, prevalecer sobre as adversidades e os adversários. Bem-sucedido em seus esforços para acabar de uma vez por todas com a exploração e as injustiças a que fora submetido no lar de criação em Santiago, Fidel passou a preparar-se para suas missões revolucionárias da idade adulta.

◁ ☆ ▷

Depois dos cerca de dois anos de educação errática na casa substituta em Santiago, Fidel começou a freqüentar La Salle, uma respeitada escola de monges laicos localizada a uma pequena distância da casa dos haitianos. Pino Santos usou sua influência para garantir a matrícula de Fidel, apesar de este não ter sido batizado e nem ter recebido a primeira comunhão. Ele continuava longe de sua família, mas aquele foi um tipo de libertação, permitindo-lhe pela primeira vez interagir regularmente com coetâneos das classes média e alta.

Foi nesse momento também que Fidel começou a ser insultado por outros meninos. "Eu ficava na defensiva", afirmou a Franqui. Os garotos pretendiam ofendê-lo chamando-o de "judeu" porque não havia sido batizado. "As pessoas costumavam me chamar de judeu [...]. Ele é um judeu. Eu não sabia o significado da palavra 'judeu', mas não havia dúvida sobre a conotação negativa dela, sobre aquilo ser algo desonroso."[13]

Provavelmente, Fidel não recebia insultos, conforme afirma, pelo fato de não ser batizado – difícil imaginar meninos de pouca idade importando-se com esse tipo de omissão imperceptível aos olhos –, mas sim pelo fato de ser um filho ilegítimo e por vir de uma família simples. O xingamento que ouviria com mais freqüência – o *hijo de puta* que costuma sair tão correntemente da boca dele – teria por alvo, claro, o jovem Fidel e sua mãe. Seus inconfundíveis modos, aparência e sotaque *guajiros* seriam como provocações para os esnobes garotos da cidade ávidos por atormentá-lo. Vários anos mais tarde, um amigo íntimo da Universidade de Havana contou a um dos biógrafos dele que Fidel preferia perdoar uma agressão física dirigida contra si a suportar as gozações de alguém.[14]

Ele logo percebeu também, e aparentemente pela primeira vez, que uma postura passiva não o levaria a lugar nenhum, que sem agir, sem provocar determinados acontecimentos, ele acabaria prejudicando-se ainda mais. Anos depois, em uma carta citada por Carlos Franqui, Fidel afirmou: "É melhor pecar pelo excesso do que pela falta, algo que resulta apenas em fracassos".

Se na casa de criação assumiu o comando das coisas de forma agressiva, Fidel conseguiria melhorar ainda mais sua posição agora que estava matriculado em La Salle. "Eu estudava de dia e senti que minha situação era pior do que a dos alunos em regime de internato. Eles eram levados para a praia e para caminhadas, nas quintas e nos domingos. Minha vida era muito entediante."

Fidel estava no primeiro ano, com 6 ou 7 anos de idade, e foi nessa idade, na qual as crianças são tão impressionáveis, que organizou a primeira de suas muitas rebeliões contra uma figura de autoridade. Fidel decidiu que desejava ser um aluno do internato a fim de escapar da miséria que significava morar na casa dos haitianos. Sendo assim, lançou uma campanha de confrontação contra esses. Ele explicou sua estratégia para Franqui: "Eu me decidi então a fazer isso e agi de forma a rebelar-me contra todos e insultar todos. Eu lhes disse tudo o que, há muito tempo, desejava dizer-lhes. Comportei-me tão mal que me levaram direto para a escola e me matricularam no regime de internato. Aquela foi uma grande vitória para mim. [...] A partir de então, tornei-me o mestre de mim mesmo e assumi o controle sobre todos os meus problemas sem pedir conselhos a ninguém".[15]

"Eu agira por instinto – ou melhor, por intuição, que é como eu realmente funcionava", disse a Frei Betto.

O que Fidel gosta de descrever eufemisticamente como "instinto" poderia ser mais bem identificado como paranóia ou presciência. Ao longo de todas as suas peregrinações subseqüentes, tanto antes quanto depois de ter conquistado o poder, Fidel deu mostras de uma habilidade de sobrevivência incrível, escapando de alguma forma de emboscadas, traições e inúmeras tentativas de assassinato. Na qualidade de estudante universitário envolvido em uma violenta guerra de gangues políticas, sobreviveu a várias situações de perigo mais de uma vez, incluindo uma em abril de 1949, quando escapou de um plano real para assassiná-lo.[16] Muitas vezes, em situações de vida e morte, apostou na ou adivinhou a melhor rota de fuga, sempre com sucesso. Colegas contaram como, na Sierra Maestra, mais de uma vez, Fidel de alguma forma sentiu que uma emboscada militar era iminente e, na última hora, conseguiu escapar dela.

Esse tipo de dom sobrenatural nunca foi atribuído ou reivindicado por Raúl, um homem mais comum e mais mundano. Talvez por isso ele admire tanto a habilidade do irmão "de farejar o perigo como um cão sabujo".

"No nível pessoal, dentre as várias qualidades que sempre valorizei imensamente nele está sua grande capacidade para antecipar o perigo e perceber, com uma precisão incrível, os planos do inimigo quando ainda são pouco nítidos ou imperceptíveis para os outros camaradas."[17]

Um exemplo clássico da habilidade de Fidel para farejar perigos data de seus primeiros meses como guerrilheiro na Sierra Maestra. Norberto Fuentes, um importante intelectual e romancista cubano hoje exilado, antes mantinha estreitas relações com os irmãos Castro. Ele me contou uma história que o próprio Fidel nunca revelou inteiramente em público.[18]

Eutímio Guerra foi um dos primeiros camponeses a ingressar no movimento guerrilheiro dos Castro e, tendo membros de sua família enfrentando as duras condições de vida da Sierra Maestra, uma região montanhosa, cabia a Guerra fornecer provisões e informações sobre a situação local. Um dia, quando Fidel, Eutímio e alguns outros descansavam e limpavam suas armas em um bosque isolado, encetou-se uma conversação aparentemente inofensiva.

"Fidel, o que a revolução fará por mim quando tivermos vencido?", perguntou Eutímio, sem nenhum motivo aparente.

Fidel, sem que ninguém percebesse, suspirou fundo. Naquele momento, ficou sabendo com uma certeza inabalável, como se a lâmina de um sabre tivesse sido enterrada em seu peito, que Eutímio já o traíra. O intuitivo sentido paranóico de Fidel disse-lhe que o camponês simplório mas sagaz tinha feito perguntas semelhantes aos comandantes das forças militares de Batista presentes na área, que avaliava suas chances, atrás do melhor acordo em potencial com o lado que o beneficiasse ao máximo. O grupo armado de Fidel contava com cerca de 20 integrantes à época, e para um camponês rústico aquele contingente fazia com que se parecessem mais com bandidos e foras-da-lei comuns do que com heróis idealistas. Eutímio não se importava com nenhum dos lados de um conflito para o qual havia sido tragado e que não compreendia.

Fidel falou sobre Eutímio demoradamente em um longo discurso de junho de 1987, um discurso totalmente dedicado à traição e aos traidores, temas que ressurgem com regularidade em seus pronunciamentos.

"Eutímio foi cínico. Não farei graça sobre isso neste momento. Um dia vou contar a história toda. [...] Ele até dormiu do meu lado com duas granadas e uma pistola, chegando a perguntar onde estava a sentinela. No entanto, ele tinha ordens para matar-me. [...] No final das contas, não ousou fazê-lo [...] Reuni um grande número de detalhes curiosos antes de perceber todo o quadro."

Fidel comandou pessoalmente o interrogatório. Eutímio não pediu para ser poupado, limitando-se a dizer que deveria receber um tiro.

Raúl ficou encarregado de fazer isso. Ele escreveu a esse respeito friamente, como sempre, em seu diário de campanha.

"Eles amarraram as mãos dele e o levaram para o acampamento. Estava aterrorizado e seus olhos saltavam da órbita. Ali estava o traidor que levara o inimigo até nosso acampamento em três oportunidades diferentes. [...] Segundo creio, ele estava desalentado consigo mesmo e as exigências insistentes para que fosse executado não passavam de uma amostra de covardia, uma forma de livrar-se daquela situação de sofrimento o quanto antes."[19]

Enquanto se preparava a execução, Fidel saiu do acampamento para deitar-se sob uma cobertura feita com folhas de palmeira. Ele sempre agiria assim todas as vezes que o golpe de misericórdia viesse a ser desferido contra algum inimigo da revolução. Não há nenhum registro de Fidel participando diretamente de alguma execução, de Fidel sujando suas mãos de sangue, literal ou simbolicamente.

As execuções sempre ficaram a cargo de Raúl, que já possuía experiência nesse quesito quando precisou despachar Eutímio. Raúl fora convocado por Fidel para desempenhar esse papel, pela primeira vez, na Cidade do México, alguns meses antes. No final de novembro de 1956, quando os irmãos cuidavam dos preparativos finais para levantar vela rumo a Cuba e dar início à insurgência, Fidel mandou que o irmão assassinasse um jovem colega acusado de ser um informante de Batista. Aparentemente, não havia nenhuma prova incriminadora. Aparentemente, tudo se deveu à intuição paranóica de Fidel, a seu medo excessivo de ser traído. Raúl teria matado o homem com uma indiferença fria. Vários anos mais tarde, o irmão de Fidel falou com colegas de confiança, em Havana, sobre o incidente. O chefe de gabinete dele à época, Alcibíades Hidalgo, era um dos presentes e, após sua deserção, em 2002, a história tornou-se pública.[20]

Esse foi o primeiro ato de violência letal praticado por Raúl. Fidel, provavelmente, testava o quão implacável seu antes indiferente irmão conseguiria ser, como responderia sob pressão e se estaria à altura de ser um líder da revolução.

Mais tarde, naquela mesma noite, dirigindo em alta velocidade por estradas sinuosas e estreitas do México, viajando da capital do país até a pequena cidade costeira de Tuxpan, onde o *Granma* estava aportado, Raúl teria feito sua segunda vítima fatal – um infeliz mexicano, provavelmente um agricultor pobre que caminhava pela beira da estrada em meio à escuridão. O irmão de Fidel teria passado por cima do agricultor por acidente, matando-o na hora. Segundo uma pessoa antes próxima que ouviu a história da boca de Raúl, ele não parou a fim de ver o que acontecera e nem comunicou o caso às autoridades mexicanas.

Raúl, portanto, tinha experiência com execuções quando se deparou novamente com essa missão nos tempos da guerrilha. Eutímio Guerra foi levado para longe. Raúl escreveu sucintamente em seu diário que a execução de 17 de fevereiro de 1957 ocorrera exatamente um mês depois, e quase na mesma hora, em que "executamos Chicho Osório, um homem conhecido pelos crimes que cometera contra os agricultores".[21]

Como tantos outros que nos anos seguintes foram executados, expurgados ou aprisionados, Eutímio não se deu conta da facilidade com que alguém poderia entrar em rota de colisão com os irmãos Castro. Eutímio não fazia idéia das exigências do código moral deles, que prevê um implícito juramento de sangue por meio do qual se promete lealdade incondicional. Outros, como sem dúvida o colega assassinado na Cidade do México, não incorreram em qualquer tipo de deslealdade, apesar de terem sido desafortunados o suficiente para caírem vítimas das suspeitas de Fidel.

Ao longo dos anos, as vítimas de muitas outras execuções se dirigiriam para suas covas sem nunca compreender o que tinham feito de errado ou o porquê de suas sentenças. Fidel nunca manifestou qualquer mal-estar por impor, como forma de precaução, a pena capital sobre alguém suspeito de estar no máximo contemplando a possibilidade de incorrer em uma deslealdade de um tipo qualquer. Seu faro bem calibrado para as traições pode ter nascido na infância.

O antes colega de revolução Norberto Fuentes, em quem os irmãos Castro confiavam, acrescenta um importante apêndice à história de Eutímio Guerra. O ocorrido fortaleceu Fidel também a respeito de outra estratégia fundamental de sobrevivência, preparando o terreno para seu estilo de governo. Fidel percebeu ter sido o único integrante de seu pequeno bando guerrilheiro a perceber a traição de Eutímio. Mesmo Raúl não notara isso. E tampouco o fizera o guarda-costas de Fidel, um homem de confiança que, mais do que todos os demais, tinha a obrigação de ficar alerta e levantar suspeitas.

Como resultado, Fidel concluiu que precisaria criar agências de inteligência e de segurança independentes a fim de que, no futuro, o descuido de uma pudesse ser compensado pela diligência da outra. O dirigente precisaria delas não somente para identificar potenciais e reais Judas como também para detectar e eliminar todas as possíveis conspirações antes mesmo que se iniciassem.[22] No final das contas, Raúl ficou encarregado, logo depois da vitória, de organizar os serviços secretos da revolução, que se incluiriam entre os melhores do mundo.

O talento de Fidel para sobreviver começou a desenvolver-se na infância – mantendo-se de sobreaviso, temendo as traições e rejeições, melhorando sua capacidade para solucionar problemas, tomando a iniciativa, não confiando em quase ninguém, ameaçando cometer e cometendo atos violentos e apelando para seus instintos em vez de ficar esperando para descobrir o destino que o aguardava – e esse talento o acompanharia pelo resto da vida. Pelo fato de ter aplicado seu implacável código de ação sem misericórdia e sem exceção, Fidel conseguiu sobreviver à frente do poder sem deparar-se, praticamente, com qualquer ameaça real, e isso desde janeiro de 1959.

◁ ☆ ▷

Uma segunda rebelião de infância – desta vez uma rebelião violenta – ocorreu em La Salle, depois de Fidel ter supostamente apanhado de um de seus professores, um membro da ordem religiosa dos Irmãos das Escolas Cristãs.

"Ele chegou perto de mim pelas costas e me atingiu na cabeça. Daquela vez, no entanto, eu me virei para ele, naquele momento e naquele lugar, atirei um pedaço de pão na cabeça dele e comecei a acertá-lo com meus punhos e a mordê-lo. Acho que não o machuquei muito, mas o acesso de raiva tornou-se um acontecimento histórico na cidade."[23]

Anos mais tarde, Ramón Mestre, que estudou com Fidel no Colégio de Belén, relatou um evento semelhante. Contou-me o fato em 1986, em um restaurante de Coral Gables, perto de Miami, após ter cumprido de cabo a rabo uma pena de 20 anos de prisão por ter feito oposição ao regime revolucionário.

"Quando desembarcou no Colégio de Belén, ele [Fidel] parecia-se com um *guajiro* louco", começou Mestre. O colega e outros passaram a chamá-lo de *el loco*, o maluco, por causa de seu comportamento desvairado.

A família San Pedro vivia em uma casa localizada perto do Colégio de Belén, e Fidel, que gostava da filha deles, estava visitando-a. Mestre saiu na rua existente na frente da casa e gritou para Fidel: "Saia daí, *loco*". Sempre disposto a uma briga, e espumando de raiva devido à afronta, Fidel chegou correndo à rua. Durante a luta, segundo Mestre, Fidel não conseguiu desferir-lhe nenhum soco, mas mordeu-o furiosamente no braço. E depois saiu correndo em direção ao dormitório para buscar a pistola que mantinha ali.

O padre Llorente lembra-se do incidente também. E contou-me ter interferido, afirmando: "Fidel, por que você está com essa pistola?".

"Padre, eu vou matá-lo."

Quando Llorente confiscou a arma, Fidel já se acalmara.

"Tudo bem, padre, eu tenho outra."[24]

Quando conversou a respeito desse incidente comigo, Llorente disse lembrar-se de Fidel manifestando prontamente sentimentos de raiva, mas nunca de tristeza ou lágrimas.

A mais extraordinária das rebeliões de infância realizadas por Fidel é uma contada por ele na entrevista concedida a Franqui, episódio relembrado na conversa com Frei Betto, quando então, porém, apagou os detalhes psicologicamente mais incriminadores. O comportamento revelou-se extremado, talvez até mesmo sociopata. Apesar de não descrever para o religioso brasileiro o que exatamente ameaçava fazer, Fidel justificou seu assustador ataque de raiva conforme sempre costumou fazer.

"Acho que eu tinha idéias muito claras sobre a questão – resultado do instinto; por causa de algumas noções de justiça e dignidade que adquiria então; ou talvez porque, quando ainda era jovem, comecei a perceber as coisas erradas e injustas das quais era vítima."[25]

Não se consegue determinar com certeza a idade dele à época dos fatos, não obstante estar claro que não chegara ainda à adolescência. Fidel e seus dois irmãos tinham se tornado tão incontroláveis dentro de La Salle que a família Castro fora instada a retirá-los da instituição de ensino. Ramón ficou encantado com a oportunidade de regressar para Birán e ter liberdade para trabalhar na fazenda. Raúl, em grande parte satisfeito, acabou matriculado em uma rigorosa academia militar de Oriente dirigida por um sargento aposentado. Uma foto do jovem Raúl, com um quepe militar na cabeça e montado sobre o tambor de um pequeno canhão, foi tirada provavelmente quando freqüentava aquela escola. A imagem mostra o futuro ministro da Defesa de Cuba bastante feliz a cavalo no canhão, com um sorriso impenetrável no rosto. Raúl tinha então 7 anos de idade.[26]

Fidel não recebeu a opção de ingressar na academia militar, o que certamente rejeitaria. Ele era ambicioso, de toda forma um garoto deslocado em Birán, e desesperava-se frente à possibilidade de tornar-se um aprendiz de fazendeiro naquela região. Fidel foi levado de volta à força sabendo que suas chances de escapar de uma vida de trabalhos penosos na roça se evaporariam por completo caso não conseguisse sair dali. À época, o menino não tinha relação jurídica nenhuma com o ainda distante Ángel.

Fidel ficou cada vez mais grosseiro, exigindo regressar a La Salle.

"Aquele era um momento decisivo na minha vida."

Ele fez súplicas à mãe, dizendo-lhe não ser justo aquilo, insistindo para ter permissão de regressar à escola. A princípio, Lina mostrou-se inflexível pois sabia que Ángel opunha-se à idéia. Fidel, porém, com uma raiva cada vez maior, avisou que se os pais não permitissem o retorno dele ao internato de La Salle, atearia fogo à sede da fazenda, feita de madeira. Ele a incendiaria por completo.

"Eu realmente ameacei atear fogo em tudo se não fosse enviado de volta à escola", disse Fidel a Franqui. "Então, eles decidiram me mandar para La Salle."[27]

Naquela época, ele deve ter odiado aquela casa na qual não podia colocar os pés e onde apenas a família oficial de Ángel reinava livremente, onde era um pária. A situação era literalmente inflamável, e a ameaça dele mostrou-se tão contundente, tão convincente que Lina pôde convencer Ángel para que cedesse à vontade indomável de Fidel. Não há como saber com certeza, mas o impasse pode ter representado um daqueles melodramáticos momentos de virada na relação dele com o pai, uma relação em constante transformação. O velho e durão *gallego* talvez tenha, no fundo, admirado a coragem e a ferocidade de seu jovem filho. A convincente ameaça de realizar um ato de violência calamitosa provou ser um sucesso.

Vários anos mais tarde, quando o verão de 1954 chegava ao fim, um incêndio realmente destruiu a *casa grande*. Fidel e Raúl encontravam-se presos na ilha de Pinos, à época, e o fogo iniciou-se por acidente. Ángel estava sozinho em casa, descansando depois do almoço. Por volta das 14h, ele acendeu um charuto ainda deitado na cama e, logo depois, levantou-se para ligar o rádio. Acabou se esquecendo do charuto aceso que deixara na beirada do criado-mudo de madeira.

O incidente aconteceu durante a temporada de secas, e não havia quase ninguém para ajudá-lo a apagar o fogo porque este ocorreu na entressafra, quando a colheita da cana já terminara e os trabalhadores haviam sido dispensados. A enorme estrutura de madeira viu-se tragada rapidamente pelas chamas, que a reduziram a cinzas e destroços em cerca de apenas 20 minutos. Ángel, com cerca de 79 anos de idade então, conseguiu escapar, aparentemente ileso. Fidel mencionou o incêndio, com algum pesar, em uma carta escrita da prisão. Anos depois, ergueu-se no mesmo local, como atração turística, uma reprodução um pouco idealizada da casa.[28]

◁ ☆ ▷

Fidel não foi batizado até ter 8 anos de idade, uma desonra que, segundo conta, atribuiu-lhe um estigma terrível. Os padres normalmente realizam o sacramento com os recém-nascidos, em sacristias ou perto dos altares laterais de igrejas católicas. Os pecados herdados absolvem-se por meio da água batismal. Os bebês são recebidos no seio da comunidade católica, suas almas tornam-se puras a fim de que, quando chegarem aos 5 ou 6 anos de idade, possam receber o segundo sacramento da infância previsto pela Igreja, a sagrada comunhão. Quase nunca a Igreja abriu mão da exigência do batismo para matricular alunos nas escolas católicas, e o sacramento vinha acompanhado de um certo prestígio social.

Os padrinhos representam um elemento fundamental da cerimônia. Na teoria, ao menos, a responsabilidade deles pelas crianças só é menor que a dos pais. Para um garoto cubano como Fidel, ambicioso e ávido por galgar os degraus da sociedade, a escolha de um padrinho cercava-se de uma importância considerável. Um padrinho bem escolhido poderia funcionar como mentor, um guia espiritual e intelectual, e poderia melhorar a posição social de seu afilhado ou mesmo facilitar-lhe uma carreira política. Em todos esses aspectos, o homônimo e candidato a padrinho de Fidel, o rico e proeminente Fidel Pino Santos, oferecia uma escolha propícia. No entanto, por motivos que até hoje continuam desconhecidos, Santos Pino nunca desempenhou esse papel.

Para o eterno desgosto de Fidel, seu padrinho acabou sendo Louis Hipolyte Hibbert, o cônsul haitiano em Santiago, o arguto parceiro de Ángel no tráfico de trabalhadores agrícolas vindos do Haiti, o violento pai adotivo. Fidel lembra-se de caminhar ao lado de Hibbert rumo à catedral em Santiago onde foi aspergido com água benta e batizado.

"O cônsul do país mais pobre da América Latina" tornou-se o padrinho dele, afirmou Fidel, sarcasticamente, a Frei Betto.

Ángel não participou da cerimônia, mas Lina, mais religiosa que o companheiro, esteve presente. Durante muitos anos – e até tomar nas próprias mãos as rédeas de sua vida –, o nome do meio de Fidel seria o pouco cubano, impronunciável e para ele humilhante Hipolyte ou Hipólito.[29]

Pino Santos havia prometido ser o padrinho de seu homônimo mais jovem; no entanto, ano após ano, segundo Fidel, ele não conseguia estar presente na cerimônia. Nas palavras de Fidel, o problema era que a visita anual do único padre de Mayarí precisava coincidir com a presença de Pino Santos em Birán. O atraso no batismo aconteceu por culpa do homônimo dele, segundo seu relato, e foi portanto por causa de Pino Santos que Fidel viu-se escarnecido pelos outros garotos em Santiago.

Passados 50 anos, Fidel ainda se lembraria com ressentimento do imbróglio envolvendo seu batizado. No entanto, o relato auto-indulgente apresentado a Frei Betto não passava, em sua quase totalidade, de um artifício. Ao culpar Pino Santos pela demora em ser batizado, Fidel tentava esconder os verdadeiros motivos dos sofrimentos enfrentados na infância. Independentemente disso, as críticas dele em relação a Fidel Pino Santos abarcavam de coisas insignificantes a acusações graves.

"Ele não me deu muitos presentes. Na verdade, nenhum de que consiga me lembrar."

Em outras ocasiões, Fidel acusou Pino Santos de ser um "usurário" e um político corrupto do *establishment*.

"Não me lembro de nenhuma vez em que Don Fidel tenha resolvido qualquer um dos problemas enfrentados por meu pai."[30]

Os membros da família Pino dizem que o patriarca sempre se considerou o padrinho de Fidel. Durante muitos dos anos que antecederam o ataque a Moncada, Fidel manteve relacionamentos intensos e de subserviência com vários dos membros daquela família. Enquanto morou em Havana, recebeu, por meio de Pino Santos, uma mesada regular bancada por Ángel. Da metade da década de 1940 ao começo da de 1950, um grande número de cheques, em sua maioria com valores de 100 ou 200 pesos (o peso cubano valia cerca de US$ 1 à época), foi assinado por Pino Santos e entregue a Fidel. Muitos desses cheques deveriam pagar pela educação de Fidel e pelos gastos deles no Colégio de Belén, sendo descontados por essa instituição de ensino. O restante o próprio Fidel sacou.[31]

Ele costumava freqüentar a casa da família Pino em Havana. Fidel Pino Santos morava, no final dos anos de 1940 e começo dos de 1950, em Santiago, enquanto Fidel e Raúl, e alguns outros dos filhos da família Castro, moravam em Havana. Então, em conseqüência disso, coube ao filho de Pino Santos, Fidel Pino, e à mulher dele assumirem a responsabilidade por distribuir os valores enviados por Ángel. No começo da década de 1950, Fidel passou a visitar regularmente a casa de Pino, perto do apartamento dele, a fim de buscar sua mesada. A mansão de estilo italiano ricamente decorada era enorme, possuindo três andares e uma torre com sino com cobertura de telha.

Fidel flertou com a filha de Pino e conquistou as cozinheiras e as empregadas da casa. Com seu lendário apetite à flor da pele, Fidel entraria na casa, como de costume, e perguntaria: "O que vocês estão cozinhando?". Uma vez, ele comprou um cão, um Doberman pinscher, mas logo percebeu que não conseguiria criá-lo dentro do pequeno apartamento que ocupava. Os Pino também possuíam um cachorro e concordaram em adotar o de Fidel para fazer companhia ao animal deles. Os cães receberam os nomes de Whiskey e Soda. Os membros da família contaram também que Fidel visitou Pino Santos freqüentemente quando este, então um homem de idade avançada, ficou gravemente doente e que lhe prestou sua homenagem comparecendo ao seu funeral. Para essas pessoas, o relato de Fidel sobre seu batizado não passa de uma estratégia de autoproteção adotada para esconder os demônios da sua infância.

Ironicamente, Fidel com certeza se irrita com o fato de o decidido e solene Pino Santos ter conseguido encontrar tempo para assumir as honras no batizado de Raúl – e tornar-se, oficialmente, padrinho *deste*. A reviravolta do destino envolvendo os irmãos Castro e seus respectivos padrinhos tem sido um assunto delicado para Fidel e Raúl. Ao menos isso é que sugere o fato de o irmão mais novo evitar falar sobre o assunto, seja oficial ou extra-oficialmente.

Como costuma acontecer, as memórias agradáveis de Raúl a respeito do clã Pino Santos contrastam com as de Fidel. No primeiro mês de janeiro após a vitória da revolução, de volta a Havana pela primeira vez desde o verão de 1955, Raúl visitou a imponente casa de Pino, na rua 17, no bairro Vedado. Permaneceu durante algumas horas com os membros da família, contando-lhes histórias sobre sua vida como líder guerrilheiro. E comportou-se de maneira cativante, como consegue ser quando isso é importante para ele.

Raúl recebera anos antes cheques assinados por Fidel Pino Santos, apesar de esses terem sempre valores menores que os da mesada de seu irmão mais velho. E, diferentemente de Fidel, Raúl não se esqueceu dos velhos amigos e dos favores prestados.

Geralmente intrépido quando se tratava de impor os decretos da revolução, mostrou-se condescendente com um dos membros da família Pino. Um neto de Fidel Pino Santos, também chamado Fidel, que fora amigo de Raúl no começo do decênio de 1950, recebeu permissão de exilar-se levando consigo alguns bens de valor que normalmente seriam confiscados pelo governo revolucionário.

◁ ☆ ▷

Algumas das tensões relacionadas com o fato de Fidel e seus irmãos serem filhos ilegítimos de Ángel começaram a dissipar-se quando María Argota aceitou finalmente deixar a casa do patriarca. Parece que o fato se deu em janeiro de 1936. Fidel tinha então 9 anos e meio de idade. Só então ele e os outros filhos de Lina tiveram permissão para ingressar regularmente na *casa grande*. Não se sabe ainda como exatamente ocorreu o divórcio, mas Pino Santos parece ter ajudado a arquitetar a solução para seu amigo. María Argota mudou-se com seus dois filhos inicialmente para Mayarí e, logo depois, para o primeiro andar de uma casa de Pino Santos, na rua Corona, número 357, na região antiga de Santiago. Tempos mais tarde, mudaram-se novamente, dessa vez para Havana.

Ángel só reconheceu oficialmente a paternidade de Fidel em 11 de dezembro de 1943. O patriarca viajou de Birán até o gabinete de um magistrado, o *ayuntamiento*, na pitoresca cidadezinha de Cueto, perto de Birán, onde o médico Amador Ramírez Sigas, o juiz municipal encarregado dos registros civis, assinou um documento autenticado em tabelionato que reconhecia Fidel Alejandro Castro Ruz como sendo filho de Ángel e Lina. Fidel tinha então 17 anos de idade e estudava no Colégio de Belén. No mesmo dia, Raúl e as outras crianças ganharam o mesmo reconhecimento.[32]

Os colegas de escola e os professores em Havana sempre o chamaram de Fidel Castro, de forma que, na improvável hipótese de que continuasse a constar de seus documentos, o nome Hipolyte ou Hipólito ficou bem escondido, sendo provável que tivesse sido simplesmente ignorado. A confusão em torno dos nomes intermediários de Fidel alimenta-se também da existência de um diploma do ensino médio expedido pelo governo cubano em setembro de 1945 em nome de Fidel Casiano Castro Ruz. Raffy, o biógrafo francês, afirma que ao tornar-se filho legítimo Fidel tomou a iniciativa de substituir seus pomposos nomes intermediários por um novo, Alejandro. Alexandre, o Grande, constava de seu rol de heróis da infância e servia como inspiração para ele.[33]

Ao adotar o nome do príncipe guerreiro da Macedônia, Fidel criou uma ligação permanente com o mundo imaginário de seus heróis históricos. Alejandro se transformaria no *nom de plume* dele, usado para assinar publicações clandestinas no começo dos anos de 1950. Algum tempo depois, a designação serviu também como *nom de guerre*. Lançando mão de três variantes – Alejandro, Alexis e Alex –, Fidel daria seu nome do meio, de forma obsessiva, para os filhos de seu segundo casamento. O único filho de Raúl chama-se também Alejandro.

O ato jurídico realizado na Prefeitura de Cueto reconheceu de uma vez por todas, e por inteiro, a paternidade que Ángel, ao que tudo indica, vinha colocando em prática havia já algum tempo. Não se sabe exatamente quando se deu a mudança, apesar de, com certeza, isso ter ocorrido depois daquela que se transformou na decisiva carta que Lina, em dezembro de 1938, enviou para Fidel Pino Santos pedindo a intervenção deste.

Ángel concluiu a redação de suas últimas vontades e de seu testamento em agosto de 1956, poucos meses antes de morrer. Ele deixou um terço de sua grande propriedade para Lina, que ganhou também a incumbência de testamenteira. Os dois terços restantes foram divididos em partes iguais entre os nove filhos reconhecidos.[34]

CAPÍTULO TRÊS

Seremos todos heróis

Belén era a maior e mais prestigiosa escola de ensino médio da ilha, ou talvez de todo o Caribe, um degrau obrigatório para os filhos das famílias mais ricas e influentes de Cuba. Ficou a cargo da rainha Isabela II da Espanha assinar a carta de privilégio real que criou o estabelecimento em 1854, originalmente no centro de Havana. Na época em que Fidel e Raúl matricularam-se, no decênio de 1940, a escola de elite espalhava-se por mais de 60 acres em uma área do subúrbio de Havana, perto da boate Tropicana. Talvez para diferenciar a escola daquele prostíbulo mal-afamado, os jesuítas anunciavam o estabelecimento de ensino como sendo o "Palácio da Educação".

Muitas das mais importantes diferenças no caráter, na personalidade e no estilo de vida dos irmãos Castro tornaram-se aparentes pela primeira vez quando os dois moraram naquele internato. Fidel aflorou ao passo que Raúl entrou em crise. Para este, a experiência mostrou-se passageira e humilhante; e, na única vez em que comentou a respeito dela abertamente, 45 anos mais tarde, ainda manifestava amargura. Fidel guarda boas memórias de sua época no Colégio de Belén e por várias vezes teceu comentários elogiosos a respeito de seus professores jesuítas e até mesmo sobre suas aulas de religião.

Fidel pressionou a família insistentemente para ser transferido do pequeno e provinciano Colégio de Dolores, fundado pelos jesuítas, em Santiago. Ele desejava estar na capital do país. Buscava desafios maiores, um trampolim mais adequado para suas ambições. Queria, sem dúvida, livrar-se das memórias desagradáveis associadas a Santiago. Os anos que passou no Colégio de Belén, a partir de 1942, resultaram nos mais felizes de sua vida até então, e, pensando em retrospecto, nos mais despreocupados de toda a sua existência.

De forma característica, Fidel aproveitou ao máximo as grandes oportunidades oferecidas por aquela instituição de ensino. Muitas de suas arestas foram então aparadas, mas não seu espírito audaz. Intelectualmente, começou a evoluir sob a orientação apaixonada dos padres espanhóis que formavam a maioria dos alunos. Fidel revelou-se um atleta excepcional, tornando-se admirado em especial por sua tenacidade. Característicos traços e hábitos ímpares do adulto vindouro começaram a ser moldados e manifestados. Em resumo, conforme os administradores das escolas preparatórias para garotos da elite sempre estão prontos a dizer, eles receberam um menino em Belén e graduaram um vigoroso homem jovem.

Um colega de classe disse que, quando Fidel chegou, "ele se parecia com um *guajiro*. Tinha um modo de falar grosseiro e comportava-se à mesa como um garoto da roça".[1] A timidez inicial diminuiu quando aumentou a intimidade com seus mais requintados companheiros de sala; Fidel, porém, nunca se mostrou especialmente sociável e não confiava nos outros. "Ele era um pouco difícil, meio fechadão", contou um outro colega de turma.[2]

Independentemente disso, a temporada no Colégio de Belén transformou-se, é provável, no único capítulo da longa vida dele durante o qual não se viu desprezado por um grande número de companheiros e coetâneos. Fidel destacou-se de várias formas, obtendo êxito em todas as atividades oferecidas pela instituição de ensino, e especialmente nas áreas de debate e oratória, de esportes competitivos e de montanhismo.

Raúl seguiu os passos do irmão de sucesso, desembarcando em Belén no mesmo ano em que Fidel saíra do colégio. Segundo contou, ingressou ali de forma relutante. Raúl se rebelara contra os rigores religiosos de Dolores, em Santiago, preferindo a pequena escola militar para a qual fora transferido mais tarde. Era difícil para garotos tímidos e inseguros, entre os quais certamente contava-se Raúl, acomodarem-se ao regime de internato de Belén; os fins de semana revelavam-se especialmente solitários. Quando esteve naquela escola, Raúl, e isso é quase certo, se encontraria apenas raramente com Fidel, que vivia nas proximidades, mas se deixara absorver pela vida política da Universidade de Havana.

Os jesuítas descobriam em Raúl um estudante apático e desinteressado. Comparado com a energia e a potencialidade de Fidel, o irmão mais novo tornou-se uma grande decepção e acabou expulso pouco depois de seu ingresso. Segundo a versão dele para os fatos, no entanto, a expulsão deu-se porque teria entrado "em greve". Desprovido de confiança e temendo não conseguir ser páreo frente aos sucessos do irmão, Raúl nem mesmo tentou. Nenhum estudante de Belén à época possui qualquer lembrança da presença dele ali.

Os fatos narrados pelos jesuítas que então o conheceram sugerem que Raúl era reservado e sofria de um complexo de inferioridade. Tudo o que Fidel realizara de forma brilhante antes, Raúl realizara mal. Ele não era atlético, não se saía bem nos exercícios de acampamento e caminhada pela mata, não manifestava nenhuma das qualidades de liderança que os jesuítas valorizavam e era péssimo aluno. O desinteresse dele alimentava-se, provavelmente, também de sua saudade de casa.

O padre Llorente contou que Raúl freqüentou as aulas no Colégio de Belén durante menos de um ano. "Ele não possuía nenhuma das qualidades de Fidel e parecia bastante limitado do ponto de vista intelectual."

O padre Feliz, diretor da instituição de ensino e com o qual conversei em San Juan, Porto Rico, acreditava que Raúl ficou no colégio menos tempo ainda, por cerca de apenas três meses. Raúl comportou-se de forma tão rebelde que recebeu um convite para deixar a escola.

Um outro jesuíta, padre Quevedo, acalentava as mais vivas, se não as mais duras, lembranças sobre o irmão de Fidel. Em Belén, Raúl saiu-se tão bem quanto um "saco de batatas", afirmou-me Quevedo sem qualquer rancor quando o entrevistei no singular asilo católico do pequeno e pitoresco vilarejo de Aibonito, na região central de Porto Rico, onde se aposentara. Segundo o padre, a família foi instada a vir até Havana buscar Raúl porque este não estava conseguindo estudar em Belén e nunca conseguiria fazê-lo. A experiência representou para Raúl um desastre humilhante do qual se recuperaria apenas anos mais tarde. Seu fracasso naquela escola soma-se aos vários fardos que carrega estoicamente.

Anos mais tarde, após ter se tornado ministro da Defesa de Cuba, Raúl comandou o processo em meio ao qual a instituição de ensino desapareceu, ao menos no formato que tivera por mais de um século em Cuba. Ele fechou as portas de Belén, transformando suas instalações em um centro de treinamento militar, o Instituto Técnico Irmãos

Gómez, batizado em homenagem a dois cozinheiros que trabalharam na escola quando Fidel a freqüentou e que, mais tarde, aderiram ao movimento rebelde.

Em 1960, os jesuítas e a maior parte de seus comandados, junto com suas famílias, dirigiam-se para o exílio. Um Colégio de Belén totalmente renovado, com alguns de seus professores e alunos, foi transferido para Miami, em 1961. Em seu novo e espaçoso campus, a instituição deu prosseguimento às tradições jesuítas de seu renomado ancestral de Havana. Na Universidade Georgetown, dei aula para vários dos alunos do Colégio de Belén.

◁ ☆ ▷

Os jesuítas lembravam-se de Fidel de maneira muito mais vívida do que se lembravam de Raúl. Os religiosos interessaram-se de forma especial pelo primeiro, trabalhando para encorajar e moldar as naturais qualidades de liderança dele e para inspirar-lhe um sólido credo religioso. Não viam em Fidel qualquer tipo de material promissor para a vocação religiosa, mas a segunda missão mais importante dos jesuítas consistia em treinar os futuros líderes políticos de Cuba. Fidel revelava-se um candidato apto e ávido para essa função: um atleta destacado sempre buscando superar-se, o arrojado capitão do clube de exploradores da escola e um dos mais talentosos quando se tratava da retórica e do falar em público.

Fidel cresceu ouvindo continuamente que um dia se transformaria em um grande líder. O padre Quevedo lembra-se como o garoto ficava "animado e orgulhoso" ao escutar aquilo. Afetuosamente, o padre Llorente considerava-o "um aluno original, realmente único. Eu o encorajava a realizar grandes feitos".

Mas o padre Feliz, que anos mais tarde funcionaria como um mensageiro de confiança entre Fidel na Sierra Maestra e um dos generais do regime Batista, não se impressionou. "Ele era um grande mentiroso. Não consegui influenciá-lo muito." E o padre Quevedo, conselheiro espiritual de Fidel, disse-me que ele "nunca veio me ver com esse objetivo em mente. [...] Não tinha escrúpulos". Todos concordam, no entanto, que Fidel possuía uma inteligência extraordinária.[3]

Fidel ingressou na elitista academia literária Avellaneda, na verdade um clube de retórica, e, não obstante um dos colegas de classe lembrar-se de vê-lo tímido e nervoso no início, foi nesse clube que ele aprendeu as artes da retórica e do debate. Sua dicção e enunciação melhoraram; os coloquialismos rurais foram expurgados um a um de seus discursos; Fidel aprendeu a modular e a variar a voz quando discursava e a gesticular com movimentos amplos e golpes repentinos. Sob a tutela dos jesuítas, Fidel adotou a postura que, em seus discursos, se tornaria famosa entre os cubanos e o resto do mundo – costas rigidamente eretas, ombros arqueados para trás e mandíbula atirada para frente.

Ele praticou o trinado do "r", um floreio lingüístico clássico nos países de língua espanhola. Esse se transformaria mais tarde em um recurso de *performance* hipnoticamente magnético. "O dever dos revolucionários consiste em realizar as revoluções", entoaria em discursos militantes proferidos na década de 1960, afagando e prolongando os erres de modo a quase cantar a palavra *revolucionario*, com uma cadência próxima da litúrgica. Alguns dos jesuítas, tomados de fervor religioso quando pregando do altar, ofereceram a Fidel o modelo, não confessado, do qual lançaria mão em seus futuros sermões revolucionários.

Os padres ensinaram-no a formular seus argumentos, a discorrer longamente sobre uma ou duas idéias para, em seguida, debater a respeito de seus prós e contras até o ponto de nada mais, em absoluto, poder ser inferido de um tópico. O padre Feliz disse-me que Fidel "aprendeu a falar durante horas sobre apenas duas ou três idéias". Um pré-requisito para ingressar na sociedade Avellaneda consistia em ser capaz de realizar um discurso de dez minutos, sem anotações, sobre um assunto do qual o palestrante tomaria ciência apenas uma hora antes. Fidel enfrentou dificuldades inicialmente, mas logo conseguiu cumprir aquela exigência. Tornou-se um dos melhores debatedores da sociedade, no que lhe ajudou sua memória fotográfica.

José Ignácio Rasco, colega de Fidel na escola de ensino médio e na universidade, descreveu como "patológico" o poder de memória dele. Pouco antes de provas para as quais não estudara porque era desorganizado e porque se interessava mais pelas atividades esportivas, Fidel arrancaria páginas dos livros, as decoraria e então as reduziria a pedacinhos.[4]

Passados 60 anos da época em que dividiram a mesma sala em Belén, Juan Grau também guardava lembranças vívidas do dom de Fidel para memorizar fatos. Quase todos que mantiveram contato com o futuro líder cubano reconhecem serem extraordinárias as capacidades cognitivas dele, mas, segundo Grau, a memória de Fidel é ainda mais incrível do que sua inteligência.

"Ele conseguia se lembrar de livros página a página, de tudo o que lia. [...] Nunca conheci ninguém com uma memória como aquela", contou-me Grau, em sua casa, na Cidade do México.

Os discursos improvisados de Fidel que se estendem por cinco ou seis horas e que começou a proferir após conquistar o poder em 1959, quase sempre com somente alguns apontamentos dispostos a sua frente, no palanque, haviam sido ensaiados com afinco durante a adolescência.

Ao longo de toda a sua vida, Fidel deleitou-se ao dar provas de seu poder de memorização. Em encontros e entrevistas com repórteres e dignatários estrangeiros, ele sempre gostou de despejar estatísticas extremamente maçantes, complicadas sagas históricas e acontecimentos pitorescos do passado distante. Em uma conferência internacional sobre a Crise dos Mísseis de Cuba ocorrida em Havana, em 1992, Fidel realizou demorados monólogos, alguns de 30 ou 40 minutos, discorrendo a respeito de detalhes e fatos obscuros referentes ao impasse nuclear ocorrido 30 anos antes entre os Estados Unidos e a União Soviética. O dirigente cubano domina os detalhes dos fatos de forma tão avassaladora que ninguém – entrevistadores ou subalternos – ousa desafiá-lo ou corrigi-lo.

E não apenas as páginas impressas dos livros gravam-se em sua memória. Ao ingressar na montanhosa Sierra Maestra a fim de começar sua insurgência, no final de 1956, após o *Granma* ter aportado em Cuba, Fidel encontrou-se diante de um terreno desconhecido. Ele conhecia, como a palma de sua mão, o altiplano existente perto de Birán, mas nunca visitara a área geograficamente mais acidentada onde fixou o quartel-general de seu grupo guerrilheiro.

Guillermo García foi o primeiro camponês a ingressar nas forças de Fidel ali. E ficou surpreso com a rapidez de Fidel para guardar os contornos de todos os outeiros e depressões existentes na região que percorreu naquelas montanhas. Em 1965, um repórter norte-americano fez perguntas a García sobre Fidel.

"Dentro de seis meses, ele passou a conhecer toda a Sierra Maestra melhor do que qualquer *guajiro* nascido aqui. Ele nunca se esquecia de um lugar pelo qual passava. Lembrava-se de tudo – do terreno, das árvores, das pessoas que moravam em cada uma das casas. Eu costumava percorrer todas essas montanhas. No entanto, em seis meses, Fidel conhecia a Sierra Maestra melhor do que eu. E eu nasci e cresci aqui."[5]

A memória de Fidel serviu-lhe tanto como espada quanto como escudo político, mas também continha um lado explicitamente negativo. Ele a utiliza freqüentemente, de forma intencional ou não, para intimidar autoridades cubanas que não podem saber qual obscuro trecho de seus relatórios Fidel teria memorizado e, portanto, compreende melhor do que elas próprias. Como conseqüência, essas autoridades vivem aterrorizadas com a possibilidade de serem abordadas a qualquer momento e flagradas em algum lapso de memória. Diga-se, para não deixar dúvida, que Fidel é uma pessoa impaciente ou mesmo desdenhosa em relação aos que não conseguem ou não se dispõem a manter sob controle os detalhes.

Quando na Sierra Maestra, ele acompanhava todas as minúcias do que ocorria. A cada dia, sabia com precisão quantos cartuchos não usados cada um de seus homens carregava e, de quando em quando, interpelava alguns dos que não conseguiam determinar o destino de uma bala que tinha se extraviado.

Passados 47 anos, durante uma entrevista coletiva na qual comentava a respeito dessa sua obsessão, Fidel afirmou-se orgulhoso daquela habilidade rara. Ele não se dava conta, no entanto, da forma como seus subordinados e aliados ao longo de todos aqueles anos teriam sido pressionados a silenciar ou a amedrontar-se devido à maneira como os tratava.

"Eu conhecia as balas que cada tipo de rifle exigia, sabia quantas balas tínhamos guardadas e tudo o mais. [...] Olhe bem, eu não prezo muito as pessoas que não conseguem dar conta dos detalhes ou que precisam de dez assessores para dizer-lhes tudo."[6]

◁ ☆ ▷

Os anos transcorridos em Belén coincidiram com a Segunda Guerra Mundial, quando Cuba significou para os Estados Unidos um aliado confiável e quando Fidel adotava uma postura política tradicional. Três de seus colegas de sala, certa vez, fugiram da escola, tentando chegar à base naval norte-americana existente na baía de

Guantánamo. O grupo pretendia alistar-se nas Forças Armadas dos Estados Unidos a fim de participar da guerra contra as potências do Eixo, como vários cubanos jovens faziam à época. Fidel planejara acompanhá-los, mas, segundo o padre Llorente, mudou de idéia na última hora.

Não é de surpreender o fato de Fidel nunca ter feito comentários a respeito desse episódio. Uma aventura do tipo, capaz de alterar os rumos da vida de uma pessoa, faria parte da personalidade de Fidel; já ingressar em uma guerra como um soldado raso, não. Ele sempre ambicionou desempenhar papéis de liderança, tendo evitado situações nas quais fosse um subordinado, sujeito à vontade de terceiros. Fidel talvez tenha decidido não partir com os outros três garotos porque conhecia muito pouco os Estados Unidos então ou talvez porque não simpatizasse totalmente com a causa dos Aliados.

Fidel não adotou uma postura coerente de oposição aos Estados Unidos enquanto esteve em Belén. No entanto, havia forças subliminares pressionando-o para virar-se nessa direção. Uma carta que enviara antes ao presidente Roosevelt, em novembro de 1940 – "Meu Bom Amigo Roosevelt", começava o texto em um inglês claudicante mas facilmente compreensível –, está guardada nos Arquivos Nacionais de Washington. Fidel escreveu-a quando estudava em Dolores. A carta era mais um esforço para chamar atenção – nela, Fidel pedia ao presidente norte-americano que lhe enviasse uma nota de US$ 10 – do que um reflexo de qualquer interesse genuíno que acalentasse a respeito da vida política dos Estados Unidos.

A resposta padrão da Casa Branca ficou exposta em um quadro de avisos da escola e Fidel, conforme esperava, tornou-se imediatamente o centro das atenções. O incidente revela uma faceta interessante do jovem Fidel e do revolucionário em que se transformaria, uma faceta negligenciada por seus biógrafos. Franklin Roosevelt, o político e comunicador público consagrado, e seu radical programa de reformas conhecido como New Deal parecem não ter interessado Fidel em grau nenhum.[7]

A verdade é que Fidel nunca se sentiu atraído pelos políticos reformistas de qualquer tipo ou por seus programas. Anos depois, essa perspectiva do adolescente ganharia peso para tornar-se uma postura estratégica de crítica: a reforma é o inimigo mais traiçoeiro da revolução. Os reformadores bem-sucedidos minam o sentimento revolucionário ao implementarem mudanças capazes de mitigar os anseios mais radicais da sociedade. Como fizera o New Deal nos Estados Unidos durante a Depressão, os programas de reforma diminuem o grau de inquietação e de insatisfação populares. Atravancam, assim, as mudanças revolucionárias purificadoras.

Apesar de não ter adotado ainda uma postura crítica em relação aos Estados Unidos, o Fidel adolescente parecia carecer tampouco de qualquer empatia ou atração pelo mundo anglo-saxão. Juan Rovira, um colega de sala de Belén, lembra-se de que "nós não falávamos muito a respeito da Segunda Guerra Mundial".[8] Embora os conflitos nos palcos de guerra da Europa e do Pacífico surgissem nas manchetes dos jornais em quase todo o planeta, e apesar do fato de Fidel ser um leitor voraz, as participações norte-americana e britânica na conflagração quase passaram despercebidas para ele. Em declarações públicas proferidas anos mais tarde, Fidel discorreu longamente sobre a participação dos militares soviéticos na Segunda Guerra, sem, no entanto, conceder o mesmo destaque aos aliados do Ocidente.

Nem o programa de aulas do Colégio de Belén e nem os jesuítas espanhóis e conservadores do corpo docente incentivavam qualquer interesse pelas democracias dos países aliados, mencionando apenas superficialmente a literatura e a história norte-americanas ou britânicas. Os jesuítas não sabiam muita coisa, eles próprios, a respeito do mundo anglófono, e a maior parte deles acalentava ressentimentos permanentes devido às humilhações impostas à Espanha, no passado, pelos países anglo-saxões. Alguns declaravam abertamente sua simpatia pelo regime fascista de Franco, na Espanha.

Além disso, a Inglaterra e os Estados Unidos tinham também subjugado Cuba, ocupando várias áreas da ilha. As manobras imperialistas dos britânicos e norte-americanos podem não tê-los atingido diretamente, mas os garotos de Belén ouviram muitas histórias a respeito das subseqüentes injustiças impostas ao povo cubano. A ênfase nas aulas de ciências sociais recaía sobre a cultura e a história cubanas e latino-americanas; nas aulas de história mundial, sobre a Espanha e a literatura espanhola clássica.

Os jesuítas também vangloriavam as qualidades fascinantes de José Antonio Primo de Rivera, fundador do movimento falangista ou fascista da Espanha. Sempre chamado pelos dois primeiros nomes, José Antonio atuou em prol do reflorescimento espanhol e, mais amplamente, hispânico. Em discursos e textos, conclamava seus seguidores a "serem ardorosos e agressivos", qualidades de liderança vigorosas que fascinaram o jovem Fidel e pelas quais este se interessou.

Fidel sentiu-se atraído também por Francisco Franco, o sucessor falangista de José Antonio que governou a Espanha com mão de ferro ao longo de décadas. Franco, como Ángel Castro, era um *gallego* e quase certamente seria objeto de declarações favoráveis saídas da boca de trabalhadores espanhóis presentes em Birán. O padre Llorente, também ele um espanhol conservador, disse-me que, em Belén, Fidel "era mais franquista do que eu próprio". Anos depois, em sua vida pública, Fidel sempre se empenhou para manter distância daqueles arroubos de juventude com a direita fascista, a ponto de, no começo do decênio de 1960, arquitetar fugazes confrontações diplomáticas com a Espanha de Franco.

No programa escolar de Belén, centrado em assuntos hispânicos, os líderes e autores norte-americanos e ingleses pouco interessariam Fidel e tampouco despertariam atenção nos anos seguintes, quando ele leu principalmente escritores russos, franceses, cubanos e espanhóis. O interesse de Fidel pela oratória e pelos grandes oradores, abrangendo dos clássicos aos contemporâneos, nunca incluiu os grandes oradores de língua inglesa que atuaram no tempo da guerra, Winston Churchill e Roosevelt. Os dois, certamente, nunca serviram de modelo para o futuro dirigente cubano. Revolucionários, guerreiros e conquistadores, e não líderes de regimes democráticos, foram os heróis de Fidel. Em uma carta escrita da prisão em 1954, ele resumiu os momentos históricos fundamentais que mais o fascinavam.

"Eu adoro o espetáculo magnífico oferecido pelas grandes revoluções na história."[9]

É peculiar o fato de Fidel nunca ter inserido a Revolução Americana do século 18 entre os "espetáculos magníficos". Nem Washington nem Jefferson, nem a Declaração da Independência nem a luta das colônias norte-americanas pela independência – muito menos, para não sair do assunto, a violenta revolução de Cromwell na Inglaterra do século 17 – despertaram nele qualquer interesse. Após ter adotado abertamente o marxismo-leninismo, em 1961, Fidel argumentaria que as revoluções anglo-saxônicas deixaram de romper com antigas estruturas de classe, não fizeram justiça suficiente aos explorados de sempre e não remediaram as injustiças históricas.

Quando criança e jovem adulto, recebeu parcas instruções a respeito da história norte-americana e inglesa, tendo permanecido, quase sempre, indiferente a respeito dessas questões. Esse ponto mudaria completamente anos mais tarde. Ao dar início a sua jornada em busca de assumir o poder em Cuba, tornou-se, por necessidade, um estudante incansável e implacável da dinâmica da política norte-americana. Fidel percebeu ser inevitável duelar com a superpotência do norte, cedo ou tarde, de modo que precisava compreendê-la da melhor forma possível.

Exilado no México e lutando na Sierra Maestra durante a segunda metade da década de 1950, ele estudou e observou a opinião pública norte-americana, adquirindo uma enorme habilidade para influenciá-la e manipulá-la. Na metade do decênio de 1960, todas as manhãs – e de quando em quando duas vezes ao dia –, Fidel debruçava-se sobre longos relatos dos serviços de inteligência, todos centrados em notícias vindas dos Estados Unidos.

Durante certo tempo, em 1965, quando morou em uma área rural afastada, um helicóptero militar voava de Havana duas vezes por dia para entregar relatórios a Fidel. Excetuando-se uma sucessão de líderes israelenses, não há, quase certamente, nenhuma outra figura política de nenhum outro lugar do mundo mais versado em analisar o cenário político norte-americano e prever suas reviravoltas.

Na juventude, Fidel adotou uma postura ambivalente, portanto, a respeito da cultura norte-americana e de seu impacto avassalador sobre a vida cubana antes de essa carga ser varrida pela revolução. Esse aspecto também parece ter sido inculcado nele em sua infância, em Belén ou mesmo antes. Luis Aguillar, um colega de escola em Dolores e na universidade, lembra-se de que Fidel era o único garoto da escola que odiava os filmes norte-americanos de faroeste, em especial os estrelados por John Wayne. A experiência de Fidel com a exploração quando criança talvez tenha engendrado uma consciência social precoce, alimentando seu ódio pelos caubóis das telonas que via como violentos exploradores responsáveis por dizimarem os índios.[10]

Talvez o menino Fidel fascinado por Alexandre, o Grande, Napoleão, Aníbal e Júlio César simplesmente considerasse os personagens de John Wayne ridículos demais para serem tomados como figuras heróicas. Ele costumava ir ao cinema com os amigos do Colégio de Belén, nos fins de semana, e os filmes vistos seriam inevitavelmente lançamentos de Hollywood. No entanto, na idade adulta, quando se tornou um revolucionário, Fidel raramente falava sobre o cinema norte-americano, e sempre de forma negativa quando era pressionado a fazê-lo. Ele disse a um entrevistador italiano em 1987 que preferia os filmes latino-americanos com conteúdos sociais.

"Francamente, gosto mais deles do que dos filmes europeus e norte-americanos, com seu excesso de violência, Máfia, sexo, perseguições de carro e tudo o mais."[11]

No final das contas, os colegas de escola e os professores em Belén lembram-se mais de Fidel por sua energia e determinação inesgotáveis, sua "mística", nas palavras do padre Llorente. Quando se formou, continuava a ser chamado de "*el loco* Fidel". Porém, naquele momento, muitos de seus companheiros de sala utilizavam o epíteto carinhosamente, mais por fascínio ou admiração relutante do que por desprezo. Quando Fidel e seus colegas receberam seus diplomas, em cerimônias de graduação ocorridas em 1945, couberam a ele alguns dos aplausos mais demorados e sonoros.

Contente apenas quando no centro das atenções, Fidel destacava-se como figura ímpar. O padre Quevedo lembra-se de tê-lo visto, uma vez, rasgando uma nota de alto valor apenas pelo efeito do ato. "Ele sempre tinha muito dinheiro."

Em uma aposta valendo 5 pesos, Fidel, diante de uma grande platéia formada por alunos incrédulos, bateu sua bicicleta contra um muro com tal violência que acabou passando alguns dias na enfermaria do colégio. José Ignácio Rasco, um companheiro de turma que se lembra do incidente, concluiu anos depois que o maluco ousado o suficiente para realizar tal travessura já prenunciava o fanático do ataque de Moncada. Essa é uma das traquinices que Fidel tentou esconder de seus biógrafos e da opinião pública cubana. Em um discurso proferido diante de alunos do ensino médio em Havana, no mês de março de 1991, o líder cubano narrou o incidente, dando-lhe, no entanto, um arremedo todo próprio. Afirmou que nunca havia montado em uma bicicleta até aquele dia e que não sabia bem como andar nela. Quando de fato se chocou contra o muro, tudo não teria passado de um acidente.[12]

◁ ☆ ▷

Alguns dos dons de liderança mais extraordinários de Fidel vieram à luz pela primeira vez em Belén. Juan Grau, não obstante ter fugido de Cuba por ver-se impossibilitado de viver sob o regime castrista, ainda fala sobre Fidel com um respeito relutante. "Ele era brilhante, cativante, convincente", afirmou-me Grau, acrescentando que Fidel possuía três características especialmente peculiares: "Sua memória fenomenal, sua persistência e seu poder de persuasão". Grau costuma contar uma história reveladora a respeito desse último ponto.

Em geral, o padre Llorente liderava os garotos nas excursões pela zona rural e pelas áreas montanhosas, e Fidel cumpria a função de ajudante dele. Fidel estava decidido a escalar o pico mais alto existente na região ocidental de Cuba – o Pan de Guajaibón –, na Província Pinar del Rio, a oeste de Havana, e a fazê-lo sem a supervisão de ninguém e sem a turma de alunos a acompanhá-lo.

O Pan, como era conhecido, não passava de um anão quando comparado com o pico Turquino, na Sierra Maestra, que Fidel escalou tantas vezes na idade adulta, algumas vezes à frente de esgotados grupos de visitantes estrangeiros. Turquino é o pico mais alto de Cuba. No entanto, com 692 metros, o íngreme e acidentado Pan de Guajaibón oferecia uma escalada desafiadora, especialmente para garotos inexperientes. Mais importante, ninguém de Belén ou das instituições de ensino rivais, segundo as notícias correntes então, teria conseguido atingir o cume. Aquele representava o monte Everest da região ocidental de Cuba, segundo o relato heróico feito por Fidel. Ele estava determinado a completar aquela missão, a ser o primeiro. Precisava, todavia, ter ao menos uma testemunha, um outro garoto que o acompanhasse e que pudesse vê-lo realizar o feito.

Ele convenceu um colega de sala chamado Mario Pampa a acompanhá-lo, mas os padres fizeram todo o possível para dissuadi-los. O pico seria perigoso demais e ficaria longe demais de Havana para uma viagem de um dia; a escalada seria ambiciosa demais para que dois adolescentes concluíssem-na sozinhos. O padre Llorente não conseguiu persuadir Fidel a aguardar por uma expedição maior a ser organizada. O religioso então recorreu a Grau e a um outro garoto, Diego Rubio, implorando-lhes que encontrassem Fidel e o convencessem a abandonar a aventura.

Esses eram os garotos que mais chegavam perto de ser os amigos íntimos dele em Belén. Grau e Rubio encontraram-se com Fidel pretendendo dissuadi-lo. No entanto, quase que imediatamente, Fidel assumiu o comando da situação. Enredou-os em uma meada de palavras articuladas e por demais convincentes. Portou-se de forma carinhosa e atraente; segurou no braço deles, falou com profunda convicção e com uma certeza evangélica.

"Vamos comigo", insistia. "Escalem o Pan comigo, e seremos todos heróis."

Como muitas outras pessoas de vários países nas décadas seguintes, os dois garotos viram-se totalmente sobrepujados. Independentemente da convicção com que, inicialmente, concordaram com os jesuítas sobre o perigo e a temeridade do feito, deixaram-se convencer rapidamente por Fidel de que a chance de serem heróis aos olhos dos demais garotos fazia com que valesse a pena correr o risco.

Os dois passaram a advogar a causa de Fidel, e logo os quatro garotos escalariam o Pan de Guajaibón juntos. O grupo perdeu-se no caminho porque, sem organização, Fidel esqueceu-se de levar consigo um bom mapa ou de pedir informações precisas. E, até que regressassem à escola, passaram-se vários dias, período durante o qual o temor pelo bem-estar deles só fez aumentar. Chegaram, porém, triunfantes, sendo recebidos de volta no seio de Belén como heróis.[13]

Essa foi a primeira vez que Fidel lançou mão de seu poder de persuasão a fim de recrutar terceiros para um de seus planos. O episódio prenunciava as missões de Moncada e do *Granma*, nos anos de 1950, que se mostraram suicidas para a maior parte dos recrutados. Seus seguidores, todavia, ficariam ao lado dele mesmo que, no caso de seus mal elaborados e mal organizados planos de ataque, as chances de fracasso suplantassem as chances de sucesso. Fidel aquietava-lhes as dúvidas e os temores colocando em ação seu poder de persuasão.

Não apenas meninos e jovens imaturos deixavam-se tragar pelas causas de Fidel por conta de seu poder de persuasão. Veteranos militares mais velhos e experientes, calejados homens com uma considerável bagagem de vida, também foram convencidos a unirem-se a ele, muitas vezes contrariando sua mais balizada opinião inicial. Quando se encontrava no México, organizando e treinando seus expedicionários do *Granma*, Fidel recrutou um veterano cubano da Guerra da Coréia para servir como instrutor militar.

Ainda insatisfeito com os preparativos, ele viajou até a Cidade do México, onde morava Alberto Bayo, 65, um grisalho veterano da guerrilha brutal e da guerra convencional dos tempos da Guerra Civil Espanhola.[14] Bayo resistiu à tradicional investida de Fidel, que tentava convencer o relutante general de idade avançada a treinar os recrutas dele. Bayo viu em Fidel um homem excepcionalmente cativante e eloqüente: "As exigências dele eram irrefutáveis. Ele dava as ordens, ele comandava o cenário".

Sitiado pelos argumentos de Fidel, Bayo finalmente aceitou conceder aos homens de Fidel três horas de treinamento militar diário.

"Quero todo o seu tempo para nós, todo o seu tempo", demandou Fidel.

Bayo lembra-se de que o futuro líder cubano declarou isso com uma entonação tão impositiva, tão tirânica que se viu incapaz de recusar.[15]

Fidel usaria a mesma técnica entre as décadas de 1960 e 1980 para motivar os insurgentes de até 12 países latino-americanos, geralmente conclamando-os a se envolverem em lutas de vida ou morte sem chance de sucesso, em nome de alguma glória que tão apaixonadamente descrevia.

Os voluntários cubanos, a maior parte deles tomados pelas visões quixotescas que Fidel inspirava, ingressaram em vários desses movimentos guerrilheiros como consultores já experientes. Muitos morreram dessa forma, desamparados, em lugares distantes espalhados por ao menos três continentes. Alguns poucos deles, com destaque para Abelardo Colomé Ibarra, um antigo e fiel aliado militar de Raúl, ainda ocupam altos cargos nas Forças Armadas e nos serviços de segurança de Cuba.

Década após década, Fidel conseguiu inspirar empreitadas fanáticas e muitas vezes suicidas em seus seguidores, entre cubanos e estrangeiros. Todas as vezes que se envolveu pessoalmente nos esforços de recrutamento, as forças motrizes foram as mesmas: sua determinação inabalável, sua persistência e seu poder de persuasão. O que sempre promete é uma fatia das supostas glórias do porvir.

◁ ☆ ▷

Ao contrário de seu irmão, Raúl esteve ao menos uma vez em Havana ainda na infância, muito antes de ingressar, na adolescência, no Colégio de Belén. Quando tinha cerca de 6 anos de idade, recebeu uma réplica dos uniformes usados pela Guarda Rural Cubana e embarcou em um trem para Havana com Felipe Miraval, o comandante do pequeno posto de polícia em Birán. Raúl inclui-se entre as centenas de garotos vindos de toda a ilha, todos vestidos como miniaturas de soldado para participarem das cerimônias que celebravam o aniversário do primeiro golpe de Fulgencio Batista, em 1933.[16]

Desde aquela viagem, Miraval – geralmente chamado de *el Chino*, o chinês – vem sendo apontado por muitos cubanos como sendo o pai biológico de Raúl. Vários dos biógrafos de Fidel repetiram os rumores tidos, em regra, como verdadeiros, apesar de não haver nenhuma prova concreta para corroborá-los. O que, provavelmente, nunca acontecerá.

A história baseia-se na aparência física de Raúl. Os dois irmãos mais velhos possuem grande estatura e ombros largos. E, em diferentes momentos de suas vidas, apresentaram uma aparência semelhante. Raúl exibe uma figura totalmente diferente. É delgado, com uma cabeça a menos de altura que Fidel e Ramón, e seus traços fisionômicos diferem claramente. Algumas pessoas convenceram-se também de que esses traços não guardam qualquer semelhança com os de Ángel.

Como líder de guerrilha, durante grande parte de 1959, Raúl usou um longo rabo de cavalo, semelhante à trança usada pelos chineses. Ao contrário de seus barbudos companheiros guerrilheiros, nunca conseguiu deixar crescer mais do que um bigode esfiapado e uma barbicha. Fotografias tiradas naquela época mostram-no, em geral, piscando diante das câmeras, com os olhos delgados e encobertos. Pelas costas, o próprio Raúl era chamado de *el Chino* por líderes da revolução nicaragüense que o conheciam bem nos anos de 1970 e 1980.[17]

Outros gostam de ressaltar o fato de que Miraval, quando capitão da guarda, não morreu diante dos pelotões de fuzilamento organizados em 1959, época em que muitos de seus colegas militares eram executados pela recém-instalada liderança revolucionária. Se isso aconteceu de fato, há chances diminutas de que alguém que não Fidel ou Raúl pudesse ter dado a ordem responsável por poupar a vida de Miraval, ainda que este tenha passado o resto de sua existência preso dentro de uma cela.

Em sua biografia de Fidel, Leycester Coltman escreveu que Miraval "respondia com piscadelas e acenos de cabeça sugestivos quando companheiros de cela questionavam-no sobre os rumores".[18] Georgie Anne Geyer contou uma história de teor semelhante em seu livro sobre o líder cubano. Miraval sempre ficava "estranhamente distante e quieto" toda vez que, quando na prisão, o assunto Raúl entrava na pauta. A biógrafa acrescenta que amigos da família Castro sempre deram algum crédito aos boatos.[19] Em minha conversa com Alina, a filha de Fidel, ela tampouco rechaçou os rumores sobre o tio. Algumas das pessoas mais próximas de Raúl reconheceram, nos últimos anos, que pode haver alguma verdade nisso tudo, mas ressaltam, o que é surpreendente, nunca ter ouvido Raúl aludir à questão.

Uma informação fragmentada, obscura e antes desconhecida da qual tomei ciência pode ter alguma relação direta com o assunto. Durante os primeiros meses de suas operações na Sierra Cristal, na primavera de 1958, Raúl manteve um diário que também servia como relatório sobre as atividades em andamento e o qual compartilhava, por meio de mensageiros, com Fidel. Em uma das entradas do diário, Raúl descreve o momento em que seu grupo de guerrilheiros passava por uma área de plantio de café de Oriente e conta a Fidel sobre ter chegado por acaso a uma pequena mina dirigida por Ramón Castro.

Curiosamente, no entanto, Raúl refere-se a Ramón como "*tu hermano Ramón*" – *teu* irmão Ramón. O texto referente a esse trecho do diário foi publicado no final de janeiro de 1959, em um novo jornal oficial da revolução. No espanhol original, é muito improvável que a referência, o pronome "teu", tenha resultado de erro de transcrição ou de tipografia.

Raúl quase nunca dá declarações irônicas ou sarcásticas, mas é possível, claro, que esse seja um caso do tipo. Por outro lado, a referência a *teu* irmão no lugar de *nosso* irmão poderia ser uma manifestação de desprezo por Ramón, que se mantinha afastado da revolução e ajudava os irmãos de forma meramente superficial.

Sopesando os argumentos, no entanto, parece crível que Raúl quis dizer o que disse literalmente, da forma exata como o expressou, reconhecendo que Ramón é de fato irmão de Fidel, mas apenas meio-irmão dele.[20] O diário de Raúl mostra-se árido e desapaixonado, preciso e desprovido de floreios nos trechos descritivos. Não há manifestações de humor, de graça ou de introspecção. Os trechos do diário referentes aos dias da guerrilha e publicados em quatro partes no final de janeiro de 1959, no jornal *Revolución*, carecem de erros capazes de sugerir que a referência *teu* irmão não fosse intencional.

O fato de Raúl ter usado essa expressão pode ajudar a explicar por que Ángel costumava tratar o filho mais novo de Lina com indiferença e por que não lhe comprou carros novos ou lhe forneceu mesadas tão generosas como as recebidas por Fidel. De outro lado, seria compreensível o fato de Ángel ter relutado em conceder benefícios financeiros a esse filho, motivo de tantas decepções e que, por tanto tempo, marcou passo sem eleger objetivos claros.

Ainda assim, outros rumores alimentam o mistério. Fofocas sobre a infidelidade de Lina repetiam-se mesmo dentro do clã dos Castro. Pedro Emilio, meio-irmão de Fidel e filho da primeira mulher de Ángel, acreditava piamente que Lina dera à luz ao menos uma outra criança cujo pai não seria Ángel. Pedro Emilio disse a Alina, a filha de Fidel, haver uma mulher em Santiago que alegava ser filha de Lina.

Essa mulher, segundo Pedro Emilio, era conhecida na cidade como *La Bella de Santiago*, a Beldade de Santiago. Ela teria escrito ao meio-irmão de Fidel dizendo-lhe, do nada, ser irmã dele. Ele afirmou ter respondido à carta, aparentemente saboreando o absurdo da situação, a fim de dizer-lhe que aquilo era impossível porque Lina não era a mãe dele.[21]

Ao final, talvez, a questão sobre quem seria o verdadeiro pai de Raúl pode ser considerada importante devido a um único motivo. Os interessados em preverem como Raúl governará Cuba continuarão a procurar por pistas a respeito da miríade de diferenças existentes entre ele e Fidel.

◁ ☆ ▷

Conforme mencionado antes, nenhuma biografia de Raúl, completa ou parcial, chegou a ser publicada, nem mesmo na *Verde Olivo*, a revista mensal das Forças Armadas cubanas que ele supervisiona desde o começo dos anos de 1960. Em seus discursos cuidadosamente preparados, Raúl nunca fala sobre si próprio. Poucas vezes concedeu mais do que entrevistas breves – menos de 12 vezes desde 1959 – e, em todas, evitou discorrer a respeito de quaisquer fatos ou reflexões sobre sua vida pessoal.

Publicamente, Raúl balbuciou apenas algumas poucas palavras referentes a sua vida e aos tempos anteriores à revolução. Somente uma ou duas vezes mencionou os anos de lassidão – ou talvez de devassidão – que passou em Birán quando jovem, após ter sido expulso do ensino médio. Não há registro de que tenha se transferido para outra escola. Na única oportunidade em que falou a esse respeito, disse ter voltado, ainda adolescente, para o conforto e a reclusão de Birán, e para um Ángel indignado.

"[...] Ele reagiu mandando que eu fosse trabalhar nas plantações. Primeiro, apanhei batatas. Depois trabalhei em um armazém e em uma loja, os dois pertencentes ao meu pai. Ao final, fui colocado em um escritório onde ganhava 60 pesos, uma soma bastante considerável à época."[22]

Segundo alguns que conheceram o Raúl adulto, foi nessa época, na metade ou no final de sua adolescência, que ele começou a beber em excesso e a passar tempo demais nas rinhas de galo. Os ressentimentos e a insegurança certamente acumulavam-se enquanto perambulava sem rumo e enquanto, de outro lado, chegavam a Birán as notícias sobre a carreira política de Fidel em Havana, então em ascensão.

Para Raúl, aquele se mostrou um interlúdio improdutivo e desperdiçado. Na época, não se aprimorou em nenhuma especialidade e tampouco alimentou qualquer interesse específico. Não se preocupou com dar início a uma carreira ou com sua profissão. Não havia nenhum estímulo intelectual em Birán; e Raúl não costumava ler muito. Até hoje, essa continua a ser uma característica dele. Como ministro da Defesa de Cuba, Raúl depende de seus comandados para informá-lo dos fatos ou para resumir longos relatórios, elaborando textos pequenos que pode consultar rapidamente.

Juanita Castro, em um testemunho prestado diante de uma comissão do Congresso norte-americano em 1965, disse que Raúl "ingressou na universidade em Havana para estudar administração, curso para o qual não se exigia um diploma do ensino médio".[23] Ela não disse quando isso se deu exatamente, mas outras pessoas que o conheceram contam que Raúl voltou para Havana em 1948 ou 1949. Ele participou de cursos extracurriculares durante um tempo sem concluir um programa de estudos ou colar grau. Raúl nunca discorreu a respeito da época passada na universidade. No entanto, pode-se presumir que o irmão mais novo de Fidel adquiriu, nos cursos dos quais participou ali, alguns conhecimentos básicos sobre administração e gerenciamento. Essas são as áreas nas quais, anos depois, ele se distinguiria.

Algumas pessoas que Raúl conheceu em Havana durante o período que vai do final dos anos de 1940 a 1953 forneceram informações superficiais a respeito do jovem membro da família Castro, que completou 20 anos de idade no dia 3 de junho de 1951. Ele era reservado e jogava mal futebol, apesar de não gostar de destacar-se e de ser mais relaxado e simpático que Fidel, afirmou um estudante da universidade que se lembra dele.

Um outro coetâneo descreveu Raúl como um "sujeito agradável e quieto que nunca falava nada".[24] Uma jovem moradora de Havana que foi ao cinema com ele lembra-se do irmão de Fidel como uma pessoa totalmente comum. Essa mulher confessou ter se sentido atraída por Fidel à época, mas negou enfaticamente a possibilidade de o mesmo haver ocorrido em relação a Raúl.

Ele parece não ter acalentado nenhum interesse sério por coisa nenhuma, não ter desenvolvido nenhuma profissão ou especialidade, nem ter tido nenhuma experiência empregatícia que não o trabalho realizado em Birán. Isso até ingressar no movimento de Fidel, no verão de 1953, pouco antes do ataque de Moncada. Raúl não deixou nenhuma marca duradoura ou mesmo digna de nota em qualquer atividade desempenhada até ser preso quando regressava para Havana vindo de uma conferência de jovens comunistas em Viena e de suas viagens pelos países comunistas do Leste Europeu, em 1953.

A educação formal de Raúl mal ultrapassou a barreira do ensino básico. Ele admitiu ter estudado por cerca de apenas oito anos. Seus talentos cognitivo e intelectual parecem diminutos quando comparados com os de Fidel. Em resumo, Raúl não alcançou nada com as próprias pernas até receber o comando de suas forças guerrilheiras em março de 1958, isso se não for contada a execução realizada por ele na Cidade do México.

CAPÍTULO QUATRO

Meu verdadeiro destino

Fidel chegou à Universidade de Havana no outono de 1945, com o espírito alegre e em grande estilo, dirigindo seu novo e reluzente Ford V-8 preto que Ángel fora convencido a comprar-lhe. Matriculou-se na faculdade de direito, instalou-se em um apartamento localizado perto do campus, na rua L, com uma ou duas de suas irmãs, e mobilizou-se prontamente para lançar sua carreira política.

Acalentava por meta tornar-se presidente do centro acadêmico da universidade, um degrau para ingressar na política nacional. Não havia dúvidas sobre as prioridades dele, ou sobre sua determinação. Armado de uma energia inesgotável, Fidel estava ansioso para atuar no palco mais distendido da universidade, onde cerca de 25 mil alunos, a nata de Cuba, estudavam. Aquela seria a primeira porta para o mundo mais amplo que Fidel desejava conquistar, apesar de não ter idéia ainda para qual finalidade que não suas ambições pessoais.

As causas que defenderia, as causas a serem perseguidas, poderiam ser elaboradas mais tarde, à medida que as oportunidades surgissem. Se existisse então um movimento ou partido político de direita digno de crédito em Cuba, Fidel poderia ter facilmente se voltado para essa direção. Em termos políticos, poderia ser descrito como uma tábula rasa. Cerca de 20 anos mais tarde, o próprio Fidel admitiu isso.

"Eu era um iletrado em termos políticos. Não trazia comigo nada além de um temperamento rebelde e da retidão de espírito, o caráter de responsabilidade que me inculcaram na escola jesuíta."[1]

O que sabia com certeza era que desejava alçar-se a uma posição de liderança, construir uma reputação para si próprio. Fidel estava convencido, então, de que fora agraciado com excepcionais qualidades pessoais e de liderança que o fariam realizar grandes feitos. Os jesuítas tinham alimentado sua fascinação por heróis, conquistadores e revolucionários pitorescos. Depois do verão calmo e contemplativo passado em Birán logo depois de haver se formado em Belén, Fidel passou a confiar piamente em sua própria aura mística e em seu destino.

Alfredo Esquivel, conhecido pelo apelido bastante comum de *el Chino*, conheceu Fidel no primeiro dia de aula e de pronto sentiu-se cativado por ele. Fidel descansava do lado de fora da faculdade de direito, apoiado contra um muro. Quase na mesma hora, começou a conversar com Esquivel e perguntou-lhe se ele se interessava pelo mundo da política universitária.

Logo em seu primeiro dia como aluno da universidade, Fidel lançou esforços para angariar seguidores políticos, recrutando aliados e simpatizantes. Seu objetivo imediato: dar o primeiro passo na escada política de Cuba ao ser eleito como representante de sua turma no conselho escolar da faculdade de direito. Esquivel, *el Chino*, aceitou colaborar, tornando-se assim o primeiro *fidelista*.[2]

Esquivel teve duas impressões iniciais a respeito de Fidel: de que este era em certa medida "avoado" e de que possuía qualidades extraordinárias para liderar. E concluiu, como a maior parte das pessoas o fariam, que essas eram habilidades inatas, nascidas com Fidel, gravadas em seus genes.

"Ele nasceu com aquilo", afirmou Esquivel muitos anos mais tarde, no exílio em Miami. Apesar de discordar da maior parte das medidas adotadas por Fidel após conquistar o poder, *el Chino* continuava admirando o outrora amigo.

De forma semelhante a muitos outros que conviveram de perto com Fidel em épocas diferentes da vida dele, Esquivel insistia que o homem de pouca idade de quem se aproximara na universidade não se parecia em nada com a pessoa na qual se transformaria mais tarde, que antes Fidel era mais amável e leal. Na opinião de *el Chino*, o amigo de então se revelava mais determinado, habilidoso, audacioso, persuasivo e inteligente do que qualquer outra pessoa que conhecesse.

Os traços de um prodígio da política começaram a surgir quando Fidel fez campanha para o cargo de representante da faculdade de direito. Os estudantes recebiam à época documentos de identificação, do tamanho de uma carteira, dos quais constavam nome, endereço e fotografia. Fidel, de alguma forma, conseguiu ter acesso aos originais – não se sabe bem se diplomática ou fraudulentamente. Tendo gravado na memória essas informações a respeito dos colegas de turma, foi capaz de abordar cada um individualmente, usando seus nomes, e de papear em tom pessoal com os seus eleitores em potencial.

Suas táticas, no entanto, nem sempre funcionaram. Alguns colegas sentiram antipatia em relação a Fidel, considerando-o um exibicionista desavergonhado. Robert Quirk, um dos biógrafos do líder cubano, conta como certa vez, na cafeteria da faculdade, Fidel abordou outros estudantes de maneira farisaica. Esses não se deixaram impressionar pela opinião dele de que todos os universitários católicos deveriam unir-se. A imagem de Fidel era a de um direitista. "Ele se mostrava desagradável, monopolizando a conversa."[3]

Esquivel lembra-se do *modus operandi* de Fidel ao tentar recrutar um colega de classe ou persuadi-lo a dar-lhe apoio. Ele lançaria mão dessa tática pelo resto da vida, tendo adotado-a pela primeira vez em Belén, com Juan Grau, e com os outros garotos. O recrutamento começa com uma grande carga de contato físico, no momento em que Fidel dá início à apresentação de seus argumentos, com gestos e uma linguagem corporal extravagantes, muito diferentes. Enquanto agarra a camisa de seu alvo, Fidel toca, cutuca, segura e aperta o braço de seu recruta, falando sem parar, elevando e baixando a voz com um carisma insinuante. As pausas que faz dão-se em momentos estratégicos. Esquivel descreveu o tom de voz de Fidel como "lamuriento" mas tão persistente e convincente que, quando empenhado em conquistar uma pessoa em particular, costumava atingir sua meta, independentemente de qual fosse.

"A gente se tornava um *fidelista*", observou Esquivel. "A gente simpatizava com ele porque ele tinha nascido com aquilo."

El Chino percebeu, logo no começo da amizade deles, que Fidel tinha bastante consciência de seu dom para a liderança e de suas outras qualidades especiais. Esquivel acercou-se de Fidel o máximo possível à época, mantendo-se como aliado e seguidor em todos os tipos de intriga política, no decorrer de vários anos. Após a vitória da guerrilha, Fidel ofereceu-lhe o ambicionado cargo de embaixador cubano na Cidade do México, que ele não aceitou. Os dois passaram muito tempo juntos, e *el Chino* tornou-se um arguto observador de seu contemporâneo.

Conhecia o antigo aliado tão bem que, quando chegaram a Havana as notícias sobre a eclosão de um conflito armado no quartel de Moncada, em Santiago, e quando muitos acreditavam tratar-se de um embate entre diferentes facções das forças de Batista, Esquivel percebeu de pronto, ainda que não tivesse qualquer informação prévia a respeito dos planos, que Fidel liderara um ataque.

Esquivel contou também uma história reveladora sobre a precoce convicção de Fidel a respeito de seu destino. Os dois estudavam em uma determinada noite quando, por volta da meia-noite, resolveram fazer uma pausa a fim de tomarem uma xícara de café em um estabelecimento das redondezas. Sentaram-se com outros estudantes e começaram, no silêncio da noite, a compartilhar seus sonhos e aspirações para o período subseqüente ao curso de direito. Um afirmou desejar tornar-se poeta. Outro, ser um advogado de gabarito. Esquivel diz que se voltou então para Fidel, usando um apelido que somente ele e alguns poucos podiam pronunciar sem causar maiores problemas: "*Guajiro*, e você?". Fidel respondeu de bate-pronto, sem respirar.

"Quero ter glória e fama!"

Não havia ainda nenhum projeto, nenhum sentimento motivador, nenhum fundamento moral ou ideológico para essas aspirações heróicas. Não havia plano nenhum para garantir a si próprio um lugar na história cubana. Mas, em sua clareza e singularidade, a visão de Fidel a respeito de seu caráter excepcional ultrapassava em muito as costumeiras bravatas da maior parte dos jovens da idade dele. Fidel sabia, em seu primeiro ano na universidade, conforme enfatiza Esquivel, que possuía talentos extraordinários. E estava determinado a usá-los a fim de conquistar reconhecimento, aclamação e, sobretudo, influência.

Quando decifrado através das lentes de seu longo histórico à frente do governo cubano, o que Fidel quis dizer com "glória e fama" era *poder* e grandeza política. Ele não tinha interesse nenhum em se tornar um advogado, um intelectual ou um empresário eminentes. Com certeza, não desejava ingressar nas Forças Armadas de Cuba. Ainda assim, segundo o relato de Esquivel e de outros universitários, naquele primeiro ano de curso da faculdade de direito, Fidel não acalentava qualquer pensamento altruísta sobre quem se beneficiaria de seu projeto de sucesso político, excetuando-se o próprio Fidel.

Fidel tinha então 19 anos de idade.* Tornara-se um homem de físico imponente, com mais de 1,82 metro de altura e 86 quilos de massa corporal. Quando Esquivel o conheceu, Fidel cortava rente seu cabelo grosso, preto e ondulado. Possuía o porte de um nobre ou centurião romano, e gostava de jogar o queixo para frente de forma a acentuar seu nariz aquilino. Sabia que seu tamanho e sua força física haviam-no favorecido desde a infância e não tinha pruridos em utilizar essas armas. A arraigada fé religiosa que o reconfortara quando mais jovem perdia força naquele momento, em que se deparava com o mundo mais duro da política universitária.

Fidel oferecia um mosaico de contradições, tão inseguro emocionalmente a respeito de si próprio como era seguro a respeito de suas habilidades para relacionar-se com as pessoas e aprender as coisas. Ainda propenso a adotar comportamentos erráticos e exagerados calculados algumas vezes para atrair atenção, Fidel, algumas vezes, provocava confusão a fim de conseguir ver avançar uma meta política improvável.

Depois dos anos de proteção sob a tutelagem dos jesuítas, Fidel mostrava-se imaturo quando comparado a seus colegas de mesma idade. Não possuía a menor capacidade de confiar em terceiros ou de ingressar em qualquer tipo de relação genuinamente cooperativa. Temia qualquer tipo de dependência capaz de torná-lo novamente vulnerável à exploração. O que disse a Frei Betto, o religioso brasileiro, sobre nunca ter tido um mentor ou um guia mais velho que o inspirasse na infância ou na adolescência continuava sendo verdade após seu ingresso no ensino superior.

---

* Em uma entrevista de janeiro de 1970, concedida a um visitante norte-americano, Fidel afirmou estar com *18* anos de idade quando ingressou na universidade. Na realidade, há bons indícios de que Fidel seja um ano mais novo do que informa o próprio dirigente ou seu regime. O biógrafo Leycester Coltman escreveu que, a fim de Fidel não ser considerado novo demais para ser aceito em Belén, Ángel "pagou um suborno para conseguir uma nova certidão de nascimento" na qual constava como ano de nascimento 1926 e não 1927. Em várias situações, ocorridas no final do decênio de 1950, Lina e três das irmãs de Fidel confirmaram publicamente que o ano de nascimento dele seria de fato o de 1927. Fidel viu-se questionado apenas uma vez, publicamente, a respeito desse fato, por Barbara Walters, respondendo: "Eu assumo a data menos favorável". Portanto, em todo o livro dela, é utilizada a idade oficial do dirigente. Saul Landau, "Exclusive Interview With Fidel", *Eyewitness* (na *Internacional Newsletter*), no. 1, janeiro de 1970; Leycester Coltman, *The Real Fidel Castro*, Yale University Press, 2003, p. 9; Gerardo Rodriguez Morejon, *Fidel Castro: Biografia*, P. Fernandez y Cia., Havana, 1959, p. 1; Emma e Lidia Castro, "Historia de la Vida de Fidel Castro", *El Diario de Nueva York*, 22 de abril de 1957, p. 10; e entrevista de Fidel com Walters, *Bohemia*, 1º de julho de 1977, tradução do Departamento de Registros Estenográficos do governo cubano, Havana.

Não existia nenhum professor cujo exemplo seguisse, nenhum modelo que o inspirasse e ninguém com o qual buscasse aconselhar-se. Emocionalmente, não conseguia tornar-se discípulo de ninguém, e Fidel viveria o resto de sua vida incapaz de uma atitude do tipo. Nunca mais haveria uma figura empática como o padre Llorente, o qual tentaria romper a dura casca da psique de Fidel a fim de oferecer-lhe conselhos.

Fidel comportava-se de forma surpreendentemente arredia para uma pessoa talentosa na política. Ele nunca fumava e bebia apenas raramente. Saía muito pouco com mulheres, manifestando inabilidade e falta de autoconfiança a respeito das garotas. Vários contemporâneos dele lembram-se de que, por trás de suas costas, Fidel costumava ser chamado, em um jogo sarcástico de palavras, de *el casto*, o casto. Ele não manifestava interesse – então ou dali para diante – pela dança, apesar do empurrãozinho dado pela cultura e pela eletrizante música hispano-africanas de Cuba.

Até hoje, Fidel não canta – nem mesmo no chuveiro, confessou certa vez em uma entrevista. À época, evitava freqüentar festas, e não porque passasse muito tempo devotando-se aos estudos. Quase não se importava com as questões acadêmicas, comparecendo às aulas apenas de vez em quando e no entanto, como em Belén, passando nas provas depois de intensos arroubos de memorização realizados de última hora. Fidel costumava ficar por longos períodos nos cafés, falando sobre política com quem quer que estivesse disposto a ouvir.

Fidel ainda não se livrou de todas as características que trouxe da roça, de seu lado *guajiro*, aparecendo freqüentemente vestido com roupas manchadas e amarfanhadas. Atribuíram-lhe apelidos pouco lisonjeiros: "ensebado" e "porcalhão" eram os mais comuns, e Fidel somente se livraria deles anos depois. *El Chino* Esquivel conta que Fidel exprimia indiferença em relação a seus trajes. Poderia usar sapatos e meias destoantes, realizando estranhas combinações de cores. Tiraria uma calça do cabide para usá-la sem prestar atenção na cor. Muitos dos colegas de universidade viam-no como um caipira sem sofisticação. Tentando dar um viés mais positivo a essa impressão, Fidel afirmou certa vez a Carlos Franqui que havia sido um "boêmio".

As parentas de Fidel ajudaram a manter uma aparência de ordem em sua caótica vida doméstica. Anos mais tarde, tanto antes quanto depois de subir ao poder, as irmãs foram substituídas por outras mulheres devotadas – em especial a assessora Celia Sánchez – que cuidavam dele. Segundo ao menos dois de seus biógrafos, uma ou outra irmã costumava oferecer-se para arrumar as roupas dele, engraxar seus sapatos e até cortar suas unhas. Alina, a filha de Fidel, escreveu que o pai, ao visitá-la, pedia a presença de uma manicure.[4]

Vários entrevistadores, ao longo dos anos, destacaram a incongruência de suas mãos elegantes, com dedos longos e esguios que nunca apresentaram calos, certamente ao contrário do que aconteceu com seu pai. Fidel já era vaidoso, mimado e narcisista quando na universidade. Ele esperava receber a atenção dispensada ao delfim de algum principado exótico, de forma a ter mais tempo para gastar com assuntos mais importantes.[5]

Em setembro de 1995, 50 anos após ter se matriculado na faculdade de direito, Fidel regressou ao local para proferir um longo e auto-indulgente discurso para uma nova geração de estudantes. Apareceu na Aula Magna, dentro do salão nobre da universidade, para falar demoradamente a respeito de suas experiências naquela instituição de ensino. Desejava que os alunos conseguissem imaginar como ele era quando jovem, revelando um lado que não aparecia nos meios de comunicação de Cuba. Tipicamente, em especial após ter somado uma boa quantidade de anos, Fidel não mais se mostrou modesto ou discreto.

"Em termos relativos, eu já começara a me destacar", afirmou aos estudantes referindo-se a sua época na faculdade de direito.[6]

◁ ☆ ▷

A Universidade de Havana, uma instituição com 200 anos de idade, construída sobre uma colina no bairro de Vedado, destacava-se por seus elegantes, ainda que um pouco manchados e envelhecidos, prédios de estilo clássico. A maior parte deles contava com fachadas de mármore e colunas gregas, somadas a adornos e impressionantes frontões triangulares.

A imponente *Escalinata*, uma esplanada a céu aberto disposta em vários níveis e com 163 degraus largos, servia como a entrada principal e oficial da faculdade, sua menina dos olhos. Os estudantes reuniam-se e conviviam ali, realizando todo o tipo de evento, entre os quais várias manifestações ocorridas durante os cinco anos em que Fidel permaneceu na faculdade de direito. A partir de seu segundo ano, ele organizou vários desses acontecimentos, liderando passeatas barulhentas de manifestantes que desciam a *Escalinata* antes de chegar à rua San Larazo e, a partir dali, a algum prédio público ou a alguma praça.

Em seu primeiro ano como aluno de direito, Fidel não obteve o sucesso político planejado. Com a ajuda de *el Chino*, conseguira ser eleito representante de sua sala, mas se viu continuamente impedido de galgar outros postos dentro do centro acadêmico devido à posição dos que acabariam por desprezá-lo e por desconfiar dele. Fidel queria controlar tudo, incluindo o foco das atenções. Suas obstinadas ambições revelavam-se transparentes demais; seria necessário camuflá-las melhor. Ele também percebeu que teria de identificar-se com posturas políticas de apelo popular e avançar para além do mundo da política universitária – descendo a *Escalinata* e ingressando nas ruas da cidade para chegar a arenas mais promissoras.

Fidel não engolia com facilidade o fracasso, mas, como faria pelo resto da sua vida, culparia os outros e continuaria a progredir. Ele disse então que, devido à corrupção política e à desonestidade de líderes estudantis rivais, fora impedido de avançar. Independentemente do quanto racionalizasse a decepção, recuperava-se como sempre dos fracassos dolorosos, recomeçando como se nada tivesse ocorrido. Fidel reavaliava pragmaticamente sua posição e traçava um novo curso enquanto buscava aliados diferentes e mais adequados a seus novos objetivos. Esse também se tornaria seu estilo característico de agir após sofrer algum revés. Novos grupos de autoridades substituiriam infalivelmente os que, segundo Fidel professaria, não serviram a ele ou à revolução de forma adequada.

Enquanto freqüentou a universidade, fez três escolhas fundamentais. A primeira e mais fácil traduziu-se em assumir um papel de liderança na oposição ao governo corrupto de Ramón Grau San Martín. Fidel encaixava-se bem no papel de mobilizador estridente da oposição e logo encarnava o personagem dos pés à cabeça. Sua decisão, tomada em julho de 1947, de filiar-se a um novo partido reformista, os *Ortodoxos*, não se deveu, porém, àquela postura. O carismático Eduardo Chibás fundou o Partido Ortodoxo, mas nunca confiou em Fidel, acreditando que este nunca conseguiria domar suas ambições e encaixar sua personalidade dentro de uma estrutura partidária hierárquica. Ainda mais danoso para as ambições políticas de Fidel revelou-se seu envolvimento, em 1946, com as atividades abomináveis de grupos violentos do campus chamados, eufemisticamente, de "grupos de ação".

O governo de Grau San Martín tornou-se um alvo legítimo para os universitários indignados e os cubanos reformistas de todo o espectro ideológico. Um ex-professor e ex-político reformista ele próprio, o presidente de Cuba havia sido eleito em uma das poucas eleições presidenciais relativamente livres do país e tomou posse em outubro de 1944 para dar início a um mandato de quatro anos. Apesar da grande esperança alimentada devido à vitória surpreendente, Grau San Martín traiu a confiança do povo e logo comandaria um governo odiosamente corrupto.

Os subornos passaram a fazer parte da paisagem todas as vezes que estivesse presente uma autoridade eleita ou nomeada, incluindo desde o presidente e seus asseclas até o burocratas do menor escalão do governo, muitos dos quais dispostos a cometer irregularidades. Grau San Martín encorajou a formação de gangues políticas de ares mafiosos, politizou a polícia e fechou os olhos para os atos de violência cometidos por seus aliados. Segundo uma contagem, 64 assassinatos políticos ocorreram durante seu mandato.[7]

Diante desse cenário pernicioso, Fidel encontrou sua primeira causa política, uma agenda de combate a esses abusos. Como de costume, levou sua missão a extremos. O governo havia violado a confiança do povo de forma tão acintosa que precisava ser deposto. E, segundo a argumentação de Fidel, não apenas Grau San Martín e seus cúmplices descumpriam o prometido, mas todo o sistema político putrefato. Fidel finalmente se deparou com uma causa política que podia bramir enquanto, simultaneamente, dava asas a suas próprias ambições.

Em novembro de 1946, proferiu seu primeiro discurso nacional, atraindo o interesse de jornais. No pronunciamento, vilipendiou Grau San Martín, criticou a corrupção e a violência do governo, além de, pela primeira vez, defender uma causa política, descrevendo como os políticos desonestos sugavam o sangue dos cubanos pobres.

Fidel preparara-se meticulosamente para aquela atuação contundente e prenunciativa. *Chino* Esquivel afirma que, quando jovem, Fidel esboçava alguns discursos e depois os memorizava "de cabo a rabo". Ele também investia uma quantidade considerável de energia na prática das poses e dos gestos adequados, preocupando-se com cronometá-los minuciosamente. Ele ainda estava desenvolvendo seu estilo de oratória, afirmou Esquivel, acrescentando ter ficado impressionado com o fato de Fidel, já à época, "mostrar-se encantado com as chances de discursar em público".

Fidel ensaiava uma guinada para a esquerda, adotando a mesma direção das correntes políticas mais fortes, mas ainda se perguntava se os métodos da linha-dura direitista não serviriam melhor às causas dele e de Cuba. José Pardo Llada, uma das pessoas mais próximas de Fidel dentro da universidade e nos anos seguintes – Llada foi padrinho de seu casamento em outubro de 1948 –, contou que Fidel possuía uma coleção de 12 volumes, em espanhol, dos discursos e textos de Benito Mussolini. José Ignácio Rasco também narrou como Fidel lia com interesse, na época da faculdade, os textos de Hitler. Essas declarações vão ao encontro de outros testemunhos dignos de crédito e de teor semelhante.[8]

Mas a ideologia ou as doutrinas políticas ainda ocupavam um lugar secundário na cabeça de Fidel; ele era um homem de ação que não precisava ater-se a um único credo. O mais importante seria conseguir uma atenção maior na qualidade de voz principal da oposição ao governo. Fidel organizava manifestações em todas as oportunidades surgidas e, ao mesmo tempo, começou a meditar sobre a possibilidade de realizar uma conspiração violenta.

Quando o governo anunciou um aumento no preço das passagens de ônibus, Fidel colocou-se à frente de estudantes em um protesto, levando uma imensa bandeira de Cuba pela *Escalinata* e para dentro da cidade, onde os manifestantes viram-se atacados pela polícia. Ele foi atingido na cabeça, mas não tão gravemente como sugeririam as dimensões da bandagem de gaze branca enrolada em sua cabeça.

Uma das maquinações mais bizarras de Fidel seguiu-se a esse episódio. Na esperança de sufocar a onda de insatisfação, Grau San Martín chamou quatro estudantes, entre os quais Fidel e *Chino* Esquivel, para encontrá-lo no palácio presidencial. Em 1976, José Pardo Llada escreveu a respeito do esquema elaborado por Fidel após o presidente, de 63 anos, ter convidado os estudantes para aguardá-lo em sua sacada, a fim de aproveitar o ar fresco e discutirem o aumento no preço das passagens. Enquanto estavam sozinhos ali, de pé, Fidel sussurrou para os demais:

"Tenho a fórmula para tomarmos o poder e nos livrarmos, de uma vez por todas, desse velho safado."

Os outros ficaram calados e aturdidos enquanto Fidel prosseguia.

"Quando o velhote regressar, vamos agarrá-lo e jogá-lo da sacada. Quando ele estiver morto, proclamaremos a vitória da revolução estudantil. [...] Esta é uma excelente chance de tomarmos o poder."

Pardo Llada escreveu que *Chino* Esquivel segurou Fidel pelo ombro e gritou: "Pelo amor de Deus, *guajiro*, você está louco".

Enquanto Fidel insistia em seu plano macabro, Enrique Ovares exigia que parasse. "Viemos aqui para baixar o preço das passagens de ônibus, não para cometermos um assassinato."[9]

Independentemente do quão maquiavélico o plano improvisado soou ao ouvido dos outros, esse seria apenas um dos vários que Fidel imaginou entre o final da década de 1940 e o começo da de 1950. Todos apresentavam como traço comum um repentino e chocante ato de violência capaz de iniciar uma onda de motins e distúrbios populares, como a invasão da Bastilha em Paris, em 1789, que acabariam por derrubar o *ancien régime* e colocar os revolucionários no poder.

Uma outra dessas maquinações apresentou-se em novembro de 1947, quando Fidel fez nascer um plano brilhantemente pernicioso para manchar a imagem do governo de Grau San Martín. O plano envolvia seqüestrar um dos símbolos mais importantes da luta de independência de Cuba, travada no século 19 – o Sino de Demajagua, o equivalente ao Sino da Liberdade dos Estados Unidos, que fica em Filadélfia.

O sino cubano ficava guardado em um local de destaque de Manzanillo, uma cidade de Oriente. A idéia de Fidel consistia em levá-lo secretamente para a universidade, onde seria içado com alarde em meio a cerimônias e discursos nacionalistas. Todo esse acontecimento serviria para fazer com que a população acorresse ao palácio presidencial a fim de exigir a renúncia de Grau San Martín.

Lionel Martín, um biógrafo simpático ao líder cubano e que teve acesso a autoridades cubanas do primeiro escalão, escreveu que "Fidel sonhara com detonar um movimento de massa [...] que abalaria o governo em suas fundações".[10] Ao contrário da tramóia da sacada, essa idéia atraiu o apoio da maior parte dos outros líderes estudantis. No entanto, nunca pôde ser realizada conforme o planejado.

O raciocínio estratégico de Fidel para o ataque de Moncada e a investida do *Granma* baseou-se nesse mesmo tipo de postura conspiracional, exceto pelo fato de os planos anteriores não terem sido colocados em prática. Para o Fidel jovem, os fins revolucionários justificavam quase todos os meios. No período da universidade, porém, suas motivações eram menos claras. Fidel idealizou a realização de atos niilistas de violência para principalmente conquistar fama e glória, ou seu ódio ao *establishment* político fornecia o ímpeto principal para suas ações?

Passados muitos anos, talvez pensando naqueles momentos vividos na sacada de Grau San Martín, Fidel comentou em uma entrevista que não gostava de ficar na sacada de *seu* gabinete, localizado no prédio para o qual transferiu a presidência quando subiu ao poder.

"Eu quase nunca fico aqui nesta sacada para olhar a cidade."[11]

◁ ☆ ▷

Logo, Fidel passaria a andar sempre armado. Certa vez, montou em uma cadeira da cafeteria da faculdade de direito onde outros estudantes estavam sentados e intimidou-os ao rodar uma pistola automática sobre o tampo de uma mesa. Em seu novo papel, Fidel tornou-se uma figura ameaçadora, ligando-se a homicidas e criminosos realmente violentos e pertencentes aos grupos de ação mafiosos da universidade. Tornou-se um temido personagem *noir*, uma figura sombria como a dos assassinos de aluguel dos filmes de gângster de Hollywood dos anos de 1930 e 1940.

Fidel viu-se enredado em dois casos de homicídio, um deles envolvendo um destacado líder estudantil e outro um policial do campus. Foi apontado como suspeito principal e acusado formalmente em um caso, por conta do qual ficou detido durante algum tempo. Acabou sendo libertado ou por falta de provas ou devido à influência de aliados políticos. Não há dúvida nenhuma, porém, de que liderou um ataque ocorrido antes, uma tentativa de assassinato a sangue frio realizada em dezembro de 1946 e cujo alvo era um outro líder estudantil então promissor.

Apesar de ainda cursar o ensino médio, Lionel Gómez deixara claros seus planos de, no ano letivo seguinte, ingressar com destaque no mundo da política universitária. Ambicioso, astuto e carismático, Gómez ameaçava ser um genuíno rival no horizonte de Fidel e um rival dotado de uma natureza semelhante à deste. Gómez tinha ligações com uma gangue mafiosa rival. A fórmula se revelaria perfeita para instigar os piores instintos de Fidel.

Desde o início de sua vida política, ainda na juventude, Fidel nunca hesitou, nas seis décadas contadas desde 1946, em adotar a medida que fosse necessária, incluindo ações letais, para minar um oponente e impedi-lo de tornar-se uma ameaça plena em algum momento futuro.

Chino Esquivel acompanhava Fidel uma noite, do lado de fora do ginásio de esportes da universidade, quando viram Gómez saindo dali. Sempre armado e pronto para valer-se de uma oportunidade inesperada, Fidel escondeu-se atrás de um muro de pedra e, sem mais, disparou contra o jovem. Segundo alguns relatos, a bala acertou as costas de Gómez e alojou-se em um de seus pulmões. Ele conseguiu fugir a pé, apesar de gravemente ferido. Uma segunda pessoa foi alvejada na perna.[12]

Esse incidente reflete alguns traços inatos de Fidel que seus professores jesuítas nunca perceberam. Esse é o comportamento de um sociopata, de alguém desprovido da capacidade ou da disposição para diferenciar o certo do errado. Já com 20 anos de idade, Fidel considerava a prática de assassinatos e a provocação de situações caóticas meios justificáveis e aceitáveis para ver materializados seus interesses pessoais. Em termos freudianos clássicos, esse comportamento resultava de uma psique totalmente desprovida de superego ou consciência.

Todos os ensinamentos religiosos a que Fidel fora exposto acabaram sendo descartados. A tentativa de assassinato contra Lionel Gómez nunca foi descrita como um ato de legítima defesa por nenhuma testemunha. O jovem estudante não participava – ao menos não ainda – de nenhuma conspiração que ameaçasse Fidel. Não era um político corrupto na pseudodemocracia cubana que tão brutalmente violara a confiança do povo. E Fidel não era um combatente da liberdade, um combatente envolvido em uma "guerra justa", situações em que os moralistas e os teólogos costumam aceitar ações por meio das quais alguém tira a vida de outrem. O jovem Gómez não passava de uma ameaça futura ainda não materializada contra Fidel.

Os conflitos no campus tornaram-se tão violentos que o próprio Fidel viu-se na mira de assassinos e precisou esconder-se. Sua prolongada lua-de-mel no final de 1948, na cidade de Nova York, onde ele e a mulher moraram, no Bronx, enquanto Fidel estudava inglês, serviu para tanto.

Em algumas oportunidades, Fidel comentou a respeito desse grotesco capítulo de gangsterismo de sua vida, tentando dar-lhe um ar nobre e heróico. Em 1995, quando discursou na Universidade de Havana, mostrou-se, como de hábito, beligerante.

"Se há alguma coisa que aprendi naqueles anos, durante os quais tive de olhar a morte de frente, desarmado, em vários momentos, é que o inimigo respeita os que não o temem, os que o desafiam. A ação que realizei, cumprindo meu dever, [...] fez com que me respeitassem."[13]

◁ ☆ ▷

Outras facetas do caráter e da visão de mundo de Fidel que marcariam toda a carreira política dele também se formaram durante aqueles anos. O antiamericanismo latente assimilado na época do Colégio de Belén adotou uma feição mais declarada. Antes da faculdade de direito, Fidel, é provável, teria conhecido apenas por alto José Martí, herói cubano do final do século 19. Agora, deixava-se fascinar por essa figura, lendo quase tudo que Martí escrevera. Fidel encontrava finalmente o mentor que lhe faltava, um guia – embora este fosse um líder já morto, e que portanto não poderia impor suas vontades às dele.

Fidel começou a amealhar sua primeira biblioteca, consistindo basicamente de obras de Martí, tendo naquela época escrito discursos e textos elogiando essa figura histórica. Em alguns momentos, parece ter se identificado tão profundamente com seu ídolo que, de certa maneira, chegou mesmo a encarnar Martí. Tanto José Pardo Llada quanto José Ignácio Rasco lembram-se de um discurso ensaiado meticulosamente por Fidel e que imitava de forma bastante fiel um pronunciamento feito por Martí anos antes. Pardo Llada escreveu que, na verdade, o discurso era o mesmo de Martí e que Fidel repetiu-o de cabeça, palavra por palavra.[14]

Em uma trajetória histórica dolorosamente desprovida de verdadeiros heróis nacionais, Martí – o "Apóstolo" de Cuba – tinha tudo para cumprir o papel. Era um notável orador da virada do século e um expoente da literatura, um poeta com uma reputação considerável. Havia vivido do jornalismo e de seus ensaios, mas mostrara-se também um homem de ação, um organizador político e um angariador de fundos para a guerra de independência travada por Cuba contra a Espanha.

E era um mártir. Desembarcando à noite, de um barco pequeno, na costa de Oriente (sudeste da ilha caribenha), em 1895, para aderir à guerra de guerrilha que ajudara a organizar contra o Exército espanhol, Martí escreveu liricamente em seu diário: "A Lua levanta-se avermelhada no céu. [...] Aportamos em uma praia rochosa". Cerca de um mês, mais ou menos, depois disso, montado em um garanhão branco, o que fazia dele um alvo fácil, Martí morreu ao ser atingido pelo disparo da arma de um coronel espanhol.

Em seus últimos textos, Martí escreveu frases inflamadoras que sugerem um sentimento mais negativo a respeito dos norte-americanos do que aqueles que de fato acalentava, mas de toda forma refletem claramente sua preocupação crescente com os planos imperialistas dos Estados Unidos em relação a Cuba.

"Eu conheço o monstro bastante bem porque vivi nas entranhas dele", escreveu, aludindo aos longos períodos de tempo que passou em Nova York e na Flórida. "Minha arma resume-se à lançadeira de Davi."

Martí também se perguntava, retoricamente: "Quando os Estados Unidos estiverem em Cuba, quem os expulsará?"

Essas, quase com certeza, incluem-se entre as frases mais influentes já lidas por Fidel enquanto desenvolvia sua filosofia política pessoal. Martí tornou-se o ídolo perene de Fidel. O destino auspicioso que sentia estar reservado para si próprio contava agora com uma estrela-guia. Caberia a Fidel concluir a obra de Martí. Ele libertaria Cuba da dominação estrangeira, tornando-se o Davi no embate contra o Golias norte-americano.

Em uma carta enviada a Celia Sánchez, Fidel escreveu isso quase literalmente, no verão de 1958, durante os últimos meses da insurgência da Sierra Maestra: "Eu jurei que os americanos pagarão caro pelo que estão fazendo. Quando esta guerra tiver chegado ao fim, uma guerra muito maior e grandiosa começará para mim, a guerra que lançarei contra eles. Percebo que esse é o meu verdadeiro destino".

Martí criticara o materialismo, a fome expansionista, o "individualismo excessivo" e "a reverência pela riqueza" dos Estados Unidos de Teddy Roosevelt e seus capitalistas inescrupulosos. Em um arroubo tipicamente romântico, comparou os Estados Unidos, então em processo intenso de industrialização, com a *Nuestra America*, a nossa América, querendo dizer com isso todas as nações atrasadas e de língua espanhola do Ocidente, nas quais, segundo acreditava, virtudes humanísticas mais simples prevaleciam e deveriam ser protegidas. A *Nuestra America* se transformaria em uma expressão e em um *slogan* adotados e repetidos pela revolução de Fidel.

Sob o feitiço de Martí, e com uma nova visão sobre a história cubana, Fidel tornou-se um fervoroso nacionalista. Quase nenhum sentimento do tipo havia sido instilado nele enquanto viveu na afastada Birán ao lado de um pai espanhol, na casa adotiva dos haitianos ou sob a influência dos jesuítas espanhóis.

Agora, porém, sentia um orgulho profundo e ferido de ser cubano. O viés positivo de seu nacionalismo misturava-se, no entanto, com um sentimento herdado de vergonha nacional. Como muitos integrantes de sua geração, especialmente os que estavam na universidade, Fidel preocupava-se cada vez mais com o passado traumático de Cuba, com o que, segundo acreditava, haviam sido as injustiças e a exploração sofridas pela região sob o jugo estrangeiro. Tornou-se então obcecado com o anseio dos cubanos por uma identidade independente das grandes potências. De forma bastante lógica, os Estados Unidos passaram a ser identificados como o culpado, o "monstro" a respeito do qual alertara Martí.

A geração de Fidel, além disso, encarava como fato consumado a conclusão de que Martí e seus companheiros revolucionários e guerrilheiros – os *mambises* – teriam vencido, garantindo a independência total de sua pátria, se os norte-americanos não tivessem intervindo na Guerra Hispano-Americana para lutar ao lado deles.

Apesar da carga quimérica dessa tese, os nacionalistas cubanos acreditavam que os *mambises* teriam derrotado a Espanha sozinhos. Quando os generais espanhóis renderam-se, ao final da guerra, renderam-se aos norte-americanos. Os comandantes militares dos Estados Unidos nem mesmo permitiram aos *mambises* ingressarem em Santiago como vencedores, uma lição da história que Fidel sempre manteve em mente enquanto preparava-se para ingressar na cidade ele próprio, em triunfo, no dia 1º de janeiro de 1959.

Fidel pronunciou seu primeiro discurso como o segundo "Apóstolo" de Cuba naquela mesma noite, em Santiago. Deixou claro que ele e *sua* revolução não seriam humilhados como ocorrera com os *mambises*: "Desta vez, a revolução não será sufocada. Desta vez, felizmente para Cuba, a revolução se consumará. As coisas não acontecerão como na guerra de 1895, quando os americanos chegaram e declararam-se os donos do país. Eles intervieram no último minuto e, depois, não permitiram nem mesmo que Calixto García, que lutava havia 30 anos, entrasse em Santiago."

◁ ☆ ▷

Em 1948, seu terceiro ano na universidade, os sentimentos antiimperialistas de Fidel espelhavam-se nos temores de Martí em relação ao que se costumava chamar simplesmente de *el Norte*, o norte. Os nacionalistas abominavam o que interpretavam como a subserviência dos governos cubanos após a Guerra Hispano-Americana, a cessão definitiva, aos norte-americanos, da baía de Guantánamo – o melhor porto da ilha – e, claro, a Emenda Platt. A lei concedia aos presidentes dos Estados Unidos o direito de intervir em Cuba por conta de quase qualquer pretexto; e foi invocada várias vezes antes de ser abolida por Franklin Roosevelt, em 1934. As marcas das intervenções continuavam latentes dezenas de anos depois, quando Fidel vivia seu processo de politização na universidade.

Com uma paixão de olhos voltados para o passado, também começou a desprezar as grandes empresas norte-americanas como a United Fruit, que havia se espalhado por toda a baía de Nipe, área onde Fidel crescera. A influência cultural e econômica dos Estados Unidos surgia em todos os cantos. Todavia, da mesma forma que Martí, Fidel buscou oportunidades de viver "nas entranhas do monstro", no caso dele a fim de poder compreendê-lo melhor e, não menos importante, aprender inglês.

Mais tarde, quando lutava para depor Batista, Fidel escondeu velhacamente as verdadeiras dimensões de seu antiamericanismo. Ele sabia que a atitude dominante em Cuba era favorável aos Estados Unidos e que não conseguiria vencer se não escamoteasse a verdadeira natureza de seus sentimentos.

◁ ☆ ▷

Seguindo os passos de Martí, Fidel atravessou um outro Rubicão, esse geopoliticamente mais importante. "O Apóstolo" via a si mesmo não apenas como um cubano, mas como um cidadão de toda a América hispânica. A esse respeito, seu pensamento corria em paralelo com a idéia de *hispanidad* do falangista espanhol José Antonio. E, na visão de mundo ainda nascente de Fidel, as duas correntes compatíveis pautavam-se por uma confluência natural.

Havia outras sociedades latino-americanas além de Cuba – Porto Rico, a República Dominicana, a Nicarágua e o Panamá seriam os casos mais óbvios – que também se deixaram cair sob a influência dos Estados Unidos. Fidel, então, começou a olhar para esses e para outros países de língua espanhola da região em busca de desafios adicionais. A ilha caribenha onde nascera nunca mais ofereceria um palco grande o suficiente ou lhe forneceria estímulo suficiente por si mesma.

Alguns especularam que o despertar político e internacionalista de Fidel na Universidade de Havana alimentou-se de ressentimentos não somente em relação aos exploradores estrangeiros, mas também em relação aos próprios cubanos. Durante séculos, os cubanos suportaram como escravos a dominação estrangeira sem nunca terem conseguido se rebelar. Todos os outros países latino-americanos lutaram por sua independência no começo do século 19 e livraram-se da dominação espanhola. Cuba, conhecida como a "sempre fiel ilha" da Espanha, só começou a cogitar sua independência após a Guerra Civil nos Estados Unidos. Cuba e Porto Rico eram os únicos integrantes do reino espanhol nas Américas ainda sob o jugo colonial.

Seguindo essa linha de raciocínio, Fidel, o filho de um *gallego* e ele próprio um tipo de *gallego*, mirava os compatriotas com olhos condescendentes à medida que seu nacionalismo fortalecia-se, talvez como fizera em Birán, naquele dia em que interpelou Aracelio Peña, o camponês pobre. Os cubanos esperaram durante um período excessivamente longo, suportaram uma carga pesada demais de subjugação colonial para serem dignos de um grande respeito. Fidel elegeria como sua missão despertá-los, radicalizá-los a fim de que, como ele mesmo, pudessem tornar-se mestres de seu próprio destino. No entanto, mesmo assim, Cuba nunca seria uma plataforma grande ou digna o suficiente para suas ambições alexandrinas.[15]

Em 1947, aos 21 anos de idade, e olhando para além da costa de Cuba, Fidel assumiu a liderança do Comitê de Libertação de Porto Rico e do Comitê da Pró-Democracia Dominicana, dois órgãos da universidade. Esse talvez tenha sido o único momento da vida dele em que trabalhou dentro de entidades aparentemente colegiadas, apesar de não se saber quase nada sobre como esses comitês funcionavam. Fidel nunca atuou de fato em situações nas quais o poder ou o processo decisório fossem compartilhados, e não parece ser provável que aquelas entidades estudantis fossem uma exceção. Ele nunca se comportou como membro de uma equipe e sempre se mostrou avesso a delegar autoridade, a não ser para Raúl.

O interesse de Fidel pela situação de Porto Rico e da República Dominicana traduzia-se em agitar e organizar protestos estudantis e envolver-se fisicamente nessas manifestações. Não havia interesse, da parte dele, em presidir discussões infindáveis sobre o sofrimento daquelas populações vizinhas ou em limitar-se a adotar posições políticas.[16]

Naquele verão, Fidel uniu-se a cerca de outros 1.200 jovens dominicanos e cubanos para treinar em Cayo Confites, um pequeno recife localizado na costa norte de Cuba, com vistas a derrubar o ditador dominicano, Rafael Leónidas Trujillo. Sob um calor sufocante, Fidel permaneceu cerca de dois meses naquele diminuto pedaço de terra infestado de mosquitos, usando uniformes militares e treinando com armas de grosso calibre.

Ele conta ter ingressado no grupo como soldado raso, e se é verdade que obedeceu ordens e entrou em formação, então o interlúdio – e os dois anos que mais tarde passaria preso – teria sido o único momento de sua vida em que Fidel submeteu-se à vontade ou ao comando de outros. Não é fácil, porém, imaginar que ele tenha sido um subordinado obediente e confiável.

Juan Bosch, professor de universidade, intelectual e mais tarde presidente da República Dominicana durante um curto período de tempo, no ano de 1963, encontrava-se em Cayo Confites na qualidade de comandante oficial da expedição. Tempos mais tarde, Bosch falou com Georgie Anne Geyer, a escritora que faz parte do grupo dos principais biógrafos de Fidel, sobre o jovem cubano agressivo e impiedoso que começava a conhecer.

Um dos recrutas atirou contra si mesmo por acidente, e suas entranhas "ficaram dependuradas para fora", contou Bosch. Fidel testemunhou o incidente de perto e o futuro presidente dominicano afirmou ter acompanhado atentamente as reações dele: "O olhar dele manteve-se fixado no rosto do jovem. Alguém disse: 'Coloquem o estômago dele de volta para dentro'. O rosto do homem era um retrato do terror. Mas Fidel continuou olhando, com uma expressão bastante séria, sem dar sinal de emoção nenhuma. O homem morreu. Tudo não passou de um acidente. No entanto, eu sempre vou me lembrar de que Fidel manteve-se muito frio e sereno. O fato é que não manifestou emoção nenhuma; e ele continua a ser desse jeito".[17]

Fidel defendeu seu envolvimento com a peripécia de Cayo Confites em várias ocasiões, afirmando que Cuba tinha uma obrigação internacionalista – uma "dívida de honra" – com o povo dominicano. Máximo Gómez, um dos três líderes principais das guerrilhas cubanas que atuaram na Espanha, nasceu na República Dominicana. De forma que Fidel, durante muitos anos, parecia determinado a pessoalmente garantir uma recompensa na mesma moeda pelos sacrifícios de Gómez. Quando se encontrou com Bosch pela primeira vez, em Havana, Fidel impressionou-o bastante com sua grandiloqüência vivaz, prometendo "morrer pela liberdade" do povo dominicano.[18]

Após a intervenção ter sido abortada, a oportunidade subseqüente para Fidel dar apoio aos dominicanos surgiu, provavelmente não por coincidência, quase exatamente 12 anos depois, em junho de 1959, seis meses após os irmãos Castro terem conquistado o poder. Juntos, Fidel e Raúl deram apoio a uma expedição realmente séria que, em sua segunda tentativa, conseguiu com sucesso desembarcar na costa da República Dominicana insurgentes treinados em Cuba com o mesmo objetivo daquela primeira, ou seja, depor o ditador então fortemente enraizado no poder.

Essa segunda expedição também fracassou, mas não porque os líderes cubanos, como em 1947, tenham perdido a coragem. Fidel afirmou a três jornalistas norte-americanos, em julho de 1959, pouco depois da segunda tentativa, que a expedição fora cuidadosamente planejada pelo governo dele, "com três grupos, bem armados e formados pelos melhores homens disponíveis". Ele disse não compreender por que os expedicionários acabaram derrotados, apesar de estar certo de que alguns deles sobreviveram e dirigiram-se para as montanhas a fim de lutar contra Trujillo como guerrilheiros.

A discussão com os repórteres aconteceu *off the record* e, por isso, desenrolou-se de forma extraordinariamente sincera. Essa foi uma das poucas vezes em que Fidel admitiu de maneira explícita ter fornecido apoio material para revolucionários estrangeiros. E também se mostrou precipitado ao fantasiar sobre unir-se aos insurgentes dominicanos a fim de poder, mais uma vez, envolver-se pessoalmente na luta contra Trujillo.

Herbert Matthews, do jornal *New York Times*, que gozava da confiança de Fidel e de outros líderes cubanos, era um dos repórteres presentes. As anotações dele a respeito do encontro foram mantidas em sua coleção particular durante muitos anos antes de serem repassadas aos arquivos da Universidade Columbia. Segundo Matthews, quando Fidel falou sobre os guerrilheiros ainda vivos que supunha estarem nas montanhas da República Dominicana, vangloriou-se sobre a possibilidade de juntar-se a eles. Estava convencido de que aqueles homens não contavam com uma liderança suficientemente inspiradora e resoluta.

As notas de Matthews afirmam ainda que Fidel "não tinha dúvidas de que, se tivesse condições, conseguiria chegar até lá e liderá-los, e discorreu sobre o quanto desejava poder fazer isso em vez de governar Cuba".[19]

O interesse de Fidel em depor o brutal Trujillo, então em sua terceira década no poder, refletia o compromisso que assumira na qualidade de agitador político da universidade. Em uma das raras vezes em que isto se deu após a Revolução Cubana, as políticas dos Estados Unidos e de Cuba em relação a um país latino-americano convergiram no que diz respeito ao ditador dominicano. Os governos de Eisenhower e de Kennedy também investiram contra Trujillo, enviando secretamente armas para os dissidentes dominicanos que acabaram conseguindo assassiná-lo, em maio de 1961, quando Kennedy encontrava-se à frente da presidência norte-americana.[20]

Apoiar o movimento independentista de Porto Rico, no entanto, revelou-se uma missão muito mais arriscada para Fidel do que ajudar os jovens românticos da República Dominicana a lutarem contra um ditador grotesco. A ilha havia sido parte do território dos Estados Unidos desde o final do século 19. Fidel assumiu o desafio com júbilo, primeiro como líder militante da universidade e, mais tarde, ao repassar para os serviços de inteligência cubanos uma missão de alta prioridade: promover a independência de Porto Rico tanto por meios pacíficos quanto por meios violentos.

Fidel acreditava, desde a universidade, que Porto Rico era uma colônia dos Estados Unidos e, portanto, precisava ser "libertado". Na opinião dele, os porto-riquenhos sofriam com a injustiça e a exploração desde o final inglório da Guerra Hispano-Americana. A eles não foi dada opção quando ficaram sob o domínio dos Estados

Unidos. Essa população fala espanhol e seus costumes e folclore pouca relação têm com as tradições anglo-saxônicas; em resumo, eles são um povo latino-americano. Em uma entrevista televisionada, Fidel apresentou de forma resumida sua opinião.

"Os Estados Unidos ocuparam Porto Rico e transformaram-no em uma colônia."[21]

Outros princípios históricos também motivaram essa obsessão. Vários porto-riquenhos proeminentes tinham contribuído de perto com o Partido Revolucionário Cubano, de Martí, que defendia também a independência da ilha. A contribuição deles para a causa cubana e o comprometimento de Martí com a causa deles forneceram a Fidel uma justificativa moral e histórica. Ele citou abertamente a identidade de posições como um fator básico para seu interesse permanente pela independência de Porto Rico. Tratava-se de mais uma dívida de gratidão internacionalista que Fidel sentia-se obrigado a pagar.

Os esforços de Fidel para realizar essa tarefa iniciaram-se enquanto assimilava as obras de Martí na universidade e quando decidiu assumir a liderança do Comitê para a Libertação de Porto Rico. Fidel participou de manifestações em defesa da independência e ficou ferido a ponto de sangrar em ao menos uma delas. Houve "vários e grandes protestos de solidariedade" na universidade, conforme citou anos depois.[22]

"Um dia, na frente do consulado americano, na parte velha de Havana, a polícia me acertou um bom número de golpes porque eu participava de uma manifestação em apoio à independência de Porto Rico", narrou cerca de 30 anos mais tarde.[23]

Sendo assim, durante ao menos quatro décadas, a começar de seu terceiro ano como aluno da faculdade de direito, um dos objetivos internacionais acalentados com mais fervor por Fidel foi a luta pela independência de Porto Rico, não importa como isso afetasse as relações dele com os Estados Unidos. Ele forneceu apoio amplo e de todos os tipos – e não apenas apoio político e moral, conforme alega – para os partidos e grupos independentistas de Porto Rico e também para células terroristas que realizaram atos de violência mortal na ilha e em cidades norte-americanas do continente. As campanhas dos terroristas porto-riquenhos, que durante décadas receberam ajuda dos melhores e mais ousados agentes da inteligência cubana, atingiram seu apogeu nos anos de 1970 e no começo dos de 1980.

◁ ☆ ▷

Em 1948, muitas das convicções que Fidel defenderia e propagaria pelo resto de sua vida haviam se sedimentado. Seus traços de personalidade e de caráter, seus métodos de liderança e seu estilo também já se encontravam bastante desenvolvidos na época em que completou 22 anos de idade. O jovem adulto autoconfiante a ponto de ser rude e sempre disposto a agir encontrara as questões e as causas capazes de levar adiante suas ambições. Fidel não se deixaria limitar pelos tormentos morais que fazem com que outros homens hesitem ou com que dêem espaço para seus inimigos reais ou imaginários. A essência do ícone revolucionário que governou Cuba com mãos de ferro por mais de quatro décadas decantara-se. E foi por volta dessa época que Raúl regressou a Havana para colocar-se sob as asas de Fidel, após desperdiçar vários anos morando em Birán.

Fidel não era ainda marxista, mas já começara a estudar as obras dos fundadores teóricos dessa corrente – Marx, Lênin e Engels – e se uniria com líderes estudantis comunistas na maior parte de suas atividades de oposição ao governo cubano. No entanto, mesmo na hipótese improvável de que desejasse ingressar no Partido Comunista de Cuba ou no braço jovem dele, Fidel nunca teria sido aceito por nenhuma das duas organizações. Ele era instável e violento demais, havendo poucas chances de que se submetesse à disciplina partidária. Uma pista sobre a forma como avançaria ideologicamente, porém, surgiu naqueles primeiros anos da Guerra Fria – em 1948, ocorria o Bloqueio de Berlim –, quando Fidel recusou-se a adotar as políticas anticomunistas e anti-soviéticas que fincavam pé nas democracias do Ocidente.

Fidel continuava sendo um partidário implacável do antiamericanismo. Muitos outros cubanos jovens também se descreviam como antiimperialistas, alimentando amargas queixas contra os Estados Unidos. A atitude mostrava-se correta tanto do ponto de vista da moda quanto do ponto de vista histórico, mas para quase todos eles essa atitude mantinha-se no plano abstrato; essas eram questões a serem tratadas dentro do universo doméstico da política cubana, a serem defendidas em discussões pouco sérias travadas nos cafés; não deveriam, todavia, ser tais que prejudicassem as boas relações com os Estados Unidos. Para Fidel, porém, o confronto com o "monstro" de Martí vindo do norte revelava-se tanto inevitável quanto desejável. Esse seria seu destino. Essa seria sua rota mais segura rumo à fama e à glória.

Philip Bonsal, o embaixador norte-americano em Cuba até janeiro de 1961, empenhou-se ao máximo para criar uma boa relação de trabalho com a liderança revolucionária. E, ao final, aquele diplomata de carreira, um homem liberal, fluente em espanhol e que trabalhou assiduamente para evitar uma ruptura das relações bilaterais, concluiu que Fidel estava determinado a libertar Cuba da presença norte-americana porque via nos Estados Unidos "seu maior competidor". A interpretação de Bonsal acrescenta uma nova dimensão às explicações aventadas para o antiamericanismo de Fidel. O embaixador escreveu que, em 1959, Fidel era antiimperialista porque "acreditava que a presença norte-americana seria prejudicial aos seus esforços para avançar rumo ao poder absoluto".[24]

Olhando o cenário em retrospecto, fica fácil identificar no universitário Fidel o nascimento do adulto contrário aos Estados Unidos. Isso não era fácil de ser entendido para os observadores americanos da época.

Enquanto caminhava rumo ao poder, Fidel saía-se como um mestre na arte de esconder e negar suas verdadeiras convicções. Com algumas poucas exceções, os jornalistas e membros do governo norte-americano interpretavam-no baseados principalmente nas declarações dele. Ele afirmou, em várias ocasiões e em circunstâncias diversas, ser um democrata. Disse que organizaria eleições livres e justas, que retomaria a Constituição progressista de Cuba de 1940 e que manteria boas relações com os Estados Unidos. Negou reiteradamente ter inclinações comunistas. A revolução era "humanista", alegava.

Da parte das autoridades norte-americanas, e inclusive da CIA, houve uma grande dose de injustificada disposição para acreditar que Fidel e seus revolucionários *barbudos* acampados nas montanhas não passavam de jovens nobres e românticos determinados a colocar por terra uma ditadura particularmente detestável. Na metade de 1958, quando a vitória deles parecia assegurada, os membros do governo norte-americano limitaram-se a esperar pelo melhor. Fidel, com certeza, dava sinais de inclinações autoritárias, mas os especialistas dos serviços diplomático e de inteligência dos Estados Unidos acreditavam que ele amadureceria e se tornaria mais brando. Não havia indícios de que fosse um comunista e Fidel, tomaria as medidas necessárias para manter os marxistas mais proeminentes de seu *entourage* – Raúl e Che Guevara – em segundo plano.

Aquela ingenuidade resultou no primeiro dos inumeráveis fracassos dos serviços de inteligência e das políticas dos Estados Unidos em relação a Cuba. As muitas falhas de caráter de Fidel foram deixadas de lado ou ignoradas. Seu passado de envolvimento em empreitadas revolucionárias internacionalistas pareceu secundário. Poucas informações confiáveis a respeito dele haviam sido reunidas pela Embaixada dos Estados Unidos em Havana, pelo consulado em Santiago ou pela CIA. A participação dele em atividades antiimperialistas, na luta pela independência de Porto Rico e nos conflitos entre gangues mafiosas da universidade foi ignorada quase por completo nos despachos oficiais.

Um grande número de falhas dos serviços de inteligência se sucederia quando o assunto fosse Fidel. Infelizmente, essas falhas deram-se em todas as décadas durante as quais ele permaneceu no poder e, durante um longo período de tempo, somaram-se, ano após ano, já que a mesma e errônea postura mental a respeito dele continuava a ser adotada. Talvez nenhuma dessas falhas tenha sido tão crucial quanto o erro originário, que persistiu durante vários anos. Analistas e dirigentes da CIA insistiam em acreditar, apesar das provas substanciais apontando o contrário, que Fidel estava disposto a manter boas relações com os Estados Unidos.

CAPÍTULO CINCO

É assim que tomaremos o poder

Bogotá, a melancólica capital da Colômbia, fincada nos Andes a mais de 2.400 metros de altitude, não se parece com nenhuma outra grande cidade latino-americana. Não há áreas verdes, palmeiras ou cores pastel, já que pouco da arquitetura espanhola sobreviveu. Estranhamente deslocados, os prédios de apartamento e as casas de tijolo vermelho guardam um certo ar do estilo Tudor. A atmosfera é formal, taciturna e circunspecta. Nessa metrópole escura e fria, cercada por gigantescos montes nevados em três de seus quatro lados, nunca é demais, mesmo no verão, sair às ruas com um casaco ou um xale para proteger-se das brisas frias do começo da noite.

A cidade serviu de palco para o talvez pior surto de violência fratricida da história moderna da América Latina. Alguns milhares de pessoas morreram quando ali, no mês de abril de 1948, uma avalanche de homicídios e saques – o chamado *bogotazo* – eclodiu após o assassinato de um líder político extremamente popular. Jorge Eliécer Gaitán era o adorado chefe do Partido Liberal, o homem apontado como favorito para vencer a corrida presidencial e sacar seus arquiinimigos conservadores do poder com promessas de melhorar a vida dos pobres e das classes trabalhadoras. Em vez disso, sua morte, ocorrida na hora do almoço, perto de seu escritório de advocacia localizado na região central de Bogotá, deu vazão a uma onda cataclísmica de violência.

Fidel encontrava-se na cidade. Com apenas 21 anos de idade, ele realizava sua primeira viagem ao exterior, acompanhado por outros três cubanos jovens, entre os quais seu camarada em empreitadas violentas, Rafael del Pino. Fidel e del Pino haviam pouco antes colaborado em uma tentativa de assassinato realizada em Havana, segundo um famoso historiador. Essa ação – a quarta do tipo realizada por Fidel durante seus anos de estudante do ensino superior, segundo relatos – tinha por alvo Rolando Masferrer, fundador e chefe de uma das gangues mafiosas que atuavam na universidade.[1] Em Bogotá, Fidel e del Pino pretendiam criar problemas para os Estados Unidos, mas não tinham planos de participar de um levante revolucionário. Acabaram realizando ambos.

O secretário de Estado dos Estados Unidos à época, George Marshall, e os ministros das Relações Exteriores de vários países latino-americanos reuniam-se na capital colombiana para realizar a importante conferência pan-americana da qual resultaria a Organização dos Estados Americanos. Fidel estava determinado a atrapalhar e desacreditar aquele encontro. Ele via na conferência o mais recente ato de ingerência do imperialismo norte-americano na América Latina, um esforço ameaçador dos Estados Unidos para, conforme disse certa vez, "consolidar seu domínio" sobre a região.

Os cubanos, ao lado de estudantes da Argentina e de alguns outros poucos países, realizaram uma conferência paralela na qual sobraram altas doses de uma retórica antiimperialista, ainda que a conferência tenha passado quase desapercebida. Intrépidos, Fidel e del Pino encontraram uma forma melhor de chamar a atenção e de fazer com que suas mensagens antiamericanas chegassem aos mais altos escalões.

De alguma forma, entraram no Teatro Colón, no centro de Bogotá, onde os chanceleres estavam reunidos. Do alto de uma galeria, atiraram milhares de panfletos sobre os delegados que estavam sentados logo abaixo, misturando-se à nata da sociedade colombiana. A maior parte dos panfletos tinha sido impressa em Havana. Os folhetos estampavam a ladainha familiar a Fidel na época: apelos em nome da independência de Porto Rico, a devolução do canal do Panamá e o fim da ditadura Trujillo.[2]

Os dois cubanos foram detidos e interrogados enquanto o quarto de hotel no qual estavam hospedados era vasculhado. Fidel diz que conseguiu safar-se ao convencer os policiais colombianos de que suas intenções eram idealistas e inofensivas, além de garantir que o governo da Colômbia não seria seu alvo. Mais tarde, contou ter explicado aos policiais, de forma exaltada, suas opiniões a respeito das injustiças impostas aos países latino-americanos sob a influência dos Estados Unidos ao mesmo tempo em que discorria sobre suas nobres e românticas intenções. Se essa parte do relato pode ser levada a sério, como deve ser o caso provavelmente, então mais uma vez a língua afiada de Fidel exerceu seu poder de persuasão. Ele e del Pino foram logo liberados.

Em uma entrevista concedida mais de 30 anos depois a um jornalista colombiano, Fidel falou a respeito daquela breve passagem pela cadeia, bem como sobre seu envolvimento, alguns dias depois, no *bogotazo*: "Tivemos muita sorte em nossa conversa com os policiais. Na verdade, fiquei com a impressão de que alguém com um cargo importante até gostou do que falávamos. Fomos bastante persuasivos".[3]

Fidel e del Pino haviam se encontrado com o carismático Gaitán apenas dois dias antes de ele ser assassinado, conseguindo o apoio implícito dele para a conferência alternativa. Os dois deveriam se reunir novamente com o líder colombiano na tarde do dia em que ele morreu. A coincidência alimentou boatos descabidos, nos quais muitos acreditaram então, sobre os dois cubanos serem em alguma medida responsáveis pelo assassinato e pela onda de violência que se seguiu.

Fidel ficou impressionado com Gaitán, um orador persuasivo e mobilizador. O político era carismático e fisicamente imponente. Suas propostas de governo progressistas e seu estilo enérgico pareciam-se com os de Eduardo Chibás, o líder do recém-criado Partido Ortodoxo, de Cuba, no qual Fidel ingressara no ano anterior. Gaitán, porém, mantinha uma ligação mais estreita com as pessoas do povo.

Pouca coisa do que Fidel viu em Bogotá lembraram-no Cuba. A Colômbia, situada nos altiplanos andinos, diferia de tudo que já vira. Longe de casa, Fidel não conhecia ninguém. A história do país e o mundo da política colombiana tampouco lhe eram familiares; Fidel quase não dispunha de substrato para avaliar por que os simpatizantes de Gaitán, em grandes números, acorreriam às ruas em busca de vingança devido à morte de seu líder. Talvez não soubesse que as mágoas antiimperialistas ocupavam um lugar irrisório na cabeça daqueles simpatizantes. Os Estados Unidos nunca intervieram na Colômbia. A situação política desse país não lembrava em nada a do Panamá ou a da República Dominicana.

Como todas as demais pessoas presentes em Bogotá, Fidel viu-se surpreendido quando essa cidade promissora mergulhou em um banho de sangue sem precedentes.

Sabia que nada de semelhante jamais ocorrera em Cuba. Na verdade, nada comparável jamais ocorrera em qualquer outro lugar da América Latina.

O tumulto estourou logo depois de os seguidores de Gaitán terem sido informados da morte dele. "Mataram Gaitán. Mataram Gaitán", gritava-se nas ruas.

"Vimos uma procissão enorme de gente – um mar de gente avançando pela rua", contou Fidel tempos depois. "Eles tinham armas; alguns portavam espingardas. [...] Tratava-se de uma multidão imensa. Milhares de pessoas avançando pela rua. [...] Eu me uni a elas. Fiquei na linha de frente daquela multidão."

Sem pensar muito sobre o assunto, Fidel decidiu aderir aos sublevados, entrando de cabeça no caos. Não seria suficiente ser um corpo anônimo na massa em movimento; Fidel rapidamente assumiu um posto avançado, na linha de frente dos revoltosos, onde conseguiria com mais facilidade assegurar para si um papel de liderança.

Não houve dificuldade nenhuma para conseguir uma arma; primeiramente, um lançador de gás lacrimogêneo e, depois, um rifle. Fidel continuou participando do motim por dois dias, no início ao lado de grupos de sublevados, nas ruas, atacando e saqueando prédios do governo e delegacias de polícia, e mais tarde em um esconderijo em um morro, disparando e sendo alvo de disparos, além de, durante um certo período, ter liderado um esquadrão de homens prontos para resistir a uma investida do Exército.

Fidel nunca estivera em uma situação como aquela. Os incêndios espalhavam-se de forma descontrolada, as carcaças chamuscadas de ônibus e carros tombados podiam ser vistas nas ruas, grupos armados e enfurecidos agiam como se estivessem possuídos. Devido exclusivamente ao acaso, Fidel vivenciava um levante popular como aqueles a respeito dos quais tinha lido. A invasão da Bastilha por grupos de revolucionários franceses em polvorosa era uma imagem que não saía da sua cabeça.

Fidel acreditou que aquele deveria ser o primeiro e caótico estágio de uma revolução. Ele disse ter ficado "tomado por um fervor revolucionário, tentando convencer o máximo de pessoas possível a aderirem ao movimento revolucionário". Pouco depois, na primeira noite da onda de violência, armado com um rifle que roubara, Fidel subiu em um banco em frente ao prédio do Ministério da Guerra, na então caótica região central da cidade.

Ele diz ter "discursado para os militares presentes ali, tentando fazer com que aderissem à revolução".

Essa e outras atitudes tomadas durante o *bogotazo* refletem os traços de caráter singulares que exibiu, sempre a partir daí, quando diante de situações de perigo ou de tensão. Poucos estrangeiros surpreendidos pelo caótico evento reagiram como ele. Quase todos fugiram ou se esconderam. Del Pino acompanhou Fidel durante parte do tempo, nas ruas, mas os outros dois cubanos preferiram ficar abrigados, e em segurança, em seus aposentos. Um deles era o líder dos jovens comunistas na universidade, e Fidel, depois, não o deixaria esquecer-se de que ele havia se afastado medrosamente da confusão.

Participar da onda de violência teria sido algo insano segundo todos os padrões de quase qualquer pessoa, e especialmente para alguém que não tivesse nenhuma relação com o mundo político da Colômbia. Fidel não pensou duas vezes. Sua decisão de aderir aos sublevados e as escolhas subseqüentes que adotou, de ficar e lutar ao lado deles, mostram-se totalmente consistentes com sua forma de pensar, suas convicções, sua estrutura emocional e seu pendor para a violência. Sua resposta não manifestou nada de atípico.

Os relatos de Fidel sobre os motivos para ter ficado, relatos esses feitos anos mais tarde, revelam um esforço para eximir-se de culpa e vangloriar-se dos feitos. Como sempre, a forma como encara o passado reflete o olhar astuto que mobiliza para saber como será lembrado pela história. Ele disse que suas decisões pautaram-se somente por suas convicções internacionalistas, que suas intenções eram nobres e generosas. Não há nada nas explicações dele capaz de sugerir a verdade mais ampla a respeito do episódio, a verdade de que as ações de Fidel derivaram antes de uma compulsão à violência do que de uma prontidão para a prática de atos nobres.

Acima de tudo, Fidel viu uma oportunidade para ganhar fama e glória. Ele tinha sede por entrar em ação e, talvez também, por correr perigo. O *bogotazo* serviu como instrumento para saber em primeira mão como explorar da melhor maneira possível uma situação revolucionária, de forma que um dia pudesse aplicar em Cuba as lições que aprendesse na Colômbia. E, sendo assim, Fidel deveria ser levado a sério quando diz ter sentido uma obrigação internacionalista de ajudar os seguidores amotinados de Gaitán. Mas esse sentimento, segundo seu próprio relato, surgiu mais tarde, bem depois de ter se atirado nas ruas para aderir aos sublevados.

Ele diz que só começou a avaliar com seriedade suas ações nas primeiras horas da manhã do dia seguinte ao levante. "Fui tomado por um sentimento internacionalista. Eu pensei, bem, o povo daqui é o mesmo de Cuba. Esse povo está sendo oprimido e explorado. [...] Posso morrer aqui, mas vou ficar".

O *bogotazo* não se transformou na Queda da Bastilha colombiana. Os seguidores de Gaitán não realizaram uma revolução; a febre da violência arrefeceu quase tão rapidamente quanto se instalara. A ordem foi restabelecida após os líderes dos partidos liberal e conservador terem selado um cessar-fogo, desejando acima de tudo colocar fim às matanças o mais rápido possível. Tempos depois, Fidel descreveu a solução como uma traição de todos aqueles – incluindo ele próprio – que tinham tomado as ruas.

Quando a onda de violência chegou ao fim, e quando se preparava para regressar a seu hotel, Fidel percebeu que seu arsenal pessoal havia aumentado; além do rifle inicial contava agora com uma espada e um cutelo. Além disso, tinha conseguido o colete e o quepe de um policial, que usava como uma boina. Em meio ao levante, tentou roubar um par de botas de um policial aterrorizado, mas o calçado não coube em seu pé. Fidel havia se preparado o máximo possível para o combate.

Sua memória geralmente infalível deixou-o na mão, porém, quando, em três relatos diferentes a respeito de suas atividades concedidos em três entrevistas realizadas em três décadas diferentes, apresentou declarações conflitantes sobre quantas balas ainda tinha no final da onda de violência.[4]

Em uma entrevista gravada concedida a Carlos Franqui, Fidel afirmou ter disparado quatro das 16 balas que conseguira arranjar. Nos dois relatos subseqüentes, disse ter ainda em mãos, terminado o levante, nove ou 14 balas. A discrepância mais interessante é que Fidel admitiu apenas para Franqui ter disparado seu rifle quatro vezes.

Em 1948, Fidel já era um atirador talentoso. Ele não contou a Franqui se algum dos tiros disparados acertou seu alvo, mas, é evidente, Fidel escolhia com cuidado quando disparar e, como sempre, não desperdiçava munição. Se acreditasse ter, naquela noite, matado ou ferido membros das Forças Armadas colombianas ainda leais ao governo, não desejaria que o fato fosse divulgado. Ele evitou tratar desse assunto nas três entrevistas em que comentou sobre o *bogotazo* e nunca foi questionado a esse respeito *on the record*.

Enrique Ovares era um dos quatro membros, entre os quais Fidel, da delegação cubana presente em Bogotá naqueles dias. Em uma entrevista concedida em Miami em 1967, Ovares contou que Fidel ainda carregava um rifle roubado quando voltaram a se encontrar. "Eu lhe perguntei o que estava fazendo. Fidel respondeu apenas que aquela era a obrigação dele."[5]

Fidel admitiu ter ficado fascinado com a terrível onda de violência que testemunhou, mas nunca disse ter ficado horrorizado por ela ou ter sentido aversão diante dela. Todas as vezes que descreveu sua participação no *bogotazo*, não manifestou contrição pelos milhares de mortos e feridos, pela destruição de veículos e construções em toda a cidade ou pelos vários anos do selvagem conflito interno detonado na zona rural da Colômbia por aquela onda de violência. Os sentimentos dele então – e em todas as vezes que se referiu àqueles eventos a partir daquele momento – mostraram-se frios, indiferentes e desumanos. E ele repetiu várias vezes ter orgulho de seus atos: "Agi de acordo com meus princípios morais, com dignidade e honra, com disciplina e uma incrível abnegação".[6]

Em agosto de 1993, Fidel regressou pela primeira vez à Colômbia desde aqueles eventos ocorridos em 1948, ironicamente para participar de um encontro não muito diferente daquela conferência de chanceleres que invadiu, em Bogotá, anos antes. Ele visitou Cartagena, uma cidade colonial da costa caribenha do país, para encontrar-se com chefes de governo latino-americanos e ibéricos. Ele foi questionado, durante uma entrevista que concedeu na casa VIP onde se hospedava, sobre se eram verdadeiros os boatos que circulavam havia décadas sobre ele ter instigado pessoalmente o *bogotazo*. Fidel rebateu essa acusação, claro, revestindo com a virtude internacionalista seu envolvimento naqueles episódios: "Aquele foi um dos momentos mais generosos e altruístas da minha vida".[7] Enrique Ovares conta uma história totalmente diferente. "Um Fidel histérico, ambicioso e incontrolável entrou em ação naqueles dias."[8]

Alfredo Guevara, presidente do centro acadêmico da Universidade de Havana, o comunista que ficara abrigado em seu quarto de hotel, era o quarto elemento da delegação cubana presente em Bogotá. Ele sempre se mostrou horrorizado com a forma como Fidel e del Pino se comportaram. Del Pino saqueara lojas de jóias durante os distúrbios e, apesar de Fidel nunca ter sido acusado de ato semelhante, ele foi considerado culpado por cumplicidade. Fidel passou a ser visto de uma forma ainda mais desfavorável após o *bogotazo*.

Tendo regressado ileso para a Universidade de Havana, Fidel descobriu que sua fama aumentava. "Os cubanos", como ele e del Pino vinham sendo descritos pela imprensa colombiana, despertaram muita atenção. O governo conservador procurava por um conveniente bode expiatório estrangeiro, procurava até mesmo por elementos que pudesse tentar responsabilizar pelo assassinato de Gaitán. Uma conspiração internacional oferecia uma explicação politicamente mais palatável para a violência do que a verdade, a verdade de que grande parte da população sentiu-se indignada.

Todos os tipos de boato circulavam, alguns dos quais continuam a ser vistos com credulidade por muitas pessoas ainda hoje. Respeitados diplomatas norte-americanos que participaram de uma conferência interamericana realizada mais tarde afirmaram ter ouvido Fidel, em declarações inflamadas divulgadas por uma rádio de Bogotá no ápice da onda de violência, proclamar que uma revolução socialista havia começado.

Ele e del Pino, segundo relatos, teriam sido observados por agentes dos serviços colombianos de inteligência conspirando com sindicalistas radicais. Foi dito que o assassino de Gaitán fora visto naquela manhã, em um café do centro de Bogotá, conversando com del Pino enquanto Fidel, nas proximidades, monitorava os dois.[9] Outras histórias ainda mais extravagantes circularam. Nenhum desses relatos pôde jamais ser comprovado, e alguns foram refutados de forma inapelável. Independentemente do teor de verdade dessas narrativas mais incendiárias, a fama acalentada por Fidel de realizar ações extraordinárias começava a espalhar-se, e não apenas em Cuba.

Como professor da Universidade Georgetown por 25 anos, período durante o qual dei aulas sobre a Revolução Cubana, sempre destaquei a importância do *bogotazo*. Fidel saiu dele com seu caráter revolucionário formado quase por completo. Freqüentemente, procurava saber a opinião dos meus alunos, perguntando-lhes o que fariam se estivessem presos em uma cidade desconhecida de outro país quando explodisse uma onda de violência incontrolável. Nunca ouvi nenhum deles afirmar que teria aderido aos sublevados.

◁ ☆ ▷

A participação de Fidel na onda de violência ganhou uma importância enorme para ele e para Cuba. O *bogotazo* ofereceu várias lições – estratégicas, doutrinárias, táticas e pessoais.

Fidel afirmou anos depois ter ficado impressionado com "o fenômeno por meio do qual um povo oprimido pode sublevar-se. [...] O levante de 9 de abril influenciou-me muito para a vida revolucionária que se seguiu".

Em termos mais imediatos, aquele evento iluminou-lhe o caminho para a vitória em Cuba. O *bogotazo* materializou em carne e osso as elucubrações da infância e da adolescência de Fidel sobre a invasão da Bastilha e outros momentos decisivos e revolucionários da história. Aquilo mostrava principalmente que um chocante e inesperado ato de violência – planejado ou não – poderia dar início a um levante revolucionário. Bogotá em 1948 serviu, então, como precursor do ataque de Moncada, com o qual Fidel lançou-se no caminho rumo ao poder.

Uma segunda lição estratégica, essa de significado maior para Cuba e para muitos outros países, traduziu-se no fato de a visão internacionalista de Fidel ter se consolidado em Bogotá. Cayo Confites significara um ensaio geral; Bogotá havia sido um acontecimento real. Os compromissos que assumiu ao prometer lutar por outros povos fixaram-se firmemente e em caráter definitivo.

Esse despertar aconteceu nas ruas da cidade e, segundo narrou, aconteceu de forma mais acentuada no período que ficou nas encostas do Monserrate, um monte com pouco mais de 3.000 metros de altitude, na primeira noite da onda de violência, enquanto aguardava o Exército colombiano atacar sua posição com tanques. O perigo seria enorme, mas, assim contou Fidel, ele decidiu ficar e lutar ao lado dos sitiados seguidores de Gaitán. Da maneira como ele conta, sua decisão foi um evento eletrizante e que alterou sua vida.

Pelo resto de sua carreira, ele sempre iria esperar que seus subordinados e seguidores agissem em situações de perigo como ele agia. Em duas ou três ocasiões, segundo conta, ele escapou da morte em Bogotá por pouco, sugerindo que os colombianos ao redor dele durante as escaramuças foram mortos pelos tiros disparados pelos militares. Ele se lembrou de que a certa altura decidiu liderar um ataque contra o quartel-general de uma divisão da polícia, com o objetivo de conseguir mais armas. A ação seria "suicida", mas, como se acabou descobrindo, os policiais do local haviam aderido aos sublevados e não resistiram. Independentemente do quão favoráveis a ele sejam suas memórias, Fidel sempre esperou que outros revolucionários seguissem seu exemplo. Arrojo na busca das causas revolucionárias seria o requisito fundamental. Ele acredita que os verdadeiros revolucionários precisam mergulhar decidida e heroicamente na ação, sem que sejam detidos por ponderações ou teorizações inúteis. Fidel acabou por esperar uma postura fanática da parte dos encarregados de defender a revolução dentro de Cuba e de lutar por causas revolucionárias internacionalistas fora do país. Na cabeça dele, ao menos, a decisão de ficar e lutar no morro Monserrate, em Bogotá, oferecia o modelo para todos os futuros revolucionários internacionalistas.

Uma vez no poder, tendo em mãos a capacidade de ajudar as pessoas que considerava oprimidas ou exploradas, Fidel nunca rechaçaria o cumprimento de seus deveres internacionalistas. O internacionalismo continuaria a ser o dever sagrado dele e de Cuba. Fidel daria apoio clandestino, apoio com propaganda e, em alguns casos mais significativos, um maciço apoio militar às guerrilhas e aos revolucionários de mais de dez países de três continentes.

Fidel, em especial, nunca deixou de lado as esperanças de que os revolucionários colombianos conseguiriam algum dia completar a tarefa cuja realização fora interrompida em abril de 1948. Com a ajuda do governo cubano, guerrilhas marxistas pegaram em armas pela primeira vez, em áreas remotas do sopé dos Andes no começo dos anos de 1960, inspiradas pela Revolução Cubana e pelos constantes apelos de Fidel em defesa de uma ação revolucionária. Mais de 40 anos depois, dois desses movimentos continuam travando uma sangrenta guerra de guerrilha em vastas áreas da zona rural da Colômbia. Nenhum outro país viu-se, por tantos anos, na mira dos esforços revolucionários de Fidel.

O Exército de Libertação Nacional e as Forças Armadas Revolucionárias da Colômbia não são mais vistos como defensores virtuosos e românticos do legado de Gaitán. Hoje, contam com o apoio de não mais de 3% a 4% da população colombiana e mesmo esses pequenos índices de aprovação continuaram caindo quando suas ações de terrorismo urbano tornaram-se extremamente selvagens e sua dependência do narcotráfico aumentou.

O Departamento de Estado dos Estados Unidos classifica ambos os grupos como organizações terroristas internacionais. As Forças Armadas Revolucionárias da Colômbia, o maior dos dois, seqüestraram e mataram norte-americanos, realizando ações violentas em Bogotá e em outras cidades tendo por alvos membros inocentes da população civil. O Exército de Libertação Nacional, dentre os dois o mais próximo, historicamente, do governo cubano, especializou-se em detonar bombas nos oleodutos e nas instalações de petróleo do país bem como na prática de seqüestros. Ambas as organizações continuam se recusando peremptoriamente a depor suas armas e a participar do jogo de forças democrático da Colômbia não obstante as várias iniciativas de paz e os processos de negociação incentivados pela comunidade internacional.

◁ ☆ ▷

K. S. Karol, um intelectual marxista franco-polonês que passou longas temporadas em Cuba, na década de 1960, admirando a revolução, escreveu a respeito de uma terceira lição criticamente importante que Fidel aprendeu com o *bogotazo*. Essa seria, de todas, a lição com as maiores conseqüências.

Karol viajou pela ilha caribenha com Fidel e, até que os dois se desentendessem de forma acintosa, desempenhou o papel, em Paris, de influente simpatizante do regime. Segundo Karol, a experiência vivida em Bogotá fez com que Fidel, pela primeira vez, começasse a desenvolver de verdade uma filosofia social. Na bem fundamentada análise do intelectual parisiense, as reflexões de Fidel levaram-no a aproximar-se das idéias marxista-leninistas. Fidel concluiu que o cenário testemunhado em Bogotá era o de uma luta de classes em estado bruto.

Karol acreditava que, ao vivenciar "a extraordinária violência que ardia logo abaixo da aparentemente pacífica superfície da América Latina", Fidel regressou a Cuba mais ciente dos agudos problemas sociais da região. O assassinato de Gaitán serviu como estopim dos distúrbios, mas "o desespero e a fome", nas palavras de Karol, eram as causas primordiais deles.

Conforme o estudioso explicou em seu livro *Guerrillas in Power* (Guerrilhas no Poder), Fidel "acabou percebendo que a luta pelo direito moral e pela justiça precisava andar junto da luta por melhorias sociais". Karol acreditava que essa "descoberta deixou uma marca profunda" em Fidel.[10]

Lionel Martín, que entrevistou Fidel e outros membros do governo cubano para seu estudo biográfico, *The Early Fidel* (O Fidel dos Primeiros Tempos), concorda com Karol. Ele escreveu que "[...] foi precisamente no período subseqüente ao *bogotazo* que Fidel começou a estudar o marxismo com seriedade".[11]

O próprio Fidel, no entanto, nunca manifestou essa conexão, apesar de suas reflexões periódicas a respeito do assunto darem apoio a essa versão dos fatos. Ele afirmou a Lee Lockwood que, durante um ano ou dois antes de 1948, havia sido "um tipo de socialista utópico", talvez não muito diferente de um grande número de universitários de quase todos os países durante o século 20.

Ele diz que seu despertar marxista-leninista deu-se quando começou a ler *O Estado e a Revolução*, obra clássica de Lênin, e tornou-se familiarizado com os escritos de Karl Marx e Friedrich Engels. Fidel afirmou que Marx e Engels "tiveram uma influência quase apocalíptica" sobre ele. Em um discurso proferido no Chile em 1971, relatou essa descoberta como se fosse uma epifania: "Para mim, aquilo foi uma revelação. [...] Algo tão persuasivo que fiquei totalmente maravilhado. Fui convertido àquelas idéias".[12]

A Frei Betto, o religioso do Brasil, Fidel ofereceu uma narrativa mais ou menos semelhante, dizendo que o fato de ter descoberto, em 1948, o pensamento marxista abriu os horizontes intelectuais para ele: "Aquilo me tomou por completo. Da mesma forma como Ulisses tinha sido seduzido pelo canto das sereias, fui capturado pelas verdades irrefutáveis da literatura marxista. Imediatamente comecei a devorar aquilo".[13]

Apesar da segurança que essas declarações sugerem, Fidel não era ainda um marxista devoto. Ao longo dos anos, ele sempre se mostrou inconsistente e vago a respeito do momento de sua conversão. Em uma entrevista para um biógrafo simpático ao regime cubano, Lionel Martín, em 1974, Fidel disse que, quando se formou na faculdade, "eu já tinha uma formação marxista-leninista". Essa frase pouco clara é o mais perto que chegou de afirmar que, em 1950, seu pensamento havia se rendido totalmente ao marxismo-leninismo.

Não há dúvida de que Fidel sempre se sentiu enormemente atraído pela doutrina comunista, mas ele estava igualmente determinado a evitar qualquer tipo de ligação com o partido comunista. Uma autoridade importante dessa legenda que conheceu Fidel intimamente observou certa vez que, em seus últimos dias na universidade, ele gostava dos militantes comunistas, mas não do comunismo do partido cubano.[14]

Fidel estava ciente de que nunca poderia avançar politicamente como membro de um partido. Os comunistas cubanos, tomados como um todo, eram cautelosos demais, talvez até burgueses, para aceitar seu estilo de militância de confronto. Eles tinham dado apoio ao governo Batista durante a Segunda Guerra Mundial; dois membros idosos da legenda ocuparam cargos de ministro no governo dele. O partido mantinha ligações com o *establishment* político. A maior parte dos membros era de amadores mais afeitos a freqüentar cafés. Fidel sabia não haver chances de que adotassem um programa revolucionário.

E as desconfianças eram recíprocas. Os comunistas não gostavam da notoriedade, da grandiloqüência ou do pendor pela violência de Fidel. Mais tarde, criticariam o ataque de Moncada, considerado precipitado e "*putschista*", um termo usado para aproximá-lo dos fascistas. Os comunistas sabiam que Fidel nunca conseguiria submeter-se à disciplina do partido. De outro lado, o irmão mais maleável de Fidel, Raúl, representava um candidato promissor.

Após regressar de Bogotá, Fidel deu-se conta de que suas ambições políticas exigiam que escondesse ou minimizasse seu pensamento cada vez mais radical. Em 1948, o apoio popular às causas antiimperialistas perdia terreno em Cuba. As grandes rodas da história giravam enquanto as relações dentro da comunidade internacional alteravam-se. A Guerra Fria acabara de começar na Europa, como resultado do golpe comunista na Tchecoslováquia, e o bloqueio de Berlim iniciava-se, isso pouco depois da volta de Fidel da capital colombiana. A União Soviética de Stálin desafiava agressivamente o Ocidente ao passo que consolidava uma imensa esfera de influência comunista no Leste Europeu. Mao vencia na China.

De repente, já não havia tanto apoio aos discursos ou manifestações antiamericanas em defesa de causas como a independência de Porto Rico, um assunto que parecia agora secundário. Fidel disse que no momento de seu retorno a Havana, o número de estudantes antiimperialistas na universidade encolheu para não mais do que 30, incluindo ele próprio e os comunistas.[15] Levando em conta suas próprias aspirações, Fidel compreendeu que retomar a postura antiimperialista declarada e de confronto não ajudaria em sua carreira política.

Ele continuava a ser o antiimperialista de sempre, mas decidiu, por questões de pragmatismo, empurrar essas convicções para um segundo plano, onde ficariam até alguns meses depois de ele ter conquistado o poder. Essas convicções foram sublimadas, nunca abandonadas.

Fidel organizou e liderou um número menor de protestos antiamericanos, deixou de lado a questão da independência porto-riquenha e entrou em consonância com as propostas de governo do Partido Ortodoxo, de centro. Chibás e os demais líderes daquela legenda não possuíam nenhuma bandeira antiamericana que desejassem agitar. Todos eram abertamente contrários à União Soviética e ao comunismo.

Fidel, no entanto, nunca recorreu à retórica anticomunista, o que talvez seja o indício mais claro de que nunca se afastou da doutrina marxista-leninista. Com a eclosão da Guerra da Coréia, em junho de 1950, as diferenças fundamentais existentes entre ele e Chibás quando o assunto era a Guerra Fria tornaram-se claras. O líder do Partido Ortodoxo defendeu o governo Truman, minorando seu apoio anterior às críticas de teor antiimperialista porque o bloco soviético representava agora uma ameaça maior. Fidel nunca concordou com a guerra na Coréia, com a participação cubana nela ou com a política externa dos Estados Unidos em geral durante a Guerra Fria.

À época, redigia artigos para duas publicações de jovens comunistas tratando de sua preocupação com a situação difícil enfrentada pelos trabalhadores e agricultores cubanos. Ele assinou uma petição internacional, organizada por grupos pró-soviéticos, em favor da proibição das armas nucleares. Ele não se identificou abertamente com as causas soviéticas ou comunistas, mas rejeitou o anticomunismo paranóico responsável por moldar as respostas norte-americanas durante os primeiros anos da Guerra Fria. Abrindo para si próprio bastante espaço para futuras manobras de cunho estratégico, Fidel nem rejeitou e nem apoiou abertamente os comunistas ou o comunismo.

Sua bagagem intelectual carregava-se cada vez mais com as obras dos maiores expoentes do comunismo no mundo. Os vários volumes de Martí presentes na biblioteca de Fidel agora estavam sendo deixados de lado pelos tratados marxistas. Ele comprou uma edição da obra *Das Kapital*, de Marx, durante sua lua-de-mel em Nova York. Começou a ler – aparentemente pela primeira vez – sobre a revolução bolchevique e sobre o nascimento da União Soviética. Sua amizade com os líderes estudantis comunistas aprofundou-se e Fidel passou a freqüentar a livraria do Partido Comunista na parte velha de Havana. Intelectual e politicamente, ele podia estar se locomovendo em várias direções, mas sentia que, algum dia, o destino e a teoria convergiriam.

◁ ☆ ▷

Quando Fidel formou-se em direito, no mês de setembro de 1950, ficou à deriva, sem um caminho a percorrer ou conhecimentos de navegação para fazê-lo. Suas ambições e seu anseio por triunfos no mundo da política continuavam intensos como sempre; Fidel, no entanto, carecia de um plano e deparava-se com uma perspectiva pouco favorável em vista de sua reputação negativa. O biógrafo Robert Quirk concluiu que Fidel esperara ter fama, mas em vez disso conseguira notoriedade: "Independentemente do que seus apologistas escreveram mais tarde, ele nunca se destacou em área nenhuma durante seus cinco anos na universidade".[16]

Fidel contava agora com um diploma capacitando-o a advogar e não se incomodava quando era chamado de "Dr. Castro", não obstante ter ficado logo claro que pouco se interessava pela profissão. Essa se transformou na mais recente decepção sentida por Ángel e Lina, que esperavam vê-lo regressar a Oriente a fim de defender os interesses da família. Certamente, porém, Fidel nunca cogitou a possibilidade de passar o resto da vida como um advogado de província. Ele desprezava os procedimentos enfadonhos, as filigranas da processualística legal, a necessidade de sopesar as provas judiciosamente. Além disso, sabia que grande parte do sistema jurídico estava corrompida.

Em uma outra sociedade, Fidel talvez tivesse prosperado como um promotor tonitruante ou um ostentoso advogado de defesa. Uma vez, durante aqueles anos de falta de rumo, no começo da década de 1950, Fidel tentou uma vez atuar de forma idealista em uma empreitada jurídica. Apresentou uma queixa contra o presidente cubano da época sob a acusação de descumprimento do dever, sem esperar vencer a causa, mas apostando no incômodo do dirigente e na atenção que despertaria em relação a si mesmo.

O único grande caso de Fidel, ironicamente, acabou por ser sua própria defesa, que preparou e realizou após a investida contra o quartel de Moncada. A conclusão de seu pronunciamento na sala de audiências, mais tarde reescrita e largamente distribuída na forma de panfleto, se tornaria um dos documentos mais importantes já associados a Fidel. Aquele texto traçava e ousava justificar seu programa revolucionário.

O discurso, *A História me Absolverá*, é lembrado por suas quatro últimas palavras. Muitos estudiosos e biógrafos de Fidel destacaram que a frase final exibia vários traços em comum com a frase proferida por Hitler em seu discurso final de autodefesa proferido quando era julgado em Munique, em 1923. Mas a manifestação de Fidel, sem dúvida, também se inspirou nos discursos dos oradores clássicos que estudara.

"Condenem-me se desejarem. Isso não importa. Porque a história me absolverá."

Meio a contragosto, e junto com dois estudantes de origem humilde que tinham se formado com ele, Fidel abriu um pequeno escritório em um prédio sem escadas da rua Tejadilla, na Havana Velha, anunciando-se como apto a trabalhar nas áreas de direito "civil, penal e social". Esse era o equivalente cubano da assistência jurídica gratuita. Quase todos os clientes eram pobres e, em geral, não conseguiam pagar as custas em dinheiro. Um réu que Fidel conseguiu absolver – um escultor espanhol – reembolsou-o com um busto de Martí que Fidel colocou em um lugar de honra em sua biblioteca.[17]

Em outubro de 1948, casou-se com Mirta Díaz Balart, e no ano seguinte nasceu o filho deles, Fidelito. A família Castro ficou encantada com o enlace; os Díaz Balart, mais conservadores, ficaram horrorizados. Ángel continuou a pagar uma mesada. O dinheiro ainda chegava às mãos de Fidel em 1951, pelo menos, quando tinha 25 anos de idade.[18] Ele era agora um homem casado e um pai de família, mas a possibilidade de acomodar-se em uma vida burguesa não o atraía.

Segundo quase todos os relatos, Fidel estava profundamente apaixonado pela noiva, não obstante alguns detratores terem alegado que se tratou de um casamento de conveniência porque a família dela mantinha fortes laços com políticos poderosos. Fidel revelou-se um péssimo provedor do lar, pouco se interessava pelos assuntos domésticos e ausentava-se com freqüência, não fazendo companhia para a mulher e o filho. Quando estava presente, a família costumava comer espaguete. Alguns anos depois, Fidel começou a ter um caso com a também linda Natalia Revuelta, com quem mais tarde teve a única filha da qual se tem notícia, Alina Fernández.

Carlos Prio sucedeu o detestado Grau San Martín na presidência de Cuba, em outubro de 1948, realizando uma campanha desprovida de assuntos de peso e prenhe de alertas para o perigo comunista. Aquela seria a última vez que os cubanos recorreriam às urnas para realizar algo semelhante a uma eleição democrática.

Prio vinha do mesmo partido político que seu antecessor e não representava uma grande melhoria. A polícia cubana continuava tomada pela corrupção enquanto conflitos políticos violentos intensificavam-se, saindo de controle. Apesar disso, como a economia expandia-se devido ao *boom* do pós-guerra, a maior parte dos cubanos suportou estoicamente os escândalos políticos de seu país. A melhor aposta para o futuro era Eduardo Chibás.

Insatisfeito, Chibás se afastara do partido governista em maio de 1947 e anunciara a criação de uma nova legenda, o Partido Ortodoxo, que logo se tornou o principal foco aglutinador da oposição de centro-esquerda. Fidel incluiu-se entre os primeiros a ingressar no braço jovem da legenda, transferindo grande parte de sua paixão por protestar e organizar manifestações para as operações políticas do partido. Chibás era um orador fascinante e exaltado que realizava uma campanha infatigável contra a corrupção e a violência. Todos os domingos à noite, os cubanos reuniam-se em suas casas e cafés para ouvir os pronunciamentos dele no rádio, quando atacava as autoridades do governo revelando detalhes específicos e sórdidos de casos de corrupção. Sua reputação de honestidade e probidade reservou-lhe um lugar à parte dentro do bilioso palco principal da política cubano, e seu número de seguidores não parava de aumentar.

Chibás não sabia muito bem o que fazer com Fidel, que trabalhava dia e noite para ver seu nome ligado ao daquela estrela em ascensão. Segundo José Pardo Llada, amigo de Fidel, o líder ortodoxo não queria Fidel perto dele. Chibás via nele um "gângster", um conhecido *pistolero* que conseguiria apenas prejudicar o político e a imagem de seu partido.[19] Pouco importava que Fidel, na época em que ingressou na legenda, estivesse desvencilhando-se de seus laços com as gangues mafiosas presentes na universidade. As manchas de seu passado não poderiam ser lavadas tão facilmente.

Chibás e os demais dirigentes do partido acreditavam que Fidel não tinha princípios. Sabiam que ele explorava, de forma oportunista, outras possibilidades na direita e na extrema esquerda do espectro político. Talvez, Fidel até estivesse tramando para conseguir uma sinecura no governo Prio que tanto criticava. E alguns que o conheciam especulam sobre a possibilidade de Fidel estar recebendo algum tipo de remuneração ilegal do governo.

Em nome de um futuro político promissor, Fidel exploraria eventualmente quatro rotas divergentes. Foi um comportamento desse tipo que fez com que o aliado político dele à época, Luis Conte Aguero, o qual entrevistei em Coral Gables, Flórida, muitos anos depois de ter abandonado Cuba, sugerisse que Fidel não passava de um "camaleão".

No começo de fevereiro de 1950, o homônimo e quase padrinho de Fidel, Fidel Pino Santos, então membro do Congresso, escreveu para o ministro da Agricultura de Prio em busca de um cargo para "o filho de nosso amigo Ángel Castro". O ministro, Carlos Hevia, formado na Academia Naval dos Estados Unidos e que já ocupara a presidência cubana por cerca de 72 horas, respondeu educadamente, seis dias depois, afirmando que não poderia ajudar. Hevia era tido como honesto e empenhava-se na luta contra os comunistas. O ministro não se interessava por aquele polêmico jovem, cuja reputação já teria, certamente, chegado aos ouvidos dele.[20]

Foi também durante esse período que Fidel flertou com a possibilidade de estabelecer algum tipo de vínculo com Fulgencio Batista. O antes sargento do Exército, o único cubano da história do país a sair da pobreza para chegar à presidência, havia governado durante dez anos, com atribuições variadas, após um golpe realizado em 1933. Foi eleito para um mandato presidencial de quatro anos em um processo justo, realizado em 1940, a partir do que começou a adotar reformas em certa medida progressistas responsáveis por aumentar sua popularidade junto às classes trabalhadoras. Ao mesmo tempo, porém, fechava os olhos para os atos de violência lançados contra seus adversários. Batista conquistou uma cadeira no Senado em 1948 planejando eleger-se presidente nas eleições de 1952, da qual participaria como o candidato da centro-direita.

Fidel reuniu-se com seu futuro adversário mortal na propriedade rural de Batista, chamada de "Kukines". Batista e Ángel tinham se conhecido em Oriente e o antes soldado raso alçado a general mostrou-se receptivo a um encontro com aquele intrigante jovem ambicioso, o filho de Ángel Castro. Rafael Díaz Balart, cunhado de Fidel e então membro do ainda novo partido político de Batista, armou o encontro. A maior parte do que ocorreu ali continua envolta em mistério, não obstante estar claro que os dois homens ficaram fascinados um com o outro. Díaz Balart contou a Georgie Anne Geyer, muitos anos mais tarde, que eles "olhavam-se com admiração".[21]

Os dois mediram-se cuidadosamente, mas parecem nunca ter chegado a um acordo sobre como poderiam colaborar apesar de, provavelmente, não terem descartado de antemão essa possibilidade. Díaz Balart contou que Fidel solicitou o encontro, afirmando-lhe que desejava encorajar Batista a realizar um golpe de Estado. A reunião aconteceu na biblioteca de Batista, e nela estavam presentes também Díaz Balart e um outro simpatizante do futuro ditador. Os dois protagonistas do encontro trocaram gracejos. Fidel percorreu os livros das estantes da biblioteca de Batista e pensou em voz alta: "Sua biblioteca é muito interessante, mas parece que falta uma obra muito importante". Ele parou por um instante, para então acrescentar que o livro em falta seria uma antiga e obscura publicação sobre as técnicas para realizar um golpe militar.[22]

Com essa referência pouco sutil, Fidel queria dizer que daria apoio a um golpe realizado por Batista. Díaz Balart conta que todos riram entusiástica e, também sem dúvida, embaraçosamente. O astuto velho, porém, não mordeu a isca. Depois disso, Batista afirmou a Díaz Balart, como que prevendo o futuro, que o amigo dele era "muito inteligente mas perigoso". Pardo Llada, o conhecido de Fidel integrante do Partido Ortodoxo, escreveu que Fidel organizou vários encontros subseqüentes com Batista. Ele mantinha em aberto um amplo universo de possibilidades com vistas a progredir, fosse por meios legítimos ou por meios revolucionários.[23]

Fidel ainda tinha esperanças de que um evento como o da Queda da Bastilha ou o *bogotazo* lhe oferecesse a oportunidade de que precisava. Quando Chibás morreu com um tiro, dado por ele mesmo, de forma sensacionalista, durante uma transmissão ao vivo de rádio realizada em agosto de 1951, Fidel obteve sua chance de reavivar sua antiga idéia anarquista de provocar um levante de massa. O suicídio fez-se acompanhar por um grande número de manifestações de luto e de preocupação. Acreditava-se que Chibás venceria as eleições presidenciais do ano seguinte. Poderia o *bogotazo* ser repetido em Cuba?

No velório, depois de pronunciar cinco versões diferentes de um longo panegírico, Fidel aproximou-se de Pardo Llada para saber o destino do corpo após as cerimônias.

"O cemitério."

Em vez disso, defendia Fidel, eles deveriam levar o caixão pela rua, em procissão, até o palácio presidencial. Fidel desejava aproveitar-se da grande multidão reunida para o funeral. Ele compreendia o quão profundos eram os sentimentos do povo. "Por que o palácio?", quis saber Prado Llada.[24] "A fim de que possamos tomar o poder", respondeu Fidel.

Ao contrário dos relatos sobre as outras propostas incendiárias de Fidel, esse foi confirmado orgulhosamente por ele. Em declarações dadas para um grupo de jornalistas latino-americanos, em agosto de 1967, disse-lhes que cerca de 500 mil pessoas tinham se reunido para velar Chibás. Afirmou aos repórteres o que, segundo se lembrava, teria dito aos líderes do Partido Ortodoxo reunidos no funeral: "Vamos carregar o corpo até o palácio e, lá, o povo derrubará o governo. Com essa multidão a confrontá-lo, o governo cairá. Em uma hora, a revolução terá triunfado".[25]

Transcorridos 16 anos da morte de Chibás, Fidel orgulhava-se do que desejava fazer, convencido de que aquilo poderia mesmo ter dado início a uma revolução. Claro que sua idéia maluca viu-se incredulamente rejeitada e que sua reputação aos olhos dos sucessores de Chibás dentro do Partido Ortodoxo piorou ainda mais.

Fidel, de toda forma, conseguiu abrir espaço à força, contrariando o desejo do Partido Ortodoxo, e realizar campanha como candidato a uma vaga na Câmara dos Deputados. No entanto, nunca recebeu a nomeação formal para tanto, apesar de ter feito campanha com o fervor e a energia característicos dele, encontrando maneiras engenhosas de fazer-se conhecido das classes trabalhadoras nos bairros pobres de Havana. Os historiadores via de regra concordam que Fidel teria vencido. Ele afirmou repetidas vezes, porém, que não pretendia ser um discreto integrante de bancada. Em 1967, descreveu nestes termos seus planos à época: "Quando eu me sentasse no Congresso, apresentaria imediatamente um programa revolucionário para o povo, quatro ou cinco projetos revolucionários, sabendo que não seriam aprovados, mas com o intuito de divulgar um programa para uma revolução".[26]

Da mesma forma como não tinha pendor nenhum para a advocacia, Fidel, devido a sua personalidade e a sua tendência para adotar métodos violentos, nunca poderia funcionar em um ambiente democrático.

Em 1952, ele criticava virtualmente tudo que tivesse relação com o processo democrático de Cuba. O país penara durante quase toda a sua existência como nação independente sob ditadores e políticos autoritários mascarados de democratas. Nenhum elemento de sua educação levara-o a ver pontos positivos na democracia. Mesmo dentro da extensa obra de Martí faltavam defesas contundentes da democracia liberal. Segundo os cálculos de Fidel, além disso, a democracia mais próxima, os Estados Unidos, não passava de um dominador imperialista sedento por explorar os vizinhos, em nada semelhante a um modelo adequado para Cuba.

Diga-se ainda que as raras experiências pessoais de Fidel com o jogo eleitoral serviram somente para confirmar a podridão do sistema cubano. Ele atribuía a responsabilidade por seus fracassos em avançar na política universitária e em outros ambientes à corrupção, mas nunca a suas próprias falhas. Lembrava-se dos tempos em que, ainda garoto, ajudou Pedro Emilio, seu meio-irmão, em uma campanha realizada para obter um cargo eletivo. O esforço deu com os burros n'água, e mais uma vez Fidel disse que a culpa era da corrupção. Na entrevista concedida a Frei Betto, deplorou o fato de seu pai sentir-se obrigado a subsidiar políticos locais que Fidel considerava mercenários. Nada na democracia que conheceu chamava-lhe a atenção positivamente. Ao concorrer a uma vaga no Congresso, Fidel quis apenas divulgar seus objetivos revolucionários – derrubar o sistema pseudodemocrático e tomar o poder.

◁ ☆ ▷

Ocorre que Batista antecipou-se. As eleições de 1952, marcadas para junho, foram canceladas por um inesperado golpe militar que ocorreu quase sem derramamento de sangue no dia 10 de março, sob o comando de Batista. O general, obviamente, não consultou seu futuro inimigo mortal, mas o golpe ganhou um interesse ainda maior em vista do encontro de Batista com Fidel em "Kukines".

Fidel apostava realmente em um golpe militar? Se não fosse esse o caso, como poderia ser explicada sua referência indireta a um golpe quando visitou Batista pela primeira vez? Disporia ele de uma presciência estratégica tão eficiente que viu em uma ditadura impopular de direita uma alternativa melhor para seu futuro político? Teria ele encorajado Batista ainda mais nos encontros posteriores que mantiveram e dos quais não existe registro?

Não há como responder a essas incômodas perguntas. Mas, considerando o tradicional pendor de Fidel pela sagacidade e duplicidade políticas, existiria uma boa chance de que ansiasse realmente por ver uma ditadura de direita tomando o poder. O golpe de Batista caiu como uma luva. Representava a reviravolta mais promissora surgida na carreira de Fidel até então. Desacreditado e visto com desconfiança dentro dos círculos políticos mais influentes de Cuba, Fidel obteria um novo sopro de vida em uma situação na qual sua audácia passaria a ser admirada, na qual seus métodos violentos e conspiratórios passariam a ser vistos como necessários e virtuosos. Desorientado após colar grau na universidade, ele foi capaz de abrir uma nova seara rumo a um destino que Martí teria sancionado. A missão do tipo Davi contra Golias de Fidel consistiria em derrubar a ditadura. Com Batista postado ilegalmente na presidência, ele conseguiria, *legitimamente*, realizar esforços para tomar o poder.

A luta contra a ditadura tiraria o melhor de várias das suas qualidades intelectuais e de liderança. Sua habilidade oratória, sua facilidade para atuar em público, seu dom para recrutar e motivar seguidores, suas persistência e determinação, tudo isso se transformaria em uma vantagem poderosa. A convicção inabalável de que, cedo ou tarde, desempenharia um papel crucial na história não pareceria mais tão ridícula ou egoística. Mesmo seu pendor, verificado desde a infância, de lançar confrontações inesperadas contra figuras de autoridade encaixava-se perfeitamente com aquela nova missão.

Suas principais falhas de caráter – o narcisismo, o egoísmo e uma necessidade obsessiva por ter poder e manter o controle – poderiam agora, em verdade, funcionar de modo a favorecê-lo. O movimento revolucionário teria de ser estruturado verticalmente, com uma liderança central forte e determinada, além de uma figura carismática no topo dele. A necessidade sentida por Fidel de controlar todos os detalhes, de contar todas as balas, acabaria no fundo por ajudá-lo. Ele tinha 26 anos de idade então e, inteligentemente, exibia sua juventude como um fator positivo. Ele e seus jovens simpatizantes dentro do que, após Moncada, passou a ser conhecido como o Movimento de 26 de Julho representavam o desafio de uma geração mais nova aos homens de mais idade, corruptos e malsucedidos, que tinham governado Cuba por tanto tempo.

No processo por meio do qual tornou-se mais hábil na divulgação de mensagens menos explícitas a audiências sofisticadas, Fidel aprendeu a fingir humildade e simplicidade. Tudo que dizia respeito a ele seria agora aperfeiçoado e ensaiado com vistas à empreitada de depor Batista. Tudo o mais na vida dele estaria logo subordinado a esse plano estratégico. Sua mulher e seu filho o viam apenas raramente. Fidel abandonou o pequeno escritório de advocacia e passou a ignorar a família em Birán.

Planejando muitos de seus lances com antecedência como se estivesse diante de um tabuleiro de xadrez, Fidel sabia que precisaria contar com o apoio amplo de fatias diferentes da sociedade cubana. Com isso em mente, começou a evitar seus velhos amigos comunistas da universidade e não se interessou por recrutar qualquer deles para ingressarem nas fileiras de seu movimento ou para darem início a um treinamento militar. Anos mais tarde, reconheceu esse como sendo um elemento bem calculado de sua estratégia. Fidel disse em uma entrevista que não havia comunistas a bordo do *Granma*. Ele poderia ter afirmado a mesma coisa a respeito de Moncada, contanto que se leve em conta o fato de Raúl representar a única exceção, em ambos os casos. Quaisquer ligações com o comunismo ou com os comunistas, tirando aquelas de seu irmão, que as negava, teriam sido prejudiciais.

Com uma carga igualmente vasta de antecipação e clareza em seus desígnios, Fidel abortou quase todas as críticas lançadas contra os Estados Unidos e quase não mencionou mais as causas internacionalistas. Ele prometeu realizar eleições livres e justas, retomar a Constituição cubana de 1940, suspensa por Batista e considerada progressista, e reinstalar o regime democrático. Repetiria essas e outras promessas de teor semelhante todas as vezes que tivesse a chance de fazê-lo. Fidel sabia que precisava do apoio da classe média citadina de Cuba e que nunca conseguiria vencer se o governo norte-americano estivesse determinado a impedir sua ascensão.

Então, depois do golpe de 1952, quando estabeleceu para si um curso claro e direto, Fidel nunca mais deu declarações críticas a respeito dos Estados Unidos – isso até o primeiro dia que se seguiu a sua vitória.

CAPÍTULO SEIS

Ele é o nosso pai

"Eis o nosso símbolo vivo", gritou Raúl na melhor voz de baixo profundo que conseguia entoar. "O símbolo mais importante que temos chama-se Fidel Castro."

Na metade do mês de junho de 1989, Raúl batia contra o parlatório, em sinal de raiva e como recurso enfático, enquanto discursava para uma ampla e tensa platéia formada por oficiais militares uniformizados, no auditório principal do prédio do Ministério das Forças Armadas, em Havana. Naquele ponto, havia já duas horas que se estendia em um discurso muitas vezes incoerente, dando sinais de estar aparentemente embriagado ou à beira de algum tipo de colapso. Em dado momento, esbravejou com um infeliz fotógrafo que ficou entre ele e as câmeras de TV.

"O senhor está ciente, camarada jornalista, de que há uma disciplina nesta sala?"

Todos conheciam o Raúl disciplinador austero e rígido, mas poucos dos jovens oficiais tinham-no visto antes tão agitado. Um dos seus assessores mais próximos contou que aquele havia sido um dos discursos mais difíceis já proferidos por Raúl, o qual acalentava um receio desesperador a respeito do que precisava dizer e fazer, e no entanto não vacilava quanto a sua lealdade ao realizar o que seu comandante-em-chefe exigira.

"Ele é o nosso pai", continuou Raúl, agora urrando. Sem qualquer manifestação de discordância, iminente ou clara, em vista daquela cena bizarra, os generais e oficiais de patente menor estouraram em um vigoroso e demorado aplauso. Como se fossem uma única pessoa, começaram a gritar: "Fiii-del!... Fiii-del!".

"Sejamos seus filhos humildes", entoou finalmente Raúl.

Coube ao irmão de Fidel explicar aos integrantes da elite militar de Cuba, vários dos quais desconfiados ou preocupados com o futuro próximo, os motivos pelos quais o general favorito do país – Arnaldo Ochoa, o herói de campanhas internacionalistas realizadas em meia dúzia de nações – acabara de ser preso e seria levado a julgamento acusado de traição. Nenhum dos homens presentes naquele salão duvidava de que Raúl fazia o papel de mero mensageiro a cumprir os desígnios de Fidel. Logo descobririam o que os irmãos tramavam, mas, por enquanto, não havia nada que pudessem fazer a esse respeito.

A atuação de Raúl durante esse episódio anomalamente estressante fornece uma chave valiosa para compreender o arcabouço psicológico que se espraia por debaixo de sua relação com Fidel. Ao referir-se a Fidel como "seu pai", Raúl escancarou uma câmara secreta de sua psique.

Rufo López Fresquet, o primeiro-ministro das Finanças dos irmãos Castro que fugiu para o exílio após ficar cerca de 14 meses no cargo, foi o primeiro a fazer comentários sobre a distorcida relação pai-e-filho existente entre Fidel e Raúl. López Fresquet escreveu: "Fidel age antes como um pai de Raúl, um pai severo". O ex-ministro das Finanças narrou vários episódios que testemunhou em Havana no começo de 1959, nos quais Fidel criticou e repreendeu brutalmente o irmão. A pior dessas humilhações deu-se na presença de centenas de oficiais militares e burocratas. Raúl ficou tão arrasado que chorou na frente de todos enquanto retirava-se do local.[1] Outras testemunhas contaram ocorrências semelhantes.

Independentemente disso, o fato de Raúl ter descrito Fidel como uma figura paterna era inédito para os dois irmãos. Durante anos, e rotineiramente, Raúl glorificou Fidel com elogios veneradores em eventos públicos e continua a fazer isso, mas nunca antes citara o irmão daquela maneira. A pressão do momento arrancou aquelas emoções das profundezas do seu espírito. Com aquilo, dizia aos oficiais das Forças Armadas que Fidel, o "pai" dele, era também "o pai deles", e que Fidel precisava que suas crianças confirmassem sua lealdade inquestionável.

Raúl não exagerou quando expôs a complexidade de seu relacionamento com o irmão. Desde que eram crianças em Birán e nas escolas católicas que freqüentaram em Santiago, e também mais tarde, no começo da década de 1950, quando estiveram novamente juntos em Havana, Fidel agia por vezes como um pai substituto para seu irmão menor. No discurso de 1989, Raúl afirmou exatamente isso.

"Ele sempre foi meu segundo pai quando eu era aluno do ensino básico."

O significado da declaração de Raúl é literal. Ele sempre idolatrou Fidel, vendo neste não apenas um irmão mais velho e um protetor, mas muito mais do que isso. Fidel cuidava dele, defendia-o. Ele era a figura paterna colocada no lugar do distante e desinteressado Ángel, que nunca se importou muito com seu filho mais novo.

A escola do ensino básico mencionada por Raúl era La Salle, o instituto dos Irmãos das Escolas Cristãs onde, ao que parece, ele não passava de um menino fracote e submisso, uma vítima provável dos valentões. Luis Conte Aguero escreveu que, naquela escola, Raúl recebeu o apelido de *pulguita*, "pulguinha", contra o qual não protestava e o qual até mesmo repetia, aparentemente se orgulhando desse gesto de autoflagelação. Raúl enviava cartas de teor religioso para os pais, em Birán, assinando atrás: "Para meus pais, com amor, do *pulguita*". Usava tesouras para cortar o cabelo bem rente, quase careca. Para sua sorte, o apelido desonroso, bem como o afetuoso *Muso* dado pela mãe, não ficaram ligados a ele durante muito tempo.[2]

Raúl idolatrava Fidel, sempre o oposto dele em quase tudo. Ao longo de sua vida inteira, Raúl esforçou-se para agradá-lo e conquistar a aprovação e o respeito do irmão mais velho. Uma missão nunca muito fácil. A tolerância de Fidel para com os familiares que o desagradam é tão pequena quanto para com qualquer outra pessoa.

Quando regressou para Havana após anos de uma adolescência sem rumo, Raúl não alimentava interesses intelectuais específicos e não havia estudado para além do ensino básico. Um dos amigos dele do começo dos anos de 1950, em Havana, lembra-se de que Raúl possuía uma das maiores e mais impressionantes coleções de gibis norte-americanos que já vira. Raúl gostava de exibi-la para os amigos e de prestar atenção nas expressões de admiração que arrancava. Se Fidel soubesse dessa atividade inútil, teria manifestado um desdém inclemente.

Raúl não possui os mesmos dons de Fidel, a mesma memória fotográfica e nem o talento para a loquacidade ou para convencer as pessoas de suas idéias. Quando estava no começo de sua idade adulta, ele gostava de participar de festas, beber e sair com mulheres, passatempos esses evitados por Fidel em nome de investir em sua carreira.

Em Havana, Raúl mudou-se para um quarto localizado no andar de cima da casa que Fidel e sua noiva, Mirta, tinham alugado. Em outras épocas, morou junto de uma ou outra irmã. Não há registro de que tenha possuído uma habitação própria em Havana, nem um emprego e nem uma fonte de renda que não a mesada vinda de Birán.

Não é difícil imaginar Raúl, então, com 20 ou 22 anos de idade, acompanhando obedientemente o despertar de Fidel, sentado no canto mais escuro de um café enquanto ouvia o irmão perorar longa e brilhantemente a respeito de uma variada gama de questões políticas e históricas. Ele não teria muito o que dizer a respeito daqueles assuntos, não obstante já estar absorvendo as lições do irmão como se fosse uma esponja. Raúl contou ao *publisher* do jornal *El Sol de Mexico*, em 1993: "É um privilégio ser irmão de Fidel. Ele tem sido meu herói desde a infância".[3]

O inexperiente e imaturo Raúl reverenciava o talentoso e famoso irmão mais velho, seu pai substituto. E era portanto um material bruto e impressionável sujeito à tutelagem – e à manipulação – de Fidel.

Juanita, a irmã deles, convenceu-se há muito tempo de que a relação dos dois era mesmo de manipulação. Ela acredita que quando Raúl passou a morar com o irmão mais velho, este empenhou-se em distorcer e moldar o irmão mais novo na forma de um seguidor subservientemente fiel que seria útil para as metas políticas dele, Fidel.

Testemunhando em Washington, diante de uma comissão do Congresso dos Estados Unidos, em 1965, Juanita disse que Fidel prometera a Ángel que ocuparia o lugar dele, que "tomaria conta de Raúl" após este ter regressado a Havana. Segundo se lembra, Fidel fez essa promessa ao pai deles em 1951, quando fazia campanha para ser eleito deputado pelo Partido Ortodoxo. Mas Fidel estava ocupado demais para cumprir aquela promessa.[4]

Uma das críticas mais cortantes feitas por Juanita a respeito de Fidel é a de que ele, por negligência ou por conta de uma astúcia maquiavélica, transformou Raúl, o menino e pós-adolescente gentil e generoso do qual Juanita se lembra com tanto carinho, em um revolucionário brutal e insensível. Nas palavras dela, Raúl cresceu para tornar-se "um homem severo, ou até mesmo sombrio".

Juanita bate na tecla de que a imagem pública de Raúl, a imagem de uma pessoa dura, "não é de todo correta" porque Fidel, sim, é o verdadeiro "tirano". A irmã falou e escreveu, em várias ocasiões, a respeito das duas facetas, aparentemente contraditórias, da personalidade de Raúl. De um lado, Juanita se lembra do senso de humor travesso, do amor dele pela família e por Birán, do sentimentalismo apegado e da lealdade para com os amigos. Ela sempre foi mais próxima dele do que os outros irmãos e, aparentemente, mais de 40 anos depois de ter saído de Cuba, continua a ser.

No entanto, para enfatizar sua convicção de que Raúl mudou para pior sob a influência de Fidel, quando estava com 20 e poucos anos de idade, Juanita fala da brutalidade e dos impulsos selvagens que adquiriu. Ela discorreu sobre algo que Raúl lhe disse em abril de 1959, pouco antes do casamento da irmã mais nova deles, Emma, em Havana. Planejava-se uma grande festa; quase toda a família Castro compareceria à cerimônia religiosa. Raúl, no entanto, estava preocupado com a segurança caso o casamento acontecesse em uma igreja porque muitos padres católicos já se opunham à revolução. Os temores dele mostravam-se extremamente exagerados, mas Raúl explodiu com Juanita usando palavras que a assombraram durante muitos anos: "Se alguma coisa acontecer com Fidel ali, mataremos todos os padres de Cuba".[5]

◁ ☆ ▷

A transformação pessoal e ideológica de Raúl começou em 1951. Foi então, sob o aguilhão de Fidel, que Raúl converteu-se precocemente ao marxismo-leninismo. Juanita afirmou à comissão do Congresso que Fidel encarregara Raúl de receber os membros do Partido Comunista que vinham à casa dele "oferecer ajuda para sua campanha política".

Segundo a irmã de Fidel e Raúl, na época, "não era conveniente que ele [Fidel] se encontrasse" com aquelas pessoas ele próprio ou "talvez ele não tivesse interesse em fazer isso". Fidel sabia que se aceitasse o apoio dos comunistas suas chances de ser candidato pelo Partido Ortodoxo ficariam prejudicadas, talvez de forma irreversível, e que suas relações com a liderança da legenda ficariam ainda mais fragilizadas. Juanita testemunhou que "Fidel pedia a Raúl que recebesse os comunistas".

Fidel desejava evitá-los, mas sem fechar as portas para uma eventual cooperação futura. De forma que Raúl tornou-se a sombra dele ou seu representante, seu emissário de confiança junto aos comunistas. Tratava-se de um elemento importante no planejamento de longo prazo e de contingência, algo tão típico da maneira como Fidel raciocina.

Raúl confirmou mais tarde grande parte do relato da irmã sobre a época propícia de sua conversão ideológica e sobre o papel do irmão como força motivadora. Em uma entrevista de 1975, para o jornal *El Día*, da Cidade do México, Raúl declarou: "Entrei em contato com o marxismo pela primeira vez em 1951". Segundo contou, até aquele momento, nos primeiros e opiniosos anos da Guerra Fria, ele fora anticomunista como a maior parte dos cubanos – Fidel era uma exceção. Coube a Fidel, disse, dar-lhe uma edição de um dos tratados de Engels sobre o marxismo e encorajá-lo a ler o livro e a gostar dele. Raúl afirmou que se tratava do livro *A Origem da Família, da Propriedade Privada e do Estado*.[6] "Eu o li duas vezes. Não era um livro difícil de se entender." E referindo-se a Fidel, acrescentou: "Ele explicou algumas das questões do livro para mim".

Na entrevista concedida ao *El Sol de Mexico*, em 1993, Raúl confirmou o conteúdo desse relato de anos antes. Disse: "Foi Fidel que me influenciou fazendo com que me tornasse um comunista. [...] Ele explicou o comunismo para mim e me deu livros sobre o assunto".[7]

Raúl deixou-se atrair pela esfera radical e marxista de forma bastante rápida depois daquela introdução inicial. Logo ingressou no quadro de editores da *SAETA*, uma publicação marginal fortemente influenciada pelo Partido Comunista. Em um artigo assinado por ele e publicado em março de 1951, condenou o envolvimento norte-americano na Guerra da Coréia, uma postura que Fidel recusou-se a assumir publicamente porque o Partido Ortodoxo apoiava a guerra.

Não se sabe quanto Fidel influiu na escritura daquele artigo, quanto da influência dele chegava aos que convidaram Raúl para sentar-se no quadro diretor da *SAETA*. Fidel, no entanto, deve ter desempenhado um papel decisivo em ambos os casos. Ele também escrevia artigos para a *SAETA* à época, mas a respeito de assuntos menos polêmicos do que a Guerra da Coréia. No mínimo, Fidel forneceu os princípios usados nos argumentos de Raúl e então ajudou o irmão a escrever o texto. Há uma boa chance também de seu papel ter sido muito mais abrangente, de que ele, na verdade, tenha sido o verdadeiro autor do artigo sobre a Coréia do Norte.

Depois do golpe de Batista, em março de 1952, Raúl, como muitos outros universitários cubanos, voltou suas energias para o combate ao regime. Ele escreveu mais tarde na *Verde Olivo*, a revista das Forças Armadas, que havia participado de pequenos grupos de estudo voltados à discussão das teorias marxistas e à elaboração e distribuição de panfletos e boletins críticos a Batista. Em janeiro de 1953, trabalhou com vários jovens comunistas na organização de uma manifestação para lembrar a morte do fundador do Partido Comunista de Cuba. Raúl estava se transformando em um ativista afeito às ruas, participando de protestos, mas, ao contrário de seu irmão anos antes, continuava avesso às ações violentas.[8]

É importante notar que até participar do ataque de Moncada, em 1953, Raúl, ao menos não há registros de tais atos, jamais se envolvera em qualquer tipo de ação violenta. Nunca colocara outro ser humano sob sua mira, jamais fora implicado em um assassinato ou em uma tentativa de assassinato. Não há fotos dele com bandagens ou ferimentos depois de ter entrado em confronto com a polícia de Havana. Não há nenhum artigo de jornal ligando-o a atos violentos praticados por gangues ou a qualquer empreitada aventureira de cunho internacionalista. E ninguém que o conhecia contou histórias como as que há sobre as bizarras atividades ilegais de Fidel. Raúl, por natureza, era mais controlado do que Fidel, menos inclinado a agir de forma agressiva.

Por esses motivos, e por causa dos laços cada vez mais profundos de Raúl com os comunistas, Fidel não o incluiu no novo movimento revolucionário que organizava para enfrentar a ditadura com ações violentas. Raúl escreveu na *Verde Olivo* sobre o "pequeno gabinete" criado por Fidel no topo de sua recém-nascida organização, mas o irmão mais novo não se tornou um dos membros dela. Raúl, um homem inexperiente e, do ponto de vista físico, pouco imponente, não servia para os combates. Fidel ainda via nele o pequeno irmão de modos gentis, não o militante revolucionário em potencial, como ocorreria mais tarde. Segundo Jesús Montane, um dos membros originais do movimento, Raúl participava apenas ocasionalmente das atividades da organização no período anterior a junho ou julho de 1953, pouco antes do ataque de Moncada.[9]

◁ ☆ ▷

Nesse ínterim, e sob o olhar atento de Fidel, Raúl cimentava suas convicções e afiliações marxistas. Em março de 1953, saiu de Cuba pela primeira vez, viajando até Viena a fim de participar de uma conferência internacional de jovens patrocinada pelo Kremlin. Depois disso, também visitou as capitais de três países do Leste Europeu e regressou a Cuba encantado com o que viu lá.

Fatos descobertos recentemente indicam que Fidel empurrou Raúl, de fato, para que se aprofundasse no marxismo-leninismo. Essa nova interpretação, uma das reviravoltas mais importantes e reveladoras a respeito da relação existente entre os dois irmãos, baseia-se em informações que descobri nos arquivos da Universidade Columbia em Nova York.

Herbert Mathews, o repórter do *New York Times* que manteve uma relação tão próxima de Fidel e de outros líderes cubanos, entrevistou vários deles em abril de 1966, em Havana. As anotações feitas por ele naquelas ocasiões, que não foram publicadas, fazem parte dos arquivos que doou para a Columbia. Entre essas, há um relato breve sobre uma conversa de Mathews com Carlos Rafael Rodríguez, então uma das autoridades mais importantes do governo dos irmãos Castro e um homem que poucas vezes aceitou ser entrevistado por norte-americanos.

Rodríguez, "um comunista da velha guarda", conta-se entre os dois ou três mais graduados e mais bem informados comunistas cubanos da era pré-Castro. Um intelectual elegante e sofisticado, esse homem ganhou a reputação de ser um dos moderados mais influentes do governo dos irmãos Castro e do novo partido comunista *fidelista*. Nenhum outro "comunista da velha guarda" esteve tão próximo de Fidel ou gozava de tanta confiança da parte dele.

Rodríguez afirmou a Mathews que Fidel certa vez gabou-se, junto a um outro conhecido "comunista da velha guarda", sobre seu papel como guia de Raúl na aproximação deste com o marxismo. Segundo Rodríguez, Fidel havia "transformado Raúl, deliberadamente, em um marxista, dando-lhe livros para ler e enviando-o na famosa viagem para a conferência de jovens [...]".[10]

Um documento antes secreto dos arquivos soviéticos em Moscou confirma que Fidel jactou-se sobre isso mais de uma vez. Em um relatório enviado ao Kremlin em novembro de 1960, um embaixador soviético com bom trânsito em Havana escreveu: "Fidel está convencido de que merece o crédito pela formação das opiniões de Raúl".[11]

A conferência de jovens em Viena ofereceu a Raúl seu primeiro mergulho na camaradagem internacional comunista. Mais de 400 delegados de 71 países reuniram-se em um adornado salão de uma sociedade musical, durante seis dias, a partir do dia 22 de março. Vladimir Semichastny, o futuro chefe da agência de inteligência soviética, a KGB, proferiu um discurso para essa platéia no barroco salão principal de conferências. O evento contou com uma ampla cobertura dos meios de comunicação do mundo todo. O *Pravda*, jornal oficial do Partido Comunista soviético, publicou um artigo destacando a coragem dos delegados cubanos que desafiavam o "terror" do regime de Batista para participar da reunião.[12] Raúl, ainda um marxista neófito que não havia ingressado no partido, não foi mencionado, apesar de Cuba e seu partido comunista – então um dos maiores e mais influentes da América Latina – interessarem aos soviéticos, sem sombra de dúvida.

Autoridades da KGB percorriam os salões e a área das conferências, misturando-se com os participantes do evento e reunindo informações a respeito deles. Eles realizavam ações de contra-inteligência, a fim de impedir a CIA de ter acesso ao encontro. Os agentes soviéticos mantinham sob vigilância também seus próprios e supostamente leais partidários, defendendo enfaticamente a linha política do Kremlin. Destaque-se que os integrantes da KGB examinavam os membros de delegações vindas de países não-comunistas em busca de potenciais agentes com influência e recrutas secretos capazes de realizar missões de espionagem para eles.

Raúl representava, com certeza, um candidato apto. Ao "enviá-lo" para o encontro, conforme afirmou Carlos Rafael Rodríguez, Fidel – intencionalmente ou não – colocara seu irmão menor bem debaixo do nariz da KGB – e a KGB não deixou passar em branco a oferta.

De Viena, Raúl seguiu viagem para passar um mês na Romênia comunista e visitar as capitais da Hungria e da Tchecoslováquia, países também comunistas.

"No congresso, discuti com um colega romeno na platéia", afirmou Raúl ao repórter Jules Dubois, do *Chicago Tribune*, no final de 1958. "Aquilo fez com que o chefe da delegação dele me convidasse para visitar seu país. [...] Eu viajaria para a China se tivesse uma oportunidade porque gosto de fazer isso e porque quero conhecer o mundo. Mas isso não significa que eu seja um comunista."[13]

Anos depois, Raúl desdisse esse último comentário, confessando que enganara Dubois a respeito de sua filiação ao comunismo. Rindo e encarando a situação como algo sem grande importância, ele contou ao repórter do *El Día* que não teve outra opção a não ser mentir, "em virtude da natureza de nossa luta". De forma incongruente, invocou o Novo Testamento.

"Pedro negou Cristo três vezes e depois foi o fundador da Igreja. Eu só neguei minha filiação duas vezes."[14]

Durante a entrevista de 1965 com Lee Lockwood, quando questionado sobre se Raúl já era um comunista antes de 1959, Fidel reconheceu pela primeira vez que isso era verdade. Porém, não se aprofundou no assunto. Reconheceu que, se fosse para ele admitir a verdade a respeito do fato de ter manipulado a conversão do irmão, um viés negativo seria atribuído à relação existente entre os dois e à própria integridade dele. Fidel insistiu que Raúl agira de forma independente.

"Sim, Raúl, por vontade dele apenas, ingressou na juventude comunista quando estava na universidade."[15]

◁ ☆ ▷

Raúl voltou da Europa em um antigo navio de passageiros italiano, o *Andrea Gritti*. A embarcação já então envelhecida saiu de Gênova no dia 5 de maio de 1953, significando que o banho de Raúl nas águas do comunismo internacional durara algo entre cinco ou seis semanas. A maior parte dos passageiros do navio era de imigrantes italianos viajando nos alojamentos mais baratos. Mas Raúl e Nikolai Leonov, um jovem russo com mais ou menos a idade dele, viajavam de primeira classe. Os dois tornaram-se bons amigos durante o agradável périplo, cruzando primeiro o Mediterrâneo, depois passando pelo estreito de Gibraltar para então atravessar o Atlântico. Leonov disse que nós "nos entendemos instantaneamente, e estávamos sedentos para sacrificar nossas vidas a serviço do povo".[16]

O jovem russo tornou-se mais tarde o maior especialista da KGB em assuntos relacionados à América Latina e, antes de aposentar-se, assumiu o cargo de vice-chefe do Diretório do Primeiro Escalão da agência, o braço de espionagem internacional do órgão. Ele reservara uma passagem no mesmo navio de Raúl, garantindo que os dois passariam um longo período juntos. O fato de terem ficado tanto tempo a bordo do mesmo navio faz lembrar o clássico dito tantas vezes repetido por integrantes de serviços de inteligência de tantos países: "Não existem coincidências".

Sem dúvida, a carreira de Leonov no serviço secreto da União Soviética ficou mais fácil em vista desse laço íntimo estabelecido em tempos tão remotos com Raúl e em vista da amizade que os dois mantiveram desde então. A bordo do *Andrea Gritti*, um Leonov dedicado praticou o espanhol que já aprendera a falar fluentemente, e Raúl debruçou-se com uma curiosidade entusiasmada sobre a vida na União Soviética.

Leonov insiste em dizer que ainda não trabalhava para a inteligência soviética em 1953, apesar de suas negativas terem de ser consideradas enganosas e técnicas. Ele estava provavelmente sob a influência da KGB, caso não estivesse sob o controle formal da agência comunista, enquanto cumpria sua missão, que incluía avaliar Raúl e outros jovens latino-americanos esquerdistas, além de repassar as informações obtidas a respeito deles. Em *My Turbulent Years* (Meus Turbulentos Anos), o livro que escreveu depois do colapso da União Soviética, Leonov revelou que, na viagem realizada com Raúl, em 1953, já dominava algumas das técnicas básicas dos serviços de inteligência.

De volta a Havana, Raúl foi detido no píer pela polícia secreta de Batista e ficou preso durante alguns dias. O diário que escreveu durante suas peregrinações pela Cortina de Ferro foi confiscado junto com uma mochila recheada de propaganda comunista e tratados ideológicos. Ele diz que apanhou. Se isso de fato ocorreu, saiu da prisão ainda mais radical do que entrara.

Jesús Montane visitou-o na cadeia e lembra-se bastante vivamente de que "ele estava muito entusiasmado com a viagem". Raúl ficou tão fascinado que, com o tom de bravata típico da juventude, afirmou a um outro amigo em Havana estar pronto para morrer pela causa comunista. Ele havia sido profundamente marcado por suas experiências em Viena e no Leste Europeu, e por sua amizade com Leonov.

Pouco tempo depois de ter sido libertado, Raúl filiou-se oficialmente ao braço jovem do partido comunista de Cuba. Ele acabara de completar 22 anos de vida.

Raúl ingressou no movimento revolucionário de Fidel na mesma época. Ao fazer isso, estava ciente de que se voluntariava para participar de algum tipo de ação militar que seu irmão comandava e na qual seria um soldado raso.

Sendo assim, dentro de algumas semanas, Raúl tomara duas decisões responsáveis por alterar completamente o rumo de sua vida. Em ambas, comprometia-se com agradar ao irmão. Ele desejava merecer o respeito e o apreço de Fidel, como um filho desgarrado que tenta conquistar os favores do pai. Raúl aceitou colocar sua vida em perigo na luta para derrubar Batista e ajudar Fidel em seu caminho rumo à fama e à glória.

Esse representou o primeiro passo irreversível de Raúl em uma seara de violência implacável. Ainda assim, nenhuma das pessoas que o conheceram antes de 1953 acreditava que isso seria possível. Uma foto de Raúl tirada pouco depois da sua captura em Moncada mostra um jovem esguio e sem músculos, vestindo uma camiseta e um quepe, olhando diretamente para a câmera. Raúl se parecia com um jovem ingênuo de 18 anos de idade ou com um *beatnik* saído do Greenwich Village.[17]

Ao final das contas, Raúl não teve no ataque de Moncada a oportunidade de impressionar Fidel com sua coragem. Recebeu uma missão secundária e muito menos perigosa do que o ataque principal contra o quartel. Obedecendo ao padrão de comportamento verificado até o dia 26 de julho de 1953, nada do que Raúl fez naquele dia resultou em danos físicos para qualquer um dos homens envolvidos no conflito. Ele e todos os outros que o acompanhavam saíram da investida ilesos. Raúl não conseguiu alcançar a desejada glória.

Apesar disso, a história oficial da revolução tem exagerado reiteradamente o papel dele em Moncada. Ele seria, supostamente, o líder de um esquadrão de homens que ocupou o prédio do Palácio da Justiça, situado em um pequeno morro que dá vista para o quartel, no centro de Santiago. A missão deles consistia em instalar franco-atiradores no telhado daquele prédio para dar cobertura aos atores principais da ação logo abaixo.

Em julho de 1971, a *Verde Olivo* publicou uma matéria sobre os fatos ocorridos no palácio. Mas esse relato chancelado oficialmente forneceu, de forma inadvertida, indícios contundentes apontando que um dos primeiros recrutas de Fidel, Lester Rodríguez, era na verdade o comandante da operação no Palácio da Justiça e que Raúl acompanhou a investida no cargo de subordinado. Rodríguez fora informado com antecedência da missão. Ele então inspecionou o prédio, verificando as entradas e os pontos de acesso antes do ataque. Se Raúl tivesse sido realmente o comandante da ação, essa inspeção ficaria a cargo dele.[18]

O esquadrão conseguiu assumir o controle do prédio. No transcorrer da investida, não sofreram baixas e nem impuseram baixas, e ninguém parece ter corrido perigo. Não se sabe ao certo se algum dos agressores chegou a disparar algum tiro. Quando o ataque principal contra o quartel foi rechaçado, Raúl e Lester Rodríguez abandonaram o Palácio da Justiça com seus homens. A família de Rodríguez morava em Santiago, e ele conseguiu sem dificuldades encontrar seu caminho para casa.

Raúl deixou sua arma para trás e partiu a pé rumo a Birán, seguindo pelos trilhos de uma estrada de ferro. Seu instinto, provavelmente alimentado por um forte sentimento de fracasso após testemunhar o fiasco sangrento do plano de seu irmão e não ter contribuído com nada ele próprio, mandava que fosse para casa. Detido no meio do caminho, Raúl foi julgado e enviado para a prisão da ilha de Pinos. Sua próxima chance de impressionar Fidel se apresentaria somente na época em que estivessem na Cidade do México.

Peter Bourne, biógrafo de Fidel cujas pesquisas contaram com a ajuda de autoridades cubanas, concluiu que Raúl recebeu o crédito por liderar a tomada do Palácio da Justiça a fim de proteger Rodríguez, que conseguira escapar. Se ninguém ficasse sabendo que participara da operação, Rodríguez seria capaz de prosseguir lutando anônima e clandestinamente.[19] Todavia, a razão principal para a alteração dos fatos reais é que, uma vez no poder, os irmãos Castro precisavam assegurar que Raúl, agora chefe das Forças Armadas, desempenhara um papel heróico em Moncada. Os combates daquele dia simbolizam a fonte mítica da Revolução Cubana. Tratava-se do crisol legitimador para todo o processo revolucionário que se seguiu, e os *moncadistas*, desde então, tornaram-se os heróis nacionais mais reverenciados em Cuba, comparáveis somente a Martí e aos *mambises* do século 19.

Seria essencial para esse processo de mitificação que Raúl tivesse agido com valentia em Moncada, ocupando uma posição de liderança. Os irmãos Castro e todas as histórias oficiais, em vista disso, sustentaram fielmente essa mentira desde então.

Raúl afirmou em uma entrevista de 1987 que havia comandado a ação no palácio. Ele parece sentir-se à vontade em assumir o crédito por um papel de liderança que, ao que tudo indica, estaria quase convencido de ter desempenhado.

Interessante, porém, é notar que a *performance* de estréia de Raúl como revolucionário ficou muito aquém das expectativas de Fidel, e Raúl sabia disso. Após ter saído de Santiago ileso naquele dia, o irmão mais novo continuava a ser, aos olhos de Fidel, um elemento cujo valor teria ainda de ser provado. Raúl não demonstrara nenhum dos talentos para o combate que se manifestaram tão naturalmente no caso de Fidel em Bogotá e em outras tantas ocasiões. Outros testes sobre o fervor de Raúl e sua habilidade de subordinar sua consciência a atos violentos se fariam necessários. Ele teria de se tornar um homem mais brutal, mais implacável, menos estouvado pela sentimentalidade. Raúl não tinha o sangue-frio necessário para qualificar-se a um cargo de comando.

◁ ☆ ▷

Os irmãos Castro, ao lado de outros *moncadistas* capturados, ficaram presos na ilha de Pinos, mais tarde rebatizada como ilha da Juventude. Eles alimentavam-se bem na prisão e mantinham contatos com seus seguidores do lado de fora. Fidel organizou aulas e criou uma rotina supervisionada para seus aliados. Com a ajuda de Raúl Roa, um professor esquerdista da Universidade de Havana e, mais tarde, ministro das Relações Exteriores de Fidel, montou uma grande biblioteca. À sua maneira, os irmãos continuavam a aprofundar seu conhecimento da doutrina marxista-leninista e para ambos o período transcorrido atrás das grades tornou-se o mais longo e mais fértil que tiveram para realizar leituras e reflexões sérias.

Em maio de 1955, todos foram libertados, beneficiando-se de uma anistia geral. Devido a seus laços com os comunistas, Raúl logo começou a ser pressionado pela polícia e viu-se acusado, provavelmente de forma mentirosa, de ter plantado uma bomba em um cinema. Ele transformou-se então em um dos primeiros a fugir de Cuba a fim de exilar-se na Cidade do México. A missão dele ali se beneficiou dos talentos organizacionais de Raúl, que se encarregou de encontrar moradia para os outros membros do movimento que começaram a chegar, realizou ações de logística, adquiriu armas e recrutou novos membros. Raúl nunca conseguiu fascinar ou inspirar as pessoas como fazia Fidel com tanta naturalidade, mas, no México, mostrou-se incrivelmente eficiente segundo seus próprios padrões.

Seu sucesso mais espetacular aconteceu quando recrutou a figura mais luminar, que não Fidel, associada à revolução em Cuba. Pouco depois de seu desembarque na capital mexicana, Raúl conheceu Ernesto "Che" Guevara, um jovem médico marxista da Argentina, um incitador em constante movimentação sempre à cata de novas pastagens revolucionárias. Os dois tornaram-se imediatamente amigos e almas gêmeas ideológicas, encontrando-se quase todos os dias para discutir o marxismo e falar sobre como adaptar os princípios leninistas a fim de conquistar o poder em Cuba. Che conheceu Fidel mais tarde, mas seu recrutamento para a causa cubana fora praticamente assegurado por Raúl.

Hilda Gadea, a nova esposa peruana de Che, gostava de Raúl quase tão efusivamente quanto Che. Ela o descreveu como um homem formoso e sem barba, parecendo um universitário e aparentando menos idade do que tinha na verdade. No entanto, suas idéias sobre como a revolução em Cuba deveria avançar revelavam-se claras e convincentes. Ele as expunha com grande convicção. Sua "espontaneidade e modos alegres e fáceis abriram caminho para a grande amizade que nasceu entre a gente", escreveu Gadea em sua autobiografia. Segundo ela, Raúl era um seguidor devoto de seu marido, um marxista convicto que admirava profundamente a União Soviética.[20]

A esposa de Che descreveu um Raúl mais maduro, militante, autoconfiante e até articulado. Ele mudara na prisão, onde suas convicções sobre o marxismo e sobre o destino revolucionário do irmão aprimoraram-se. A admiração dele por Fidel, se isso fosse possível, era agora mais fervorosa do que antes. Hilda Gadea escreveu que era inspirador ouvir Raúl dissertando sobre suas opiniões revolucionárias. Ele mostrava-se alegre, comunicativo e seguro de si. "Ele possuía uma incrível capacidade de análise e síntese." Gadea acrescentou que, por esses motivos, Raúl compreendia Che tão bem.

A descrição dela sobre Raúl talvez seja a mais calorosa e elogiosa que já recebeu, contrastando agudamente com o que, ao longo dos anos, seria dito e escrito a respeito dele. Gadea parece ter observado Raúl apenas quando este se encontrava na companhia de Che, em momentos nos quais se divertia, sentindo-se à vontade psicologicamente. Ele e Che mantinham uma relação bastante próxima e continuaram a fazê-lo quando se dirigiram para Cuba. Durante o segundo ano da insurgência, quando lutavam em *fronts* diferentes, mantiveram uma correspondência regular, por meio de mensageiros, escrevendo cartas nas quais discutiam principalmente questões ideológicas. Após a vitória, os dois comandaram uma trama que pressionou Fidel a acelerar o ritmo das mudanças revolucionárias e a ampliar a confrontação com os Estados Unidos.

Nikolai Leonov, o companheiro de viagem de Raúl a bordo do *Andrea Gritti*, que então trabalhava na embaixada soviética na Cidade do México, supostamente como um diplomata de carreira, ingressou novamente na vida dele. Leonov diz que se encontrou por acaso com Raúl em uma rua daquela cidade, em um determinado dia. Ao lado de Che, Raúl retomou as discussões acaloradas sobre a vida na União Soviética e os ideais que compartilhava com o jovem russo.

Leonov ficou surpreso ao descobrir o quanto Raúl havia se aprofundado na literatura soviética e marxista durante os anos que passaram sem se ver. O russo foi instado a obter edições em espanhol de três livros que interessavam a Raúl e a Che. Um deles era uma biografia romanceada – *How the Steel Was Tempered* (Assim Foi Temperado o Aço) – de Vasily Chapaev, um lendário comandante de cavalaria do Exército Vermelho durante a selvagem guerra civil ocorrida na Rússia na década de 1920. Os outros dois livros também tratavam de glorificar os heróis míticos dos primórdios da era soviética. Leonov conseguiu encontrar, para seus amigos, edições em espanhol dos três livros.

No México, Raúl também manteve relações estreitas com Lázaro Peña, um dos mais engenhosos e graduados "comunistas da velha guarda" de Cuba, um dos líderes do sindicato de trabalhadores da indústria do tabaco. Peña tinha sido o principal contato de Raúl com o partido em Havana. Raúl aproximou-se tanto desse senhor de idade que, antes de partir a bordo do *Granma*, confiou a Peña o que mais tarde descreveu como um "testamento político sem título". Ele disse ter escrito o documento junto com um colega cubano e deu a entender que o "testamento" era tão radical e revelador a respeito de suas convicções socialistas que não desejava tê-lo a bordo do *Granma* no caso de ser preso ou morto.

Segundo Raúl, Fidel e Che também endossaram esse texto antes de partirem do México. Ele recusou-se a dar maiores detalhes sobre o documento e ficou irritado com o repórter do *El Día*, revelando inadvertidamente mais do que Fidel supostamente teria desejado a respeito da profundidade com que os dois irmãos tinham aderido aos ensinamentos marxistas no final de 1956. Raúl parecia sugerir que ele, Che e Fidel haviam acertado, antes de sair do México, que lutavam por uma Cuba comunista.

Raúl perguntou retoricamente ao repórter mexicano: "Como você acha que poderíamos ter realizado uma revolução socialista sem ter esclarecido isso antes?".[21]

◁ ☆ ▷

Fingindo ter esquecido que Raúl apresentara Leonov para ele na Cidade do México, Fidel uma vez afirmou em uma entrevista que nunca se encontrara com o soviético antes de 1959. Com isso, pretendia enfatizar que sua luta para conquistar o poder não contara com nenhum vínculo externo, conforme foi de fato o caso.

Fidel incomoda-se com as alegações de que fora recrutado no México como um agente secreto da KGB e negou isso veementemente em uma entrevista concedida a Lockwood. No final das contas, não existe quase nenhuma probabilidade de que ele ou Raúl tivessem sido arregimentados pela inteligência soviética na qualidade de agentes clandestinos. Nenhum indício substancial de qualquer tipo aponta nessa direção, ao passo que informações convincentes vindas de arquivos soviéticos secretos descartam, basicamente, essa possibilidade.

No começo do decênio de 1990, no auge da abertura e introspecção pós-soviéticas, dois pesquisadores conseguiram, como nunca antes, vasculhar os arquivos mais secretos da era comunista a respeito de Cuba, entre os quais documentos da KGB e do Politburo. Timothy Naftali e Aleksandr Fursenko, um canadense e um russo, não descobriram nada nas várias referências a Raúl constantes dos documentos avaliados que indicasse ter sido atribuído a ele um criptograma ou um nome código da KGB. Esse fato teria sido rotineiro se Raúl houvesse sido recrutado para trabalhar secretamente para a inteligência soviética. Os registros também mostraram que, como desejara, Fidel permaneceu uma incógnita para os soviéticos até tempos depois de conquistar o poder.[22]

Raúl não foi arregimentado como um agente que seguisse ordens, mas, no final da década de 1950, autoridades soviéticas viam-no como seu "homem em Havana", ou mais precisamente, como seu homem no círculo de poder de Fidel, primeiro na Sierra Maestra e depois dentro do governo. O que não perceberam é que Raúl funcionava na verdade como o braço de Fidel – o agente de acesso do irmão – no meio dos soviéticos. No linguajar dos métodos usados pela espionagem internacional, Fidel é que atuou como o chefe ou o oficial de contato dele, usando-o para manter-se informado sobre os comunistas cubanos e depois sobre seus dirigentes no Kremlin. Apesar de o termo não se aplicar rigorosamente nesse caso, Raúl funcionava como um agente duplo.

Sempre com a chancela de Fidel, Raúl preservou os laços de proximidade com os "comunistas da velha guarda". Em 1958, membros jovens do partido começaram a, imperceptivelmente, ser recebidos nas unidades de guerrilha que Raúl e Che comandavam, não obstante Fidel continuar refratário ao tipo de contato aberto com eles capaz de desmentir suas insistentes assertivas públicas sobre não alimentar inclinações marxistas. Nas áreas cada vez maiores da região norte de Oriente que passou a controlar no verão de 1958, Raúl realizava experiências com os métodos organizacionais dos comunistas.

E, quando os irmãos Castro instalaram-se no poder e enquanto Fidel percorria a Costa Leste dos Estados Unidos, Raúl realizou os primeiros contatos clandestinos com a liderança soviética, isso em 1959, mesma época em que Fidel negava solenemente ter qualquer interesse pelo comunismo. No entanto, apesar da impressão com que muitas pessoas ficaram naquele momento, não há dúvida de que todas as manobras realizadas por Raúl em vista dos comunistas aconteciam de forma coordenada com Fidel.

Raúl voltou-se para Lázaro Peña, seu mentor "da velha guarda comunista" na Cidade do México, em quem tanto confiava e que agora tinha regressado para Havana, a fim de reorganizar o "antigo" partido comunista, havia pouco tempo novamente legitimado. Peña viajou em segredo para Moscou como emissário de Raúl e pediu ajuda dos soviéticos para montar os aparatos militar e de inteligência dos revolucionários. Aquele era um passo inicial, e fundamental, na consolidação do poder, e os irmãos Castro sabiam que a assistência soviética nessas duas áreas seria essencial já que aumentava, nos Estados Unidos, a oposição ao regime deles.[23]

No Kremlin, o primeiro-ministro Nikita Khrushchev acatou prontamente a requisição de Raúl. Depois disso, Raúl participou de reuniões secretas com Fidel em todas as encruzilhadas do demorado caminho rumo à radicalização da Revolução Cubana, confrontando os Estados Unidos e ingressando na órbita da União Soviética. Raúl desempenhou o papel de principal intermediário de Fidel com Moscou durante mais de 30 anos, até a dissolução da União Soviética.

Havia um bom motivo para que Raúl fosse sempre considerado o dirigente mais pró-soviético do círculo de poder de Fidel, o mais inclinado a defender as atitudes dos soviéticos, a adular os dignatários soviéticos em visita a Cuba e a regozijar-se na presença de autoridades de alto escalão do Kremlin. Raúl admirava a cultura e as instituições soviéticas; secretamente, passou longas férias em várias localidades da União Soviética; e encheu seu gabinete, no Ministério das Forças Armadas, com suvenires e lembrancinhas trazidos de seu país estrangeiro favorito.

Até Khrushchev, o sobrevivente calejado dos expurgos e do terror de Stálin, acreditaria, pelo resto de sua vida, que Raúl era *seu* homem em Havana. Khrushchev estava convencido de que não apenas Raúl trabalhava secretamente em nome dos interesses soviéticos, mas que também conseguia esconder de Fidel muito mais do que isso.

O líder soviético, a KGB e outras autoridades do Kremlin bem informadas insistiam teimosamente em acreditar que Raúl era seu agente secreto infiltrado nos mais altos escalões do movimento guerrilheiro de Cuba e, mais tarde, no novo governo revolucionário. De forma inacreditável, Khrushchev estava convencido de que, assim escreveu em suas memórias, Raúl "mantinha suas verdadeiras convicções escondidas" de Fidel.

A CIA e os demais serviços de inteligência dos Estados Unidos cometeram uma série de erros ao avaliar os irmãos Castro. Esse, porém, não foi um deles. Os norte-americanos penderam para uma atitude oposta. O talento de Raúl como líder e suas contribuições para o sucesso e a sobrevivência da revolução foram subestimados durante muitos anos. Ele era visto como uma pessoa fraca, uma figura, segundo alguns, andrógina, um subordinado dócil de Fidel. Eu nunca concordei com essa interpretação dos fatos e, na metade da década de 1980, comecei a aprender mais a respeito dele.

◁ ☆ ▷

Na Cidade do México, Raúl transformou-se no confiável parceiro de revolução de Fidel. Apesar de não ter feito nada ainda para se destacar como um combatente ou um revolucionário, a experiência em Moncada e depois a prisão somada ao exílio revelaram nele qualidades pessoais mais renitentes do que exibira antes. Acima de tudo, Raúl desejava agradar Fidel, conquistar uma posição de confiança dentro do círculo de poder e ser capaz de redimir-se pela atuação pouco destacada em Moncada, obtendo assim um cargo dentro da liderança da guerrilha.

Raúl amadureceu, tornando-se resoluto e autoconfiante. Continuava idolatrando o irmão na qualidade de pai substituto, mas sua vida, agora, possuía um peso e um propósito maiores. Raúl tornava-se dono de seu nariz, manifestando-se com voz própria à medida que aumentava a confiança nas convicções que adquirira. Ele continuou a ser incondicionalmente fiel a seu irmão, chegando ao ponto de tentar ser mais parecido com Fidel do que o próprio Fidel. E, a respeito de uma questão importante que apenas os dois compreendiam, as crenças e as conexões comunistas de Raúl imputavam-lhe uma missão estrategicamente fundamental e única. Essa oferecia uma arena dentro da qual não precisava competir com Fidel ou seguir-lhe os passos de perto.

Teresa Casuso, que nunca se encontrou com Raúl enquanto este permaneceu na Cidade do México, disse que os dois irmãos não moravam juntos naquela cidade e que não se viam com muita freqüência. Raúl dispunha de tempo livre suficiente para dedicar-se a seu gosto pelas touradas; nesse quesito, talvez em um esforço para aumentar sua autoconfiança, Raúl chegou a treinar como toureiro. Ele criou vínculos pessoais sólidos com muitos dos outros cubanos que moravam no México e treinavam para a insurgência, desempenhando com regularidade o papel de *alter ego* e intermediário do irmão. Raúl criava uma capacidade de liderança antes aparentemente ausente.

Sua amizade cada vez mais forte com Che Guevara desempenhou uma função provavelmente crucial em seu desenvolvimento pessoal e ideológico. Os elogios de Hilda Gadea a respeito de Raúl não poderiam ter sido escritos por ninguém antes de

1955 porque, até então, ele se mostrara oscilante, inseguro e vacilante quanto a seus interesses. O Raúl descrito pela mulher de Che incorporava todas as qualidades ternas que Juanita, a irmã dele, sempre admirara mais em Raúl. No entanto, em 1956, esses traços reapareceram acompanhados da dureza, da segurança e da paixão política que caracterizaram sua carreira política desde então. A aparentemente contraditória dualidade da personalidade de Raúl – o rude e o meigo, o gentil e o cruel – fundiu-se para dar à luz uma nova *persona*.

Foi no México que Raúl atuou pela primeira vez no papel de um advogado ferrenho da pena de morte e, mais tarde, às vésperas de o *Granma* levantar âncora, no de carrasco. Aqueles dois testes para a retidão revolucionária desapiedada percorreriam um longo caminho antes que pudesse consolidar sua posição diante do irmão implacável.

O primeiro caso dizia respeito a Calixto Morales, um jovem professor da zona rural de Cuba que deixou para trás seu lar e sua família ao ingressar no movimento revolucionário de Fidel e Raúl. Morales colara grau e, portanto, a formação dele diferenciava-se daquela dos demais recrutas de Fidel. Quase todos os *moncadistas* tinham sido pobres e tinham vindo das classes trabalhadoras, tendo recebido pouca educação formal. Pelos cálculos de Fidel, esses homens estariam, dessa forma, menos propensos a questionar as ordens dele ou a ruminar muito demoradamente sobre a lógica e a justiça das exigências feitas por seu comandante. Morales cometeu os dois erros, o de ruminar e o de protestar.

Enquanto participava dos treinamentos de guerrilha em uma propriedade rural localizada perto da Cidade do México, treinamentos esses dirigidos pelo veterano da Guerra Civil Espanhola Alberto Bayo, que contava com a ajuda de seu aluno predileto, Che, Morales contestou os métodos duros utilizados pelos dois. Nenhum dos instrutores tinha nascido em Cuba, e as exigências que faziam eram realmente demandantes. Um certo dia, em meio a um exercício particularmente estafante, Morales ficou esgotado e perdeu a paciência. Não houve nenhum gesto de violência ou nenhuma gritaria da parte dele. O professor limitou-se a sentar enquanto percorriam uma trilha e recusou-se a continuar avançando.[24]

Ao longo dos anos, os convocados para as empreitadas revolucionárias de Fidel viram-se sujeitados a uma disciplina draconiana, e as atitudes de Morales eram um motivo de alarme. Che escreveu tempos depois que Fidel deixou claro para seus homens que havia três ofensas puníveis, indefectivelmente, com a pena de morte. Insubordinação, deserção e derrotismo.[25]

Quando se sentou no meio da trilha, naquele dia de treinamento, Morales não fazia idéia de que havia chegado à beira do precipício, de que era culpado de derrotismo, um crime capital no estranho mundo da incompreensível moralidade revolucionária. Morales violara um dos mandamentos fundamentais de Fidel e teria de ser transformado em bode expiatório.

Os dois irmãos Castro foram chamados ao campo de treinamento, desde a Cidade do México, para organizarem uma corte marcial. Fidel, o general Bayo e Gustavo Arcos, um *moncadista* que, anos mais tarde, tornou-se um dos dissidentes mais famosos a permanecer em Cuba, ouviriam o caso e decidiriam o destino de Morales.

Ficou acertado que Raúl faria o papel do promotor. Ele talvez tenha se voluntariado para o posto, ou talvez Fidel tenha incumbido o irmão da tarefa, ansioso para observá-lo e avaliá-lo em uma situação estressante onde houvesse muita coisa em jogo. A maioria dos outros homens ficou horrorizada com o desenrolar dos fatos. Raúl, porém, compreendia o que estava em jogo para *ele*. Sua atuação valeria como um teste sobre sua firmeza como revolucionário.

Anos depois, o general Bayo repetiu, palavra por palavra, o apaixonado discurso de acusação de Raúl, baseando-se em sua memória e, possivelmente, em anotações. Bayo foi um dos primeiros admiradores de Raúl e, sendo assim, sua transcrição sobre o que Raúl disse, já publicada, contaria com alguns adornos. No entanto, o velho general não teria se enganado a respeito do tom, do ímpeto ou da ferocidade da peça de acusação de Raúl contra Morales. E não teria esquecido nenhuma das palavras mais dramáticas dele.

Bayo ficou encarregado de defender o réu, pedindo clemência. Ele diz que Raúl interrompeu-o no meio de uma frase, atacando Morales verbalmente. Raúl esbravejava "como um leão enfurecido", escreveu Bayo para acrescentar que depois o "promotor" arrolou um longo e indignado queixume.[26]

Morales infringiu a disciplina militar e não respeitava conforme devia seus superiores. O réu era insubordinado e indiferente à ética militar. Ele manchara seu uniforme de soldado. Um comportamento do tipo poderia deitar por água abaixo todo o nobre esforço deles. Raúl gritou com Bayo: "O senhor deseja salvar a vida deste indivíduo? Eu digo 'não, mil vezes não!' Não podemos iniciar nossa história com uma imundície desse quilate".

Bayo ficou impressionado. Ele escreveu que "aquele era um Raúl que eu não conhecia". O homem com quem estava familiarizado até então era um jovem imberbe, acrescentou. "Mas, agora, ele amadurecera bem diante dos meus olhos. Ele se tornava um gigante."

O general não registrou a reação de Fidel. No entanto, parece razoável concluir que Raúl passara no teste com louvor. O que os dramaturgos descrevem como sendo uma "cena obrigatória", o momento no qual um personagem desenvolve a expressão plena de um eu interior obliterado, ou quando uma linha de ação em desenvolvimento atinge seu clímax, ocorreu com Raúl naquela pequena "sala de audiência" improvisada, em uma propriedade rural do México.

Ele provou que poderia ser ainda mais implacável que o irmão. Bayo escreveu que, depois de ver a atuação de Raúl, convenceu-se pela primeira vez de que o mais novo dos irmãos Castro era já um "aço temperado". Por meio de sua *performance*, Raúl viu aumentar a estima de Fidel por ele. Segundo os padrões inflexíveis de seu irmão, Raúl tinha credibilidade agora para se tornar um comandante. Finalmente, Raúl se qualificava como o Fidel de Fidel.

Ao final, Morales foi poupado da pena de morte, e, segundo alguns relatos, transformou-se em um combatente eficiente na Sierra Maestra. Coube a Fidel, claro, dar a palavra final de clemência.

Houve ao menos um outro caso semelhante ocorrido durante o período de treinamento, caso esse em que se realizou de fato a execução de um suposto espião de Batista. O nome dele nunca foi revelado, e não se sabe bem quem teria sido o responsável por matá-lo efetivamente. Esse réu, segundo um guerrilheiro veterano de Cuba entrevistado anos depois por Tad Szulc, um dos biógrafos de Fidel, foi considerado culpado por um outro tribunal revolucionário *ad hoc* montado no México. O homem foi "alvejado e enterrado lá, em um campo".[27]

O nome do homem que Raúl matou pouco antes de partir da Cidade do México, no final de novembro de 1956, tampouco foi revelado. Realizada por ordem de Fidel e, aparentemente, sem que nenhum tribunal ou outro tipo de processo jurídico revolucionário tenha ocorrido, a execução nunca havia sido relatada, até este momento.

O que parece estar claro é que, ao matar o acusado por ordem de Fidel, Raúl cruzou o derradeiro Rubicão de sua formação. Com a execução, um feito ainda mais decisivo do que sua atuação no caso Calixto Morales, Raúl provou para seu irmão ser implacável o suficiente para merecer um cargo de comando. Quando Raúl admitiu ter cometido o assassinato, anos mais tarde, na companhia de um pequeno grupo de camaradas de sua confiança, sem dúvida em um arroubo de sentimentalismo provocado pelo consumo de bebidas alcoólicas, forneceu poucos detalhes sobre a ação, mas se disse arrependido.

Raúl acabou por determinar e presidir várias outras execuções quando regressou a Cuba, tanto antes quanto logo depois da vitória da guerrilha. Um ex-colega afirmou que Raúl e Che "competiam nos assassinatos e em malignidade".

Um registro constante do diário de campanha de Raúl, com a data de 25 de março de 1958, ou seja, duas semanas depois de ter recebido o comando de um grupo de guerrilheiros, revela que a primeira execução que ordenou ocorreu na frente dos colegas do homem condenado e foi realizada com "grande cerimônia". Outras execuções que se seguiram, em um total de centenas, transcorreram de forma geralmente mais rápida.

Os condenados eram considerados culpados de muitos tipos de crime, além dos três descritos por Che. Alguns foram considerados salteadores, estupradores, assassinos, ladrões; no entanto, a maior parte das execuções deu-se por motivos políticos. Um jornalista norte-americano que visitou o acampamento de Raúl na Sierra Maestra fotografou-o – de pé, com uma pose de seriedade e tranqüilidade – próximo de um assassino condenado que estava amarrado a uma árvore, pouco antes de o homem ser alvejado.

Alguns foram vitimados devido a antigas desavenças. Raúl falou em público, por duas vezes, sobre a execução de um oficial das Forças Armadas de Batista que, uma década antes, teria sido o responsável pela morte de um conhecido líder sindical comunista. Como esse, muitos outros dos mortos eram oficiais militares ou agentes do serviço de inteligência de Batista.[28]

Certa vez, Fidel admitiu para um congressista norte-americano em visita a Cuba que as execuções de Raúl ocorriam com uma freqüência bastante grande: "Quando Raúl chegou à Segunda Frente, descobriu que centenas de pessoas tinham recebido armas de Batista com a missão de se fazerem passar por revolucionários. Nós os desarmamos e os despachamos".[29]

Há um adendo assustador a essas histórias sobre o sangue-frio de Raúl. Um ex-homem de confiança dos irmãos Castro, que transitou pela alta cúpula do poder, contou-me em Miami sobre um surpreendente *finale* para toda essa matança. Em 1966, Raúl mandou que fossem exumados os ossos de todos os que executara em Santiago e na Sierra Maestra. Os restos mortais foram colocados em grandes caixões de concreto construídos para esse fim específico. Foram então depositados dentro de embarcações e depois jogados ao mar, na costa sul de Oriente. As águas dessa região estão entre as mais profundas do Caribe.[30]

CAPÍTULO SETE

Minha função é falar

Dezenas de atarracados prédios de escritório com fachada envidraçada surgiram nos últimos anos ao longo do florescente corredor de alta tecnologia dos subúrbios de Northern Virginia, em Washington, muitos dos quais abrigam agências do governo e firmas contratadas por órgãos oficiais para realizar trabalhos nas áreas de inteligência e segurança. Um dos menos chamativos é o quartel-general da Foreign Broadcast Information Service, a organização civil de inteligência estrangeira mais antiga dos Estados Unidos. A FBIS nasceu em fevereiro de 1941 e já funcionava havia quase um ano e meio quando o presidente Franklin Roosevelt criou o Escritório de Serviços Estratégicos (Office of Strategic Services, OSS), o antecessor da CIA dos dias atuais.

Com uma rede de escritórios, a maior parte deles instalados em países aliados, a FBIS monitora transmissões de rádio e TV em mais de seis línguas. Conhecida entre os analistas da área de inteligência como *Fibiss*, a empresa é pequena e transparente, dispensando as operações secretas. Ao transcrever e traduzir programas japoneses antes de Pearl Harbor, a primeira geração de seus analistas de propaganda não conseguiu antecipar o ataque, como aliás aconteceu com todas as agências do governo. A organização foi capaz, no entanto, de registrar que a liderança japonesa se tornava mais "hostil e confrontadora". Essa conta-se entre as pistas importantes que passaram despercebidas então.[1]

A FBIS representa um caso excepcional dentro das atividades norte-americanas de obtenção de informações porque o material que recolhe todos os dias não é secreto, já que é tirado das ondas de transmissão que circulam pelo mundo. Seu modesto orçamento anual talvez se esgotasse dentro de menos de uma semana nas mãos de qualquer outra agência grande. Os espiões, aviões de reconhecimento, satélites, escutas e outros aparelhos de tecnologia avançada consomem a maior parte dos cerca de US$ 40 bilhões gastos todos os anos com as atividades de inteligência. Todavia, as informações obtidas por essa pequena e discreta operação mostraram-se muitas vezes mais valiosas para os analistas da área de inteligência do que os relatórios supersecretos ou supersensíveis dos programas maiores e mais pomposos dedicados à obtenção de informações.

A FBIS nunca desempenhou um papel mais importante do que durante a Guerra Fria. A União Soviética, seus países satélites do Leste Europeu e a China de Mao representavam alvos "duros" para os serviços de inteligência, também chamados de "áreas fechadas", nas quais as missões de espionagem e outras operações secretas eram difíceis e perigosas. Os espiões e os sistemas de escuta podem ser neutralizados e as instalações mais importantes, escondidas de aparelhos de reconhecimento aéreo, mas os governos daqueles países do tipo "alvo duro" precisavam comunicar-se abertamente com sua população, além de enviarem uma grande quantidade de propaganda para audiências estrangeiras que pretendiam influenciar.

Não obstante o grande volume de material a ser monitorado, a FBIS nunca esmoreceu. As transcrições de programas de rádio vindos de países-alvo chegaram aos analistas em tempo quase real e em um fluxo constante. Importava saber o que diziam os membros do Politburo soviético, o que prognosticavam as comunicações e os panfletos ideológicos do partido comunista. Essa fonte aberta de informações preenchia lacunas quanto a questões políticas, programas de governo, a economia e os avanços militares, além de disponibilizar dados críticos sobre o funcionamento da liderança de países que, de outra forma, continuavam praticamente impenetráveis para os observadores externos.

Depois da vitória dos irmãos Castro, Cuba gradualmente tornava-se mais uma daquelas áreas fechadas. Com a ajuda dos militares e serviços de espionagem soviéticos que Raúl requisitou em abril de 1959, os aparatos de inteligência e contra-inteligência aprimoravam-se continuamente. Fontes bem colocadas e confiáveis antes dispostas a fornecer informações à CIA acabaram preferindo exilar-se a correr o risco de ficar na ilha no papel de traidores da revolução. Um cubano poderia despertar suspeita pelo mero fato de ser visto com um diplomata norte-americano. Tornou-se cada vez mais difícil para os serviços de inteligência elaborar relatórios sobre o funcionamento do novo governo e sobre a forma de pensar de seus líderes.

Então, em janeiro de 1961, pouco antes de Eisenhower deixar o poder, o governo norte-americano cortou relações diplomáticas com Cuba, e a Embaixada dos Estados Unidos em Havana fechou as portas. O papel da FBIS, contribuindo com os esforços para preencher as lacunas de informação cada vez maiores, tornou-se ainda mais crucial quando começou um longo período de seca para os analistas de informação norte-americanos em relação a Cuba. Discursos e entrevistas coletivas, declarações dos líderes cubanos, além de decretos e propaganda do governo tornaram-se essenciais como fontes primárias que poderiam ser vasculhadas em busca de pistas valiosas às quais, de outra forma, não se teria acesso.

Na qualidade de analista de carreira da CIA, eu ficava impressionado com os discursos aparentemente intermináveis que se desenrolavam lentamente das máquinas de teletipo no centro de operações da Agência. Houve noites em que fiquei de pé, na frente delas, durante horas, recolhendo folhas intermináveis com a transcrição das frases de Fidel não muitos minutos depois de ele tê-las proferido.

◁ ☆ ▷

Quando Fidel desceu da Sierra Maestra para tomar o poder no primeiro dia do ano de 1959, a FBIS – então já transformada em um braço da CIA – preparava-se para monitorar suas aparições públicas. A primeira consistiu em um discurso de celebração feito de uma sacada que dá vista para o parque Céspedes, em Santiago, na noite da vitória dele. Esse foi um dos poucos discursos realizado em um local público por Fidel que a FBIS não transcreveu, apesar de o texto ter sido publicado em um jornal de Havana.

Transcorridos poucos minutos do início daquele pronunciamento histórico, Fidel deixou claro, para todos que ainda pudessem ter alguma dúvida, que Cuba nunca mais seria a mesma. A longa guerra de guerrilha chegara ao fim, mas uma revolução, não uma mera mudança de regime ou de liderança, iniciava-se. Ele não comandaria um simples programa de reforma. A antiga ordem política e econômica seria abalada em suas raízes. Fidel alertou os desprovidos de coragem que "uma empreitada difícil e perigosa" começara.

No panorama traçado por Fidel, destacavam-se idéias marxista-leninistas e antiimperialistas, não declaradas, somadas a aspirações internacionalistas. Mas ele não tinha nenhum programa ou cronograma precisos em mente. Não havia um grupo talentoso de conselheiros encarregado de planejar a transição, porque, com a exceção de Raúl, não havia ninguém em quem Fidel confiasse suficientemente. Durante toda a campanha para derrotar Batista, Fidel tomou todas as decisões estratégicas sozinho, e pretendia continuar agindo dessa forma.

Seu estilo de liderar fixara-se desde que tinha começado a organizar o ataque de Moncada. Foi então que passou a dizer a seus aliados que a revolução só poderia ter um líder. A vitória convenceu-o de que seu estilo centralizador de comando dera bons frutos. Teresa Casuso, sua amiga, lembra-se de ter visto Fidel dizendo na Cidade do México que "é essencial inspirar o povo a ter fé em uma única pessoa".[2] O antes aliado K. S. Karol descreveu de forma mais crítica a obsessão de Fidel por controlar tudo, afirmando se tratar de "um sentimento ardente a respeito de sua própria indispensabilidade".

A prioridade imediata de Fidel durante aqueles primeiros dias no poder resumiu-se a consolidar o que já conquistara. Primeiramente, sua pequena força guerrilheira – no máximo, alguns milhares de indivíduos experientes e armados – precisava assumir o controle de Havana e neutralizar quaisquer bastiões de resistência. Ele precisava assegurar o controle pessoal sobre uma variedade de outros grupos contrários a Batista e afirmar sua autoridade sobre os elementos pró-democracia de seu próprio movimento.

A confrontação com os Estados Unidos seria inevitável. Não se tratava apenas da meta de "travar uma guerra" contra os norte-americanos. Aquele era o "verdadeiro destino" dele. Varrer de Cuba a ampla e penetrante presença norte-americana não poderia ser, obviamente, um assunto a ser discutido com a Embaixada dos Estados

Unidos, um dos motivos pelos quais evitava encontrar-se com Bonsal, o embaixador liberal e bem intencionado. Fidel sabia que não imporia as mudanças da revolução sem entrar em atrito com o governo Eisenhower e os poderosos interesses econômicos dos Estados Unidos na ilha, de forma que preferiu avançar de maneira mais cautelosa. Raúl, de outro lado, pressionava-o para implementar um programa radical de imediato e para aliar-se abertamente aos comunistas.

Os irmãos concordavam, no entanto, que existiam três caminhos que a revolução os faria trilhar. Haveria um conflito com os Estados Unidos, haveria o apoio ao internacionalismo revolucionário na América Latina e haveria uma reforma profunda em Cuba a fim de criar uma sociedade mais justa.

Evidenciou-se também, no primeiro discurso de Fidel, em Santiago, que ele via a si próprio e a revolução como sinônimos. Fidel começou a usar o "nós" majestático. Ao longo dos próximos anos, o uso do pronome da primeira pessoa do singular desapareceu quase que por completo de seus pronunciamentos. Por insistência dele, sancionou-se uma lei proibindo a instalação de estátuas de quaisquer líderes em locais públicos, ou o uso dos nomes deles para batizar ruas, parques ou cidades. Não haveria um culto à personalidade, como na União Soviética de Stálin ou na China de Mao. No entanto, a fusão realizada por Fidel de sua *persona* com a revolução contribuiu mais para o culto à liderança cubana do que quaisquer estátuas seriam capazes de fazer.

Muitas das pistas que Fidel espalhou a respeito de suas intenções naquele primeiro discurso de Santiago passaram despercebidas ou foram menosprezadas em Washington e na embaixada norte-americana em Havana. No clima de euforia que se seguiu à vitória da guerrilha, tanto os cubanos quanto os norte-americanos dispuseram-se, de bom grado, a dar-lhe o benefício da dúvida. O que soava como antiamericanismo paranóico e militância internacionalista poderia ser explicado de forma a ser visto como secundário. Fidel tinha apenas 32 anos de idade, não possuía experiência quanto às sutilezas do trato diplomático e estava se deixando carregar pela excitação das multidões em polvorosa quando discursava. Com certeza, acreditava a maior parte dos membros do governo norte-americano, Fidel adquiriria em breve uma postura mais moderada e mais previsível.

Na metade de fevereiro de 1959, cerca de seis semanas depois de Fidel ter iniciado seu reinado, a embaixada norte-americana enviou um telegrama para o Departamento de Estado informando que "não houve um único discurso de Castro desde o triunfo da revolução no qual ele não tenha manifestado algum tipo de oposição aos Estados Unidos". Mas os diplomatas, na esperança de ver o lado positivo desse panorama, acrescentaram existir motivos para acreditar que ele "não é tão antiamericano quanto indicam suas palavras".[3] Na verdade, o que Fidel afirmava nos discursos transcritos pela FBIS eram frases bem pensadas e condizentes com suas convicções.

Ainda preocupado com sua entrada em Havana, Fidel avançou lentamente, acompanhado de um contingente cada vez maior de seguidores entusiasmados, rumo a oeste, atravessando a ilha e aproximando-se da capital. Ao longo do caminho, parou várias vezes para proferir longos discursos em cidades grandes e pequenas.

Quando Fidel fez uma escala, no dia 4 de janeiro, em Camagüey, uma cidade localizada no entroncamento de vias importantes e produtora de cana-de-açúcar e gado, os monitores da FBIS estavam preparados. O pronunciamento, transmitido por uma rádio da região, foi o primeiro a ser gravado pela agência norte-americana. Pouco depois, analistas já escrutinavam a tradução para o inglês das declarações enviada a Washington.

"Uma era totalmente nova" iniciava-se, exultou Fidel, sem saber ainda que se iniciava também uma estranha relação dele com os analistas do setor de inteligência dos EUA. Muitos milhares dos discursos e entrevistas coletivas de Fidel, contendo bilhões de palavras, foram transcritos ao longo das décadas seguintes. Desde a primeira aparição monitorada em Camagüey, a transcrição dos discursos tornou-se o padrão ouro para todos os que tentavam avaliar a Revolução Cubana.

Em Camagüey, Fidel prometeu falazmente, como faria ao longo de vários meses, implantar um "sistema civilizado, democrático". Insistiu que restabeleceria a Constituição de 1940 e prometeu realizar eleições dentro de "15 meses mais ou menos". No dia 14 de janeiro, após a sua chegada à capital cubana, disse que "nossa Revolução é genuinamente cubana, genuinamente democrática". Quando colocado contra a parede, Fidel descrevia sua filosofia pessoal como sendo "humanista".

Ele prometeu "lançar uma ofensiva contra a corrupção, a imoralidade, os jogos de azar, o roubo, o analfabetismo, as doenças, a fome, a exploração e a injustiça".

Em Camagüey, e nos discursos subseqüentes proferidos ao longo de todo o ano de 1959, Fidel discorreu longamente a respeito dos dois últimos pontos, ainda que lançando mão de seus conceitos profundamente particulares de exploração e injustiça. Esses males gêmeos, descritos em termos genéricos e articulados de forma tênue, eram, segundo acreditava, a raiz dos problemas de Cuba. O combate a ambos forneceria as justificativas permanentes para quase tudo que se seguiria na longa jornada revolucionária dele, e não apenas dentro de Cuba, mas também em muitas causas internacionalistas. Fidel começava a enunciar os termos definidores que, a partir daí, dariam sustentação a suas políticas internas e internacionais.

Imbuído das crenças marxistas que tinham amadurecido durante os dois anos que permaneceu na Sierra Maestra, Fidel passou a identificar-se mais intensamente com os *guajiros* e os pobres, em sua maioria camponeses sem-terra e analfabetos. Sua infância em Birán e as gozações de que foi vítima por conta de seus traços *guajiros* aproximou-os deles. Fidel sabia que essa fatia da população seria a mais beneficiada pela revolução e que se transformaria no símbolo dela. A consciência social que experimentou pela primeira vez com o *bogotazo* crescera para tornar-se um retrato marxista clássico da luta de classes.

Naqueles primeiros dias, a mensagem dele era vaga, mas pomposa. Fidel lançaria uma guerra contra todos os que, segundo acreditava, exploravam os pobres e os desamparados. Os exploradores seriam os inimigos mortais dele e da revolução. As injustiças identificadas poderiam ser combatidas por meio da justiça da revolução, de programas de redistribuição de renda e de um fortalecimento coletivo das massas. Nenhuma outra questão social teria um peso maior em suas pregações revolucionárias. Ao longo das próximas décadas, os temas da exploração e da injustiça seriam os mais citados em suas aparições públicas.

◁ ☆ ▷

A conversão de Fidel ao comunismo acelerou-se nas primeiras semanas que se seguiram à vitória. Raúl e Che conclamavam-no a receber abertamente os "comunistas da velha guarda", e todos os imperativos políticos imediatos com os quais se deparava empurravam-no naquela direção também. Dentro de seu movimento, formado por homens simples, havia um número excessivamente pequeno de pessoas com educação formal, com conhecimento político, administrativo ou organizacional para preencher os cargos do novo governo. Os barbudos da guerrilha que lutaram nas montanhas eram revolucionários durões, mas fariam uma figura ridícula como burocratas ou administradores.

E Fidel não tinha intenção nenhuma de apoiar-se na fatia do movimento responsável pela resistência urbana, os civis pró-democracia que desempenharam um papel fundamental ao levantar fundos e realizar ações políticas, mas que, ao mesmo tempo, eram dispensáveis. Muitos desses representavam o tipo exato de profissional experiente e bem treinado dos quais ele tanto carecia para formar um governo. Fidel, no entanto, considerava-os insuficientemente revolucionários e propensos demais a defender a manutenção de boas relações com os Estados Unidos e a pressionar pela realização de eleições o quanto antes.

Ele se mostrava menos inclinado ainda a dar ouvido aos tecnocratas e aos políticos dos anos de Grau San Martín e de Prio, especialmente aos ex-líderes do Partido Ortodoxo que haviam desdenhado dele. A princípio, vários dos homens e mulheres daquela geração mais velha e liberal foram incorporados ao governo. Quase todos, porém, seriam dispensados dentro de oito ou nove meses.

Havia apenas um grupo ao qual Fidel poderia recorrer: os "comunistas da velha guarda". Esses formavam o partido mais disciplinado do país. Com cerca de 1.700 membros – um contingente de integrantes maior do que o do seu próprio movimento –, esses comunistas formavam uma rede bem articulada que se espalhava por toda a ilha. Eles possuíam conhecimento administrativo, bases de apoio no setor sindical e uma influência considerável junto aos intelectuais e a outros grupos importantes. Defendiam o tipo de reestruturação radical da sociedade e da economia que Fidel também acalentava, mas que não sabia ainda como realizar. O processo de integração dos comunistas às Forças Armadas, liderado por Raúl, encontrava-se já em estágio avançado. O próximo passo consistiria em levá-los para dentro do setor civil do governo.

Os biógrafos e historiadores não chegaram a um acordo sobre quando exatamente Fidel tomou a decisão fatal de tornar-se um comunista por inteiro. Ele revelou a natureza socialista da revolução pela primeira vez em abril de 1961 e declarou-se um marxista-leninista no mês de dezembro daquele ano. Alguns, entre os quais Juanita, a irmã dele, afirmaram, no entanto, que Fidel já era um marxista convicto, ainda que não declarado, no México, em 1956. E Raúl sugeriu isso também, na entrevista de 1975 concedida ao jornal mexicano *El Día*.[4]

Tad Szulc, um dos biógrafos de Fidel, concluiu que a conversão ocorreu "de forma definitiva" na Sierra Maestra, no final da primavera de 1958. Várias outras hipóteses, totalmente divergentes, também foram aventadas. O mais próximo que há de um consenso reza que Fidel cruzou o divisor de águas ideológico em algum momento da primavera ou do verão do seu primeiro ano no poder.

Durante muito tempo, aceitei esse consenso, apesar de, mais recentemente, ter passado a acreditar que a manipulação de Fidel quanto às convicções de seu irmão indicaria que sua filiação marxista e leninista já se consolidara no começo ou na metade da década de 1950. Portanto, quase tudo que diz respeito ao caráter e ao sistema de crenças de Fidel apontava para apenas uma direção, para a direção do marxismo e do leninismo.

De toda forma, a questão e o antigo debate travado em torno dela são em certa medida enganosos. Fidel não atravessou um momento decisivo por meio do qual ele ou qualquer outra pessoa pudesse estipular uma data clara para a conversão. Não houve um ponto de inflexão único, como se uma chave fosse acionada, uma data depois da qual mudara de forma definitiva. Não houve um incidente, um ato de sedução política ou um tratado inspirador descoberto por ele que tenha tido um peso definitivo. Como ocorre com todas as decisões importantes tomadas por Fidel, sua conversão decorreu do acúmulo de camadas sucessivas de cálculos a respeito do que serviria melhor a suas ambições. Não havia nenhuma necessidade – na verdade, havia vários e marcantes elementos dissuasórios – para que adotasse o comunismo ou os ensinamentos comunistas antes de derrotar Batista. Fidel desejava ter poder, e não oportunidades de freqüentar os cafés e discutir as filigranas esotéricas da doutrina marxista.

Uma vez no poder, no entanto, a filiação ao comunismo internacional liderado pela União Soviética abriu-se como a única rota que, de um ponto de vista estratégico, pessoal e político, fazia sentido para ele percorrer. É provável que Fidel e Raúl tenham concluído isso exatamente durante sua estadia no México.

Estrategicamente, os destinos entrelaçados dele e da revolução poderiam avançar apenas dentro de uma aliança com a União Soviética. Fidel precisava do Kremlin para ajudar a proteger a revolução do inevitável ataque norte-americano. Mais que isso, aliar sua revolução e a si próprio com Moscou significaria repudiar em caráter definitivo os Estados Unidos.

Pessoalmente, Fidel seria levado pelas convicções acalentadas a respeito de seu destino a manter durante toda a sua vida um controle autoritário sobre o país. Apenas em monarquias e em países comunistas cujos líderes conseguiam permanecer no poder indefinidamente e com uma certa legitimidade seria possível realizar essa empreitada.

Politicamente, Fidel precisava do talento e da base organizacional dos "comunistas da velha guarda" para ser capaz de remodelar de forma radical a sociedade cubana. Em uma carta escrita da prisão na ilha de Pinos, em abril de 1954, ele escreveu o seguinte: "Eu ficaria enormemente satisfeito em revolucionar este país da cabeça aos pés".[5]

A última peça do processo de decisão que desembocou na adesão ao comunismo encaixou-se declaradamente no final do primeiro mês no poder. Fidel dispunha de um apoio popular tão amplo nas poucas semanas que se seguiram à descida da Sierra Maestra que nenhuma aliança concebível das forças políticas da ilha seria capaz de ameaçá-lo. Foi então que se sentiu seguro o suficiente para incorporar os "comunistas da velha guarda" segundo seus termos e com quase nenhum temor de que velhas raposas astutas conseguissem assumir uma posição de domínio.

Os comunistas que conheceu na universidade lembram-se de tê-lo visto falando que só consideraria a possibilidade de tornar-se um deles se pudesse ser Stálin. Com isso, queria dizer que nunca se subordinaria à disciplina dos outros, especialmente em um partido hierarquizado no qual se veria obrigado a começar de baixo. Se fosse para tornar-se comunista, Fidel teria de estar no comando. E ele percebeu, pouco depois de ter conquistado o poder, que estava em condições de fazer isso precisamente.

No entanto, foram as lições e as conquistas de Lênin, e não as de Marx, que mais atraíram Fidel. O sábio "comunista da velha guarda" Carlos Rafael Rodríguez disse a Herbert Matthews que Fidel impressionara-se mais com os textos de Lênin do que com os de Marx. Ele tinha começado a ler Lênin na universidade. Mais tarde, manteve uma das obras de Lênin junto de si quando recrutou candidatos para o ataque de Moncada, aparentemente o mesmo livro apreendido pela polícia de Batista após a investida. A compreensão de Fidel sobre os escritos de Lênin aperfeiçoou-se durante o confinamento na ilha de Pinos e no México, onde ele e Che estudaram o líder soviético juntos.[6]

Todos os instintos políticos de Fidel manifestados a partir do final da década de 1940 mostraram-se leninistas. Por meio de uma determinação singular e fanática, freqüentemente contra todas as probabilidades, Lênin impôs o regime revolucionário bolchevique à Revolução de Outubro. Ele organizou o Partido Comunista e o Estado russo, criando a União Soviética a partir das ruínas da Rússia czarista. Seus métodos comprovadamente eficientes para tomar o poder e então estruturá-lo em um partido político hegemônico que controlava sozinho serviram como modelos reveladores para Fidel. Lênin era um autocrata para o qual o conceito de Marx sobre a ditadura do proletariado deveria ser interpretado literalmente. O partido, sob seu controle implacável, faria o papel de motor da ditadura.

Para Fidel, Lênin representava o revolucionário de carne e osso, o homem de ação, e não um intelectual de bastidor como Marx. Lênin tornou-se o guia e o modelo de Fidel, o exemplo de um destino pessoal que se oficializou. Antes do colapso da União Soviética, Fidel costumava realizar discursos celebrando Lênin, falando dele como de um tio querido e referindo-se a ele como a um modelo perfeito a ser seguido. A frase que disse para Barbara Walters em uma entrevista de 1977 era típica: "Lênin foi um homem extraordinário em todos os sentidos e não há uma só mancha na sua vida".[7]

◁ ☆ ▷

Quando comecei a trabalhar como analista, nos anos de 1960, ninguém duvidava do fato de qualquer dos dois irmãos Castro ser um comunista convicto. Ainda assim, naqueles tempos conturbados, e como tantos outros membros da minha geração, eu queria acreditar que os dois eram antes de tudo nacionalistas cubanos.

Se os Estados Unidos conseguissem realizar as opções políticas corretas, imaginava, Fidel poderia se transformar em uma figura como Tito,* um marxista não alinhado com os soviéticos que fosse capaz de relacionar-se com as duas superpotências da Guerra Fria na qualidade de país neutro. O corolário em ambos os casos ditava que Fidel encerraria ou limitaria enormemente sua aliança econômica e militar com a União Soviética se recebesse dos Estados Unidos a chance de agir dessa maneira.

Havia bons motivos para postular essa tese. Ele sempre desafiou o Kremlin quando expurgou, ou até mesmo executou, alguns "comunistas da velha guarda". Nenhum elemento da sua personalidade manifestava-se mais claramente do que seu agressivo espírito de independência e seu nacionalismo. Parecia não fazer sentido, portanto, a tese de que Fidel cortaria as raízes da dependência cubana em relação aos Estados Unidos para colocar o Kremlin em seu lugar.

Erroneamente, continuei apostando nessa lógica durante vários anos, e ao longo de várias crises bilaterais. O problema com esse raciocínio é que ele ignorava ou compreendia mal a profundidade da antipatia de Fidel em relação aos Estados Unidos. Para ele, a lógica era simples e nunca mudaria. Não poderia haver uma revolução bem-sucedida enquanto Cuba mantivesse boas relações com os Estados Unidos. A autoridade pessoal e absoluta dele se veria ameaçada se os Estados Unidos conseguissem exercer qualquer influência sobre a ilha.

Desde 1959, ao menos seis governos norte-americanos procuraram uma rota para melhorar as relações com Fidel. E os presidentes Ford e Carter, no poder no decênio de 1970, realizaram esforços sérios e prolongados com esse objetivo. Minha opinião à época pautava-se pela ingenuidade típica da minha geração. Eu acreditava que Fidel considerava prioritário realizar avanços significativos no campo diplomático, que consideraria do interesse dele intensificar as relações comerciais de Cuba e conseguir minorar o embargo econômico imposto pelos Estados Unidos proibindo quase por completo a troca de mercadorias entre os dois países.

---

* Josip Broz (codinome Tito após 1935), líder comunista que assumiu o poder na Iugoslávia a partir de 1945, introduzindo no país um regime "próprio", que procurava fugir à esfera de influência da União Soviética; em 1961 criou o conceito de "não-alinhado", para designar os países que não queriam estar na esfera de influência nem dos Estados Unidos nem da União Soviética (N. do E.).

Em 1975, quando ocupava um cargo mais alto na CIA, ainda na posição de analista sobre questões referentes a Cuba, eu continuava otimista. À época, na qualidade de principal conselheiro do setor de inteligência, eu trabalhava junto às autoridades mais importantes do Departamento de Estado encarregadas de tentar negociar, com suas contrapartes em Havana, um descongelamento diplomático.

Mas eu vinha cometendo o mesmo erro havia muito tempo. Basear conclusões em pressupostos infundados e raciocínios quiméricos significava infringir as regras que garantem o bom funcionamento das agências de inteligência. Aprendendo da forma mais difícil, acabei depois por perceber que o comprometimento resoluto de Fidel com as causas internacionalistas da revolução, que datava de Cayo Confites e do *bogotazo*, era muito mais importante para ele do que melhorar suas relações com os Estados Unidos. O mesmo vale para sua aliança com Moscou. Eu subestimara os dois, bem como o arraigamento de sua hostilidade em relação ao Golias do norte.

No fim, passei a duvidar de que Fidel tivesse sido sincero alguma vez a respeito de seu desejo de melhorar as relações com os Estados Unidos – a menos, claro, que pudesse fazer isso estritamente segundo seus termos.

Fidel discursou em Havana no dia 21 de janeiro de 1959, diante de uma grande multidão reunida a céu aberto; jornais afirmaram que 1 milhão de cubanos entusiasmados reuniram-se no local. Ele começou a expor opiniões sobre a política externa que sabia serem totalmente incompatíveis com as de sociedades democráticas. Apesar de poucos membros do governo norte-americano terem percebido isso então, as declarações revelavam o rápido amadurecimento de sua orientação marxista-leninista: "A América e os povos de nosso continente precisam urgentemente de uma revolução como a que ocorreu em Cuba. A América precisa de um exemplo como esse em todas as suas nações. A América precisa que seus milionários, que enriqueceram roubando dinheiro do povo, percam tudo o que roubaram".

O discurso oferecia uma ameaça contundente contra os plutocratas e classes dominantes de todos os países da América Latina. Fidel ameaçava os mais ricos e mais poderosos da região, prometendo, junto com latino-americanos que pensassem como ele, emular a Revolução Cubana. Não poderia haver dúvidas sobre seus planos internacionalistas e violentos quando acrescentou: "A América precisa que os criminosos de guerra dos países de nosso continente sejam mortos a tiros".

Fidel referia-se indiretamente à onda de execuções que Raúl e Che promoviam. Muitos dos cubanos condenados foram submetidos a processos sumários como os realizados no México e durante a insurgência. Abusos grotescos, no entanto, ocorriam, tais como julgamentos que mais se pareciam com um circo e execuções filmadas que provocaram duras críticas nos Estados Unidos, em especial entre alguns membros do Congresso. Fidel reagiu como se as críticas fossem uma intervenção norte-americana direta.

O linguajar beligerante lembrava os rompantes anarquistas ocorridos na sacada presidencial e no funeral de Chibás. Mas, agora, ele falava sobre a tomada de poder por revolucionários em toda a América Latina. Nenhum governo norte-americano, direitista ou esquerdista, poderia ter aceitado tais políticas subversivas naquele momento incandescente da Guerra Fria. Essas declarações, no entanto, coadunavam-se teoricamente com a estratégia e a doutrina do comunismo internacional. Os marxistas acreditavam, sem grandes questionamentos, que a revolução mundial era inevitável. Os líderes soviéticos, a começar por Lênin, foram todos internacionalistas, tendo se dedicado a patrocinar o surgimento de novos governos comunistas.

Fidel realizou dezenas de discursos durante seu primeiro ano no poder. Alguns deles duraram cinco ou seis horas, e o número de palavras gravadas e transcritas pela FBIS cresceu para adquirir proporções gigantescas. A maior parte das atuações, extravagantes e muitas vezes melodramáticas, gerou tanta exaltação no mundo todo que Fidel tornou-se instantaneamente uma superestrela global. Os discursos de Raúl e de Che também eram monitorados, mas não com a mesma prioridade.

Um jogo obscuro de golpes e contragolpes surgiu entre Fidel e as autoridades norte-americanas do setor de inteligência que perscrutavam as palavras dele à cata de pistas e indícios. Com freqüência, seus ouvintes mais atentos não foram os burocratas cubanos convocados para escutá-lo ou as multidões que se formavam à sua frente todas as vezes que discursava, mas nós, os anônimos analistas do setor norte-americano de inteligência, que trabalhávamos em cubículos distantes da ilha caribenha, revirando cada frase dele.

Fidel logo compreendeu que estava sendo vigiado e avaliado, mas, talvez envaidecido com a atenção dispensada ou atraído pelo jogo em si, apenas raramente realizou discursos *off the record* ou em locais fechados para platéias especiais. O fato de saber que estávamos ouvindo fez com que adotasse, aparentemente de bom grado, uma certa autodisciplina.

Fidel gostava do desafio de comunicar-se regularmente com as massas cubanas sem trair quaisquer segredos ou cometer erros que pudessem ser usados contra ele. Isso pode explicar seu extraordinário sucesso – com algumas raras exceções efetivamente danosas ao longo dos anos – em evitar as escorregadelas e os rompantes descontrolados nas aparições que realizava em público.

Em geral, ele tenta confundir ou enredar seus ouvintes distantes espalhando pistas chamativas e enganosas a respeito de suas intenções. Fidel também já fez o contrário quando expôs alertas cuidadosamente elaborados, algo, em termos genéricos, semelhante às notas de protesto comuns nos altos escalões da diplomacia. Das últimas semanas do governo Eisenhower até setembro de 1977, Cuba e os Estados Unidos não mantiveram missões diplomáticas nas capitais um do outro. Isso fez nascer em Fidel o hábito de fazer alertas e ameaças em seus discursos públicos dirigidos aos olhos e ouvidos das autoridades norte-americanas. Alguns deles eram realmente bombásticos, outros meramente falsos, mas nenhum deles poderia ser descartado de antemão.

Fidel, por vezes, também se envolveu em um diálogo singular com os membros da inteligência norte-americana encarregados de acompanhá-lo. Eu e ele nos comunicamos através da diligência dos responsáveis, em Cuba e na FBIS, por transcrever discursos. O primeiro dos nossos contatos "secretos" foi, para mim ao menos, o mais notável.

Em fevereiro de 1990, quando a União Soviética e o bloco comunista desintegravam-se, fui convidado pela Universidade de Miami para falar sobre Fidel em um grande evento público. À época, eu era uma autoridade do alto escalão da CIA e um nome familiar para Fidel e para os serviços de inteligência de Cuba. Sabia que, dentro de dois ou três dias, o que dissesse constaria do relato matinal de inteligência entregue a ele, provavelmente depois de ter sido gravado por algum membro da platéia antes de ser transcrito e traduzido em Havana. Durante anos, eu fora um alvo prioritário dos agentes cubanos e tinha ciência de que Fidel interessava-se pelo que eu escrevia e dizia a respeito dele. Meus esforços para acompanhá-lo de perto completavam assim uma volta completa.

Em Miami, falei sobre como Fidel, segundo acreditava, reagia enquanto o comunismo internacional desintegrava-se a sua volta. O evento ocorreu somente alguns meses depois da queda do Muro de Berlim e enquanto secavam os imensos subsídios enviados pela União Soviética a Cuba. Como ele poderia reequilibrar-se? Como se sentia a respeito da decisão fundamental tomada anos antes de se tornar um comunista e de aliar-se estrategicamente com o império soviético, agora em processo de demolição? Fidel reconheceria a calamidade do erro que cometera?

Um discurso transcrito pela FBIS alguns meses antes forneceu o gancho para a minha palestra. Fidel visitou o hospital Salvador Allende em Havana e falou para uma pequena platéia reunida em um pátio a céu aberto. Havia mangueiras naquele local, e enquanto se estendia monotonamente sobre as conquistas da revolução na área da saúde, começou a divagar. As árvores, de alguma forma, o distraíram e o irritaram. A transcrição da FBIS registrou tudo, palavra por palavra: "Por que essa mangueira está aqui? Essa mangueira não pode ficar nesse local. Ela precisa ser cortada".

Aquela não era uma atuação típica dele. Fidel não costuma enveredar por solilóquios em público e apenas raramente começa a divagar de forma tão inesperada. O aparte oferecia um raro instante revelador, em meio aos bilhões de palavras que falara *on the record*, sobre suas falhas de caráter. Uma faceta de sua liderança autoritária vinha à tona. Usei essas declarações como peça central da palestra que proferi em Miami.

"Não deve haver dúvidas", afirmei, "de que a mangueira foi prontamente cortada, independentemente dos prazeres que tivesse possibilitado aos pacientes". Com certeza, ninguém da administração do hospital ou de qualquer outro lugar teria contestado aquele desejo. O comandante-em-chefe disse que a árvore precisa ser derrubada, e isso bastava.

Segundo afirmei, esse era um exemplo mais do que típico do estilo gerencial míope de Fidel quando até mesmo a questão mais obscura e irrelevante torna-se, de uma hora para outra e por nenhum motivo aparente, importante aos olhos dele. O episódio retratava Fidel no pior do seu autoritarismo. Refletia mesquinhez, teimosia, egoísmo, desrespeito por qualquer um que não ele próprio. De maneira inacreditável, uma mangueira transformara-se em um assunto de Estado.

Um ano mais tarde, eu continuava pensando nas questões de que tratara em Miami. Nessa época, começo dos anos de 1990, os discursos de Fidel mostravam-se maçantes e desprovidos dos atrativos e surpresas dos da década de 1960, mas eu continuava a lê-los fielmente, procurando por pistas e significados ocultos. Dissecando um particularmente tedioso que ele fizera em fevereiro de 1991, em uma assembléia provincial de Havana, chamou-me a atenção um trecho no qual tratava do hospital Salvador Allende.

Mais uma vez, Fidel falava sobre as conquistas na área da medicina e do atendimento médico. Vangloriava-se de que o hospital Allende era uma "instituição muito boa [...] o orgulho da capital".

Então, conforme anotaram os responsáveis da FBIS pela transcrição, parou por um momento. A menção ao hospital Allende fez com que se lembrasse das críticas que, em Miami, lancei contra ele. Em um acesso de fúria, reagiu, defendendo o que fizera. Eu tinha razão. A mangueira fora derrubada. Com a diferença de que Fidel destruiu, na verdade, um pequeno grupo de árvores. Como se estivesse falando apenas consigo mesmo e comigo, reclamou: "O que aquele encontro no hospital Salvador Allende gerou foi algo incrível. As cercas estavam quebradas por causa de uma obra que, quem sabe por quantos anos, esteve em andamento. Havia uma mangueira. Aquela foi a única vez na minha vida em que ordenei a derrubada, o fim de uma fileira de mangueiras".

"A fileira de mangueiras estava dentro do hospital. As crianças pulavam vindas de todos os lugares. Na verdade, elas não precisavam pular porque não havia cerca e elas entravam ali para comer as mangas. Todo mundo comia mangas ali. Até os pacientes comiam mangas. O lugar estava cheio de moscas e havia uma falta horrível de higiene."

Ele concluiu, sublinhando o seguinte: "Hoje, há um lindo parque lá".

Enquanto lia o texto, fiquei imaginando se alguém na platéia, naquele dia, ou alguém mais que ouviu a transmissão do discurso ou leu a transcrição dele mais tarde poderia ter tido a menor idéia que fosse sobre o que Fidel estava falando. Ele não ofereceu nenhuma explicação ou contexto para a estranha digressão dirigida a mim. Vi a imagem de obedientes burocratas cubanos presentes na platéia coçando a cabeça perplexos. Algum membro da liderança cubana que não poucos dos seus conselheiros na área de inteligência teria entendido alguma coisa do que ele falava?

Fiquei surpreso, especialmente com a intensidade e a franqueza da sua resposta. A manifestação revelava um homem muito mais melindrado com críticas do que eu imaginara. Nunca pensei nele como uma pessoa tão vulnerável, mas lá estava essa pessoa, a olhos vistos. Não consegui me lembrar de nenhum outro exemplo no qual Fidel tenha sido provocado a estourar de forma tão confessional. Ele se mostrou defensivo, até envergonhado em certa medida, talvez porque tenha sido uma autoridade do alto escalão da CIA que trouxe o assunto à baila. Seria o pequeno parque que mandou construir no pátio do hospital, após refletir sobre o caso, a penitência que pagava pelo pecado de ter ordenado a derrubada da fileira de mangueiras?

Até fiquei imaginando que eu havia sido o responsável pela criação daquele parque no hospital Salvador Allende. Talvez essa tenha sido minha pequena contribuição às obras da Revolução Cubana. Pretendo, um dia, viajar até lá e ver o parque com meus próprios olhos.

◁ ☆ ▷

Quando a FBIS começou a transcrever tudo o que Fidel dizia em público, ninguém em Washington poderia prever quanto tempo essa missão duraria ou quão dispendiosa, em termos de gastos e comprometimento, seria. O que começou como um cotejar de palavras em Camagüey, em janeiro de 1959, seguido pelo fluxo constante de discursos proferidos em outras cidades do caminho percorrido em direção a Havana naquela primeira semana, logo ganharia corpo para transformar-se em uma torrente oratória sem paralelo na história.

Não há exagero em dizer que Fidel proferiu mais palavras em cerimônias públicas do que qualquer outro líder político na história. É provável que nenhum outro ser humano, em qualquer outro ramo de trabalho, tenha sido gravado articulando tal avalanche de frases. O mesmo poderia ter sido dito a respeito dele já há algum tempo, centenas de longos discursos atrás, quando então, por volta do final da década de 1970 e começo da de 1980, já teria merecido uma questionável distinção do tipo *Livro Guinness dos Recordes Mundiais*. E agora, quando se aproxima da casa dos 80 anos, Fidel continua dando sinais de que pretende continuar subindo no palanque.

Tad Szulc, biógrafo de Fidel, escreveu em 1986 que o número de discursos proferidos até então já excedia, provavelmente, a casa dos 2.500.[8] Szulc tentou, sem sucesso, estabelecer uma cifra mais precisa consultando historiadores do governo cubano que, quase com certeza, tampouco possuem registros confiáveis. Um amplo e incompleto banco de dados com centenas de discursos e entrevistas, todos transcritos pela FBIS, pode ser consultado no site da Universidade do Texas. Minha coleção particular de textos, em espanhol e em inglês, dos discursos, entrevistas coletivas e entrevistas individuais também soma alguns milhares de exemplares, e o número total continua a aumentar. A compulsão sentida por Fidel para falar demoradamente e em público é quase irresistível. "Como vocês devem saber, minha função é falar", disse ele em um discurso de novembro de 1993.

Manter uma postura rigorosamente ereta ao fazer os discursos tem sido algo tão essencial para seu estilo de liderança e sua imagem pública, e talvez mesmo para seu bem-estar emocional, que Fidel insiste em continuar agindo dessa maneira independentemente do quanto sua aura, sua saúde e sua agilidade mental tenham perdido o viço. É tão inimaginável vê-lo parar com os discursos como é inimaginável vê-lo cortar a barba ou admitir que cometeu erros graves.

Muitas de suas perorações, especialmente aquelas da primeira década no poder, revelaram-se incompreensivelmente longas e tediosas, estendendo-se por cinco, seis e até oito horas. Um discurso de janeiro de 1968, realizado durante um grande expurgo político, prolongou-se por 12 horas. Quando chegou à metade dele, sem dúvida para o alívio tremelicoso de sua platéia então confinada, Fidel aceitou fazer uma pausa, não obstante normalmente, durante seus pronunciamentos de cinco ou seis horas, não se permitirem paralisações ou interrupções.

Ele continua a deter o recorde do discurso mais longo já proferido nas Nações Unidas. Fidel deu início a esse pronunciamento com uma sedutora mas não cumprida promessa: "Apesar de termos ganhado a fama de falar longamente, não se preocupem. Faremos todo o possível para sermos breves".

Fidel então se estendeu em um discurso improvisado, para o qual usou apenas pedacinhos de papel com anotações, que demorou quatro horas e meia, período durante o qual os diplomatas exaustos, um a um, saíam de fininho do salão. Outros, no entanto, escutaram todas as palavras dele. O premiê soviético, Nikita Khrushchev, e uma falange de autoridades do bloco do Leste Europeu estavam presentes, interrompendo-o várias vezes com demorados aplausos.

Isso aconteceu no dia 26 de setembro de 1960, nas últimas semanas da campanha presidencial nos Estados Unidos. Os candidatos competiam entre si para saber qual deles adotaria as medidas mais duras contra o regime cubano, e em resposta Fidel portou-se de forma truculenta. John Kennedy, nas palavras dele, era um "analfabeto, um milionário ignorante", acrescentando sem perder tempo: "Isso não implica que gostemos de Nixon". Ele foi interrompido pelo presidente da Assembléia Geral e avisado para não lançar ataques pessoais.

Além dos discursos, Fidel proferiu milhões de palavras *on the record* em entrevistas e coletivas de imprensa, algumas dessas tão demoradas que seus interlocutores saíram delas cambaleantes e pasmados. Ele tem sido o monologuista mais prolífico do mundo. Todas as suas conversas dão-se de forma unilateral. Ele está sempre no controle dos fatos, sereno e excessivamente articulado, manipulando esplendidamente a ocasião e mais tarde, com freqüência, editando suas declarações a fim de que a transcrição publicada confira-lhe uma imagem ainda melhor.

Ao contrário de outros líderes mundiais, Fidel nunca teve um porta-voz ou um conselheiro, mas, se tivesse, há muito pouco do que disse em público passível de ser corrigido ou reelaborado. Nunca haveria um comunicado do governo cubano aos meios de comunicação do tipo: "O que o *comandante* realmente quis dizer foi...".

Os bilhões de palavras ditas em público por Fidel estão registrados, preservados para a posteridade porque, durante mais de 46 anos, uma pequena peça do aparato de inteligência dos Estados Unidos tem acompanhado o dirigente. O volume acumulado de material gravado e transcrições, que ainda continua a aumentar, revela-se espantoso.

É também notável que, nesses bilhões de palavras proferidas, Fidel nunca será lembrado por nenhuma *performance* histórica ou por um trecho brilhante que seja de autoria própria. Ao contrário de muitos grandes oradores, ele sempre quis imitar os outros, e nada do que disse em público reverberou no tempo na qualidade de um momento retórico definidor. O estilo de Fidel é privado de enfeites, frases memoráveis ou trechos incisivos. Há poucas sutilezas e nenhuma metáfora, nenhum aforismo ou nenhuma alusão. A maioria dos discursos não passa de arrolamentos horrorosamente tediosos de fatos e números, estendendo-se freqüentemente, e de forma autocomplacente, durante horas.

Fidel deve, sem dúvida, ser elencado entre as figuras públicas mais carismáticas das últimas centenas de anos. Ainda assim, as palavras dele, quando transcritas e tiradas do contexto da sua *performance* dramática, revelam-se surpreendentemente banais.

CAPÍTULO OITO

Eu detesto a solidão

Ao longo da década de 1960, Havana foi uma Meca dos revolucionários. Intelectuais e jornalistas de esquerda, além de obedientes turistas simpáticos à causa fidelista vindos de todos os cantos do mundo, acorriam em grandes números para ver com os próprios olhos os supostos milagres que estavam sendo forjados. Muitos esperavam ter algum tipo de contato com Fidel, ou ao menos vê-lo de passagem enquanto corria de um lado para o outro realizando o completamente desorganizado, ainda que nobre, trabalho da revolução. Tudo se fazia de forma espontânea e improvisada.

Ele estava "freqüentemente nas ruas", afirmou a um congressista norte-americano que visitou o país.

Fidel precisava consultar-se diretamente com o povo a fim de ter certeza de sua popularidade. Ia contra a sua natureza ser um homem sedentário, ficar sentado em um escritório ao lado de burocratas tediosos e ficar recebendo pessoas que estivessem ali em busca de favores.

"Sou um inimigo dos burocratas e dos gabinetes. [...] Visito as universidades e os centros, as fábricas, e converso com os trabalhadores", afirmou ao congressista. "E, além de tudo isso, de vez em quando eu me reúno com os membros do governo."[1]

Fidel não teria nenhuma casa ou gabinete de verdade pelos próximos 15 anos, segundo seu amigo Gabriel García Márquez. "A sede do governo encontrava-se onde quer que ele se encontrasse."[2]

A imprevisibilidade do comportamento de Fidel serviu apenas para aumentar seu carisma. Delegações de norte-americanos e europeus simpáticos à sua causa tentaram de alguma forma ajudá-lo, muitos deles trabalhando nas plantações de cana-de-açúcar como integrantes das Brigadas *Venceremos*, formadas pelo governo. Jovens latino-americanos também se apresentaram como voluntários e alguns deles continuaram em Cuba a fim de serem treinados em técnicas de guerrilha nos campos para recrutas comandados por militares e pelos serviços de inteligência. Todos comprometeram-se realmente com o sucesso da experiência cubana e com sua disseminação para outros países. Fidel falava continuamente a respeito de acabar com a exploração e as injustiças, e ele não queria limitar essa luta somente a Cuba.

A antiga ordem social e econômica da ilha estava sendo virada de ponta cabeça. As classes mais ricas e muitos dos profissionais com formação superior fugiam da ilha, vários deles sob ameaças de violência, sendo obrigados a deixar para trás tudo o que possuíam, patrimônio esse a ser tomado pelo Estado e redistribuído para os que permanecessem no país ou a ser vendido para a obtenção de dividendos em moeda forte. Em 1965, o primeiro dos êxodos marítimos foi detonado por Fidel, a partir do porto de Camarioca, localizado ao norte. Milhares de refugiados ingressaram em pequenas embarcações e dirigiram-se para Miami até o início de uma operação de transporte aéreo negociada com Washington. Então, centenas de milhares mais partiram a bordo dos Vôos da Liberdade. A revolução, conforme insistiam seus líderes, era uma empreitada dos decididos e dos dedicados. Todos os demais eram acusados de serem *gusanos*, vermes, e até que conseguissem partir legalmente eram obrigados a viver na penúria e à margem.

Famílias de *guajiros* de toda a zona rural do país estavam recebendo títulos de posse para as terras nas quais trabalhavam. A reforma agrária de maio de 1959 aboliu as grandes propriedades, incluindo aquela que Ángel Castro passara a vida ampliando, em Birán. Fidel não se importava com isso, mas Raúl fez questão de realizar uma última visita de cunho sentimental à propriedade rural que tanto amava antes de ela ser expropriada.[3] As reformas urbanas acabaram com a cobrança dos aluguéis pagos pelos pobres; brigadas de alfabetização invadiram a zona rural tentando chegar a todos os barracos e choupanas. Hordas de crianças camponesas foram levadas às cidades para estudarem, recebendo do melhor que havia disponível e sendo abrigadas nas mansões dos ricos em Miramar, agora vazias.

O momento caracterizava-se por uma ebulição revolucionária desmedida. O coração do que veio a ser conhecida como a "nova esquerda" nos Estados Unidos e em Londres, Paris, Frankfurt, Tóquio e muitas outras cidades, pulsava em Havana, logo em Havana! Os líderes cubanos e o moralmente superior e idealista "novo homem revolucionário" que pretendiam inspirar forneciam os ícones dessa "nova esquerda". *Cuba, Sí, Yanqui, No* tornou-se o mantra típico daquela nova era, e não apenas na ilha caribenha, mas em grande parte da América Latina. E, depois de derrotar a intervenção norte-americana na baía dos Porcos, a revolução parecia também ser invencível. Nenhum líder latino-americano jamais humilhara os Estados Unidos como fizera Fidel.

Ele foi o primeiro herói vitorioso que Cuba produziu. Nos quatro séculos e meio decorridos antes dele, nenhum havia sido tão popular. Ele, provavelmente, conseguiria ter vencido uma eleição justa com mais de 90% dos votos nos primeiros meses de seu regime, apesar de não ter cogitado isso nem mesmo de passagem. Fidel usava o manto de Martí, mas apresentava uma figura mais vigorosa, mais versátil, e uma figura misteriosa ungida com a missão de cumprir um destino especial. Ele sobrevivera ao conflito militar, derrubara a ditadura não obstante as probabilidades desfavoráveis e enfrentava os norte-americanos. O Apóstolo conseguira apenas sonhar com esses feitos.

Séculos de nacionalismo frustrado chegavam ao fim. As humilhações impostas pelo domínio colonial, pela Emenda Platt e pela dependência em relação aos Estados Unidos, os sentimentos de inferioridade e desamparo que por tanto tempo feriram o orgulho nacional eram agora, todos, coisa do passado. Fidel inspirava um sentimento de orgulho e identidade nacional que os cubanos nunca haviam tido antes. Pela primeira vez desde que Colombo pisou em sua ilha, eles eram realmente independentes, os mestres de seu próprio destino. Depois de consolidada a aliança com a União Soviética e de o marxismo ter sido adotado abertamente, a popularidade de Fidel diminuiu, mas ele manteve um amplo e entusiasmado universo de seguidores, especialmente com sua base de *guajiros*.

Fidel e Che Guevara – antes de Che ser morto liderando um desesperado e pequeno grupo insurgente na Bolívia – foram os primeiros *superstars* internacionais dos tumultuados anos de 1960. Os retratos dos dois apareciam em todos os lugares, em fotos e filmes, em panfletos e pichações. Seria difícil encontrar um alojamento estudantil nos Estados Unidos que não contasse com um Che olhando intensamente de um pôster colado na parede de algum dormitório. E então, como sempre, Raúl permaneceu nos bastidores; ele era por demais macambúzio, inacessível e mecanicamente pró-soviético para ser celebrado como um ícone. Raúl ocupava o primeiro lugar na linha sucessória do governo cubano, mas era mais temido e detestado do que admirado. Quando se acomodou na obscura tarefa de dirigir o Ministério da Defesa, Raúl carecia totalmente de carisma.

Che encontrava-se no outro extremo; seu apelo rivalizava, ou até mesmo excedia, o de Fidel. Ele era mais sereno, meditativo e complexo, um líder guerrilheiro duro como o aço que também escrevia poesias. O intelectual norte-americano I. F. Stone escreveu, com certo exagero, que Che fora o primeiro homem com o qual tivera contato que "eu achei não apenas elegante, mas belo".[4]

Esse tipo de declaração marcava pontos para a revolução, mas apontava para o começo do fim de Che. A ciumeira e a necessidade de Fidel de monopolizar os holofotes nunca permitiram qualquer tipo de competição. Dentro de poucos meses, o argentino foi enviado em uma longa missão no exterior e, enquanto esteve fora, as tropas que comandava foram dispersadas. Dessa forma, Che não conseguiria ameaçar nenhum dos irmãos Castro facilmente.[5]

Outros heróis da campanha de guerrilha, todos igualmente rivais em potencial de Fidel e Raúl, não conseguiram sobreviver nem mesmo ao primeiro ano. Huber Matos, um dos mais conhecidos, foi condenado a 20 anos de prisão simplesmente por protestar contra o viés comunista que se adotava então. Ele e Raúl tinham mantido uma relação conflituosa e competitiva. E, segundo um membro do regime, o irmão de Fidel exigiu que Matos fosse executado.[6]

Camilo Cienfuegos, o terceiro mais fotogênico dos rebeldes depois de Fidel e Che, representava um rival em potencial para Fidel *e* para Raúl. Ele desapareceu na misteriosa queda de seu avião em outubro de 1959, mesma época da prisão de Matos e da nomeação de Raúl para o comando das Forças Armadas. Desde então, circulam rumores não comprovados de que Raúl tomou medidas para sabotar o avião ou derrubá-lo. Há uma boa chance de que ele, agindo autonomamente ou por ordem de Fidel, tenha sido de fato o responsável pelo desaparecimento de Cienfuegos. Quando o entrevistei em Miami, anos depois de ter sido libertado da prisão, Huber Matos me disse que Raúl "odiava Camilo por causa do charme deste".[7]

Visitantes estrangeiros aduladores continuavam desembarcando em Havana. O brilhante existencialista Jean-Paul Sartre e sua elogiada companheira, Simone de Beauvoir, viajaram pela ilha durante dois dias junto com Fidel. Os dois escreveram textos encantadores a respeito do que testemunharam em Cuba.

Segundo Sartre, Fidel lhe contou que era um revolucionário profissional. Quando questionado sobre o significado da expressão, respondeu: "Isso significa que não consigo suportar as injustiças".

Fidel deve ter se sentido à vontade ao lado do filósofo, porque compartilhou com este histórias sobre os momentos difíceis de sua infância, contando a Sartre a respeito dos "maus-tratos que tentaram infligir-me". Essa foi uma das poucas vezes que Fidel mostrou-se disposto a falar sobre os anos dolorosos transcorridos na casa adotiva dos haitianos, e no livro que escreveu sobre sua visita, Sartre comentou sobre o quanto ficou impressionado com o fato de Fidel ter superado essas adversidades. Sartre admirava as qualidades da criança rebelde que identificou como o projeto inicial do bem-sucedido revolucionário adulto que começava a conhecer. Fidel, acreditava o filósofo, não seria nunca subjugado.[8]

"Ele me disse que nunca deixava passar nada, que desferia um golpe para cada golpe sofrido."

Quando os ilustres visitantes parisienses viajaram na companhia dele, Fidel era cercado afetuosamente por *guajiros* em todos os pequenos povoados que atravessavam. Sartre e Beauvoir contam-se entre os primeiros a ficarem fascinados com a afinidade natural entre Fidel e a população rural, homens simples e em sua maioria analfabetos que conhecera tão bem enquanto crescia. Quando estava com eles, Fidel usava o palavreado das zonas rurais, falava com informalidade e contava piadas no vernáculo dessa população.

Os *guajiros* amontoavam-se ao redor dele, tocavam em seu uniforme, enchiam os bolsos dele com pedidos e cartas. As mulheres estiravam os braços para encostar a mão na barba dele e muitos solicitavam a ajuda do governo.

Sartre, o homem sábio, perguntou a Fidel: "Todos os que pedem, independentemente do que peçam, têm o direito de serem atendidos?"

A princípio, Fidel não respondeu.

"É essa a sua opinião?", insistiu o francês.

"As necessidades do ser humano são os direitos fundamentais que suplantam os outros", respondeu Fidel por fim.

"E se eles lhe pedissem a Lua?"

Sartre disse que Fidel deu uma tragada em seu charuto, baixou-o lentamente e voltou-se, finalmente, para o filósofo.

"Se alguém me pedisse a Lua seria porque precisava dela."

O filósofo deixou-se tomar pela emoção. Ele contou que Fidel então olhou para Simone de Beauvoir e elaborou melhor o argumento.

"Graças a nós, eles agora ousam descobrir suas necessidades. Eles têm a coragem de compreender seus sofrimentos e de exigir que isso tenha um fim."[9]

Assim era a euforia da revolução e de seus partidários naqueles primórdios. Fidel havia encantado por completo seus visitantes franceses. Os dois ficaram fascinados com Che, também, e regressaram a Paris para escreverem relatos entusiasmados. Em suas meditações sobre Che, Sartre afirmou: "Por detrás de cada frase, há depósitos de ouro".

Se edulcorou as palavras de Fidel, o filósofo não exagerou quanto ao poder do sonho utópico que caracterizou aqueles anos. Muitas inovações revolucionárias fracassaram calamitosamente e outras idéias impraticáveis e extravagantes nunca chegaram a alçar vôo. Uma, divulgada com seriedade, sugeria que o "h" mudo do espanhol fosse abandonado. A Revolução Francesa criara um novo calendário, mudando o nome dos meses do ano, então por que a Revolução Cubana não poderia criar sua própria variante lingüística capaz de facilitar o processo de erradicação do analfabetismo?

Manipulando as visões utópicas abrigadas logo depois do horizonte, Fidel desempenhava o papel de um profeta secular. Todos teriam uma casa ou um apartamento decente. A distribuição de alimentos e os serviços públicos se ampliariam, atingindo todos os lugarejos distantes. Cuba se industrializaria com rapidez e não dependeria mais tão exclusivamente da monocultura da cana-de-açúcar. Fidel pensou em voz alta, e em público, sobre a possibilidade de drenar as extensas terras pantanosas de Zapata, perto da baía dos Porcos, para plantar arroz. Ele cogitou a idéia de banir o dinheiro porque, na sociedade ideal que surgia então, todas as formas de materialismo desapareceriam. O "novo homem revolucionário" trabalharia para ter recompensas morais, por amor à revolução, não de maneira competitiva e nem para ter ganhos palpáveis. Todas as supostamente corruptoras influências da economia capitalista de mercado sumiriam. Tudo era possível.

◁ ☆ ▷

A mais duradoura das inovações impostas naqueles dias iniciais provou-se também a mais espetacularmente bem-sucedida. Essa inovação foi o novo Fidel. O cândido guerrilheiro barbudo e vestido com uniforme militar – a nova *persona* pública adotada por ele – transformou-se em uma invenção de primeira, uma invenção nascida exclusivamente das mãos dele.

Nenhum outro líder cubano ou latino-americano anterior a Fidel assumira uma identidade pública tão empolgante e original. O próprio Fidel serviria de protótipo para o novo homem revolucionário de Cuba. Antes de ele ter atingido Havana naquela primeira semana depois da vitória, Fidel estava se transformando em uma figura heróica e idealizada. Papel esse que, com apenas algumas variações, continuou desempenhando desde então.

Se Fidel tivesse contratado um agente de atores hollywoodianos, um diretor de figurino, um roteirista e um diretor de arte, todos esses profissionais juntos não teriam elaborado um personagem mais memorável e mais inimitável que o Fidel Castro que o mundo conhece há tanto tempo.

Depois de eu ter deixado a CIA, uma ex-autoridade dos serviços de inteligência cubanos revelou-me, durante longas conversas mantidas em Miami, que Fidel freqüentou uma escola de atores na Cidade do México durante o período que permaneceu lá.[10] A autoridade cubana e eu chegamos à mesma conclusão de que Fidel teria sido o aluno mais talentoso daquele lugar e que teria sido capaz de, com facilidade, ser escalado para o papel principal de novelas mexicanas ou de peças de teatro. Fidel tem sido, ao longo de toda a sua vida, um ator. Com a eventual exceção de Ronald Reagan, cuja passagem pelo cenário mundial durou muito menos que a do dirigente cubano, nenhum outro líder dos tempos modernos conseguiu ser um artista tão natural e tão versátil.

Em seu novo papel, Fidel apagou suas identidades anteriores e as identidades assumidas na esfera privada. O homem que ele fora – seu passado antes de Moncada – submergiu-se na nova e muito mais interessante *persona*. As impressões negativas a respeito dele, tido antes como um *pistolero*, um assassino do submundo do crime, um exibido, um pseudo-anarquista e um oportunista sem princípios, suplantaram-se por sua nova e ostensivamente honorável identidade, a personificação da Revolução Cubana. Fidel apresentava-se agora como um homem nobre, de moral e com princípios. A imagem de todas as ambições pessoais escorregou para as sombras. Tudo o que fazia agora visava apenas a um objetivo: levar adiante e aperfeiçoar a revolução.

Abandonando todos os indícios de uma vida privada, Fidel parecia ter ingressado em uma monástica e rígida ordem religiosa fundada em votos de pobreza, castidade e humildade. Sem ter compromissos familiares visíveis, conseguiria desempenhar melhor o papel de apóstolo generoso da revolução. Fidel seria o único foco da revolução. Então, no começo de janeiro de 1959, quase tudo referente à vida pessoal dele perdeu espaço, acabando por sair completamente de vista. Fidel não reconhecia ter mulher, família, relacionamentos significativos. Não tinha casa ou necessidades pessoais para além das mais básicas. Não se interessava por honrarias ou estátuas com sua aparência. Fidel se transformara no servidor da revolução, seu clérigo secular.

Como tal, Fidel nunca aparece em público acompanhando uma mulher. Nunca é visto abraçando ou beijando uma mulher, segurando as mãos de uma mulher ou mesmo sorrindo ternamente para uma mulher. Não desfila com nenhum de seus filhos em público. Nunca se divulgou uma foto da intimidade dele. Onde quer que tenha morado desde o primeiro ou o segundo ano da revolução, seu lar permanece sendo desconhecido e não existe menção a uma residência oficial. Para além do pequeno círculo de confiança, ninguém é convidado para o amplo e minuciosamente protegido complexo perto do de Raúl onde Fidel morou nos últimos anos. Como resultado, fica-se com a impressão de que Fidel casou-se com a revolução e que ela é seu único e real interesse.

De outro lado, a mulher de Raúl, Vilma Espín, chefe há muito tempo da Federação Cubana das Mulheres e, no passado, membro do Politburo do Partido Comunista, tem sido a figura mais próxima do que seria uma primeira-dama de Cuba. Ela estudou química durante um ano no MIT, em Massachusetts, antes de unir-se aos irmãos Castro, assumindo o codinome de Deborah, como a profetisa bíblica.

Da mesma forma como seu marido, Vilma manteve fortes laços com os "comunistas da velha guarda" antes de ingressar na Segunda Frente, na Sierra Cristal. Foi ali que Vilma deixou-se entrevistar por um repórter norte-americano, provavelmente a única vez que isso aconteceu. Trabalhando para um jornal de Filadélfia, o jornalista viajou até Sierra Cristal, no verão de 1958, a fim de entrevistar Raúl. Mas ficou mais impressionado com Vilma, depois de ter achado o futuro marido dela uma pessoa desagradável e taciturna.

"Não conseguia imaginá-lo como alguém de quem gostaria de ser amigo íntimo. Ele era presunçoso e arrogante", observou o repórter.[11]

Dalia Soto del Valle, a misteriosa mulher com quem Fidel tem morado desde o início ou a metade da década de 1960, continua, junto com seus cinco filhos, longe dos olhos da opinião pública. Ela não comparece aos eventos de que Fidel participa, a menos que disfarçada, e não o acompanha em recepções diplomáticas, cerimônias oficiais ou viagens ao exterior. Apenas um círculo limitado de autoridades cubanas do primeiro escalão e alguns líderes estrangeiros próximos de Fidel a conhecem.

Dalia era professora de uma pequena cidade quando Fidel a viu. Mais tarde, quando os filhos deles já tinham idade suficiente para freqüentar o ensino básico, Dalia começou a dirigir uma pequena academia ultra-elitista na qual estudavam os filhos do casal e algumas outras crianças. Os garotos também estudaram na União Soviética. Seria possível dizer, em vista do alto grau de medidas de segurança que os cercam, que Dalia e seus filhos participam de um programa de proteção a testemunhas.

A própria existência deles era, até poucos anos atrás, uma informação supersecreta. Nem mesmo os analistas da CIA sabiam de Dalia e dos filhos dela. Eu só ouvi falar sobre a mulher e sua família quando li a respeito dela na biografia de Fidel escrita por Georgie Anne Geyer, e quando vi um documentário do governo cubano exibido para platéias seletas dentro de Cuba. O filme e algumas notícias que o acompanharam representavam a primeira confissão declarada de que Fidel possuía de fato uma vida privada, um relacionamento íntimo e um bando de filhos. No entanto, essa janela aberta rapidamente em Cuba fechou-se de forma repentina. Dalia e os filhos regressaram à obscuridade.

Mesmo para a grande família Castro presente em Cuba, eles continuaram estranhamente invisíveis. Vilma, a mulher de Raúl, e seus quatro filhos também mantiveram poucos contatos, se houve algum, com a família clandestina de Fidel. Alina Fernández, a filha de Fidel, nunca se encontrou com Dalia. Em uma conversa que tive com ela, em um estúdio de rádio de Miami antes de Alina entrar no ar para participar de um programa, a filha de Fidel compartilhou várias histórias da família de seu pai antes nunca divulgadas.

Em 1980, Vilma viajou para Moscou a fim de acompanhar os Jogos Olímpicos. A mulher de Raúl encontrava-se em uma área reservada a espectadores, durante um evento no qual competia uma equipe de Cuba, quando se surpreendeu por ver alguns dos guarda-costas pessoais de Fidel sentados ali perto, em meio a torcedores cubanos. Os homens estavam ali para proteger três meninos que Vilma nunca vira antes. Ela então concluiu que as crianças seriam os filhos secretos de Fidel e Dalia. Ciente da necessidade patológica de Fidel por privacidade, Vilma não fez qualquer esforço para aproximar-se deles.[12]

As fortificações construídas por Fidel ao redor de sua família provocaram incidentes ainda mais estranhos. Vilma e o único filho homem de Raúl, Alejandro, contaram a sua prima Alina sobre um encontro que este tivera por acaso, um encontro com um outro de seus primos, um dos filhos de Dalia e Fidel.

Alejandro fazia exercícios físicos em um ginásio de elite controlado pelas Forças Especiais, ligadas ao Ministério das Forças Armadas. Antonio Castro Soto del Valle, que seria o filho favorito de Fidel dentre os que teve com Dalia, encontrava-se ali e os dois acabaram conversando como se fossem dois estranhos. Esses primos de primeiro grau, ambos com 18 ou 19 anos à época, poderiam ter alguma idéia da existência um do outro. Os dois, não obstante a brevidade da conversa, sentiram empatia um pelo outro e, levados por uma curiosidade há muito tempo reprimida, manifestaram o desejo de continuar em contato. Alejandro narrou o encontro a Raúl, tempos depois. Ele e o primo queriam conhecer-se a si próprios e a suas famílias mais profundamente. Raúl contemporizou, ciente de que essa decisão não cabia a ele e achando difícil discutir o assunto com seu filho. Quando de fato conversou com Fidel a esse respeito, ouviu do irmão que os primos deveriam ser mantidos distantes um do outro.[13]

Essa recusa patológica da família e da vida privada é fundamental para a *persona* heróica e desapegada que Fidel projeta. O fato também reflete um elemento central da sua estrutura psicológica. Durante toda a sua vida, Fidel exigiu uma autonomia pessoal absoluta.

Quando dava aula na Universidade Georgetown em Washington, desafiei todos os alunos que começavam o meu curso a citar uma figura política dos tempos modernos – além de Fidel Castro – que nunca tivera um chefe. Eu dizia aos meus alunos que, com a eventual exceção da temporada em Cayo Confites, Fidel nunca passou um dia de sua vida trabalhando para alguém ou seguindo ordens. Ele nunca subordinou a si próprio aos desejos de uma outra pessoa. Nunca disse: "Sim, senhor", nem mesmo para seu pai ou para os líderes soviéticos quando, em momentos diferentes de sua vida, coube a essas figuras pagar as contas dele. Durante mais de 30 anos, Raúl prestou reverências públicas e privadas ao Kremlin. Fidel, porém, sempre conseguiu manter-se distante e preservar uma considerável independência mesmo quando envolto pelo abraço do urso.

Após meditar demoradamente a esse respeito, ao longo dos anos, e depois de solicitar a opinião de outras pessoas, cheguei à conclusão de que existe somente uma outra figura política proeminente dos tempos modernos que, sem dúvida, encaixa-se também nessa estranha categoria – Vladimir Lênin, o líder da Revolução Russa, nunca teve um chefe.[14]

◁ ☆ ▷

Fidel pode não conhecer uma frase memorável atribuída ao dramaturgo nascido na Irlanda Oscar Wilde, uma pessoa espirituosa: "O primeiro dever da gente na vida é assumir uma pose". Porém, desde 1959, Fidel vive segundo esse ditado. Ao desempenhar seu papel, um ator deve expressar fielmente a essência e a configuração do personagem. Se houver descuidos e inconsistências, se o artista sair do personagem mesmo que por alguns instantes, a credibilidade será minada. Fidel sempre compreendeu isso. Exibindo sua *persona* revolucionária por mais de 46 anos, ele nunca se permitiu sair do personagem.

Em primeiro lugar, há a sua conhecida aparência. Fidel começou a deixar crescer a barba na Sierra Maestra. Lá em cima o hábito possuía vantagens práticas sobre as quais falou ocasionalmente. Sobre os homens de rosto liso recaía a suspeita de serem eventuais espiões ou agentes infiltrados, de forma que as barbas definiam a irmandade de guerrilheiros. Os apetrechos de barbear encontravam-se em falta. Quando pressionado a falar sobre isso com a revista *Playboy*, em 1985, Fidel acrescentou um novo viés a esse fato. Com caneta e lápis na mão, calculou para os entrevistadores quanto tempo poupara na Sierra Maestra ao não se barbear. E, com certeza, a vaidade também contribuiu para o hábito. Fotos tiradas antes dos dias da guerrilha mostram-no exibindo os princípios de um queixo duplo pouco atraente, algo logo recoberto e para sempre mascarado pela sua barba.[15]

Durante a insurgência e nos primórdios do governo revolucionário, a barba remetia a uma imagem de ares bíblicos que Fidel astutamente encorajava. Ele era uma figura semelhante a Cristo, com 32 anos de idade, quando desceu vitorioso a Sierra Maestra, e não demorou muito para que os religiosos e supersticiosos cubanos, especialmente os da população rural pobre do país, começassem a sussurrar sobre a vinda do segundo Messias. E os comentaristas tampouco foram desencorajados a fazer comparações com os 12 Apóstolos. Após a chegada do *Granma*, segundo se dizia, Fidel e apenas 12 de seus seguidores tinham sobrevivido.

Seu carisma fenomenal incorporou qualidades místicas e religiosas que Fidel empenhou-se em alimentar. Ele sobrevivera de forma milagrosa a tantos atentados contra sua vida, era o que se acreditava, que com certeza algum poder divino olharia por ele. Lee Lockwood contou uma história do tipo, talvez apócrifa. Durante uma das primeiras escaramuças da guerrilha, um homem que estava ao lado de Fidel levou um tiro na cabeça e morreu instantaneamente. Fidel saiu ileso.[16]

Depois da vitória, a barba transformou-se em um emblema quinta-essencial. Muitos dos outros guerrilheiros veteranos também exibiam barbas após a vitória, mas, cedo ou tarde, quase todos a tiraram, conferindo a exclusividade dessa marca a Fidel. Os poucos que mantiveram suas barbas cortaram-nas de forma a ter cavanhaques ou barbichas. No começo de seus 60 anos, e agora, quando está no final de seus 70, a barba de Fidel passou a ser aparada com precisão e tingida, parecendo algumas vezes brilhar devido a alguma pomada. Trata-se de um elemento indispensável do imaginário alimentado por sua *persona* revolucionária. Sem aqueles pêlos grossos e negros, Fidel seria como um Sansão sem seus cabelos, uma figura politicamente debilitada e emasculada.

Talentosos agentes da CIA dedicaram-se a esse ponto na década de 1960. Com um mandato do governo Eisenhower para desestabilizar Cuba, eles discutiam idéias sobre operações secretas capazes de neutralizar o carismático apelo de Fidel. Um plano revelado mais tarde entraria em prática quando o líder cubano estivesse no exterior. Um agente disfarçado ficaria encarregado de colocar pó de tálio, um depilatório, nas botas dele. A idéia consistia em fazer com que Fidel, quando calçasse as botas na manhã seguinte, transferisse o pó para as mãos e então para a barba quando a tocasse. Se esse plano tolo funcionasse, o bigode de Fidel cairia! Nunca se discutiu essa idéia com real seriedade e nunca se colocou essa idéia em prática, mas o estratagema serve para confirmar, de forma anedótica, o *status* icônico da sua barba.[17]

Além da barba, havia ainda, como elemento complementar, a roupa padrão de Fidel. A vestimenta de guerrilheiro – as botas de combate, o uniforme militar, o quepe militar e a pistola muitas vezes enfiada em um coldre – foi pensada para projetar a imagem de um revolucionário ardente e perpétuo. Aquilo o distinguia dos civis vaidosos das eras anteriores, dos políticos corruptos que se valeriam de tudo para beneficiar-se. Usando as roupas de combate, Fidel não se parecia nem com um civil e nem com um comandante militar tradicional. Ao contrário, passava a imagem de um revolucionário híbrido, mesmo que suas botas fossem importadas e fabricadas com couro envernizado.

No entanto, Fidel abriu mão algumas vezes dessa roupa. No decênio de 1990, quando participou da posse de presidentes em capitais latino-americanas ou de cúpulas regionais, exibiu-se algumas vezes usando terno. O fato representava para os que, como nós, acompanhavam-no de tão perto um acontecimento surpreendente, mas não apontava nenhuma alteração duradoura quanto à *persona* pública que desempenha.

Ele não era visto usando roupas civis desde o começo dos anos de 1950. Fidel, porém, ficou cada vez mais preocupado com as críticas dando conta de que era o único chefe de governo entre os dos 35 países independentes do Hemisfério Ocidental que não fora eleito democraticamente. A mudança ocasional de traje, ocorrida quando viajava ao exterior, pretendia rebater as críticas de que comandava uma ditadura militar. Então, quando o papa João Paulo 2º visitou Cuba em 1998, Fidel apareceu diante de seu povo, pela primeira vez, usando um terno.

Um repórter de um jornal italiano perguntou-lhe certa vez por que Fidel sempre se vestia com roupas de guerrilheiro. Ele se amuou e exibiu uma postura de grandiosidade que geralmente consegue esconder.

"Essas são as vestimentas que usei minha vida toda, roupas confortáveis e simples. Elas são baratas e nunca saem de moda. [...] Mas, me desculpe por perguntar, em sua entrevista com o papa o senhor perguntou-lhe por que ele sempre usa branco?"[18]

Durante muitos anos, uma arma pequena serviria como acessório necessário ao uniforme. Quando Fidel encontrou-se, em Havana, em 1977, com Ben Bradlee e Sally Quinn, do jornal *Washington Post*, Quinn escreveu que depois da conversa deles, que se estendeu até as primeiras horas da manhã, Fidel insistiu em acompanhá-los em um carro oficial até o hotel onde estavam. Quando se preparavam para sair do gabinete dele, Fidel virou-se para uma estante de livros existente atrás da mesa dele a fim de pegar seu quepe e colocou um cinto com um coldre e uma pistola. Quando os três sentaram-se no banco de trás do carro que os esperava, seus pés apoiaram-se sobre uma AK-47 de fabricação soviética. Segundo Quinn, aquela era uma arma "que ele carrega consigo o tempo todo".[19]

No contexto de sua *persona* pública, Fidel sempre desempenhou o papel do cativante homem comum. Em todo o mundo e durante gerações, apenas o líder cubano conseguiria, provavelmente, ser confundido com o que ficou sendo conhecido simplesmente como Fidel. Nos salões de fora de Cuba freqüentados por intelectuais, em salas de aula de universidades, em jantares festivos de dezenas de países ao longo de quatro décadas e meia, sempre houve apenas um único Fidel. E ele adora que as coisas se dêem nesses termos. "As pessoas me olham como se eu fosse um vizinho, como se fosse uma pessoa qualquer", disse a dois entrevistadores norte-americanos. "Ninguém nunca me chama de Castro."[20]

Em ambientes formais e burocráticos, as pessoas referem-se a Fidel como sendo o líder de Cuba, o *comandante*, o comandante-em-chefe e, mais freqüentemente nos últimos anos, simplesmente como chefe. Raúl e os demais subordinados dirigem-se a ele chamando-o de "Chefe". Simultaneamente, Fidel rechaça outros títulos – primeiro-secretário do Partido Comunista Cubano – quando não participa das hoje raras assembléias partidárias.

Nos inebriantes anos iniciais do governo revolucionário, ele era Fidel para quase todo mundo, entre cubanos e estrangeiros, *guajiros* ou ministros do governo. No entanto, à medida que Fidel envelheceu e passou a exibir uma deferência mais intrincada, o contato direto com as massas diminuiu junto com a intensificação de sua necessidade por formalidades e cerimônias no trato com seus subordinados. Nenhum burocrata ou dirigente do partido poderia usar o informal *tu* em espanhol, ou você, ao conversar com ele. Cubanos atualmente exilados que tiveram contatos oficiais com os irmãos Castro disseram que houve uma época na qual Raúl adotava uma postura formal diante de Fidel, usando o pronome *usted*, senhor, do qual nunca se servem membros de uma mesma família ao conversarem.[21]

Fidel aprecia todas as conotações óbvias de seu nome: fiel, fidelidade, lealdade, devoção. Quando conquistou o poder e passou a colocar-se diante de grandes platéias, Fidel apreciava ouvir as duas sílabas em *staccato* gritadas com tanta facilidade pelas multidões de simpatizantes e pelas audiências formadas por oficiais das Forças Armadas: "Fiii-del! Fiii-del!".

Um dado mais importante ainda é que Fidel é um nome adequado para um dirigente carismático. Outros conhecidos revolucionários do século 20 mudaram seus nomes para obter uma popularidade maior. Stálin, Trotski e Lênin adotaram essas denominações em busca de uma aura pública com maior teor de dramaticidade, de uma maior familiaridade com seus seguidores. Stálin começou a vida como Iosof Dzhugashvili. Trotski chamava-se, originalmente, Lev Bronstein. E Lênin, provavelmente o outro revolucionário mais conhecido do mundo com um nome formado por duas sílabas, era o nome de guerra de Vladimir Ilyich Ulyanov. Nada disso foi necessário para Fidel, que sempre esteve contente com seu nome.

"Eu gosto dele. Nunca fiquei insatisfeito com meu nome", disse certa vez a um entrevistador.[22]

◁ ☆ ▷

A coragem pessoal representa um elemento essencial da imagem heróica de Fidel, mas a realidade, como ocorre no caso de tantos outros traços de sua personalidade, é no fundo bastante contraditória. Não há dúvida de que, ao longo de sua vida, Fidel atuou corajosamente, a começar pelas passagens por Cayo Confites e Bogotá. Não há notícia de um momento no qual tenha vacilado ou perdido o controle, apesar das inumeráveis crises que experimentou. Ele se comportou de forma incisiva e com voz de comando durante a invasão da baía dos Porcos, movimentando as forças cubanas pela ilha como peças de xadrez. Ele tomou todas as decisões estratégicas durante as intervenções militares de Cuba no cenário internacional. E parece não ter perdido nada de sua capacidade ao ingressar na casa dos 60 ou dos 70 anos de idade. No verão de 1994, por exemplo, durante a pior onda de distúrbios antigoverno já ocorrida em Cuba, Fidel dirigiu-se para o cenário de um dos conflitos, na Malecón, a avenida beira-mar de Havana, em um esforço para acalmar os manifestantes e comandar pessoalmente a resposta das forças de segurança.

Todavia, como considera sua própria sobrevivência mais importante do que a vida dos homens que lutam sob seu comando, os riscos que corre são calculados com uma acuidade excepcional. Seu desempenho no ataque de Moncada e durante todo o período da insurgência, tirando-se os primeiros meses, não teve nada de pessoalmente heróico. Ele não liderou nenhuma investida, nunca combateu na linha de frente e saiu de todos esses anos de conflito fisicamente incólume. Sua opinião sobre o equilíbrio adequado entre liderar seus combatentes e combater ao lado deles sintetizou-se em um bilhete que enviou por meio de um mensageiro, para Che, nos primeiros meses da guerra de guerrilha: "Sugiro veementemente que você tenha cuidado. A ordem final é: você não deveria combater. Trate de liderar seus homens com habilidade. É isso que é indispensável no presente momento".[23]

Confiante em seu destino e, no entanto, relutante em testar sua sorte, Fidel seguiu seu próprio conselho. Ao longo de toda a campanha de guerrilha, permaneceu em uma segurança relativa, na retaguarda, longe das ações mais perigosas. Evitou a linha de fogo ou, da mesma forma como fez da encosta do morro de Monserrate, em Bogotá, conseguiu disparar de uma distância segura. Fidel acreditava-se indispensável, e, na verdade, ele era essencial para a causa. Se tivesse sido morto em qualquer momento da luta contra o regime de Batista, seu movimento, altamente dependente da pessoa dele, não teria provavelmente sobrevivido sob o comando de nenhum outro sucessor.

Nas horas finais e mais tensas da crise dos mísseis, em outubro de 1962, Fidel convidou o embaixador soviético a acompanhá-lo até seu abrigo antiaéreo construído em uma caverna localizada perto de Havana, para o caso de uma guerra nuclear ser deflagrada. Segundo Leycester Coltman, seu biógrafo britânico, há um *bunker* sob a casa de Fidel vigiado por membros uniformizados de uma força de elite.[24] Quando viaja para o exterior, costuma ser acompanhado por centenas de integrantes das forças de segurança e toda a comida que ingere é levada de Cuba. Sobrevivente de várias tentativas de assassinato, Fidel não se descuida de sua segurança pessoal.

O único relato inconteste e de primeira mão sobre Fidel ter matado, ele próprio, um outro homem é descrito na autobiografia de Che Guevara. O incidente ocorreu no Arroyo del Inferno, um local remoto da Sierra Maestra, durante as primeiras semanas da insurgência. Fidel, Che, Raúl e alguns outros, formando então um bando guerrilheiro com pouco menos de 20 pessoas, lançaram um ataque surpresa contra um grupo menor de soldados. Che escreveu: "Fidel abriu fogo, atingindo um soldado, que caiu gritando algo semelhante a 'Oh, meu Deus!', antes de ficar imobilizado".[25]

Depois daquele tiroteio, não há nenhum registro indubitável de que Fidel tenha se envolvido pessoalmente em algum outro combate. À medida que as forças guerrilheiras aumentavam de tamanho, Fidel passou a ficar a maior parte do tempo no acampamento que servia de quartel-general de seu contingente e que se revelava um local relativamente seguro, e até talvez idílico. Celia Sánchez, sua secretária e confidente, teria falado em nome dele quando contou, depois da vitória, que os dias transcorridos na Sierra Maestra foram "os melhores. Éramos todos felizes então. Na verdade, nunca mais seremos tão felizes".[26]

Ao contrário de Che, que foi ferido na Sierra Maestra, Fidel não exibe nenhuma cicatriz física de sua vida de conflitos armados. A única vez em que, segundo se tem notícia, foi ferido deu-se durante uma manifestação da época de faculdade. Fidel aprendeu lições fundamentais de sobrevivência durante seu período de envolvimento com as gangues universitárias, época na qual, assim descrevem os relatos dele mesmo, sua vida correu os maiores riscos de todos.

Aparentemente, Fidel nunca disparou um tiro em Moncada, conseguindo ficar a uma distância relativamente segura dos pontos de ação nos quais produziram-se mortos dos dois lados. Ainda não se sabe bem o que pretendeu de fato conseguir com aquela mal planejada investida. Fidel talvez esperasse, conforme sempre asseverou, detonar um levante ao estilo do *bogotazo* e apreender um grande arsenal de armas para continuar lutando contra Batista. Mas um professor da Universidade de Havana que conheceu bem Fidel ficou com uma impressão diferente, uma impressão que parece estar mais próxima da verdade.

Herminio Portell Villa conversou com Fidel, em Havana, poucas semanas antes do ataque de Moncada. Fidel contou-lhe sobre seu plano de ação e perguntou ao professor se acreditava na possibilidade de sucesso. Quando o homem de mais idade afirmou que o sucesso parecia improvável, Fidel deu uma resposta assustadora: "De toda forma, os planos já foram traçados. Não há como voltar atrás. Precisamos de um ponto aglutinador e, se necessário, forneceremos os mártires para tanto".[27]

Começando com os homens que caíram naquela missão suicida, milhares de cubanos morreriam como mártires da luta travada em nome de Fidel, em Cuba e nas empreitadas internacionalistas realizadas em Angola, na Etiópia, na Nigéria e em outros países. O martírio em nome da revolução consistia no apelo mais alto para os revolucionários de verdade, mesmo nas missões ditadas por Fidel que desafiam qualquer bom senso e requerem uma impensável lealdade camicase.

Em geral, Fidel exige isso de seus homens. Um dos exemplos mais radicais ocorreu em outubro de 1983, quando o governo Reagan mandou que as Forças Armadas dos Estados Unidos ingressassem na pequena ilha caribenha de Granada. Cerca de 800 cubanos encontravam-se ali naquele momento, e as instruções repassadas por Fidel fornecem um testemunho raro e confiável sobre seu complexo de martírio e sobre seu estilo messiânico de liderança.

Muitos dos cubanos presentes em Granada eram operários da construção civil, encarregados de construir um campo de pouso e decolagem para o governo socialista aliado de Cuba, alçado ao poder por meio de um golpe realizado alguns anos antes. Os operários possuíam algum treinamento militar e muitos deles eram reservistas das Forças Armadas. Militares da ativa e agentes dos serviços de inteligência cubana também se encontravam na ilha. Às vésperas da intervenção norte-americana, Fidel enviou um coronel de sua confiança, Pedro Tortolo, para comandar o contingente cubano. No entanto era Fidel que, em Havana, dava as ordens, enviando e distribuindo comunicados entre os cubanos.

Quando as forças norte-americanas começaram a desembarcar, o dirigente mandou que todos os cubanos, entre civis e uniformizados, lutassem até a morte. Ele instruiu-os a defender suas posições, resistir ao ataque e rechaçar, sob quaisquer circunstâncias, a rendição.

O coronel Tortolo logo o informou sobre estar recebendo mensagens dos norte-americanos mandando que se rendessem. A resposta vinda de Havana, ao que tudo indica elaborada pelo próprio Fidel, exibia um ar de êxtase.

"Congratulamos vocês por sua resistência heróica. O povo cubano está orgulhoso de vocês. Não se rendam sob quaisquer circunstâncias."

Tortolo respondeu diretamente a Fidel.

"Comandante-em-chefe, cumpriremos as suas ordens e não nos renderemos."

Houve um intenso combate entre os cubanos e as forças norte-americanas desembarcadas. Essa foi a primeira e única vez na qual militares dos dois lados travaram um combate direto, e houve baixas dos dois lados. No total, 24 cubanos morreram, mártires da luta contra o imperialismo norte-americano, conforme demandara seu comandante-em-chefe.

Para desgosto de Fidel, no entanto, todos os demais cubanos, mais de 750, renderam-se. O coronel Tortolo exilou-se na embaixada soviética, decidindo salvar-se a fim de poder lutar pela revolução em uma outra oportunidade. Ele logo teria uma nova chance. Após o militar e outros cubanos que desafiaram as ordens de seu chefe terem regressado para casa em segurança, o coronel caiu em desgraça. Perdeu seu posto, sendo rebaixado para o menor cargo da hierarquia militar, e rumou para as guerras em Angola. Tempos depois, morreu nesse país. Outros 22 oficiais das Forças Armadas de Cuba também estiveram em Granada. Alguns deles contaram-se entre os cubanos mortos, fiéis às ordens de seu comandante-em-chefe. Mas todos os que sobreviveram também foram enviados como soldados rasos para lutar em Angola.[28]

Para a liderança cubana, Granada ofereceu um conto moral amargo e pervertido. Fidel esperava que todos os cubanos presentes na ilha morressem heroicamente em um evento semelhante a um suicídio em massa e levando um grande número de norte-americanos consigo. Talvez, imaginou Fidel, se a luta fosse violenta e demorada, uma saraivada de críticas vinda da comunidade internacional e a oposição à intervenção norte-americana dentro do Congresso dos Estados Unidos arrancariam um cessar-fogo. Perdendo ou ganhando, o dirigente cubano desejava que o mundo testemunhasse o quão feroz era a lealdade dos revolucionários de Cuba a seu comandante-em-chefe. Desejava mais mártires para ajudar a melhorar sua imagem dentro de seu próprio país em um momento histórico difícil. E desejava provocar o máximo de danos possível ao odiado governo Reagan.

Florentino Aspillaga ocupava o mais alto cargo dos serviços de contra-espionagem de Cuba antes de desertar para os Estados Unidos em 1987. Aspillaga acompanhou de perto o desenrolar dos fatos durante a intervenção norte-americana em Granada, alguns anos antes, e testemunhou a postura adotada por Fidel então. Em uma entrevista concedida a Georgie Anne Geyer, Aspillaga disse que Fidel ficou chocado com o fato de "tão poucos cubanos terem morrido em nome dele. [...] Ele não se importava com o fato de morrerem. Importava-se com o fato de morrerem em nome dele".[29]

Perguntei a vários oficiais das Forças Armadas dos Estados Unidos, oficiais de diversas patentes, entre os quais generais, sobre as implicações morais das decisões de Fidel. A maior parte deles respondeu que, em qualquer sociedade democrática, ordens do tipo "não se render jamais", como a dada pelo líder cubano, seriam ilegais e imorais. A obsessão de Fidel pelo martírio coloca-o na companhia dos mais fanáticos líderes dos piores regimes párias e das piores organizações terroristas do mundo.[30]

◁ ☆ ▷

Exibir uma masculinidade vigorosa é algo essencial para a imagem pública de Fidel. Mas exibir uma sexualidade vigorosa, não. Preservando sua *persona* pública com disciplina, Fidel sempre consegue separar uma coisa da outra. Nos primeiros dias do regime revolucionário, costumava-se chamá-lo de *el Caballo*, o cavalo, uma alusão de cunho sexual. À época, mulheres cubanas e estrangeiras flertavam com ele o tempo todo. Quando assume seu papel, no entanto, nada que possa ser descrito como remotamente sexual ou afetuoso passa pelos filtros de sua atuação. Os leitores das transcrições da FBIS e dos pronunciamentos poderiam trabalhar incansavelmente, e sem sucesso, à procura de um comentário sexualmente explícito ou implícito. Reservadamente, Fidel mostra-se espetacularmente mundano. Mas há poucas chances de que uma única palavra de baixo calão tenha passado pelos lábios dele em suas aparições públicas.

Quando Sally Quinn entrevistou Fidel, notou que "ele nunca toca uma visitante do sexo feminino". Isso contrasta com as várias formas casuais e impulsivas de contato físico que mantém com homens durante conversas e entrevistas. Quinn ficou com a impressão de que Fidel estava "olhando através dela e não para ela, que é a forma como olha para os homens".

A jornalista escreveu no *Washington Post* que a "postura de Fidel muda quando conversa com as mulheres. Sua confiança e firmeza diminuem".[31]

Fidel, com certeza, não é um revolucionário calvinista ou um puritano reprimido. Ainda assim, muitos relatos feitos por pessoas próximas indicam, desde a adolescência do futuro líder cubano, um forte traço de pudicícia e desconforto a respeito de tudo que envolva mulheres. Quando visitou a Cidade do Panamá, a caminho de Bogotá, em 1948, ficou horrorizado com os "bordéis, boates e outros locais lúbricos". E, quando treinava no México, indignou-se a tal ponto com o biquíni usado por uma garota que lhe comprou um maiô mais discreto.

Em todas as declarações que Fidel deu publicamente, há poucas que refletem o indivíduo existente por trás da máscara. Seus sentimentos e emoções interiores raramente são compartilhados. Os temores, culpas, dúvidas e remorsos, quaisquer indícios sobre o funcionamento de seu aparelho psicológico ou sinais de vulnerabilidade nunca se revelam. Poucas vezes Fidel admitiu ter cometido um erro. O dirigente afirmou à jornalista de TV Barbara Walters, em uma entrevista, que nunca havia errado ao adotar uma decisão estratégica. Disse que isso ocorreu apenas em relação a algumas decisões táticas de pouca importância.

Fidel nunca transpareceu qualquer tipo de emoção ou conflito interno. Se fizesse isso, romperia com o imperativo performático e iria de encontro a sua natureza. Quando em público, ele precisa estar o tempo todo no controle de seus sentimentos. A fúria e o melodrama que exibe com freqüência em seus pronunciamentos, de forma mais comum em suas investidas contra os Estados Unidos, não passam de recursos teatrais. Ele está sempre no controle quando finge essas emoções exaltadas. Ao longo dos anos todos durante os quais subiu ao palco, nunca houve um incidente no qual perdesse a fala, vertesse uma lágrima ou se deixasse dominar momentaneamente pelo repuxar invisível de uma emoção pessoal subjacente. Empregando o "nós" majestático, ele abstrai a si próprio e, da mesma forma, exime-se de qualquer culpa por qualquer erro cometido em nome da revolução.

Avaliando todos os registros dos pronunciamentos de Fidel, haveria dificuldade para encontrar exemplos de genuína introspecção ou auto-análise. Em várias oportunidades, ele bateu na tecla de que todas as execuções cometidas na Sierra Maestra e nos primeiros meses que se seguiram à vitória da guerrilha justificavam-se e haviam sido necessárias, chegando uma vez a comparar em termos favoráveis o que tolerava em Cuba com o que ocorreu durante o Reinado do Terror, na Revolução Francesa, e com o líder revolucionário francês que mais admira: "Os poucos meses de terror foram necessários para acabar com um terror que durara séculos. Em Cuba, precisamos de mais Robespierres".[32]

Barbara Walters, certa vez, pressionou Fidel a fim de que se manifestasse a respeito de vários assuntos pessoais sobre os quais se recusa a falar. A entrevistadora o surpreendeu quando perguntou se havia alguma coisa capaz de fazê-lo chorar: "Há muitos momentos emocionantes. Não direi que choramos lágrimas de verdade. [...] Há, claro, momentos nos quais precisamos segurar nossas lágrimas. Quanto a chorar copiosamente, por razões estritamente sentimentais, eu não sei. Não tenho uma experiência desse tipo há muito tempo".[33]

Qualquer confissão do tipo, sobre uma comoção interna ou um momento sentimental, poderia sugerir fraqueza, e Fidel nunca admitiria isso. No entanto, o homem de carne e osso escondido por sob a máscara do herói continua a sentir dor e emoções, e, de quando em quando, longe dos olhos da opinião pública, Fidel deixou-se estressar ou mesmo traumatizar. Conforme sugeriu para Barbara Walters, ele chorou também, ao menos em sua vida anterior. Fidel admitiu ter feito isso uma vez na universidade, quando temia por sua vida. Várias fontes confiáveis que estiveram próximas dele em épocas diferentes antes de ele conquistar o poder lembram-se de vê-lo chorando, em situações variadas. Mas quando respondeu à pergunta de Walters, Fidel incorporava seu personagem. O papel de herói que desempenha, a *persona* que corporifica a revolução, não pode admitir que possui uma vida interior ou as emoções normais de um ser humano.

O poeta cubano Heberto Padilla, que entrou em contato com Fidel no começo dos anos de 1950, escreveu a respeito de seu "inexplicável abandono de si próprio".[34] K. S. Karol, o marxista europeu que o conheceu bastante bem, comentou que ele odeia ficar falando sobre o passado. O que interessa a Fidel é o presente.[35] O próprio Fidel confessou, em uma entrevista concedida em 1985, ser "alérgico" a discutir questões pessoais.[36] Essa postura não se alterou em nada ao longo dos anos seguintes. Se mudou, Fidel, ao envelhecer, tornou-se ainda mais radical quanto a proteger sua privacidade e esconder seus verdadeiros sentimentos.

Levando-se em conta o quanto discursou e falou publicamente, não é de surpreender que, no entanto, sua carapaça tenha rachado ou se esgarçado um pouco em algumas raras ocasiões. Inadvertidamente ou não, isso aconteceu apenas em entrevistas concedidas a inquiridores particularmente hábeis ou sensíveis. Barbara Walters coagiu-o a falar rapidamente sobre o quão solitário se sentia, mesmo que se faça cercar por multidões de admiradores. "Eu realmente detesto a solidão, a solidão absoluta", afirmou.

"Em outras palavras, o senhor detesta ficar sozinho?", perguntou Walters.

"Sim, sim", murmurou.

Ela persistiu no assunto, dizendo a seguir: "Por quê?".

"Talvez por causa da necessidade do ser humano de ter companhia. [...] Passei muitos meses em uma solitária."

E então, tentando assumir novamente seu personagem impenetrável e heróico, afirmou: "O fato de eu detestar a solidão não significa que não seja capaz de suportá-la".[37]

CAPÍTULO NOVE

Os deveres moral e político

Durante o verão de 1975, nos meses transcorridos entre a retirada norte-americana do Vietnã e a maciça intervenção militar cubana em Angola, comecei a elaborar minha primeira estimativa nacional de inteligência, o NIE-85-1-75, *Cuba's Changing International Role* (O Novo Papel de Cuba no Cenário Internacional). Nessa época, já tinha 11 anos de experiência como analista da CIA para a América Latina e como oficial do setor de inteligência da Força Aérea. Além disso, estava terminando meu doutorado na área de história da América Latina. Escrever um relatório difícil como aquele significava um desafio profissional recebido de braços abertos.[1]

Mostrando-se futuramente exatos ou inexatos, revelando-se prenunciadores ou repetições do óbvio, os NIEs têm sido considerados desde o começo dos anos de 1950, com acerto, o supra-sumo das análises realizadas pelas agências de inteligência. Os vários órgãos da comunidade de inteligência dedicados à coleta e à análise de informações mobilizam-se e coordenam-se quando do planejamento de um relatório do tipo e quando da reunião de todos os tipos de dados. Feito isso, os chefes de agência reúnem-se para rever e aprovar o texto e oferecer opiniões eventualmente divergentes. O processo é formal, muitas vezes lento, e atravancado por mecanismos de checagem e rechecagem. Ao final, o diretor da CIA responsabiliza-se pessoalmente pelos fatos e julgamentos inseridos no relatório; esses documentos representam as opiniões dele sobre um determinado assunto a serem enviadas ao presidente e à equipe da área de segurança nacional postada no topo da cadeia de comando.

Como muitos NIEs, aquele sobre Cuba deveria dar embasamento a decisões de política a serem tomadas em caráter de urgência. Negociações ultra-secretas com o governo dos irmãos Castro vinham sendo realizadas pelo então secretário norte-americano de Estado, Henry Kissinger, com o objetivo de reduzir as tensões bilaterais e dar prosseguimento a um esforço amplo de reaproximação. Uma iniciativa exclusivamente dos Estados Unidos, aquela acabou por se mostrar a manobra mais importante realizada até então para retomar as relações entre os dois países, que desde o começo de 1959 ficaram oscilando entre extremamente hostis e meramente conflitivas.

As primeiras sondagens, feitas diretamente com Fidel, haviam ocorrido em junho de 1974, dois meses antes de Richard Nixon entregar a Casa Branca a Gerald Ford. O processo de aproximação realizado anteriormente junto da China comunista serviria de modelo para o que, segundo se acreditava, poderia ser possível realizar também junto de Cuba. Negociações com a União Soviética sobre o controle de armas e outros assuntos tinham igualmente produzido vantagens consideráveis para os dois lados. Parecia razoável concluir então que, se Mao e o Kremlin poderiam sentar-se de forma construtiva à mesa de negociações, Fidel identificaria da mesma forma algum benefício em conversar. Kissinger e seu secretário-assistente de Estado para a América Latina, William Rogers, avançaram seus esforços sob um grosso véu de sigilo. A princípio, apenas alguns dos membros do governo, entre os quais eu, envolveram-se no processo.

Ironicamente, no entanto, a primeira rodada de negociações oficiais realizou-se de forma aberta, em uma cafeteria bastante movimentada do Aeroporto LaGuardia, em Nova York, em janeiro de 1975. Lawrence Eagleburger, então um dos principais assessores de Kissinger, reuniu-se com duas autoridades do alto escalão cubano para começar a discutir as possibilidades. Eagleburger disse-lhes que as diferenças ideológicas não deveriam impedi-los de resolver seus problemas bilaterais e que Washington estava preparado para discutir todos os assuntos que interessassem a Havana. O momento da iniciativa parecia propício. A maioria dos cidadãos norte-americanos estava cansada do longo e cáustico impasse mantido entre os dois países, e muitos membros do Congresso norte-americano, entre republicanos e democratas, defendiam abertamente uma maior flexibilidade na relação entre Cuba e os Estados Unidos.[2]

O ritmo dos contatos acelerou-se enquanto eu elaborava a estimativa. Encontros exploratórios foram realizados em Washington e Nova York, e o Departamento de Estado veio a público anunciar que os Estados Unidos estavam dispostos a dar início a negociações sérias com Havana. Em agosto, Fidel realizou um gesto conciliatório, devolvendo o dinheiro de um resgate pago quando do seqüestro de um avião norte-americano de passageiros. O projeto de Kissinger parecia ganhar velocidade, e portanto a carência por uma ampla estimativa nacional de inteligência não poderia ser mais óbvia. Havia muitas coisas que os negociadores norte-americanos desejavam saber.

Fidel estava realmente interessado em melhorar as relações bilaterais? Se houvesse uma negociação séria, o que Fidel ofereceria e exigiria com o avançar do processo? Quais seriam as suas prioridades? Seria o dirigente cubano capaz de recusar-se a tratar de algum ponto que interessasse aos Estados Unidos? Quais concessões mínimas ele esperaria receber? Depois da crise dos mísseis, Fidel apresentou um conjunto de cinco exigências, e no começo da década de 1970 insistia teimosamente que aquelas consistiam no seu limite inegociável. Em um discurso, ele apresentou-as de forma sucinta: "Exigimos o final incondicional da pirataria, do bloqueio, das infiltrações e das violações aéreas e que devolvam a base de Guantánamo".[3]

A questão mais pungente para Fidel chamava-se embargo econômico, medida a que sempre se referiu como "bloqueio". O dirigente insistia que o embargo teria de ser levantado como precondição para quaisquer negociações reais. Mas Fidel insistiria nesse ponto? Havia sinais de alguma flexibilidade.

Ninguém duvidada que a base naval dos Estados Unidos em Guantánamo, um prêmio legado pela Guerra Hispano-Americana, teria de ser devolvida a Cuba e que, nesse momento – quando, claro, não havia terroristas da Al Qaeda detidos ali –, nem mesmo a Marinha ou o Pentágono poderia opor qualquer tipo de resistência efetiva. As outras exigências básicas de Fidel poderiam ser atendidas de forma a satisfazê-lo.

Relendo uma cópia do relatório anos mais tarde, da qual faltavam algumas frases riscadas por censores da CIA, fiquei satisfeito com o fato de ver que o documento resistira bem ao passar dos anos. A maior parte do que fora previsto acabou por acertar o alvo em cheio.

Não tínhamos certeza de que Fidel desejava realmente manter negociações sérias. Se esse fosse o caso, tínhamos certeza de que não cederia nada facilmente. Até avisamos o governo Ford de que ele "provavelmente calcula que, com o passar do tempo, aumentarão as pressões para que os Estados Unidos acertem-se com ele" e de que ele então apostava que conseguiria "um acordo melhor com o próximo governo norte-americano". Era difícil imaginá-lo abrindo mão da linguagem bombástica e do sarcasmo típicos dos ataques verbais lançados contra os Estados Unidos e que representam a cola retórica responsável por cimentar suas políticas doméstica e exterior há tanto tempo. Culpar os Estados Unidos por quase todos os problemas de Cuba era para ele uma segunda natureza. Fidel não seria Fidel se não houvesse o inimigo norte-americano contra o qual vituperar.

Aquela estimativa nacional de inteligência seria a mais instigante das muitas que eu escreveria sobre Cuba e sobre outros países nos anos seguintes. A missão teria sido muito mais fácil se nossa obrigação fosse, por exemplo, descrever o poder de fogo e os recursos das Forças Armadas de Raúl. Fontes técnicas teriam fornecido provas concretas a respeito disso. Escrever sobre como o sistema político de Cuba estava mudando ou sobre como a economia estava se saindo teria sido mais fácil também, porque relatórios confiáveis de desertores e agentes disfarçados poderiam ser consultados.

Esses eram problemas observáveis. Nossa tarefa, porém, consistia em avaliar abstrações – os argumentos e as intenções de Fidel. Eu precisava colocar-me no lugar dele e tentar pensar como ele. A leitura dos pronunciamentos dele e do governo cubano ajudou, mas o quão flexível se mostraria Fidel depois de passada a fase inicial de marcação diplomática de posições? E, como ocorria todas as vezes nas quais se avaliava Fidel, seria necessário separar o que era real do que era artifício. Poderíamos assumir com uma certa segurança que um substrato elaboradamente tecido de embuste estaria colocado por debaixo de tudo que dissesse ou fizesse em público.

Raúl figurava apenas marginalmente no relatório, recebendo menos atenção até mesmo do que o "comunista da velha guarda" Carlos Rafael Rodríguez, descrito então como o terceiro homem mais poderoso do regime. Não havia motivos para acreditar que os irmãos Castro teriam entrado em atrito desde que se desentenderam em abril de 1959, em Houston. Todos os indícios apontavam que os dois trabalhavam juntos de forma harmoniosa. Além disso, o relatório preocupava-se com tratar do processo de decisão da política externa de Cuba, e sabíamos que esse era um território reservado a Fidel.

Do lado norte-americano do campo de negociação, muitas questões espinhosas surgiriam se os contatos com os cubanos se transformassem em um processo sério. A relação militar de Havana com a União Soviética continuava a ser um assunto nevrálgico em Washington, passados mais de 12 anos da crise dos mísseis, apesar de o relatório enfatizar que esse seria um ponto inegociável. O comprometimento de Cuba de exportar sua revolução para outros países ocupava um lugar importante na agenda política dos Estados Unidos. Apostávamos, no entanto, que Fidel não cederia a esse respeito. No relatório, concluímos ser "altamente improvável que Castro renuncie ao direito de dar apoio a 'guerras de libertação nacional'". Esse assunto crucial não constaria das conversas bilaterais, com exceção, acreditávamos, de Porto Rico.

Esse território norte-americano autônomo parecia ser o alvo mais recente de Fidel – Cuba começou a manobrar de maneira agressiva para dar apoio à independência dele. O assunto Porto Rico, dentre todos os outros abordados no relatório, ocupou o maior espaço porque as intenções de Fidel a respeito da ilha representavam o obstáculo mais difícil a ser superado. Dar apoio à independência porto-riquenha importava mais para ele do que melhorar as relações com Washington? Se sim, não poderia haver nenhum avanço rumo a uma reaproximação, provavelmente nenhum tipo de negociação sustentável.

Os porto-riquenhos são, afinal, cidadãos norte-americanos. Eles votam democraticamente para escolher seus governadores, prefeitos e outras autoridades locais. Uma delegação não-votante integra a Câmara dos Representantes (deputados) e fala em nome da ilha em Washington. Durante ao menos os últimos 50 anos, o apoio à independência tem se mostrado minúsculo, raramente chegando a 5% ou 6% dos votantes. E, nos anos mais recentes, esse índice caiu ainda mais. Porto Rico receberia sua independência imediatamente se essa fosse a vontade democraticamente manifestada da maioria de seus moradores. O assunto não reverberava em quase nenhum outro lugar da América Latina, onde até mesmo nos círculos mais nacionalistas era considerado como uma das obsessões mais peculiares de Fidel.

O envolvimento cubano na defesa da independência representava, portanto, uma questão difícil de se compreender. Eu sabia que, no tempo de faculdade, Fidel envolvera-se com manifestações violentas de rua e que, em sua primeira entrevista coletiva depois da vitória da guerrilha, em janeiro de 1959, clamara pela independência de Porto Rico. E, em 1975, surgiram vários indícios de que Fidel voltava a brandir ruidosamente a causa, mais uma vez.

O relatório estatuía que "durante o último ano mais ou menos a questão tem sido defendida com uma intensidade sem precedentes dentro da ONU e em outros fóruns internacionais, que Havana sediou uma conferência internacional no começo de setembro para dar apoio a essa causa e que autoridades cubanas do primeiro escalão tornam-se cada vez mais identificadas com ela". Observei também, no texto, que o próprio Fidel afirmara publicamente algumas semanas antes de concluirmos o relatório, que a solidariedade cubana com a independência porto-riquenha representava uma questão de princípio da qual nunca abriria mão – nem mesmo para melhorar as relações com os Estados Unidos.

Essa era a posição inabalável dele ou, uma vez iniciada as negociações, haveria espaço para alguma flexibilidade? Como todos os outros envolvidos na elaboração do relatório, eu acreditava que Fidel veria as grandes vantagens que obteria ao colocar de lado a questão de Porto Rico em nome de uma mitigação do embargo econômico e de obter benefícios palpáveis com a melhoria das relações. Então, escrevi no relatório que, "apesar das declarações contundentes de seus líderes, acreditamos que há alguma flexibilidade quanto à postura de Cuba em relação a Porto Rico".

Essa opinião se transformaria em um dos dois erros embaraçosos que cometemos naquele documento. Ela demonstrava de forma veemente os perigos envolvidos em interpretar erroneamente as intenções de um líder tão idiossincrático quanto Fidel Castro. Em Washington, o senso comum ditava que, segundo uma escolha racional, o líder cubano diminuiria seu interesse pela independência de Porto Rico em nome das recompensas econômicas e diplomáticas a serem auferidas com a reaproximação.

Esse, no entanto, não era o raciocínio *dele*. Certamente, Fidel raciocinava obedecendo a seus parâmetros peculiares. Seu interesse nos aliados do Terceiro Mundo, e não seu interesse em melhorar as relações com os Estados Unidos, conferia-lhe suas prioridades. Nós nos deixamos seduzir pela clássica armadilha do pensamento analítico chamado projeção especular.

Naquela estimativa, cometemos ainda um segundo erro grave, que poderia ser descrito como uma omissão ou uma falha de projeção. Havia no relatório somente uma única frase, e uma frase insignificante, sobre Angola. Mas, no momento em que se concluía a elaboração do documento, grupos de assessores militares de Cuba desembarcavam secretamente no país africano. Eles foram enviados para ajudar o movimento marxista de libertação a consolidar seu poder no instante em que chegava ao fim o domínio colonial exercido pelos portugueses. Naquele outono, mais assessores militares de Cuba, e depois soldados, começaram a afluir e, no final do ano, até 1.500 estavam em operação naquele extenso país do sudoeste africano, envolvidos em missões de combate.

A intervenção significou algo para nós totalmente inesperado. Cuba nunca havia feito nada do tipo antes, e eu acho que nenhum dos encarregados de elaborar o conteúdo daquela estimativa tenha chegado a no mínimo considerar essa possibilidade. E nós não éramos os únicos pegos de surpresa. Kissinger escreveu mais tarde, em sua autobiografia, ser inimaginável que Fidel "agisse de forma tão provocativa em um local tão distante de Cuba".[4]

◁ ☆ ▷

Na qualidade de principal encarregado pela estimativa, tive de apresentar o texto final aos chefes das nove principais agências de inteligência dos Estados Unidos. No dia 19 de outubro, William Colby, o diretor da CIA, presidiu a sessão realizada em uma pequena e despretensiosa sala de conferência existente perto do gabinete dele e da qual se serviram todos os diretores da Agência desde Allen Dulles. Uma bandeira norte-americana podia ser vista em um dos cantos. Uma fotografia grande do presidente Ford estava dependurada na parede, à esquerda de Colby. Brasões em gesso de todas as agências de inteligência, cada um com cerca de 45 centímetros de diâmetro, espalhavam-se pelas duas outras paredes. O brasão do FBI podia ser visto dentre os demais, mas essa era a única grande agência que não participou do evento realizado naquele dia, ou de qualquer evento ocorrido durante aquele processo. Somente mais tarde eu viria a saber o quão prejudicial foi a ausência do FBI para nossos esforços coletivos.

O que o FBI sabia e a CIA não sabia era que Fidel vinha dando apoio a terroristas porto-riquenhos havia anos. Os revolucionários mais radicais de Porto Rico apoiados e incentivados pelo líder cubano não eram os guerrilheiros dos chamados movimentos de libertação nacional que Fidel auxiliara em outros países porque não contavam com quase nenhum apoio popular.

Esses revolucionários praticavam atividades criminosas na ilha e no continente norte-americano, tendo sido os responsáveis por vários atentados a bomba, assassinatos e outros delitos graves. Agentes dos serviços cubanos de inteligência, em contato direto com o próprio Fidel, trabalharam com eles durante 20 anos ou mais, tendo a colaboração entre esses dois grupos se iniciado, ao que tudo indica, no começo ou na metade da década de 1960. O que o FBI deve ter sabido em 1975 a respeito desse apoio cubano para atividades terroristas praticadas dentro das fronteiras dos Estados Unidos não foi repassado para os analistas das informações vindas de outros países, entre os quais eu. Se tivéssemos recebido esse tipo de dado, ainda que de forma bastante superficial, a respeito das atividades do governo cubano, o relatório teria certamente adotado uma linha mais rígida do que aquela pela qual optamos.

Infelizmente, naqueles dias, não muito tempo depois da morte de J. Edgar Hoover, a CIA e o FBI atuavam como agências de inteligência rivais. Os pequenos atos de cooperação realizados davam-se às margens, já que as duas culturas burocráticas raramente encontravam algum terreno comum. Até certa medida, as tensões revelavam-se compreensíveis. As operações de segurança e as de coleta de informação nem sempre conseguem misturar-se bem. Os agentes do FBI tentam, antes de tudo, processar os criminosos usando todas as informações disponíveis. Pela lei, no entanto, os agentes da CIA precisam proteger suas fontes estrangeiras de informação e seus métodos, de forma que se mostram avessos a comparecer aos tribunais ou a ver os relatórios de agentes secretos usados como prova.

Houve uma oportunidade perdida para uma maior cooperação em 1975, algo que poderia ter-nos ajudado a evitar a falha de inteligência sobre Porto Rico, falha essa que perdeu importância, claro, quando comparada com as subseqüentes. Os embates e as culturas conflitantes persistiram durante vários anos e contribuíram de forma significativa para a inabilidade das agências norte-americanas em prever ou evitar as calamidades do 11 de setembro. Espera-se que o novo diretor nacional de inteligência comece a sanar esses problemas, garantindo que a CIA e o FBI trabalhem de forma realmente coordenada.

Na época em que os grupos terroristas de Porto Rico patrocinados por Cuba finalmente saíram de cena, no final da década de 1980, haviam matado mais norte-americanos e provocado mais danos dentro dos Estados Unidos do que qualquer outra organização terrorista em atividade dentro do país, com exceção dos ataques de 1994 e de setembro de 2001 realizados pela Al Qaeda contra o World Trade Center, em Nova York. Todas as ações dos porto-riquenhos realizaram-se com o apoio coordenado de Cuba.

Nos anos de 1970 e no começo dos de 1980, dois grupos principais – os Macheteros e as Forças Armadas de Libertação Nacional de Porto Rico, conhecidas pelas iniciais FALN – realizaram campanhas amplas, cuidadosamente planejadas, profissionalmente dirigidas e bem custeadas, em várias cidades norte-americanas. Esses grupos haviam sido bem armados e bem treinados por seus mentores cubanos. Grande parte das atividades teria sido impossível de ser realizada não fosse o encorajamento e o apoio clandestino e persistente do governo cubano.

Os terroristas dos Macheteros foram os responsáveis pela morte de dois militares norte-americanos e por terem deixado outros nove feridos quando um ônibus da Marinha caiu em uma emboscada em Porto Rico, no ano de 1970. Eles dispararam contra seus alvos pegos de surpresa usando metralhadoras de fabricação soviética. Vários atentados a bomba ocorridos na ilha, em Nova York e em Chicago saíram das mãos deles. Os Macheteros mataram um policial porto-riquenho e assumiram a responsabilidade pela destruição, em 1981, de 11 jatos da Guarda Nacional Porto-riquenha em uma base aérea da ilha.[5]

No dia 12 de setembro de 1983, um destacamento realizou a bem planejada Operação *Águila Blanca*, Águia Branca. Os homens atacaram um carro blindado da Wells Fargo em um terminal de Hartford, Connecticut, roubando mais de US$ 7 milhões. A ação acabou por se transformar em um crime perfeito por causa da participação dos serviços de inteligência de Cuba. Grande parte do dinheiro e Victor Gerena, o principal responsável pela ação, foram secretamente levados para Havana, em uma série de operações cubanas tipicamente hábeis.[6]

Depois do roubo, Gerena escondeu-se no compartimento secreto de um antigo *trailer* enquanto era levado do Texas para o outro lado da fronteira com o México. Ali, Gerena encontrou-se com agentes cubanos e foi transportado para um local seguro, na Cidade do México. Mais tarde, recebeu um passaporte argentino falso e dirigiu-se para Cuba, onde, é provável, ainda reside sob proteção do governo cubano. A maior parte do dinheiro da Wells Fargo também acabou em Havana, enviado por meio de malotes diplomáticos cubanos. Alguns relatos indicam que o governo de Cuba manteve para si uma grande parte dessa soma a fim de utilizá-la na promoção da revolução em outros países latino-americanos.[7]

Gerena foi oficialmente identificado como terrorista em dezembro de 2004, quando o FBI anunciou estar aumentando para US$ 1 milhão a recompensa a ser paga pela sua captura. Em uma entrevista coletiva realizada em Connecticut, autoridades da polícia federal observaram que Gerena e Osama bin Laden eram então os dois únicos terroristas na lista dos Dez Criminosos Mais Procurados elaborada pelo FBI.[8]

Edmund Mahony, um repórter investigativo da *Hartford Courant*, escreveu vários textos a respeito do caso Wells Fargo e de suas conexões com os agentes da inteligência cubana. Em uma série de artigos históricos publicada em novembro de 1999, Mahony descreveu a rede de ligações existente entre os agentes cubanos, os Macheteros e as FALN. Descobriu que os dois grupos terroristas, "criados em coordenação com os agentes da inteligência cubana", realizaram um total de mais de 120 atentados a bomba desde o começo dos anos de 1970 e possivelmente antes disso.

Mahony atribuiu a seguinte declaração a um especialista do FBI no combate ao terrorismo familiarizado com as fitas das conversas mantidas entre os líderes dos Macheteros e os agentes cubanos, especialista esse cuja identidade não revelou:

"Eles estavam falando sobre Fidel. Isso estava sendo decidido nos mais altos escalões de Cuba."[9]

Esse dado mostrava-se consistente com as informações divulgadas pelo principal analista para a América Latina dentro do Conselho Nacional de Segurança durante o governo Carter. Robert Pastor, que conversava com Fidel e com outras autoridades importantes de Havana, mais tarde escreveu sobre a fixação do líder cubano por Porto Rico.

"Ao discutir a questão de Porto Rico em conversas mantidas em separado com as mais importantes autoridades cubanas, descobri que apenas *uma* delas poderia ser descrita como genuinamente obcecada pelo assunto. Essa pessoa era Fidel Castro."[10]

Dois ex-membros dos serviços cubanos de inteligência que hoje vivem fora da ilha caribenha também divulgaram detalhes sobre o envolvimento de Cuba nas atividades de terroristas porto-riquenhos dentro dos Estados Unidos. Jorge Masetti desertou em 1990, depois de passar muitos anos trabalhando em países europeus e latino-americanos para as agências cubanas de inteligência. Masetti identificou José Antonio Arbesú, um alto dirigente dos serviços de espionagem de Cuba que mais tarde trabalhou no cargo de diplomata cubano em Washington, como sendo o arquiteto da operação de fuga de Gerena via Cidade do México.[11]

Domingo Amuchástegui, outro ex-agente cubano que hoje mora nos Estados Unidos, descreveu para a *Hartford Courant* o lugar especial ocupado por Porto Rico nos planos de Fidel. Mais tarde, reiterou essas informações em uma conversa que tivemos na região de Washington.

"Porto Rico é diferente. Para nós de Cuba, isso integra uma política sagrada ou um princípio. Para nós, até hoje, Porto Rico é um caso de exploração colonial." Amuchástegui acrescentou que "Fidel Castro disse muitas vezes, reservadamente, que, se chegar o dia em que somente duas pessoas defenderão a independência de Porto Rico, uma dessas duas pessoas será ele".

Amuchástegui memorizou o raciocínio de Fidel de maneira bastante exata. O líder cubano afirmou a Barbara Walters quase o mesmo.

"Enquanto houver um porto-riquenho, um único, que deseje a independência para o seu país, teremos então os deveres moral e político de dar-lhe apoio. Mesmo que haja apenas um! Se, algum dia, não houver nenhum, então isso fará com que deixe de existir nosso comprometimento com Porto Rico."[12]

◁ ☆ ▷

Ao mesmo tempo em que se dedicavam a ajudar os terroristas porto-riquenhos, os agentes cubanos também mantinham os ouvidos atentos para identificarem pessoas simpáticas à causa deles, pessoas que pudessem ser recrutadas como espiões de Havana. O agente de mais alto escalão de Cuba a ser detido nos Estados Unidos foi uma porto-riquenha que trabalhou durante 17 anos para Fidel. Ana Montes, uma importante analista sobre questões latino-americanas e especialista em Cuba e na Nicarágua junto à Agência de Inteligência da Defesa (DIA, Defense Intelligence Agency, na sigla em inglês), um órgão ligado ao Pentágono, confessou sua culpa e foi condenada, em 2002, a 25 anos de prisão. Montes sentia-se tão fielmente ligada à revolução que, ao ser condenada, falou sobre a obrigação moral que devia a Cuba porque as políticas adotadas pelos Estados Unidos haviam sido tão "cruéis e injustas".

Montes provocou muitos estragos, e algumas informações sensíveis então repassadas pela espiã a Cuba acabaram por ser, segundo se sabe, compartilhadas com os serviços secretos de outros países.[13] Os crimes cometidos por Montes teriam sido ainda mais danosos aos interesses norte-americanos não tivesse a porto-riquenha sido detida naquele momento. Ela tinha grandes chances de se tornar a mais importante analista da DIA para questões latino-americanas. Montes tinha acesso a informações altamente delicadas sobre o aparato de inteligência e de defesa dos Estados Unidos. E, por conta de sua experiência, exercia uma considerável influência sobre analistas mais jovens, entre os quais alguns do SOUTHCOM, o comando militar unificado do Pentágono em Miami, responsável pelas operações para a maior parte da América Latina, incluindo o Caribe.

Quando ocupei o cargo de autoridade nacional de inteligência para a América Latina, entre 1990 e 1994, atuando como o analista mais graduado para aquela região dentro de uma dúzia mais ou menos de agências da comunidade de inteligência, Montes participou da elaboração de vários boletins, entre os quais ao menos uma estimativa nacional de inteligência. Eu nunca confiei na aptidão dela como analista de Cuba. Pensando em retrospecto, no entanto, eu deveria ter levantado uma bandeira vermelha de contra-inteligência. Montes talvez fosse a pessoa mais carrancuda e desagradável com quem já trabalhei. Infelizmente, porém, nunca me ocorreu, durante o período em que mantive contato com ela, que Montes trabalhava para Fidel.

Lembro-me de ter conversado com uma veterana analista da CIA para questões cubanas após a condenação de Montes. "Tudo o que escrevemos sobre Cuba durante aqueles anos não serviu para nada", reclamou amargamente a analista, presumindo, sem dúvida corretamente, que todas as nossas avaliações mais importantes sobre Cuba teriam sido transmitidas de bate-pronto, por Montes, para Havana. Fidel deve ter sido o leitor mais voraz das informações enviadas pela agente e deve ter supervisionado pessoalmente a forma como Montes agia, como costuma fazer nos casos mais importantes da área de inteligência e em vários casos menos importantes.

Eu sabia que tinha sido um alvo crucial das atividades de Montes. Eu tinha chamado a atenção das agências cubanas de inteligência, pela primeira vez, na década de 1970, e no momento em que me tornei oficial nacional de inteligência para a América Latina, em 1990, já fora coligido um dossiê espesso a meu respeito. Durante minhas duas visitas oficiais a Havana, no começo dos anos de 1990, fui vigiado por minhas contrapartes no regime cubano. Não tenho dúvida de que os arquivos deles a meu respeito incluíam uma grande quantidade de fotos, vídeos e fitas de áudio. Sei que possuem transcrições ou gravações das aulas que dei sobre Cuba quando era professor-adjunto do ensino superior. Presumo que esse material tenha sido repassado por um ou outro dos meus alunos. Os cubanos também arquivaram cópias de muitos artigos e capítulos de livro que escrevi sobre Cuba. E, algumas vezes, me pego pensando sobre o que mais teriam a meu respeito.

Em algumas oportunidades, meus adversários em Havana deleitaram-se em irritar-me. Uma vez, porém, isso se deu de forma extravagante. No verão de 1993, quando ocupava o cargo de oficial nacional de inteligência, coordenei o processo de elaboração de minha última estimativa nacional sobre Cuba. No dia 21 de julho, a Rádio Havana transmitiu uma reportagem resumindo uma história publicada naquele dia no *Granma*, o jornal do Partido Comunista de Cuba. Os cubanos sabiam que havia maiores chances de eu ler a transcrição da FBIS sobre a notícia de rádio do que o artigo de jornal, e eles queriam ter certeza de que eu tomaria ciência da história. Suspeito, em vista da relação peculiar que mantive com Fidel, que o próprio dirigente cubano teria ordenado a divulgação da notícia e talvez tivesse até mesmo ditado parte do seu conteúdo.

Não obstante a ausência de qualquer reconhecimento oficial sobre o fato de estar sendo elaborada uma estimativa nacional, Fidel e os serviços secretos de Cuba sabiam a esse respeito por meio de Montes. O repórter do governo cubano afirmou que o relatório "conteria como pontos de partida as mesmas e antigas considerações errôneas responsáveis por induzir os governos anteriores dos Estados Unidos a cometer enganos: ou seja, assertivas contaminadas por opiniões estreitas e irrealistas, assertivas que carecem de conteúdo estratégico".[14]

O último tiro veio na forma de comentários sobre algumas das visitas que realizara dentro e ao redor de Havana, durante minhas duas passagens por Cuba.

"Não se compreende como esses homens acreditam que conseguem descobrir quais os verdadeiros sentimentos de 11 milhões de pessoas realizando passeios pela área de Vedado, em Havana, ou enquanto aparentemente passam suas férias de verão nas praias [...]."

Ao fim e ao cabo, os serviços de inteligência cubanos incluem-se entre os cinco ou seis melhores do mundo, e tem sido assim há décadas. Eles mantêm seu foco voltado para a comunidade política de Washington, incluindo o Congresso, e para a comunidade de exilados cubanos presente em Miami, bem como para qualquer um que possa fornecer informações úteis a respeito de seus alvos. Como todas as agências de inteligência do mundo, as cubanas também sofreram reveses, e, depois de uma série de expurgos responsáveis por baixar o moral dos integrantes delas e ocorridos no verão de 1989, dentro do Ministério do Interior, o órgão para o qual prestam contas, essas agências encontram-se em um processo de recuperação da mão-de-obra especializada que perderam. Mas continuam altamente competentes, e, a julgar pelo comentário sarcástico a respeito de minha visita a Cuba, até parecem exibir algum senso de humor.

CAPÍTULO DEZ

O cadáver do imperialismo

Esbarrando uns nos outros e conversando uns com os outros, dignatários estrangeiros de cerca de cem países lotavam o Palácio das Convenções de Havana, em meio à maior assembléia de líderes nacionais já realizada em Cuba. Vindos do Oriente Médio, Ásia, África, Caribe, América Central, América do Sul e Mediterrâneo, os dirigentes atravancavam o salão do local, falando em uma babel de línguas. Celebridades internacionais e ditadores infames incluídos, esses líderes ofereciam uma representação policromática e total da natureza humana no Terceiro Mundo. Quase todos compareciam ao local para homenagear Fidel. A longa cruzada por fama e glória atingira seu zênite.

Enquanto os técnicos suavam a camisa para manter o claudicante sistema de ar condicionado funcionando naquela tarde úmida e quente do dia 3 de setembro de 1979, Fidel caminhou até o palanque em meio a aplausos demorados e entusiasmados. O dirigente transbordava um ar de satisfação como havia anos não ocorria. Muitos reveses e dificuldades recaíram sobre Fidel nas décadas de 1960 no começo da de 1970, mas, naquele dia do final do verão, seus astros encontravam-se alinhados. Ele estava no auge de sua forma. Em silêncio no palanque, manuseando com ares dramáticos os microfones, Fidel olhou para o grande salão lotado de admiradores e bajuladores. Vários deles nem mesmo teriam conseguido chegar ao poder dentro de seus países não fosse a ajuda de Cuba. Fidel via-se em meio a amigos prontos a reverenciá-lo, um monte deles. E essas pessoas preparavam-se para venerá-lo com a homenagem mais improvável que jamais receberia.

Esse confiável aliado da União Soviética assumia a presidência do movimento dos países não-alinhados. Naquela noite, Fidel seria eleito por aclamação para liderar todos os países e movimentos de libertação supostamente livres de laços cerceadores com os Estados Unidos ou o bloco soviético. Tratava-se da culminância do mais notável gesto ardiloso de política internacional jamais realizado por Fidel. O que estava prestes a alcançar deveria ter sido algo impossível. Cuba era um país alinhado e ao mesmo tempo não-alinhado, ligado umbilicalmente ao Kremlin e ainda assim, simultaneamente, o novo líder do movimento de países não-alinhados.

Não houve nenhuma tentativa de negar sua filiação aos soviéticos. Esses forneciam cerca de US$ 5 bilhões anuais em subsídios econômicos. A estimativa de 1975 concluiu que havia entre 5.000 e 8.000 assessores civis da União Soviética trabalhando no governo cubano, tentando fazer com que pegasse no tranco uma economia ainda caótica. Todos os anos, Moscou fornecia também equipamentos militares no valor de US$ 1 bilhão, o que incluía de boinas e balas a tanques e caças. Vários milhares de assessores e instrutores militares da União Soviética estavam estacionados na ilha. Os soldados cubanos tinham lutado, em 1978, sob o comando de generais soviéticos no Chifre da África (região do nordeste da África que compreende Eritréia, Djibouti, Etiópia, Sudão, Somália e Somalilândia), dando apoio ao regime marxista da Etiópia durante sua guerra contra a vizinha Somália. Para seus inimigos, Fidel não passava de um mercenário manipulado pela União Soviética.

Todavia, na maior parte do Terceiro Mundo, na África, na Ásia, na América Latina e no Oriente Médio, a dependência dele em relação a Moscou já não importava tanto assim. Fidel era um deles. Era um herói revolucionário original e audaz diferente de quaisquer das outras figuras presentes no cenário mundial. Os soldados cubanos em Angola haviam assegurado a permanência no poder do regime marxista e revolucionário para então, em 1975, no final de uma longa e perigosamente distendida linha de suprimento, depararem-se com o Exército racista da África do Sul em campos de batalha poeirentos e vencê-lo. Aquela representou a baía dos Porcos da ditadura sul-africana. Os cubanos lutaram com uma ferocidade incrível, obedecendo às exigências inflexíveis de seu comandante-em-chefe. Eles "quase nunca se rendiam e, basicamente, lutavam com entusiasmo até a morte", segundo afirmou um importante historiador sul-africano ao escrever sobre o conflito.[1]

Mais de 40 mil soldados cubanos continuavam em Angola na época do encontro dos países não-alinhados, travando a maior parte dos combates voltados a conter uma renitente rebelião rural. Um outro contingente, com algo entre 10 mil e 15 mil integrantes, estava estacionado na Etiópia e havia discussões dentro da liderança cubana sobre a possibilidade de enviar ajuda aos insurgentes no vizinho Sudão.[2] Os melhores soldados de Raúl – incluindo membros das forças militares, de segurança e de inteligência – davam apoio a governos e grupos revolucionários aliados em ao menos outros 12 países. No total, 28 dos países não-alinhados presentes no encontro daquela semana em Havana beneficiavam-se dos serviços prestados por médicos, professores e especialistas cubanos que contribuíam em várias áreas, da agronomia à segurança presidencial.[3]

Os cubanos morriam corajosamente em longínquas insurgências e guerras de libertação nacional na metade da década de 1960. Tal "serviço internacional" fornecia um distintivo de honra para as Forças Armadas de Raúl, e vários de seus generais mais graduados tinham sobrevivido a uma ou mais empreitadas do tipo. Nove cubanos morreram lutando secretamente em apenas um único e minúsculo país do oeste da África, uma ex-colônia portuguesa hoje conhecida como Guiné-Bissau.[4]

O preço acumulado pago em vidas humanas mostrava-se enorme, especialmente para um país com apenas 10 milhões a 11 milhões de habitantes. O verdadeiro número de baixas continua a ser um segredo de Estado bem guardado do qual têm notícia somente alguns poucos líderes em Havana. Mas Rafael del Pino, conhecido general da Força Aérea cubana que desertou em 1987, acredita que 10 mil cubanos perderam a vida fora do país até aquele momento, perseguindo os sonhos internacionalistas de Fidel.[5]

No sudeste da Ásia, Fidel não escondeu o apoio entusiástico conferido por Cuba à insurgência vietcongue. Ele enviou até 2.000 assessores cubanos e, durante uma visita ao Vietnã em 1973, pronunciou um discurso de ares militantes nas ruínas de uma base militar dos Estados Unidos, prevendo uma derrota sangrenta para as forças norte-americanas.

"Amigos, vocês deram aos imperialistas uma grande lição. Eles consideravam-se invencíveis. No entanto, amigos, vocês foram capazes de derrotá-los. Nós estamos reunidos aqui, hoje, nesta área libertada do Vietnã do Sul, em um lugar onde os imperialistas construíram uma protegida base militar que, segundo acreditavam, nenhuma força inimiga poderia ocupar."[6]

Durante cerca de um ano, no final da década de 1960, prisioneiros norte-americanos de guerra mantidos pelos norte-vietnamitas foram torturados por estrangeiros caucasianos que falavam inglês e que os detentos acreditavam serem cubanos. O mais cruel deles, apelidado de "Fidel" pelos prisioneiros, infligia espancamentos com cassetetes de borracha e torturava os detentos com água, entre outros castigos brutais aos quais foram submetidos cerca de 20 norte-americanos, chegando perto de assassinar ao menos dois deles. Uma hora ou outra, todos os prisioneiros deixaram-se dobrar. A identidade dos cubanos nunca foi estabelecida não obstante esforços exaustivos realizados por especialistas das áreas de defesa e inteligência dos Estados Unidos. Não há muitas dúvidas de que os irmãos Castro autorizaram o que ficou conhecido entre os prisioneiros torturados como "o programa cubano".[7]

Quando os Exércitos vietcongue e norte-vietnamita tomaram Saigon, em abril de 1975, obtiveram apenas uma das várias vitórias semelhantes que consolidaram as credenciais de Fidel como líder de um país não-alinhado. Durante os quatro anos que se passaram entre o relatório de inteligência de 1975 e a cúpula não-alinhada, ao menos oito países da África, do sudeste da Ásia e do Caribe caíram sob o controle de regimes marxista-leninistas ou regimes de orientação marxista. Todos mantinham com Fidel uma dívida de gratidão. O cubano incluía-se no diminuto grupo de líderes que não se limitava a apenas falar. Durante anos, Fidel vinha dizendo ser seu dever auxiliar outros revolucionários de qualquer parte do mundo, e vinha cumprindo sua palavra.

O grande número de pessoas reunido no Palácio das Convenções ficou em silêncio quando Fidel deu início a um comedido discurso de uma hora e meia, um discurso cuidadosamente elaborado, segundo todos os indícios. Déspotas e dirigentes brutais de quase todas as guerrilhas e grupos insurgentes ainda existentes no mundo estavam presentes, ombro a ombro com os presidentes e primeiros-ministros de outros 53 países, muitos dos quais eleitos democraticamente.

Eles tinham vindo da Índia e da Tanzânia, de Malta e da Jamaica, da Guiné Equatorial, de Cabo Verde e de outros países da África tornados recentemente independentes e dos quais poucas pessoas tinham ouvido falar. O octogenário Tito, da Iugoslávia, e Pham van Dong, o primeiro-ministro vietnamita, compareceram. O secretário-geral das Nações Unidas, Kurt Waldheim, fez-se presente, não porque seu cargo exigisse de alguma maneira que participasse do encontro, mas como forma de cortesia ao grande número de países-membros da ONU que estavam ali representados. Quase todos esperavam reunir-se em reservado com Fidel, não obstante a maior parte deles ter sido obrigada a contentar-se com falar somente com outras autoridades cubanas. Raúl, no entanto, passou quase despercebido, como era a regra durante esses eventos da diplomacia internacional. Todos os quartos de hotel da cidade estavam reservados ao passo que todo o funcionalismo cubano mobilizou-se em massa para atender aos desejos de seus visitantes.

Saddam Hussein, do Iraque, estava lá. Como também o ditador sírio, Hafez al-Assad, um jactante Iasser Arafat, chefe da Organização para a Libertação da Palestina, e o ministro iraniano das Relações Exteriores – todos esses realizaram discursos inflamados criticando os Estados Unidos e Israel. O representante egípcio, futuro secretário-geral das Nações Unidas, viu-se atacado por todos os lados devido à participação do seu país nos acordos de paz de Camp David, patrocinados pelo governo Carter. Enquanto os instrutores militares de Cuba treinavam os palestinos e outras guerrilhas e grupos terroristas árabes, Fidel pôde contar com um apoio amplo entre os radicais do Oriente Médio.[8]

Seus dois novos aliados em sua própria região, os primeiros regimes revolucionários semelhantes ao de Cuba que a ilha caribenha conseguira finalmente levar ao poder dentro do quintal dos Estados Unidos, estavam representados por seus dirigentes máximos. Daniel Ortega, da Nicarágua, e Maurice Bishop, de Granada, ambos empossados havia poucos meses, e já na órbita de Havana, estavam entre os participantes mais entusiasmados do evento. Para Ortega e Bishop, e muitos dos africanos, Fidel representava uma quase divindade.

O líder do partido marxista que defendia a independência de Porto Rico estava lá, um filho dileto dos anfitriões cubanos durante o encontro que durou uma semana. Em seu discurso para os delegados, Fidel colocou Porto Rico no primeiro lugar de uma pequena lista de nações oprimidas, junto da África do Sul do *apartheid*, a Rodésia sob regime colonial e a Palestina. Fidel disse aos delegados que Porto Rico "merece nosso apoio sem hesitação ou fraqueza".

O líder cubano exibia um ar de triunfo. Segundo eu escrevera no relatório de 1975, Fidel começava realmente a acreditar que o "imperialismo está em ocaso" e, algum tempo depois, haveria ainda mais motivos para que se convencesse disso. Por mais prepotente que isso soe hoje, transcorridos alguns anos da queda do bloco soviético, Fidel, na metade da década de 1970, estava convencido de ter aderido ao lado certo de um divisor de águas histórico. Usando repetidamente um termo consagrado entre os marxistas, o líder cubano asseverava que "a correlação das forças internacionais" mudava para favorecer o lado do marxismo-leninismo revolucionário, de estilo cubano.

Tratava-se não apenas de um arroubo clássico de arrogância *fidelista*. O imperialismo ianque parecia experimentar uma crise debilitante na metade do decênio de 1970. O Watergate, a renúncia de Nixon, a retirada do Vietnã, a exposição dos erros da CIA em comissões do Congresso e uma lei que limitou a atuação dos serviços de inteligência e dos militares representavam todos sinais encorajadores para Fidel. O movimento pacifista nos Estados Unidos e o rechaço a novas intervenções nos conflitos do Terceiro Mundo resultaram no que ficou sendo conhecido como a "síndrome do Vietnã". Aproveitando-se das oportunidades oferecidas pelo novo clima pacifista reinante nos Estados Unidos, Fidel tratou logo de prometer novas empreitadas internacionalistas.

Um grande número de jovens revolucionários de El Salvador em breve receberia treinamento avançado de guerrilha em Cuba. Fidel convenceu os líderes de cinco grupos revolucionários inimigos daquele país a unirem-se sob uma única bandeira que ele então poderia patrocinar de forma ainda mais generosa. Fidel acreditava que a Nicarágua, o pequeno vizinho onde se espraiava a mais recente insurgência latino-americana, estava prestes a amadurecer para descolar-se da árvore imperialista. Com a Nicarágua sob o controle de seus aliados marxistas, os sandinistas, El Salvador se transformaria na nova prioridade número um de Havana.

A Nicarágua servia de modelo. Os sandinistas tinham conquistado o poder em julho, apenas dois meses antes da cúpula dos países não-alinhados, por meio de uma extensa e secreta ajuda militar vinda de Cuba. Para esse grupo, Fidel era quase um membro de suas famílias, um padrinho ou um tio próximo que fornecera incentivo, auxílio e conselho durante anos. A dinastia Somoza que derrubaram juntos havia sido um dos primeiros alvos privilegiados da subversão cubana, desde as primeiras semanas da revolução. Em sua primeira entrevista coletiva de grandes dimensões concedida após tomar o poder, Fidel conclamou os nicaragüenses a ocuparem as montanhas e a lutarem por justiça como ele próprio fizera.[9]

Passados 20 anos, o líder cubano finalmente teve a oportunidade de contribuir para que fosse desferido o golpe mortal contra aquela ditadura. Usando todo seu poder de persuasão, Fidel angariou o apoio de vários outros governos e líderes latino-americanos na qualidade de co-conspiradores revolucionários. Ele e Raúl, junto com seus dirigentes das áreas de inteligência e das Forças Armadas, arquitetaram uma complexa ação multinacional e secreta responsável por prover aos sandinistas uma grande quantidade de armamentos modernos. Os assessores paramilitares e os especialistas da área de inteligência enviados por Cuba dirigiram-se para a Nicarágua em grandes números acompanhando os equipamentos.[10]

Eles lutaram lado a lado com jovens e inexperientes recrutas sandinistas, ajudando-os a planejar e a executar as ofensivas militares derradeiras contra a Guarda Nacional de Somoza. Não foi coincidência, portanto, que um general cubano do Ministério do Interior – órgão no qual se entroncam todas as ações dos setores de inteligência, policial e de segurança – tenha sido o primeiro a invadir o *bunker* de Somoza quando o local era tomado por cubanos e nicaragüenses. O ditador conseguira escapar, para acabar recebendo asilo em Assunção, a capital quente e úmida do Paraguai, país então governado por um ditador aliado.

Mas Somoza tampouco conseguiu ficar em segurança ali. No dia 17 de setembro de 1980, uma pequena equipe multinacional formada por paramilitares, realizando sem dúvida um plano elaborado em Havana, ficou de tocaia enquanto o ex-dirigente da Nicarágua circulava pela cidade de carro. O segundo disparo de uma bazuca, realizado de uma distância bastante próxima, incendiou o veículo instantaneamente. Esse era o tipo exato de operação que Fidel, o grão-mestre da inteligência cubana, adorava organizar. Mais um de seus inimigos de longa data – Somoza contribuíra de maneira fundamental para as operações realizadas na baía dos Porcos, em 1961 – finalmente morria.[11]

Essas iniciativas audazes de Cuba, realizadas em tantos países, lembravam um dos mais célebres, se não macabros, ditos revolucionários defendidos publicamente por Fidel. A frase surgiu pela primeira vez em um discurso realizado no final de 1961 – e, logo depois, em um documento incitador chamado Segunda Declaração de Havana – e no qual conclamava, com veemência, o apoio cubano às primeiras ondas de movimentos guerrilheiros na América Latina. Fidel exortava os cubanos e todos os moradores da região que aspirassem a emular o exemplo guerrilheiro de Cuba a tornarem-se combatentes fanáticos.

Da mesma forma como insistira, ainda jovem, em Bogotá, Fidel argumentou ser dever e obrigação lutar como revolucionários. Eles precisavam ajudar a derrotar o imperialismo e não deviam ficar sentados de braços cruzados, apenas observando a luta. Fidel disse: "O dever de todos os revolucionários é fazer a revolução. [...] Um revolucionário não pode sentar à porta de sua casa e ficar observando o cadáver do imperialismo passar". O quartel-general do movimento não-alinhado ficaria em Havana pelos próximos três anos. Autoridades e agentes do setor de inteligência cubanos trabalhariam como funcionários da entidade, que seria incluída entre as maiores prioridades pessoais de Fidel, atrás somente, talvez, da vigília incessante para preservar sua hegemonia política dentro de Cuba.

Fidel poderia agora vagar pelo globo terrestre desafiando os países ricos do mundo industrializado e exigindo que concedessem benefícios maiores aos países subdesenvolvidos. Ele seria o papa secular para os pobres e os explorados do mundo. E faria tudo isso com legitimidade porque, ironicamente, fora eleito em um processo relativamente aberto para comandar o movimento dos países não-alinhados. Ninguém poderia negar que Fidel era a escolha arrebatadoramente popular para chefiar esse bloco de nações.

O líder cubano não perdeu tempo em lançar mão dessas novas prerrogativas. Apenas um mês depois da conferência em Havana, Fidel viajou para Nova York a fim de discursar novamente nas Nações Unidas. Dessa vez, falaria durante menos de duas horas, sem esforçar-se para quebrar o recorde fixado por ele próprio em 1960. E, ao contrário do que aconteceu na cáustica atuação anterior, Fidel não insultou nenhum norte-americano proeminente ou qualquer um dos presentes.

Ele discursou calmamente, ainda usando, durante a maior parte de sua fala, o "nós" majestático em vez do pronome da primeira pessoa do singular, "eu". No passado, o "nós" significou os cubanos e a Revolução Cubana. Agora, imbuído de seu novo e mais amplo papel na comunidade internacional, o "nós" referia-se às centenas de milhões de pessoas oprimidas ou exploradas dos países não-alinhados do Terceiro Mundo. Sua temática já era conhecida, mas reverberava agora em escala mundial.

"Desejamos um novo mundo baseado na justiça, na igualdade, na paz, um mundo capaz de substituir o sistema injusto e desigual que prevalece hoje..."

Fidel exigiu que fossem criados uma nova ordem econômica mundial e um novo sistema monetário e que os países credores e ricos cancelassem as dívidas dos países do Terceiro Mundo. As nações endinheiradas, afirmou, deveriam enviar um total de US$ 300 bilhões para os países subdesenvolvidos durante a década de 1980. Segundo Fidel, esse era o montante gasto anualmente com armamentos. Os argumentos deveriam ser levados a sério, mas o dirigente cubano não forneceu maiores detalhes. Tratava-se de um conceito totalmente irrealista e mal elaborado que as capitais e centros financeiros das potências ocidentais rejeitaram imediatamente. Mas Fidel pretendia de verdade liderar aquela cruzada independente de onde fosse parar. Quando concluiu seu pronunciamento, recebeu aplausos calorosos, e muitos dos presentes na platéia reunida na ONU subiram no palanque a fim de abraçá-lo e parabenizá-lo.

Durante o outono de 1979, Fidel encontrava-se no auge de sua extraordinária carreira. Nunca mais os tempos seriam tão favoráveis. Mesmo suas vitórias contra o regime de Batista em 1959 e contra o de Kennedy dois anos mais tarde, na baía dos Porcos, empalideciam frente ao que realizara durante a segunda metade da década de 1970. Fidel não precisava ou não desejava ter relações melhores com os Estados Unidos. A iniciativa adotada por Kissinger em 1975 perdeu fôlego paulatinamente depois da intervenção cubana em Angola.

No entanto, alguns anos mais tarde, o governo Carter retomou, com a mesma seriedade, os esforços de reaproximação. Relações diplomáticas limitadas foram restabelecidas e negociações sérias, realizadas. Esse processo interrompeu-se, porém, em 1978, quando soldados cubanos desembarcaram na Etiópia. Uma vez mais, ficava evidente que Fidel dava mais importância a seus interesses e obrigações internacionalistas do que a melhorar suas relações com os Estados Unidos. Jimmy Carter seria o último presidente norte-americano a realizar um esforço real para resolver o espectro total das questões bilaterais.

O triunfalismo de Fidel, as idéias levianas que passou a defender depois das vitórias de Cuba no final da década de 1970, culminando com a cúpula dos países não-alinhados e seu discurso na ONU, infundiram-lhe uma arrogância sem precedentes. Fidel deixara-se tragar por sua própria grandiosidade.

Florentino Aspillaga, o agente da inteligência cubana que desertou, lembra-se de uma visita de Fidel a uma instalação militar de Cuba em Angola depois das primeiras vitórias importantes obtidas no país africano, no final de 1975. O comandante-em-chefe desembarcou como um general romano conquistador, passando a tropa em revista e deleitando-se com o brilho de seus triunfos.

Aspillaga, que acompanhou o discurso de Fidel, contou que cerca de 600 cubanos, todos militares, agentes da inteligência e oficiais graduados de confiança, também ouviram-no naquele dia. Segundo o desertor, o líder de Cuba falou com franqueza; a CIA, daquela vez, não estava ouvindo o que diria. Fidel prosseguiu de maneira arrogante para comentar sobre seus dons excepcionais de liderança, vangloriando-se do quanto ele e seu pequeno país haviam realizado em todo o planeta. Ele se comportava como um *gallego*, não como um cubano, pensou Aspillaga consigo mesmo.

O desertor acreditava ter sido essa a primeira vez em que Fidel discursou desse modo à frente de uma platéia considerável, jactando-se de suas qualidades excepcionais como líder. Fidel soltou as peias. Disse que seu carisma era uma de suas características mais impressionantes. "No entanto, sua maior virtude era que conseguia mobilizar as massas", e não apenas as de Cuba, mas as de outros países também, disse Fidel, segundo as declarações de Aspillaga.

Fidel entregava-se, obviamente, ao fascínio de si mesmo, experimentando um êxtase narcisista enquanto obtinha uma vitória atrás da outra ao longo do outono de 1979. Aspillaga, um veterano corajoso e experiente dos serviços de inteligência, que atuou em várias partes do mundo, ficou horrorizado com a postura de seu líder. "Aquele era um momento de pura euforia."[12] Fidel realizava suas fantasias de infância e seus sonhos sobre um destino de glória.

Depois das conquistas militares na África e na Nicarágua, o líder cubano passou a imaginar-se como um Júlio César da Guerra Fria, um Napoleão dos Trópicos, ou, fazendo remissão a seu herói favorito, um Alexandre, o Grande, dos tempos modernos.

Em várias oportunidades, Fidel fez comentários sobre aqueles três homens "realizadores". Em entrevistas, disse que cabe a Napoleão o maior grau de admiração. Ao contrário de Alexandre e de César, o imperador da França havia sido o único a elevar-se para além de suas origens humildes. De forma que, na cabeça de Fidel, ele era uma parte Alexandre e uma parte Napoleão.

A arrogância incontrolável do líder cubano exibia-se sem máscaras no outono de 1979. No cargo de presidente do movimento de países não-alinhados, Fidel estava em seu ápice pessoal, intoxicado pelas visões sobre como transformaria a função em uma das mais visíveis e importantes do cenário internacional. Ele esperava ver Cuba conquistando uma das cobiçadas vagas do Conselho de Segurança da ONU. Fantasiava, provavelmente, com a possibilidade de negociar com o presidente do Banco Mundial, com o secretário-geral da ONU, com o chefe do Fundo Monetário Internacional e com os líderes dos países ricos. E faria isso em nome dos pobres e explorados do mundo.

No entanto, por motivos que estavam além de seu controle, Fidel disporia de um período curto de tempo para aproveitar sua glória.

◁ ☆ ▷

Cerca de dez semanas depois do discurso em Nova York, e enquanto Fidel arquitetava planos específicos para dar uma nova cara ao movimento não-alinhado, a instável geringonça das suas políticas externas começou a desmoronar ao seu redor. Em um dia cheio de surpresas, a legitimidade de Fidel como líder do movimento não-alinhado abalou-se de forma definitiva. Um grande contingente de forças aerotransportadas da União Soviética invadiu o Afeganistão, na véspera do Natal de 1979, antes de ingressarem no país divisões de infantaria motorizadas.[13] O presidente muçulmano daquele país foi morto durante os combates. Sob ocupação militar, o país antes não-alinhado transformou-se em mais um satélite dos soviéticos. Fidel, claro, não fora consultado.

O líder cubano precisava agora decidir se apoiava ou se criticava a intervenção, decidir se a manobra seria alinhada ou não-alinhada. Fidel, porém, em vista da profunda dependência cubana em relação à benemerência do Kremlin, não teve muita escolha. Quase todos os outros governos não-alinhados condenaram a intervenção, mas, dentro das Nações Unidas, Fidel acompanhou o voto de Moscou. O professor Jorge Domínguez, um especialista dos Estados Unidos em questões cubanas, escreveu: "Ao ter de escolher entre o movimento não-alinhado e a União Soviética, não houve dúvida – Cuba era um país comunista em primeiro lugar, um país colocado sob a hegemonia soviética".[14]

Fidel admitiu mais tarde o óbvio, que se deparou então com um conflito interno. Ele foi pressionado por um jornalista norte-americano a responder sobre se teria "pessoal e reservadamente" aprovado a invasão.

"Não", afirmou, contorcendo-se um pouco para então, conforme costuma fazer, tentar transferir o ônus para outra pessoa.

"Não íamos ficar do lado dos Estados Unidos. Sendo assim, ficamos do lado da União Soviética."[15] E logo em seguida, porque estava se sentindo muito desconfortável, Fidel mudou de assunto.

O líder dos países não-alinhados poderia ser desculpado por quase tudo em seu relacionamento com a União Soviética, mas não por aprovar a invasão soviética de um outro país-membro do movimento. Não obstante tudo o que Fidel realizara para conquistar a presidência do movimento, sua legitimidade no cargo evaporara no minuto em que aquelas forças invasoras da União Soviética entraram no Afeganistão.

Fidel não conseguiria viajar ao redor do mundo conforme planejara. Cuba não conseguiria angariar um número suficiente de votos na ONU para ingressar no Conselho de Segurança. Pelo restante de seu mandato de três anos como líder dos países não-alinhados, Fidel viu-se impossibilitado de adotar qualquer medida significativa ou convocar quaisquer encontros de peso valendo-se de seu cargo. E não conseguiria mais pressionar pela reestruturação econômica global que exigira nas Nações Unidas. O exótico carpete não-alinhado fora arrancado violentamente de debaixo dele.

Psicologicamente, o golpe teve efeitos tão devastadores que o comportamento de Fidel dali em diante passou a exibir os sinais do profundo trauma sofrido. O otimismo maníaco dos anos triunfais perdeu força para tornar-se uma fúria meditativa e tristonha responsável por afetar sua capacidade de julgamento e por fazê-lo cometer, na primeira metade do decênio de 1980, alguns de seus piores erros como líder de Cuba. Sua capacidade de julgamento parece ter ficado temporariamente comprometida.

Houve uma confrontação militar violenta quando dois jatos MIG cubanos afundaram um barco de patrulha das Bahamas dentro das águas territoriais daquele país vizinho. Muitos dos tripulantes da embarcação morreram no descarado ato de agressão realizado por Cuba. Fidel deu apoio de maneira quase declarada a um novo grupo de guerrilha urbana surgido na Colômbia, em parte como forma de retaliação ao governo de Bogotá, que desempenhara um papel importante para naufragar os planos cubanos de obter uma vaga no Conselho de Segurança da ONU. Fidel cometeu um erro de cálculo, expressando-se de forma infeliz enquanto continuava sob o estresse da rejeição por parte de seus amigos do Terceiro Mundo e da traição do Kremlin.

Wayne Smith, chefe do serviço diplomático dos Estados Unidos em Havana à época, escreveu que Fidel "parecia não ser mais ele mesmo". Ele estava "reservado e preocupado" e, depois da morte de Celia Sánchez em janeiro daquele ano, as decisões tomadas por Fidel "refletiam uma certa irracionalidade".[16] Na verdade, não houve nenhum outro período da história da revolução em que seu líder comportou-se de forma tão errática, obviamente em virtude das pressões resultantes de suas angústias emocionais.

O pior ainda estava por vir. Um policial cubano que, de forma rotineira, montava guarda na Embaixada do Peru em Havana foi morto no dia 1º de abril quando um grupo que tentava obter asilo político invadiu os portões do local. Fidel ficou tão furioso que retirou os guardas remanescentes e mandou dizer que todos os cubanos insatisfeitos e desejosos de sair do país poderiam fazer isso livremente por meio da embaixada. Fidel acreditava que somente um pequeno grupo aceitaria a oferta, mas não estava em sintonia com o clima que imperava nas ruas.

Os problemas econômicos enfrentados por Cuba haviam piorado consideravelmente enquanto o líder do país ocupava-se com seus feitos internacionalistas. E Fidel, dando pouca atenção ao sofrimento com que se deparavam os cubanos, vinha exigindo deles um sacrifício ainda maior e que trabalhassem ainda mais. Fidel cometeu o erro de repreender publicamente o povo cubano, mandando que apertasse o cinto e se esforçasse mais porque anos ainda seriam necessários até que as dificuldades econômicas fossem amenizadas. Aquela significou a gota d'água para muitos que, nos últimos 20 anos, enfrentavam condições de vida miseráveis.

Tendo recebido a chance inesperada de emigrar, cubanos vindos de toda a ilha logo correram para a embaixada peruana. *Guajiros* e membros das classes operárias urbanas, os maiores beneficiários da revolução, dirigiram-se ao local em grandes levas. Famílias inteiras amontoaram-se ao redor de suas mesas de jantar, em reuniões convocadas de última hora, e depois fugiram juntas o mais rápido possível para a área da embaixada. Policiais chegaram montados em suas motos barulhentas, jogaram-nas no chão e aderiram à multidão que procurava asilo.

Não demorou muito para que cerca de 10 mil cubanos desesperados se reunissem no local, ocupando cada pedacinho do espaço existente ao ar livre, dependurando-se no galho das árvores, aboletando-se de forma precária no telhado dos prédios, onde as crianças e os mais idosos sentavam-se em cima de seus próprios parentes. Para o regime, aquele era um cenário confuso, horrível e humilhante.

Cerca de duas semanas mais tarde, Fidel maquinou uma solução que se tornaria padrão: transferir o problema para os Estados Unidos. Começava a operação Mariel de transporte marítimo. Aquela seria a segunda onda de migração em massa feita pelo mar desde Cuba até o sul da Flórida, em meio à qual caberia a norte-americanos, em sua maioria emigrados cubanos, pilotar pequenos barcos até aquela cidade portuária do norte da ilha caribenha. Ali, embarcaram amigos e familiares, bem como refugiados abrigados na embaixada peruana.

Mas a fúria de Fidel estava fora de controle e para além de qualquer razoabilidade. Em resposta a uma decisão incrivelmente cruel que nenhum outro líder cubano jamais adotara, clínicas para doentes mentais e prisões foram esvaziadas e seus internos, levados para Mariel a fim de serem embarcados à força nos barcos que rumariam para Key West e para Miami. Assassinos, estupradores e doentes mentais perigosos foram afastados cinicamente de suas famílias e de seu tratamento médico para serem descartados dessa forma. O governo cubano recusa-se desde então a recebê-los de volta e a maior parte deles continua até hoje nos Estados Unidos.

A operação de transporte marítimo arrastou-se até setembro de 1980, quando Fidel, cada vez mais desconcertado e preocupado com a crescente vulnerabilidade da ilha do ponto de vista militar, interrompeu-a abruptamente. Mais de 125 mil pessoas haviam partido. Durante o êxodo, Fidel ouviu do Ministério do Interior, o principal órgão de aconselhamento para questões de segurança, que ao menos 2 milhões de cubanos também se mostravam ansiosos para entrar nas embarcações e partir rumo à Flórida. Fidel ficou enfurecido.[17]

A sociedade cubana mergulhava em um clima tumultuado. Rafael del Pino, o general da Força Aérea que desertara a bordo de um caça MIG em 1987, figurava entre os vários comandantes militares que ficaram horrorizados com aquele espetáculo e pela atuação do comandante-em-chefe do país. Para del Pino e para muitos outros, aquele representava o começo de sua desilusão final com a revolução.[18]

Meu processo de perda das ilusões começou depois da estimativa de inteligência de 1975 e chegaria a seu ponto final dentro de um ano mais ou menos. Eu finalmente compreendera que Fidel era uma pessoa patologicamente hostil em relação aos Estados Unidos e que seu ódio nunca poderia ser aplacado. Ele precisa e deseja ter os norte-americanos como inimigos de forma que possa culpá-los por seus fracassos e pelos fracassos do regime. Ele nunca aposentará seu uniforme de guerrilheiro, nunca raspará a barba e nunca abandonará seu antiamericanismo porque esses são elementos essenciais de sua *persona* revolucionária. Fidel irá para sua cova como esse revolucionário.

Suas obrigações internacionalistas nunca poderão ser negociadas. Fidel nunca renunciará a dar apoio ao terrorismo ou a atos de violência letal, mesmo que a questão da independência de Porto Rico tenha finalmente virado pó, como acontecera com o movimento independentista dessa ilha. Há poucas chances de que o dirigente cubano deseje algum dia cooperar ativamente com as operações de combate ao terrorismo realizadas pelos serviços de inteligência de Washington e as agências de segurança norte-americanas. O que poderia significar uma reaproximação sem esse elemento fundamental? Afinal, em maio de 2001, Fidel viajou para o Irã – que, como Cuba, também foi classificado pelo Departamento de Estado como um Estado patrocinador do terrorismo internacional – e declarou publicamente, na presença dos mulás radicais: "Juntos, precisamos colocar o imperialismo de joelhos".

O poder pessoal absoluto mantido por Fidel, a supressão brutal de qualquer tipo de oposição, as violações clamorosas dos direitos humanos cometidas em nome do ardor revolucionário nunca poderão ser deixados de lado. Enquanto continuar física e mentalmente capaz, Fidel continuará governando Cuba da forma como tem feito há mais de quatro décadas e meia, com mão de ferro, uma determinação inquebrantável e um olhar maligno lançado na direção dos odiados Estados Unidos.

Para empregar o tipo de linguagem usada nos relatórios de inteligência, é altamente improvável que seja possível, enquanto Fidel continuar no poder, uma reaproximação envolvendo concessões mútuas a respeito de questões que interessam aos Estados Unidos e a Cuba.

Eu gostaria que as coisas não fossem assim.

CAPÍTULO ONZE

Meu irmão duas vezes

Arnaldo Ochoa talvez fosse o maior amigo de Raúl. Os dois trabalharam juntos no Ministério da Defesa durante 30 anos, compartilhando um sucesso espetacular. O general duas estrelas de pele morena costumava ser chamado, afetuosamente, de "el Negro" por seu chefe. A amizade deles revelava um grau de informalidade natural que apenas alguns outros oficiais de alta patente das rigidamente hierárquicas Forças Armadas dispunham. A primeira mulher de Ochoa e a mulher de Raúl, Vilma, eram boas amigas. Os quatro conviviam como se formassem uma única família.

Na noite do aniversário de Ochoa, Raúl apareceu na casa dele acompanhado de alguns outros companheiros para uma festa surpresa e íntima. Como de praxe, houve muito consumo de bebidas alcoólicas e muitas demonstrações de camaradagem. Esse é o tipo de socialização espontânea que Fidel detesta, mas de que Raúl gosta. Raúl fica conhecendo a família de seus colegas, bebe com seus homens; eles contam histórias da guerra e, ocasionalmente, o irmão de Fidel expõe seus demônios pessoais e até mesmo segredos do passado. Foi assim que veio a confessar o assassinato cometido no México.

O carisma natural e espontâneo de Ochoa e sua personalidade calorosa chamaram a atenção de Raúl. O general era gregário e tendia a apagar-se. Tinha 1,89 metro de altura – um pouco mais alto que Fidel – e vinha de uma família de *guajiros*. Era forte e parecia não ter nenhum inimigo no mundo. Ochoa era admirado tanto para cima quanto para baixo da cadeia de comando, admirado tanto pelos recrutas inexperientes quanto pelos veteranos já calejados, bem como pelos líderes e contrapartes de todos os países onde prestou serviços militares nas campanhas internacionalistas de Cuba.

Ochoa exibia mais condecorações do que qualquer outro oficial das Forças Armadas, incluindo a medalha mais cobiçada, a de Herói da República. Seus atos de bravura e seus ares heróicos quando no comando de soldados em Angola, na Etiópia e na Nicarágua elevaram-no a um nível de fama internacional superada somente, talvez, pela fama dos irmãos Castro. Ele lutara contra Batista ainda na adolescência e com as guerrilhas venezuelanas na década de 1960. A maior parte de sua vida adulta Ochoa passou no exterior, tentando concretizar os sonhos de glória de Fidel. Ele encarnava o internacionalismo cubano e era o exemplo perfeito do "novo homem revolucionário", vivendo de forma simples, sem interessar-se por mordomias ou gratificações.

Ochoa era um homem irrepreensivelmente exuberante, como tantos cubanos, mas vinha colocando Fidel sob pressão havia anos. Em 1971, durante uma excursão de barco pelo Chile, deixou o comandante-em-chefe furioso ao ridicularizar suas cuecas.

"Chefe, o senhor está muito *sexy* com essa cueca!"[1]

Ninguém mais teria ousado mexer com a vaidade de Fidel daquela forma, mas, sob a proteção de Raúl, Ochoa parecia intocável. Ele, algumas vezes, atreveu-se a usar o *tu* informal quando conversava com Fidel, não realizando nenhum esforço, ao contrário de outros, para mostrar-se submisso. Ochoa estava sempre brincando, fazendo piada com assuntos considerados sagrados.

Alcibíades Hidalgo, ex-chefe de gabinete de Raúl e ex-membro do Comitê Central do Partido Comunista, disse-me, em Miami, durante várias entrevistas, estar convencido de que a irritação de longa data sentida por Fidel em relação a Ochoa atingiu o ponto de fervura quando ouviu, na metade e no final da década de 1980, que o general estava perdendo o respeito por ele.

Segundo Hidalgo, Ochoa "descobriu que Fidel não é um grande homem" afinal de contas. Para o orgulhoso e paranóico comandante-em-chefe que gradualmente tomou ciência disso, a postura equivalia a uma traição.[2]

O general havia sido indiscreto em conversas particulares gravadas por escutas telefônicas e outros tipos de aparelho semelhantes da contra-inteligência militar. Tais operações de vigilância, mesmo em relação a confiáveis oficiais de alta patente, vinham sendo rotineiras havia anos, mas Ochoa, sem dúvida, recebeu uma atenção especial devido às dúvidas crescentes de Fidel. Mais tarde, o agente do Ministério do

Interior que obteve as provas mais incriminadoras usadas contra Ochoa acabou sendo promovido para um posto de general como recompensa e pôde trabalhar, conforme escolheu, em Cuba.[3]

As tensões com Fidel vieram à tona durante a última viagem de Ochoa no cargo de chefe da missão militar em Angola. O general irritou-se quando Fidel, abrigado no Ministério da Defesa em Havana e comunicando-se diariamente com Ochoa por meio de uma rede baseada em um satélite soviético, criticou quase todas as ações táticas ordenadas pelo militar. Hidalgo, o assessor de Raúl, lembra-se de que o embate com a África do Sul em Angola, no final de 1987 e no começo de 1988, tornou-se uma "guerra pessoal de Fidel". Ele tomava todas as decisões, incluindo as ordens expedidas para os pelotões.

Fidel agira da mesma forma durante a insurgência contra Batista e teria feito o mesmo em Granada se tivesse tido a chance. Huber Matos, o ex-líder guerrilheiro da Sierra Maestra, descreveu para mim em Miami como Fidel pretendia dar as ordens mais básicas durante a insurgência.

"Ele era um estrategista brilhante. Conseguia ver os cenários de forma ampla. Mas nunca se envolveu em nenhum combate de verdade e, mesmo de longe, desejava dirigir todos os detalhes das batalhas. [...] Eu queria realizar manobras e não ficar esperando os papeizinhos de Fidel, que era a forma como dirigia todos os detalhes da guerra."[4]

Fidel repreendia Ochoa freqüentemente em Angola por não seguir tais instruções. Em um telegrama enviado, reclamou: "Estou muito furioso devido a suas idéias inesperadas e inexplicáveis que entram em choque com o meu conceito sobre a luta. [...]".[5]

Ochoa fervia de raiva, mas a última gota para Fidel – e uma que provavelmente selou o destino do general – teria sido uma gravação secreta de uma última conversa particular entre Ochoa e Raúl, no gabinete dele, dentro do Ministério da Defesa. O encontro marcou-se pela tensão. O general sabia que sua carreira saíra dos trilhos e perdeu a paciência, protestando em altos brados que Fidel enviava meninos cubanos para campos de batalha distantes no Terceiro Mundo a fim de que morressem heroicamente, algumas vezes sob ordens de que não se rendessem jamais, ao passo que sempre tratava de evitar qualquer situação que pudesse pôr em risco a vida dele. Ficou claro que Ochoa passou a ver em Fidel um covarde.[6]

Mas Raúl continuou a "gostar de Ochoa como não gostava de nenhum outro amigo". Hidalgo – que desertou em uma noite sem Lua nas Marquesas, ilhotas de mangue localizadas entre Key West e as Dry Tortugas, no golfo do México – disse-me que Raúl continuava "muito próximo de Ochoa".[7]

As desavenças ocorridas entre os irmãos Castro sobre o general mais complicado de Cuba atingiram seu ponto culminante no verão de 1989. Para Raúl, aqueles foram dias de angústias e sofrimentos dignos do Velho Testamento. Era como se fosse Abraão ouvindo a ordem de Deus para matar o filho Isaac como prova de sua fé. Raúl precisava escolher entre seu melhor amigo e seu irmão. Não havia como chegar a um meio termo, não havia território neutro no qual se abrigar. Fidel decidiu o que deveria ser feito e encarregou Raúl de explicar o virtualmente inexplicável ao restante dos militares.

O irmão de Fidel teria de dizer aos oficiais mais graduados das Forças Armadas que seu mais reverenciado colega caíra, de repente, em desgraça, estava detido e era suspeito de traição. A missão de Raúl consistia em fazer isso de forma suficientemente persuasiva a fim de que a lealdade dos oficiais em relação ao regime não vacilasse. Os irmãos preocupavam-se tanto com as reverberações negativas da manobra que se abrigaram no gabinete de Raúl durante dias a fio, dormindo pouco enquanto monitoravam unidades e oficiais considerados peças fundamentais.[8]

Como Fidel tinha feito em outras ocasiões, a começar no México em 1966, ele insistiu que um colega que por qualquer razão passou a duvidar dele precisava ser eliminado. Ele precisava ter certeza de que o general Ochoa não desertaria para os Estados Unidos, como o general Del Pino e o agente da inteligência Aspillaga tinham feito dois anos antes. Fidel sabia, por meio de conversas gravadas, que Ochoa tinha aventado essa possibilidade.

Mais importante do que isso, Fidel desejava evitar que o mais popular comandante cubano das Forças Armadas, atraído então pelos movimentos de reforma que proliferavam à época na União Soviética e no Leste Europeu, se tornasse algum dia um ponto de aglutinação para os críticos reformistas do regime. Ochoa comandara, no total, mais de 300 mil soldados cubanos em diferentes missões no exterior e continuava a ser extremamente popular. Esse fato por si só já era motivo de preocupação. Para Fidel, sempre esteve claro que um comandante militar carismático e popular representaria a maior ameaça à sua hegemonia.

Como sempre ocorreu desde que assumiu o comando do Ministério da Defesa, Raúl não tinha outra opção a não ser cumprir as ordens implacáveis do irmão. Se dependesse dele, todo o problema Ochoa teria sido resolvido discretamente, teria sido jogado para debaixo do tapete. As indiscrições do amigo não lhe pareciam tão graves. Ochoa não era culpado de nada mais do que falar de maneira inapropriada – em sua maioria durante arroubos de raiva, e os arroubos faziam parte do estilo de Ochoa. Não havia indícios de que planejasse investir contra o regime e, para Raúl, essa era uma possibilidade inconcebível.

Além disso, expurgá-lo talvez gerasse um levante entre os oficiais. Ochoa, assim acreditava Raúl, poderia ser obrigado a aposentar-se, tornando-se mais um oficial caído em desgraça a aderir ao que é conhecido em Cuba, meio por piada, como o *Plan Pijama* – ex-autoridades do primeiro escalão que ficam exiladas em suas casas, vivendo metaforicamente dentro de seus pijamas pelo resto da vida. Mas Fidel mostrava-se intransigente. Ele desejava a pena de morte para Ochoa.

Higaldo contou que Raúl "parecia estar destruído pessoalmente". As execuções representavam uma segunda natureza para o irmão de Fidel, mas nenhum dos homens condenados no passado era seu conhecido.

Raúl vacilou sob as pressões. Aquele estranho e desconexo pronunciamento realizado diante dos oficiais das Forças Armadas na metade de junho de 1989, quando disse que Fidel "é o nosso pai", representou apenas a primeira de duas atuações marcadas por uma alta carga emocional. Em cada uma delas, Raúl admitiu implicitamente para suas platéias que sentia dor e que ficaria traumatizado devido ao que precisava fazer.

Hidalgo não acredita que Raúl estivesse embriagado quando discursou diante dos oficiais, conforme supuseram muitos, mas sim que sua *performance* errática e atormentada resultava do estresse. Hidalgo também está convencido de que Raúl não realizou nenhum esforço planejado para dissuadir Fidel, que não argumentou veementemente para que a vida de seu amigo fosse poupada.

"Acho que Raúl sempre se submete às decisões de Fidel."

Raúl sabia que Fidel havia formado sua opinião e, como o Abraão da Bíblia, obedeceu fielmente, exceto que ao final a vida de Ochoa não foi poupada como ocorrera com o filho de Abraão. Houve várias pessoas que apelaram a Fidel a fim de que mudasse de idéia. Líderes sandinistas da Nicarágua, o chefe da missão militar soviética em Cuba e outros tentaram ao máximo convencê-lo a salvar o general. No entanto, apesar da forma como se sentia, Raúl, ao que parece, não aderiu a esse coro.[9]

Na véspera da execução, em sua segunda *performance* estranha, um discurso realizado em cadeia nacional de rádio e TV, Raúl admitiu ter tido um comportamento inadequado para um oficial graduado das Forças Armadas. Revelou que chorara em seu gabinete, no Ministério da Defesa, enquanto pensava no destino e na família de seu amigo. Ele disse que, quando olhou para si mesmo no espelho do seu banheiro, "as lágrimas corriam pelas minhas bochechas".

"Primeiro, fiquei furioso comigo mesmo. Eu imediatamente refiz-me e compreendi que chorava por causa dos filhos de Ochoa, que conheço desde que nasceram."[10]

A maior parte das pessoas que o conheciam sabia bem que Raúl travava uma guerra interior. Ele sofria e agonizava de uma forma que Fidel nunca poderia compreender. Quando falou sobre o fato de ter chorado, Raúl talvez quisesse que sua angústia ficasse evidente para os colegas das Forças Armadas. Hidalgo, que conhece o Raúl adulto melhor, provavelmente, do que qualquer outro cubano no exílio, diz que ele costuma realizar algumas cenas bastante melodramáticas.

O sentimento de compaixão de Raúl choca-se com a imagem de "Raúl, o Terrível", termo uma vez usado por ele mesmo para descrever-se. Em janeiro de 1957, durante os primeiros dias da insurgência, quando a derrota parecia ser algo provável, Raúl rascunhou um testamento no seu diário de campo. Se morresse lutando, escreveu, desejava que a maior parte de seu patrimônio ficasse com a filha de um companheiro dele que tombara no ataque de Moncada. Ele também desejava que parte do dinheiro fosse usada na construção de uma casa para a mãe e a irmã de um expedicionário do *Granma* morto – sentimentos que dificilmente poderiam ser descritos como marxistas ou realmente revolucionários.[11]

Uma mulher que conhecia Raúl bastante bem na década de 1950, em Havana, disse-me, com uma considerável carga de emoção e tremendo um pouco, que Raúl era um "assassino em série". Não obstante, manifestando impressões contraditórias a respeito dele, como fazem tantos, a mulher acrescentou: "Ele é um assassino em série amável".

Ela me contou ter ouvido de uma das irmãs de Raúl que, no começo de 1959, pouco depois da vitória da guerrilha, ele assumiu pessoalmente a responsabilidade de levar vários órfãos da guerra vindos da zona rural para Havana, onde foram abrigados em uma base militar controlada por ele.

Muitas histórias a respeito de sua crueldade e implacabilidade circulam entre as pessoas que o conheceram. Essas narrativas, porém, convivem com outras que destacam seu lado gentil. Ele perdoa e pode ser generoso, mesmo com os que o irmão teria enviado impiedosamente, e sem pestanejar, para a prisão, o exílio ou o pelotão de fuzilamento. Quando Raúl suceder Fidel no poder, esses lados contraditórios da personalidade dele continuarão, seguramente, a chocar-se um com o outro, como tem ocorrido desde que realizou seus primeiros atos de brutalidade.

◁ ☆ ▷

Antes do amanhecer do dia 13 de julho de 1989, Arnaldo Ochoa foi retirado de sua cela, suando em meio ao calor do verão tropical. Ele marchou por uma distância curta e, sob luzes fortes que iluminavam um caminho de escuridão, foi obrigado a ficar de pé diante de um pelotão militar de fuzilamento. Ele sabia que não receberia um perdão de última hora.

Desenrolava-se então o momento culminante do que, provavelmente, foi a crise pessoal mais dolorosa da vida de Raúl. Suas duas apresentações vacilantes diante de platéias nacionais legaram a imagem de um líder no qual faltariam muitas das excepcionais qualidades de comando de Fidel. Raúl mostrou-se indeciso, desarticulado, temeroso e extenuado.

Fidel nunca vacilara na qualidade de líder, e alguns oficiais de alta patente de Cuba perguntavam-se se o irmão mais jovem seria forte o suficiente para sobreviver durante muito tempo após assumir o poder sozinho. Ainda assim, em meio à crise, o astuto Raúl pôde consolidar sua posição na linha sucessória ao garantir o controle sobre uma instituição quase tão poderosa quanto as Forças Armadas.

Execuções adicionais, supostos suicídios e supostas mortes acidentais, além do mais perigoso expurgo político da história da revolução, iriam se seguir, em ritmo acelerado, ao desaparecimento de Ochoa. Somados, esses fatos representaram, para a Revolução Cubana, uma quase cirúrgica praça Tiananmen. O massacre de ativistas pró-democracia em Pequim ocorreu apenas uma semana mais ou menos antes do discurso de Raúl diante dos oficiais das Forças Armadas e pode ter significado, quase certamente, o ponto de virada para as maquinações de Fidel a respeito do que precisava fazer. Sempre na qualidade de um grande mestre da estratégia, planejando com antecedência suas próximas jogadas, prevendo o que fazer em vez de limitar-se a reagir às situações, tomando a iniciativa, Fidel pretendia fazer um alerta aos moradores de Cuba tentados a imitar os manifestantes da China: bastava cogitarem a possibilidade de realizar uma ação contra o regime para terem o mesmo destino de Ochoa.

O verão de 1989 em Cuba transcorreu junto da temporada das mudanças cataclísmicas em todo o mundo marxista-leninista. Na época do episódio na praça Tiananmen, em Pequim, as sociedades comunistas do Leste Europeu começaram a ruir. O Muro de Berlim caiu em novembro, enterrando, na prática, a Guerra Fria. Os subsídios soviéticos escasseavam enquanto Fidel impunha políticas mais draconianas, opondo-se desafiadoramente à *perestroika* e à *glasnost*.

Como conseqüência, o dirigente e seu regime logo começaram a ser criticados pelos novos meios de comunicação alternativos da União Soviética. Isso fez com que Fidel, algumas semanas depois da execução de Ochoa, banisse duas publicações em língua espanhola vindas de Moscou. Ele acusou-as publicamente de subversão, sacando a carta do imperialismo ianque. Fidel nunca poderia imaginar em 1961, quando declarou sua fé eterna no marxismo-leninismo, que realizaria uma manobra do tipo.

As provas que ligam Ochoa a um pensamento reformista do tipo soviético, chinês ou do Leste Europeu são circunstanciais, mas eu concluí, com o passar do tempo, em um relatório escrito por mim para a Casa Branca, que o general desejava realmente que o sistema político de Cuba fosse relaxado e aberto. Nunca surgiram provas, no entanto, de que Ochoa organizasse um grupo dissidente ou que considerasse liderar uma rebelião militar. É provável, no entanto, que ele tenha sido flagrado pelos aparelhos de escuta defendendo as reformas. Raúl revelou mais ou menos isso em seu discurso para os oficiais das Forças Armadas.

O comunismo internacional entrava em colapso em quase todos os lugares. Fidel desejava garantir que seu regime não desmoronasse também ou que não fosse obrigado, como os líderes chineses, a massacrar um grande número de manifestantes civis nas ruas. O líder cubano precisava antecipar-se para evitar crises em potencial, e Ochoa serviu como o infeliz bode expiatório. Logo, um novo mote revolucionário surgiu para ser ouvido em todos os cantos, um mote com o qual Fidel e Raúl concluiriam todos os seus discursos. "Socialismo ou Morte." A frase pretendia deixar claro que não haveria nenhum tipo de diluição do absolutismo *fidelista*. Até mesmo discutir a possibilidade de uma reforma política significaria um crime capital.

Por coincidência, concluí minha análise secreta sobre o Caso Ochoa no mesmo dia em que o general perdeu a vida. Eu trabalhava então para o Conselho Nacional de Inteligência, a organização da comunidade de inteligência que elabora as estimativas nacionais. Fui instado por autoridades do primeiro escalão do Conselho Nacional de Segurança a fazer o papel do advogado do diabo porque muitas análises recentes, especialmente as da CIA, acreditavam na explicação do governo cubano sobre Ochoa ser culpado de tráfico de drogas, uma acusação fictícia que o regime apresentou contra ele. Ana Montes, a agente de Cuba infiltrada na Agência de Inteligência da Defesa, mais tarde esforçou-se ao máximo para substanciar esse boato falso, sem dúvida sob ordens de seus superiores nos serviços de inteligência de Cuba.[12]

No relatório que enviei para a Casa Branca e para outras autoridades da área de segurança, concluí que "Fidel arquitetou deliberadamente a crise" e que "os principais 'crimes' de Ochoa haviam sido questionar a autoridade dos irmãos Castro e pensar na possibilidade de desertar". Eu acreditava então, como acredito ainda hoje, que Fidel "chegou à conclusão de que Ochoa precisava ser condenado por um crime realmente hediondo [...] a fim de evitar qualquer reação indesejada [...] da parte dos militares". As acusações de tráfico de drogas serviram como uma cortina de fumaça.[13]

Após anos estudando Fidel, e tendo, muito antes, abandonado qualquer idéia romântica sobre suas prioridades e seu caráter, tinha certeza de que Ochoa foi vítima de um julgamento de fachada do tipo stalinista. Muitas pessoas que assistiam à TV cubana ficaram com a impressão de que o acusado parecia estar drogado e confuso enquanto permaneceu sentado no banco dos réus. Suas respostas para as perguntas do promotor pareciam ter sido ensaiadas e soavam falsas.

Muitos cubanos, entre militares e civis, chegaram à mesma conclusão. Vários desertores disseram-me que passaram a desprezar o governo de Fidel após a execução de Ochoa, quando então começaram a tomar providências para emigrar. Um jovem oficial de batalha treinado na União Soviética, e antes leal ao regime cubano, do qual tive notícia, voltou para casa de seu trabalho no Ministério da Defesa, no dia em que o general foi morto, sentou-se à mesa de jantar e chorou pelo homem que respeitava tanto. Hoje morando na Flórida, esse oficial inclui-se entre os tantos que se afastaram do governo de Cuba de maneira semelhante.

Ochoa foi condenado à morte por uma corte fantoche que se curvou obedientemente aos ditames do comandante-em-chefe. O Conselho de Estado, o mais alto órgão executivo do governo, e um tribunal militar formado por mais de 35 dos principais generais do país ratificaram a sentença, tornando-se, todos, durante esse processo cúmplices na pena de morte. A mulher de Raúl, Vilma Espín, então membro do Conselho de Estado, estava entre aquelas pessoas e disse com a voz firme: "Que a sentença seja confirmada e executada".[14]

Na verdade, além de Fidel, não havia provavelmente nenhum outro homem ou mulher na ilha que, autonomamente, teria insistido na pena de morte.

◁ ☆ ▷

Momentos depois de o general ter sido alvejado, o respeitado coronel do Ministério da Defesa Antonio de la Guardia, uma autoridade do topo dos serviços de inteligência, seguiu os passos do general na fila de execução. A morte do coronel e a prisão e subseqüente morte supostamente acidental do ministro do Interior enquanto no cárcere sinalizavam que os irmãos Castro pretendiam usar a crise para resolver uma série de problemas que não tinha relação com aquilo. Esse é um traço típico do estilo Fidel de atuar. O líder cubano, com freqüência, provocou uma crise com a intenção de justificar ações extremas realizadas com outros objetivos políticos em mente.

Naquele evento, as agências de inteligência e de segurança do país foram expurgadas e reestruturadas sob o comando de Raúl como recompensa pelo fato de ele ter traído Ochoa. Desde os dias da Sierra Maestra, Fidel sempre insistiu em manter forças de inteligência e especiais competindo entre si sob diferentes cadeias de comando.

O Ministério da Defesa comandado por Raúl, chamado oficialmente de Ministério das Forças Armadas Revolucionárias e conhecido em Cuba por seu acrônimo, MINFAR, e o Ministério do Interior, conhecido como MININT, portaram-se durante décadas como rivais, e muitas vezes como adversários. A manobra consistia em algo semelhante a colocar, de repente, um FBI caído em desgraça sob o comando do diretor da CIA ou da Secretaria de Defesa.

Apesar de ter realizado esforços ao longo de anos para obter o controle do MININT, Raúl havia até então obtido uma única grande vitória nessa campanha. Quatro anos antes, ele convencera Fidel a demitir o poderoso ministro do Interior, Ramiro Valdés, um rival formidável de Raúl então. As credenciais revolucionárias de Valdés mostravam-se impecáveis, e ele comandava organizações poderosas, e muitas vezes sinistras, que atuavam em cidades de Cuba e de outros países. Em 1985, Fidel finalmente concordou com demiti-lo, mas, talvez em mais um teste para o fervor de Raúl, mandou que o irmão comunicasse a notícia pessoalmente.

Valdés foi chamado para comparecer ao gabinete de Raúl. Contando com a possibilidade de o ministro tornar-se violento, o irmão de Fidel escondeu o chefe de sua segurança pessoal no banheiro que dá para a sua sala. Com sua pistola em punho e engatilhada, o guarda-costas ficou alerta, ouvindo todas as palavras do diálogo ocorrido enquanto Valdés descobria que sua estrela política se apagara.

Algumas pessoas de fora de Cuba acreditam que o ex-ministro poderia ter ressurgido como um poderoso rival de Raúl na linha sucessória. Essa possibilidade ganhou crédito em 2003, quando Valdés deixou para trás anos de obscuridade para conseguir uma vaga dentro do Conselho de Estado. Se fosse novamente alçado a um outro cargo importante pelas mãos de Fidel, por exemplo, para ocupar uma vaga no Politburo, Valdés por ventura veria confirmado o boato sobre sua reabilitação. Mas Alcibíades Hidalgo está convencido de que "Raúl derrotou Ramiro completamente" no embate ocorrido em 1985.[15]

Os ministérios rivais possuíam algumas funções iguais e estruturas de cargo semelhantes. E o MININT operava ainda forças paramilitares, algo que desagradava a Raúl e a seus generais. Os homens do MININT costumavam grampear as conversas particulares dos generais das Forças Armadas, mesmo aquelas realizadas nas suas casas. Oficiais das agências de inteligência gozavam de um padrão de vida muito melhor do que suas contrapartes nas Forças Armadas, e por causa das operações clandestinas que muitos realizavam, conseguiam ter um acesso mais fácil a fontes ilícitas de enriquecimento. Hidalgo, que dentro de Cuba era um civil sem ligações com qualquer um dos ministérios, contou-me que, antes dos expurgos de 1989, um coronel da inteligência costumava ter uma vida cem vezes melhor do que os generais de Raúl.

O mais graduado dentre esses, o general de corpo de Exército Abelardo Colomé Ibarra, então o único oficial com três estrelas, assumiu o comando do Ministério do Interior pouco depois da execução de Ochoa. Centenas de oficiais de carreira foram imediatamente expurgados, entre os quais vários de alta patente e com várias condecorações. Com esses golpes decisivos, o MININT transformou-se em um braço disponível do Ministério da Defesa, chefiado por Raúl. Todas as ações de espionagem internacional, segurança interna e policiais ficaram finalmente sob o controle dele e de seu *entourage* de confiança.

Com quase 70 anos de idade, Colomé continua a dirigir de forma discreta o Ministério do Interior. Conhecido por seu apelido de infância, "Peludo", o general declara orgulhosamente que está sob o comando de Raúl há quase 50 anos, há mais tempo do que qualquer outra pessoa. Ele tinha cerca de 16 anos quando se aventurou na Sierra Maestra, no começo de 1957, e então seguiu com Raúl, um ano depois, para abrir a Segunda Frente na Sierra Cristal, onde serviu como assessor pessoal. Colomé idolatra Raúl, que, segundo diz, salvou-o do que poderia ter sido uma vida de trabalho extenuante em um armazém de café de Santiago.

O currículo do general parece-se com um histórico das Forças Armadas revolucionárias, pontuado por missões no exterior, operações policiais e de inteligência e cargos de comando tanto dentro do governo civil quanto da estrutura militar. Ele atuou como chefe de polícia de Havana, dirigindo-se mais tarde, secretamente, para a Argélia e a Bolívia com um passaporte argelino a fim de dar apoio a uma insurgência malsucedida na Argentina.

O general deu provas de seu comprometimento revolucionário e de sua submissão ao estilo de comando dos irmãos Castro quando participou do julgamento que condenou um jovem argentino – um guerrilheiro recalcitrante – à morte. O "Peludo" está entre os poucos combatentes da elite cubana a exibir a condecoração mais importante do país, a de Herói da República. Ele foi o primeiro comandante da missão militar de Cuba em Angola e, depois, ocupou o cargo de principal vice de Raúl no ministério.[16]

O relacionamento entre os dois é há tanto tempo tão estreito que Colomé tem sido para Raúl o que Raúl é para Fidel. O terceiro homem mais poderoso de Cuba – o general ocupa também, faz bastante tempo, vagas no Politburo do partido e no Conselho de Estado – atuará como um dos dois ou três mais confiáveis e eficientes garantidores da sucessão de Raúl após Fidel não conseguir mais governar. E, como Colomé mantém-se presente nos órgãos mais poderosos do poder, em toda a ilha, caberá a ele lançar mão dos recursos para identificar e neutralizar qualquer um que se atreva a brecar a ascensão de Raúl.

Em resumo, Colomé é o perfeito *raulista*. O termo aplica-se aos oficiais de alta patente – e a alguns civis – que mantêm laços duradouros e especiais com Raúl. A velha guarda *raulista* encontra-se agora na casa dos 60 e dos 70 anos de idade e atuou sob o comando dele durante a insurgência e no começo da década de 1960. A maior parte participou de missões secretas no exterior com internacionalistas ou comandantes de forças militares expedicionárias, em geral realizando as duas funções.

Entre esses, incluem-se muitos dos generais de duas e três estrelas, bem como vários outros que se aposentaram da ativa, mas que ainda continuam mantendo uma considerável influência. De forma semelhante a Colomé, eles identificam-se mais com Raúl do que com Fidel, apesar de saberem que não podem vacilar em nada quando se trata das expectativas do comandante-em-chefe a respeito deles. A execução de Ochoa serve para lembrá-los constantemente disso. De toda forma, esses são homens que Raúl treinou, encorajou e promoveu, homens que, em troca, retribuem sua confiança.

Um triunvirato da velha guarda *raulista*, segundo todos os indícios, demonstrará tanta determinação quanto Colomé em garantir que Raúl substitua Fidel no poder e que o processo transcorra sem percalços. Julio Casas, o principal vice de Raúl no MINFAR e ele também membro do Politburo, está com o irmão de Fidel há quase tanto tempo quanto o "Peludo". Casas dirige a *holding* do MINFAR responsável por mais de dez empresas que obtêm dinheiro em moeda forte para os militares – Casas, portanto, controla um substancial fluxo de capital. As empresas – o conglomerado turístico Gaivotas é a maior delas – são dirigidas por oficiais militares de alta patente aposentados ou em caráter de missão especial, todos subordinados ao general Casas, que recebeu sua terceira estrela em 2001.

Álvaro López Miera, chefe do Estado-Maior do MINFAR, é o seguinte na seqüência dos mais poderosos *raulistas* da velha guarda. Filho de imigrantes espanhóis comunistas que logo apoiaram os irmãos Castro, o jovem López subiu a Sierra Maestra para unir-se a Raúl nos últimos meses do conflito. Ele tinha apenas 14 anos de idade e, considerado novo demais para os combates, acabou encarregado de dar aula para os filhos de camponeses em uma das escolas dirigidas pela Segunda Frente. Anos depois, entrou em ação em Angola e na Etiópia como oficial de artilharia e estudou durante dois anos em uma das mais prestigiosas academias militares da União Soviética. Ele é o braço direito de Raúl na condução dos assuntos diários das Forças Armadas e foi promovido a general de corpo de Exército em 2001.[17]

Ulises Rosales del Toro, o terceiro oficial de três estrelas no poderoso triunvirato de Raúl, é outro colega de longa data. Ele ocupou o cargo de chefe de gabinete de Raúl por mais de 15 anos e agora comanda o ministério responsável pelo setor açucareiro de Cuba, atualmente em crise. No começo da década de 1960, Rosales ofereceu-se para combater no Vietnã e viu-se tentado a partir com vários de seus amigos em direção à República Dominicana para lutar secretamente contra o ditador Trujillo, maior inimigo de Fidel nos anos de 1940. Em vez disso, acabou sendo enviado para combater com as guerrilhas patrocinadas por Cuba na luta para depor o governo venezuelano eleito democraticamente.

Rosales diz ter sentido uma "satisfação imensa" ao ser escolhido para aquela missão, apesar de esta haver se transformado em uma experiência difícil e decepcionante. Ele e outros três conselheiros cubanos das guerrilhas viram-se obrigados a comer macacos, asnos e serpentes venenosas. Um deles, bastante adoentado, perdeu cerca de 45 quilos e mal conseguia andar quando os três regressaram clandestinamente a Cuba. Nem todos os seguidores de Fidel mandados para as missões internacionalistas encontraram a glória. Rosales, no entanto, saiu mais forte da experiência e tornou-se um Herói da República e um membro do Politburo.[18]

A velha guarda *raulista* e os oficiais intermediários que Raúl promoveu na carreira militar confiam nele. Os discursos emocionados que proferiu durante o caso Ochoa não se repetiram e não há notícia de que tenha vacilado desde então. Os homens leais a ele sabem que nunca ouviriam da boca de Raúl demandas de cunho fanático como as que Fidel fez com o coronel Tortolo em Granada e sabem que Raúl não insistiria em tomar todas as decisões táticas de uma operação.

Eles vêem com bons olhos o fato de a busca pela fama e glória pessoais nunca ter sido a motivação maior de Raúl. Seus discursos nunca são apocalípticos como tantas vezes são os de Fidel. Seu estilo é mais relaxado, menos confrontador. Raúl delega poderes, acalenta relações genuinamente colaborativas, costuma seguir os conselhos que solicita de seus subordinados e trabalha com os mesmos assessores de confiança há décadas.

Sob a liderança de Raúl, as Forças Armadas sempre se revelaram a mais estável e mais bem administrada instituição da revolução. Apenas as Forças Armadas experimentaram um alto grau de continuidade de comando, em grande parte devido ao sucesso de Raúl em protegê-los dos caprichos e da paranóia por controle de Fidel. Ele vem sendo o único oficial graduado do regime a ter autorização para comandar com certa liberdade sua organização. Raúl transformou as Forças Armadas na instituição da revolução de Cuba que mais perto chegou de ser verdadeiramente meritocrática. A promoção dos oficiais e a atribuição de funções desde o nível das patentes intermediárias usualmente basearam-se antes na competência e nos feitos de cada um do que em conexões políticas, familiares ou de qualquer outro tipo.

O estilo Fidel de administração não poderia ser mais diferente do irmão. O líder cubano costuma expurgar autoridades civis com um currículo de destaque, relegando-as ao Plano Pijama. Desde 1959, menos de 20 autoridades do primeiro escalão – de um total de milhares que assumiram responsabilidades reais – conseguiram manter-se em seus cargos por períodos longos. Fidel teme que, se ficarem por muito tempo nos mesmos postos, talvez desenvolvam bases independentes de poder, tornem-se presunçosos ou subam ao palco que o líder cubano recusa-se a compartilhar.

Somente um número reduzido de autoridades consegue agradar Fidel por muito tempo, incluindo até mesmo alguns de seus administradores mais bem-sucedidos. Ele não aceita críticas e não tolera dúvidas a respeito das manobras que considera adequadas. E, à medida que envelheceu, chegando perto dos 80 anos, Fidel tornou-se mais intransigente e intolerante com os supostos deslizes.

Raúl também é um disciplinador rígido, não há dúvida. No entanto, pode ser também paciente e mostra-se disposto a perdoar um honesto erro humano. O general Colomé disse em uma entrevista que Raúl não hesita em reprimir seus subordinados, incluindo a si mesmo, mas que, passado o incidente, não volta a tocar no assunto. Fidel, por outro lado, nunca esquece um deslize ou um erro. Raúl presta atenção nos detalhes e "respeita profundamente sua família", acrescentou Colomé, talvez contrastando, conscientemente, a figura de Raúl com a de Fidel. Um é mais previsível e mais aberto do que o outro. "Raúl inspira confiança", concluiu o general. "A gente consegue discutir qualquer problema com ele." Quase ninguém diria isso sobre Fidel.[19]

Os *raulistas* respeitam o talento de Raúl como administrador e organizador. Suas vitórias em 1958, durante o último ano da insurgência, excedem em número o de qualquer outro comandante, incluindo o irmão. Raúl formou a maior força guerrilheira, controlou a maior expansão territorial com a maior população civil e construiu uma ampla infra-estrutura – incluindo pistas de pouso e decolagem – em sua zona de operação. E fez tudo isso em menos de um ano. O general Colomé enalteceu o "desenvolvimento superior" obtido por Raúl, talvez sem atentar o suficiente, no entanto, para como Fidel interpretaria aquele comentário.[20]

O comandante-em-chefe nunca se dispõe a elogiar as conquistas do irmão. Ele não gosta de admitir que os militares têm sido um avalista realmente indispensável do regime ou que durante os períodos mais difíceis – incluindo os últimos 12 anos – as Forças Armadas assumiram a liderança na administração de setores fundamentais da economia.

Fidel tende a menosprezar Raúl e até mesmo parece ter ciúme do talento organizacional do irmão. Acima de tudo, Fidel empenha-se para dar a impressão de que as conquistas dos militares deveram-se à visão estratégica e ao carisma dele, nunca mencionando – ou talvez nem mesmo considerando – que essas qualidades não mantêm os tanques e caças a jato em funcionamento ou os soldados alimentados e vestidos.

Mesmo quando pressionado por entrevistadores a falar sobre as contribuições do irmão, Fidel mostra-se em geral evasivo e reservado. Ele não gosta de admitir que Raúl cresceu gradualmente como figura do regime, que ganhou destaque devido a suas realizações ou que as históricas vitórias internacionalistas não teriam sido possíveis sem o irmão.

Durante os primeiros anos do regime, Fidel mostrou-se algumas vezes cruelmente injusto com Raúl. Deve ter sido um momento muito tenso da relação entre os dois quando, em 1965, ao ser entrevistado por Lee Lockwood, Fidel descreveu Raúl como um honrado segundo-sargento que segue ordens, mas não sabe dá-las.

"Ele não toma decisões porque sabe que não tem o direito de fazer isso. Ele é extremamente respeitoso. Sempre me consulta sobre todas as questões importantes", disse Fidel.[21]

Raúl, no entanto, conquistou cada vez mais poder durante as décadas de 1970 e 1980, tanto poder político quanto pessoal. E, enquanto o fez, tensões fraternais, conforme era de se prever, passaram a surgir periodicamente na relação deles, como ocorreu quando Raúl voou para Houston em abril de 1959 para o primeiro embate dele com Fidel de que se tem notícia. As tensões parecem ter atingido um novo ápice no final de 1986, depois do triunfo de Raúl sobre Ramiro Valdés. Naquela época, *raulistas* proeminentes passaram a ter uma influência sem precedentes nos mais altos órgãos do regime, especialmente no Partido Comunista depois do Terceiro Congresso. Eles formavam o maior bloco do Politburo e pareciam estar em um movimento de ascensão tão acentuado que Raúl sentiu uma evidente necessidade de amenizar a situação.

Ele marcou uma de suas raras entrevistas, publicada no mês de janeiro seguinte em uma revista do MININT. Discorrendo de uma forma quase sempre errática, Raúl parecia ávido para falar sobre o que seria o verdadeiro motivo da irritação de Fidel. Ele negou que sua Segunda Frente tivesse crescido para transformar-se em um "Estado dentro do Estado" durante a luta contra Batista. Tratava-se de uma metáfora para a situação verificada na segunda metade do decênio de 1980.

Rivais e pessoas críticas a Raúl estariam, quase com certeza, fazendo circular essa expressão, reclamando que o irmão de Fidel e seus *raulistas* haviam conquistado espaço demais, que eclipsavam outros grupos da elite dentro do partido e do governo. O mais provável é que as críticas surgiram dentro do MININT, entre os discípulos de

Valdés. Para rebater a noção disseminada por esse e por outros grupos rivais de Raúl, ele fez a única coisa que poderia fazer. Desandou a elogiar a liderança de Fidel.

"O tipo de organização" que ele desenvolvera em sua zona de operações "também existia em outros *fronts*", disse Raúl a respeito dos dias de guerrilha. Isso não era verdade, mas ajudou a diminuir as tensões. Curvando-se ainda mais às veleidades de Fidel, Raúl afirmou ao repórter que "as regulamentações penais que implementamos inicialmente na Segunda Frente haviam sido elaboradas" sob a orientação de Fidel. Tratava-se de um assunto menor, mas pretendia demonstrar que as ações adotadas por Raúl em sua área de operação acabaram por mostrar-se eficientes por causa da visão e liderança de Fidel. As coisas tampouco se passaram dessa forma, mas Raúl sabia melhor do que qualquer outro que não poderia haver nenhum indício de um culto à personalidade surgindo ao redor de ninguém mais, nem mesmo ao redor do homem escolhido para suceder Fidel.[22]

Apesar dos repetidos momentos de tensão entre os dois, Fidel, ao que se sabe, nunca cogitou a possibilidade de deixar seu legado para um outro herdeiro. O líder cubano também não gosta de discutir a sucessão dinástica em Cuba, especialmente diante de platéias de sociedades democráticas.

Ele prefere evitar a aparência de que a revolução parece-se com uma monarquia medieval do Oriente Médio ou com a bizarra ditadura da Coréia do Norte, onde filhos e irmãos assumem o poder automaticamente quando um líder morre. Por isso, quando pressionado a discutir a sucessão em Cuba, Fidel costuma insistir que Raúl não ficaria automaticamente no lugar dele. O Partido Comunista e as instituições concernentes do governo teriam de ratificar a escolha, afirma, e ele possui muitos "irmãos" na liderança do país.

Fidel empregou essa analogia em 1977 quando se preparava para deixar registrado seu talvez mais veemente endosso das qualificações de Raúl como seu sucessor.

"Todos os que morreram defendendo causas justas em qualquer canto do mundo, todos esses são meus irmãos", afirmou a Barbara Walters. Então, para aumentar a dramaticidade do momento, realizou uma breve pausa.

"Raúl é meu irmão duas vezes: um irmão durante toda esta luta e um irmão nas idéias. Mas Raúl não possui um cargo nesta Revolução porque é meu irmão de sangue, e sim porque é meu irmão nas idéias e porque mereceu esse lugar por meio de seus sacrifícios, seu valor e sua capacidade."[23]

Ninguém, com a eventual exceção do ex-ministro do Interior Ramiro Valdés, jamais pareceu ter a mínima chance de substituir Raúl na linha sucessória. Fidel repete desde janeiro de 1959 que seu irmão é o único herdeiro possível e essa postura viu-se ratificada várias vezes pelos principais integrantes do Partido Comunista e do governo. O Artigo 94 da Constituição marxista de Cuba torna a manobra legal. Ele determina que "no caso de ausência, doença ou morte do presidente do Conselho de Estado, o primeiro vice-presidente o substitui nas funções". Raúl tem sido o primeiro vice-presidente desde que o cargo foi criado, na década de 1970.

Pressupondo-se que Raúl esteja em boas condições de saúde quando o irmão morrer ou ficar incapacitado de continuar no cargo, as probabilidades são quase nulas de que outros tentem ingressar na linha sucessória ou que alguém tenha alguma chance de substituí-lo. Uma vez confirmado no cargo de presidente do Conselho de Estado, em caráter interino ou permanente, Raúl agirá como chefe de Estado e de governo bem como na qualidade de comandante-em-chefe das Forças Armadas. Um dos três generais de três estrelas assumirá a direção do Ministério da Defesa, e Raúl pode ceder também a liderança do Partido Comunista para algum testa-de-ferro que hoje pertença ao Politburo.

Já que os novos líderes de Cuba tentarão minimizar, na comunidade internacional, a impressão de que Cuba é governada por uma guarda pretoriana, a maior parte dos civis proeminentes de hoje continuará a ter influência, especialmente na condução da economia e dos assuntos financeiros e na condução da política externa. Carlos Lage, secretário e primeiro vice-presidente do Conselho de Ministros, além de membro do Politburo e do Conselho de Estado, é considerado por Fidel um homem de confiança – em grande parte para as questões econômicas – há mais tempo do que quase todos, com a exceção de algumas outras poucas autoridades. Evidentemente, Lage também consegue trabalhar bem com Raúl.

Ricardo Alarcón, o presidente da Assembléia Nacional, um órgão de fachada, já desempenhou várias funções importantes como diplomata e representante do governo cubano, além de ser também membro do Politburo. No entanto, como muitos dos vários subordinados civis de Fidel que são obsequiosos e dóceis na presença dele, Alarcón pode não ter conseguido respeito suficiente com Raúl e os outros generais para durar muito tempo em um cargo do primeiro escalão. O rude e jovem ministro das Relações Exteriores de Cuba, Felipe Pérez Roque, tem sido um dos sicofantas favoritos de Fidel nos últimos anos, mas ele também pode ser uma figura descartável. Inicialmente, no entanto, um objetivo central do regime sucessor consistiria em preservar as aparências de maior continuidade possível em relação ao passado *fidelista*.

Os generais *raulistas*, cinco dos quais integram o Politburo, decidirão quem fica com qual cargo. Os líderes de nenhuma outra instituição, incluindo as entidades do partido, do Estado e do governo, ou das grandes organizações populares do regime, sozinhos ou por meio de qualquer combinação, conseguiriam desafiar efetivamente o poder de fogo e os recursos militares e de inteligência do qual dispõem os generais. E ninguém seria capaz de impor políticas ao novo regime a que a coesa e disciplinada liderança militar se opusesse.

A variável mais importante em todos os cenários concebíveis da sucessão será, portanto, a profundidade com que Raúl e os generais conseguirão manter a lealdade ao longo da cadeia de comando. As probabilidades jogam a favor deles, ao menos inicialmente. Desde 1959, quando Raúl assumiu o comando do novo Ministério da Defesa, nenhum militar em nenhum outro lugar da América Latina manteve-se tão forte.

Os expurgos de 1959 e de 1989 envolvendo respeitados oficiais de alta patente representaram os únicos choques políticos graves sofridos pelo *establishment* militar, e o general del Pino foi o único oficial graduado a desertar desde os primeiros e instáveis meses da Revolução Cubana. Não houve, dentro das Forças Armadas de Raúl, tentativas de golpe, rebeliões militares, levantes realizados por oficiais de baixa patente ou revoltas nos quartéis. Em qualquer situação, os oficiais terão interesse em garantir uma sucessão pacífica na qual sejam mantidos seu *status* privilegiado e suas prerrogativas.

Inicialmente, os militares devem contar com o apoio da maior parte da elite civil de Cuba, que trabalharia de forma construtiva ao lado deles esperando também garantir uma transição pacífica na qual possam igualmente preservar seus privilégios. O temor arraigado no funcionalismo de que muitos exilados possam demandar a devolução dos bens expropriados ou regressar para conquistar poder deve manter as elites alinhadas. Os sucessores de Fidel continuarão com o martelar nacionalista a fim de distrair a população das dificuldades que enfrenta, a fim de preservar o moral e a prontidão na caserna e a fim de consagrar a memória dele como uma força unificadora.

No entanto, depois de uma curta lua-de-mel, os sucessores terão de optar entre cenários políticos igualmente nefandos. O próprio Fidel já reconheceu há bastante tempo que o período imediatamente posterior ao afastamento dele oferecerá os maiores perigos. O dirigente afirmou a Herbert Matthews, o repórter do *New York Times*, em uma entrevista ainda inédita concedida em maio de 1966, que "o período imediatamente seguinte àquele em que algo acontecesse com ele seria o mais difícil".[24]

Reprimidas demandas populares por mudanças significativas devem surgir uma vez que a presença titânica e intimidante de Fidel no poder tenha ficado para trás. Os novos líderes se verão pressionados então ou a atender ou a suprimir as esperanças da população, a permitir reformas do tipo *perestroika* e *glasnost* que Fidel rejeitou ou a reafirmar sua intransigência postumamente. O dilema promete tornar-se cada vez pior com a passagem do tempo porque Raúl não herdará a reputação de Fidel diante da população cubana e nem a habilidade para comunicar-se de forma inspirada com essa população.

Che Guevara, amigo dele, reconheceu essa deficiência crítica já em 1960. Ele disse a Simone de Beauvoir, durante a visita dela a Cuba com Jean-Paul Sartre: "Eu adoro o Raúl... enormemente. Ele é um homem formidável, mas não tem a mesma influência direta sobre o país que possui Fidel".[25]

◁ ☆ ▷

Então, como Raúl tentará liderar no perigoso vácuo do período pós-Fidel? Quem prevaleceria, o Raúl piedoso ou "Raúl, o Terrível"? A maior parte da população prevê que seja o último. Durante vários anos, a voz dele foi a mais estridente do regime quando se tratava de exigir medidas repressivas e implacáveis contra desvios intelectuais ou políticos. O renomado poeta cubano Heberto Padilla, acusado impiedosamente por Raúl e detido por um curto período antes de exilar-se, havia comparecido a um encontro em Praga para ouvir uma das declarações de Raúl repudiando os intelectuais.

"Em Cuba, felizmente, há muito poucos intelectuais", disse Raúl, segundo Padilla. "E os que há não fazem mais que se dedicar o tempo todo a reinventar a roda."

Padilla também citou a frase de um intelectual norte-americano, antes entusiasmadamente empolgado com a revolução, que agora despreza e teme Raúl. "Há alguma profunda anormalidade no Raúl. Ele é cruel e frio, um homem capaz de cometer qualquer crime."[26]

Foi o Raúl implacável que agiu como o batedor do regime na realização dos expurgos em massa ocorridos no passado. Um desertor do serviço internacional da inteligência cubana disse a uma comissão do Congresso em Washington, em 1969, que Raúl ordenou pessoalmente aos serviços de segurança as medidas duras tomadas quando da expulsão do Partido Comunista, no ano anterior, da chamada microfacção.[27]

Alguns anos antes, campanhas selvagens haviam sido realizadas com precisão militar para prender homens homossexuais e obrigá-los a realizar trabalhos forçados. Trabalhadores citadinos do colarinho branco, considerados insuficientemente revolucionários ou afetados, foram expurgados em grande quantidade nos desestabilizadores cercos "antiburocracia".

Em 1972, Raúl capitaneou a campanha contra o "diversionismo ideológico", um termo vago o suficiente para abarcar todos os que discordassem da revolução ou que se encontrassem simplesmente desiludidos. O governo Nixon, os "grupos de jovens antisociais" e cabeludos, os intelectuais estrangeiros, entre os quais o antes companheiro de viagens de Fidel pela Europa K. S. Karol, e um famoso antropólogo norte-americano foram todos denunciados. O socialista Karol seria um agente da CIA, segundo Raúl.

Aquele se revelaria o mais infame de seus discursos cruéis, realizado com a repetição retumbante, dezenas de vezes, do termo "diversionismo ideológico". A transcrição exclui toda a carga histriônica do pronunciamento, mas não é difícil imaginar que Raúl esmurrasse o parlatório para dar ênfase a suas palavras, de novo e de novo, enquanto proferia a frase característica. Os alvos reais da repressão de alta voltagem que se seguiu eram os cubanos que se sentiam atraídos por qualquer tipo de idéia proibida.

Raúl possuía também alguns estranhos e sinistros admiradores. O comunista da Alemanha Oriental Markus Wolf, autoproclamado o "maior chefe de espionagem do comunismo", destaca-se nesse grupo. Durante muitos anos, Wolf comandou o órgão mais importante dos serviços de inteligência internacionais de seu país, visitando Cuba, ajudando a treinar os agentes cubanos e realizando operações conjuntas com eles. O alemão-oriental criticava Ramiro Valdés, que para ele se assemelhava "antes a um agente audaz do que a um estadista".[28]

Já Raúl seria "muito mais estável, com uma formação educacional melhor e mais parecido com um estadista". Aludindo quase certamente a Fidel, Wolf acrescentou que Raúl, "ao contrário de seus colegas mais emotivos, adotou uma fria visão estratégica da situação de Cuba". A autoridade da Alemanha Oriental ficou impressionada com o fato de que, ao contrário da maioria dos cubanos, Raúl sempre chegava a seus compromissos na hora marcada, levando o alemão a contar, em tom de aprovação, como os aliados do irmão de Fidel começaram a chamá-lo de "o prussiano". Tratava-se de um elogio e tanto, de um maquinador resoluto para outro.[29]

Por outro lado, no entanto, a faceta mais amena de Raúl tornou-se cada vez mais evidente à medida que se aproximava a inevitável sucessão. Rompendo com sua imagem de durão, Raúl evitou identificar-se demais com a brutal repressão lançada por Fidel contra ativistas dos direitos humanos e pró-democracia em duas grandes operações ocorridas desde 1996. No passado, haveria a expectativa de que o irmão mais novo do líder cubano lideraria a investida contra tais grupos.

Acredita-se também que Raúl tem sido, dentro do governo, o defensor mais persistente de reformas liberalizantes da economia nos anos que se seguiram ao colapso da União Soviética. Apesar de ter recusado teimosamente essas medidas, Fidel conferiu a Raúl mais liberdade para criar empresas dedicadas a obter lucro e dirigidas por oficiais de alta patente do regime.

Durante o mesmo período, os dois ministérios que Raúl controla têm realizado uma campanha bem elaborada para apresentar o dirigente e as Forças Armadas sob um viés mais favorável. O alvo principal são pessoas influentes dos Estados Unidos.

Raúl e os generais cubanos receberam e acompanharam grupos formados por oficiais norte-americanos de alta patente já aposentados, a maior parte dos quais regressou para casa defendendo o estabelecimento de ligações em nível militar através do estreito da Flórida. Em 1991, o Colégio Nacional de Defesa de Cuba foi criado com o objetivo central de fomentar laços com aparatos militares de outros países.

O *Secretos de Generales*, um livro de edição caprichada autorizado pelo Ministério da Defesa e publicado na Espanha em 1997, advoga sutilmente em favor da mesma causa. No total, 41 generais cubanos foram entrevistados para falar sobre suas vidas e suas carreiras, em meio a um esforço sincronizado para dar uma face humana e simpática ao alto-comando. Todos evitaram as declarações duras e confrontadoras em relação aos Estados Unidos, o tipo de linguagem que ainda caracteriza os discursos de Fidel e grande parte da propaganda do regime. O general Rosales, então chefe de gabinete e o oficial de mais alta patente entrevistado – e, claramente, autorizado a falar em nome de Raúl –, comentou sobre o desejo de manter contatos, de militar para militar, com o Departamento de Defesa norte-americano.[30]

O mais notável documento desta campanha de relações públicas revelou-se um estudo pouco conhecido, mas de acesso livre, escrito por Ana Montes, a agente cubana infiltrada na Agência de Inteligência da Defesa. Seu estudo a respeito dos militares de Cuba foi divulgado sob o selo daquela agência em agosto de 1993, após o término de um ano sabático durante o qual teria estudado aquele assunto.

Montes estava acompanhada de cerca de seis outros analistas da comunidade de inteligência escolhidos por meio de concurso para participarem do Programa Excepcional de Análise do Diretor da Inteligência Central. Quase todos os escolhidos incluíram algum tipo de viagem prolongada para o exterior em suas propostas de pesquisa, e é provável que Montes tenha feito o mesmo.

Sendo assim, pode-se especular sem arriscar muito que Montes viajou para Cuba à custa dos contribuintes norte-americanos durante o ano que passou, sem supervisão, imersa naquele programa, que ocorreu muito tempo depois de a agente ter traído os Estados Unidos para trabalhar como espiã de Fidel. Se Montes de fato visitou Cuba naquele ano, os chefes dela aproveitaram-se da oportunidade, seguramente, para dar-lhe treinamento especializado em práticas de espionagem e contra-espionagem sem medo de que fosse detectada. Eu estivera certamente errado a respeito dela durante todo aquele tempo. Montes era de fato uma analista "excepcional" da área de inteligência.

Não há dúvida de que, por sugestão dos serviços de inteligência de Cuba, a agente escreveu em seu estudo sobre os militares: "As Forças Armadas acreditam que uma melhoria das relações com os Estados Unidos é um elemento necessário para a futura estabilidade econômica de Cuba e continuarão a aproveitar-se das chances para abrir os canais de comunicação com os Estados Unidos. Os cubanos estarão ansiosos para melhorar a cooperação em questões operacionais, quase certamente gostariam de trocar visitas militares e provavelmente aceitariam que militares norte-americanos realizassem seminários (no Colégio Nacional de Defesa de Cuba)".[31]

Em 1993, essas eram, no mínimo, opiniões iconoclastas. Nenhum outro analista do setor de inteligência chegaria a uma conclusão do tipo com base nos fatos disponíveis. Parte da linguagem dela naquele trecho, e ao longo de todo o estudo, refletia de forma tão fiel, e até cândida, a política cubana que, pensando a coisa em retrospecto, surpreende o fato de ninguém ter duvidado de Montes antes. O estudo continha um número tão grande de elogios à linha adotada por Cuba que deveria ao menos ter chamado a atenção dos círculos de segurança e contra-espionagem dos Estados Unidos.

Montes, porém, só seria detida oito anos depois, continuando durante esse período a prejudicar terrivelmente os interesses norte-americanos. O mais curioso, e para mim ainda inexplicável, trecho do seu artigo apresentava uma crítica mordaz lançada contra Raúl. Não obstante descrever Raúl sob um viés positivo em outros momentos do texto, Montes escreveu: "Fidel acredita provavelmente que Raúl tornou-se cada vez mais incompetente para julgar o caráter das pessoas, um advogado de mudanças econômicas excessivas e um homem incapaz de lidar com situações repentinas de crise".

Quando Montes redigiu essas linhas, Raúl, por meio do general Colomé, comandava todas as operações de inteligência de Cuba. É difícil, portanto, decifrar o que, se é que havia um propósito por trás disso, a agente tentava conseguir com essas frases desfavoráveis a ele. Uma possibilidade óbvia é a de que autoridades menos graduadas dos serviços de inteligência, ainda na berlinda depois dos expurgos da era Ochoa, quatro anos antes, tentavam manchar a imagem de Raúl.

Na capa do estudo de Montes há um aviso padrão eximindo de responsabilidade os órgãos oficiais dos Estados Unidos, um aviso que deve ter tido um sabor deliciosamente irônico para a agente e para seus chefes. Eles devem ter dado boas risadas às custas de todos os que, no governo norte-americano, confiaram nela. O aviso dizia o seguinte: "As opiniões manifestadas neste artigo são da responsabilidade do autor dele e não refletem a opinião ou postura oficiais do Departamento de Defesa, do Diretor da Inteligência Central ou do Governo dos Estados Unidos".

A fim de sobreviver no jogo durante bastante tempo, um espião infiltrado nos altos escalões de uma entidade, da mesma forma que um agente duplo, precisa realizar manobras de prestidigitação, como um mágico que realiza truques com fumaça e espelhos. Não havia nada de gratuito no estudo dela e as observações críticas a respeito de Raúl podem ter sido simplesmente uma concessão aprovada pelos agentes da inteligência cubana para dar maior credibilidade a Montes junto a seus pares.

A agente tinha razão, certamente, ao dizer que o prestígio de Raúl fora abalado pelos discursos proferidos durante a crise Ochoa. Ele não conseguiu comportar-se bem, e Fidel provavelmente se preocupa de fato com a forma como Raúl administrará desafios ainda mais ameaçadores uma vez que tenha assumido o poder sozinho.

As qualidades excepcionais de Raúl manifestam-se mais claramente nos bastidores, onde, ao longo de todos esses anos, sempre se sentiu mais confortável. No entanto, sem o carisma, a inteligência extraordinária, a visão de futuro, a habilidade como comunicador e o dom para persuadir e instilar inspiração de Fidel, além dos dotes estratégicos ao planejar com antecedência as manobras vindouras, Raúl será testado, quando estiver no poder, como nunca antes.

Independentemente de seus motivos, a agente infiltrada de Cuba tinha razão a respeito desse ponto. Pode-se seguramente especular sobre a capacidade de Raúl de administrar a crise que ocorrerá inevitavelmente sob sua batuta. Quão resolutamente agirá quando sob pressão extrema? Raúl se comportará de forma tão implacável quanto Fidel quando estiver no poder, ou seu lado piedoso dará aos inimigos espaço para manobrarem contra ele?

Não se pode nem mesmo dizer com segurança que Raúl desejará ser mais do que um líder interino. Publicamente, já se referiu a seu desejo de aposentar-se e retirar-se para uma área da zona rural da qual gosta, e Raúl não apreciará as grandes pressões e as crises que fazem a adrenalina circular pelo corpo de Fidel e, em geral, arrancam dele seus melhores momentos. E, o que é mais importante, para os cubanos, para os cubano-americanos e para os Estados Unidos de modo geral, fica a pergunta: que tipo de futuro Raúl deseja para seu país?

As respostas para essas perguntas, e para perguntas semelhantes, só serão conhecidas, provavelmente, quando Fidel tiver partido. Só então seu irmão mais jovem começará a surgir como uma figura autônoma. A desconcertante troca de máscaras a que Raúl é afeito terá um ponto final e ele poderá manifestar-se sem medo de desapontar Fidel.

CAPÍTULO DOZE

Canhões em quantidade mais do que suficiente

Um jornalista de um canal italiano de TV perguntou certa vez a Fidel o que deve ter sido a questão mais impertinente já ouvida pelo líder cubano *on the record*. Citando o fato de Fidel sempre ter se referido de forma elogiosa à obra ficcional de Ernest Hemingway, o jornalista quis saber qual a impressão dele sobre o livro *O Velho e o Mar*, um clássico do escritor vencedor do Nobel de Literatura.[1]

A história passa-se em Cuba. O velho de Hemingway, Santiago, é um pescador combalido que sai para o mar em sua pequena embarcação e agarra o maior peixe de sua vida. Após batalhas hercúleas, Santiago vence o gigantesco marlim e o amarra na lateral de seu barco a remo. No entanto, a essa altura, já não consegue mais ver a costa cubana e precisa navegar lentamente de volta ao porto.

"Ele é a minha sorte", pensa o velho, referindo-se ao maior e mais valioso peixe que já apanhara.

Tubarões, porém, começam a atacar. Inicialmente, surge um único tubarão, mas então aparecem outros e logo há um grande número deles, um cardume voraz que turvava a água, consumindo metodicamente o peixe gigantesco. O velho não consegue fazer nada enquanto seu maior triunfo é devorado diante de seus olhos.

Nada além de pedaços de carne e dos ossos brilhantes resta dependurado na lateral do pequeno barco quando o homem finalmente regressa para casa.

Falando consigo mesmo e com o que restou do peixe, ele balbucia: "Desculpe-me. Afastei-me demais da costa. Arruinei nós dois".

O repórter italiano imaginou a novela de Hemingway como uma metáfora para Fidel e a revolução.

"O senhor não tem medo de terminar como o pescador de Ernest Hemingway?", perguntou.

Fidel não acreditava nos seus ouvidos. Ninguém jamais o confrontara com uma pergunta tão ofensiva antes. O comandante-em-chefe mudou prontamente de assunto, lançando-se em um prolongado e dissimulador monólogo.

Era verdade. O definhamento da revolução começou a acelerar-se para além do controle de Fidel em 1990, quando a União Soviética dava seus últimos suspiros. A remessa de combustível e de outros produtos essenciais não chegava mais no prazo marcado, isso quando chegava. A falta de produtos começou a ampliar-se diariamente. Os níveis de criminalidade atingiram um patamar tal que Fidel começou a reclamar desse fato em seus discursos. Cubanos famintos aguardavam em intermináveis filas para receber mantimentos enquanto as tensões sociais aumentavam.

As glórias internacionalistas do passado também se despedaçavam. Em março, Daniel Ortega perdeu as eleições presidenciais na Nicarágua por uma larga margem de votos, um repúdio retumbante ao único aliado socialista de Cuba ainda existente na região. Fidel responsabilizou a CIA pela derrota, mas ficara indignado com os sandinistas pelo fato de eles terem concordado com a realização das eleições – um erro que ele nunca cometeria. Os assessores cubanos voltaram para casa.

O mesmo deu-se em Angola. Após quase 16 anos de intervenção militar, negociações comandadas pelos Estados Unidos resultaram em um acordo de paz regional. Os cubanos regressavam a seu país em um fluxo constante e, em maio de 1991, Raúl recepcionou os últimos deles, acompanhados por seu general comandante. A derradeira e mais promissora aposta de Fidel na América Central, os insurgentes marxistas de El Salvador, negociava o fim de seu conflito também. Porto Rico ainda despontava ocasionalmente nos discursos do regime, mas mesmo essa chama perdia brilho.

Não restara quase nada dos triunfos internacionalistas de Fidel pelo mundo afora. Em uma das concessões mais difíceis que precisou fazer, o líder cubano disse aos moradores de seu país que o dever internacionalista resumia-se agora a ficar em casa e unir-se "em um esforço extraordinário para salvar a revolução".

Dentro em breve, Fidel passaria a falar apenas de economia. A economia cubana continuou afundando pelo restante de 1990, e então desabou abruptamente no ano seguinte, quando a União Soviética desapareceu e o que restava dos imensos subsídios secou definitivamente. A queda livre prosseguiu nos próximos dois anos, com uma implosão econômica final de algo entre 40% e 50% dos níveis registrados em 1989. Aquela era a pior depressão da qual os cubanos conseguiam se lembrar.

Como se estivesse em pé de guerra, o país viu nascer então o retumbantemente futurista plano Opção Zero e o Período Especial em Tempos de Paz, termos adaptados dos planos de contingência de Raúl para o caso de uma invasão ou de um conflito armado. Os militares receberam ordens para se tornarem auto-suficientes, significando que os soldados começaram a trabalhar no campo, plantando, capinando e colhendo sua própria comida. Para os ex-combatentes de tantos palcos do exterior, tratava-se de um humilhante epílogo verem-se reduzidos ao papel de camponeses pobres responsáveis por cuidar de uma plantação. Raúl sentiu ser necessário declarar publicamente que, sob aquelas circunstâncias, "os feijões valem mais que os canhões".[2]

O impacto da crise sobre a população civil revelou-se devastador. A taxa de desemprego explodiu para incluir mais da metade da força de trabalho. A maior parte das fábricas precisou diminuir ou paralisar a produção porque não havia combustível, peças sobressalentes e materiais à disposição. A falta de alimentos e os problemas de distribuição provocaram subnutrição e doenças. As condições sanitárias e a saúde pública deterioraram-se agudamente.[3]

Sem combustível suficiente para alimentar os geradores de eletricidade, as luzes começaram literalmente a se apagar em toda a ilha. Os blecautes duravam até 16 horas por dia, provocando sofrimentos terríveis já que a comida apodrecia sem uma refrigeração constante. Os veículos do transporte público e o maquinário agrícola não funcionavam mais. Havana parecia-se com uma cidade em guerra ou sob cerco.

"Estamos ingressando na era da bicicleta", afirmou Fidel a uma platéia, no final de janeiro de 1991. Com isso, o líder cubano pretendia de alguma forma soar acalentador.

Mais de 700 mil bicicletas foram compradas da China para serem montadas em turnos de 24 horas em mais de dez escolas técnicas agora dedicadas inteiramente a essa tarefa. Logo, Fidel estaria falando sem cessar sobre qualquer coisa que pudesse ter alguma relação com as bicicletas. Ele se informou sobre o assunto e se transformou no maior especialista em bicicletas da ilha.

"Posso garantir-lhes que é mais fácil montar um relógio suíço do que uma bicicleta. Isso é algo complicado. Acho que uma bicicleta possui 347 partes diferentes."[4]

A era do triciclo iniciou-se ainda naquele ano.

Em dezembro, Fidel disse que 60 mil desses veículos de três rodas haviam sido comprados para "realizar muitas das atividades para as quais usamos hoje os veículos motorizados".[5]

Depois, foi a vez de os bois substituírem os tratores e o restante do maquinário agrícola.

"Estamos trazendo 100 mil bois para cá. E assim que essa operação terminar, traremos outros 100 mil."

Civis que moravam em áreas urbanas mudaram-se para a zona rural a fim de trabalharem nos campos de cultivo. Em abril de 1991, Fidel falou a esse respeito pela primeira vez e, mais tarde, admitiu que alguns dos civis, segundo o dirigente, meros voluntários, ficariam no campo por até dois anos.[6]

"Mais de 60 acampamentos com espaço para acomodar 200 mil trabalhadores foram montados em algumas semanas", disse, acrescentando que "dezenas de milhares de pessoas saíram de Havana em direção a Pinar del Rio a fim de apanhar tomate".[7]

Em um discurso realizado anteriormente, Fidel comentara sobre o quanto gostava de ver em sua salada os tomates da variedade Roma vindos de Pinar del Rio. Ele desejava que os cubanos ingerissem mais vegetais frescos.

A mandioca oferecia uma boa fonte de proteínas, ensinou Fidel, e poderia ser usada na fabricação de pães substituindo o trigo importado. Essa comparação parecia-se com uma feita na metade da década de 1970, quando falou incansavelmente sobre o valor nutricional de uma nova cerveja cubana capaz de substituir alimentos então racionados.

Eu estava ansioso para provar a cerveja cubana na primeira vez que visitei Havana, mas não consegui encontrar nenhuma durante aquela viagem, realizada no começo de 1990. Lembro-me de entrar em um bar comum da parte velha de Havana, perto do cais, caminhar até o balcão e falar para o atendente, um homem grande e rude: "*Una cerveza, por favor*". Ele voltou para mim os olhos arregalados, talvez pensando que eu fosse cubano ou um outro latino-americano. Devagar, colocou as mãos enormes nos quadris, esfregou a barrigona e resmungou: "Você sabe muito bem que não temos esse tipo de coisa aqui".

Visitei Cuba uma segunda vez, durante o pior período da crise econômica, no começo da primavera de 1993, a fim de avaliar com meus próprios olhos a situação. Fidel e os serviços de inteligência conheciam-me havia tempos então, mas a missão diplomática cubana em Washington expediu sem problemas o visto de entrada obrigatório. Eu era um analista dos serviços de inteligência, não um agente. Meus objetivos não poderiam prejudicar ninguém: consultar-me com diplomatas norte-americanos lotados em Havana e ter uma idéia sobre o quanto a situação do país se deteriorara. Eu não tinha nenhuma missão secreta ou operacional, apesar de as autoridades cubanas não poderem estar totalmente seguras a esse respeito.

Eu fora avisado por outras autoridades norte-americanas que visitaram a ilha sobre terem sido pressionadas e intimidadas, supostamente por suas contrapartes cubanas. Houve telefonemas insultantes às 3h ou 4h da madrugada e algumas dessas autoridades quase sofreram acidentes de carro nas mãos de motoristas ameaçadores. Eu ouvi até mesmo uma história sobre lixo ter sido colocado entre os lençóis nas camas de hotel usadas por analistas da CIA em visita ao país.

Um colega acordou no meio da noite dentro de seu quarto, em um hotel de Havana, e flagrou dois agentes cubanos do setor de contra-espionagem vasculhando silenciosamente suas coisas. Inteligentemente, fingiu continuar dormindo, e os homens saíram de forma tão discreta quanto tinham entrado. Não sei por que, mas não fiquei de maneira nenhuma preocupado com os serviços cubanos de inteligência, apesar de, claro, ter sido vigiado durante todo o tempo que estive lá.

Depois do anoitecer é que Havana ficava mais assustadora. A fraca iluminação das ruas deixava-as mergulhadas em uma penumbra, enquanto os poucos focos de luz, aqui e acolá, projetavam sombras nebulosas que se dissolviam rapidamente na escuridão. Nas ruas, a essa hora, quase todas as pessoas caminham com passos acelerados e evitam olhar na cara umas das outras, cruzando-se sem dizer uma palavra. Eu me lembro do quão deprimentemente monocromático tudo parecia. Com o decorrer do tempo, a pintura exterior e o reboco das fachadas foram desgastando-se. Surpreendeu-me o fato de Cuba e os cubanos exibirem todos tons apagados de marrom e cinza. Eu nunca ouvi ninguém rindo durante minhas caminhadas pelas ruas da cidade.

Explorando Havana naquelas noites sombrias de 1993, comecei a recordar os trechos de alguns dos discursos de Fidel do final da década de 1980 e do garrote que há tanto tempo o dirigente impõe à sociedade cubana. Os discursos tinham sido proferidos em uma época na qual ele investia contra as reformas liberalizantes adotadas na União Soviética, insistindo que Cuba nunca permitiria a criação de empresas da iniciativa privada ou o que criticamente descrevia como empreitadas "neocapitalistas". Então, Fidel acabou escolhendo para ser denunciado publicamente um homem talentoso que conseguiu levar cores e um glamour um pouco afetado para a vida de alguns dos cubanos, mas que era culpado, segundo o dirigente, de auferir lucros ilicitamente.

De alguma forma, essa pessoa cuja identidade não se revelou foi capaz de adquirir um certo montante de escovas de dente importadas. Talvez na cozinha da sua casa, esse homem derreteu as escovas para moldar o plástico na forma de bijuterias reluzentes nas cores vermelha, amarela e verde – colares e braceletes simples que vendia ao preço de alguns pesos cubanos. Ele levou alguma alegria às ruas, mas acabou sendo classificado como um explorador neocapitalista e, provavelmente, deve ter cumprido pena em uma prisão.

Fidel denunciou outros envolvidos em casos semelhantes ao daquele homem: um que comprou barras de chocolate no parque Lênin, em Havana, e mais tarde revendeu-as para ter um pequeno lucro; outros que salvaram peças jogadas no lixão municipal para realizar obras de arte simples que vendiam; e, segundo o comandante-em-chefe, "pessoas que fazem pinturas e que vendem quadros, até mesmo para instituições públicas, ganhando mais de 200 mil pesos por ano". Afinal de contas, reclamou Fidel, "essas não são obras de um Picasso ou de um Michelangelo". Fidel temia que se essas e outras microempresas pudessem continuar operando, então os ideais igualitários da revolução correriam perigo.

◁ ☆ ▷

E, enquanto a revolução ruía pouco a pouco, Fidel parecia-se cada vez mais com o velho pescador de Hemingway. Até seu 75° ano de vida, completados em 2001, as perguntas sobre a sucessão haviam despertado somente um interesse vagamente hipotético. Fidel sempre se esforçou para projetar uma imagem de indestrutibilidade, de uma imbatível saúde de ferro mesmo quando chegou à casa dos 60 e dos 70 anos de idade. Ele continuou realizando discursos intermináveis, algumas vezes debaixo de um Sol forte. Encontrava-se com entrevistadores estrangeiros tarde da noite, freqüentemente falando até o amanhecer.

Tudo fora calculado para sugerir longevidade e um vigor super-humano. A propaganda do regime gostava de sugerir que o pai dele vivera até depois dos 80 anos, dando a entender que ele morreu anos depois do que de fato ocorreu. Ángel pereceu alguns meses após ter completado 81 anos. (Lina morreu pouco antes de seu aniversário de 60 anos.) A aparência de juventude perpétua revelava-se tão essencial para a projeção da *persona* revolucionária de Fidel quanto sua barba, seu uniforme militar e o quepe verde-oliva.

Fidel conseguiu despertar bastante atenção da opinião pública quando abandonou seus charutos característicos, no verão de 1985, durante um período no qual seus discursos eram salpicados por alusões peculiares à saúde e à mortalidade. A mais notável dessas observações ocorreu quando de uma reveladora alusão feita alguns meses antes. Tendo discursado mais de uma hora e meia, Fidel murmurou, sem que houvesse um contexto específico para justificar isso, que estava "sendo perseguido pelo Ceifador".

Notei uma incidência estranhamente alta em seus pronunciamentos do que parecia ser uma preocupação soturna com sua saúde, algo que ultrapassava em muito sua conhecida hipocondria, que disfarça bastante bem. Diante de suas platéias, Fidel vinha referindo-se a questões médicas intrincadas com uma freqüência tão grande e de forma tão evidente que, em uma dessas oportunidades, admitiu que os cubanos estavam a perguntar-lhe: "O senhor está no quarto ano do curso de medicina?".

O líder cubano logo se sentiu compelido pela persistência dos rumores a rebater – apesar de não negar nada explicitamente – a possibilidade de estar com câncer. É bastante crível que tenha se submetido a algum tipo de cirurgia, e não é de surpreender que nenhum médico tenha se apresentado aos meios de comunicação para contar que tratara dele, ou tenha ao menos deixado vazar essa informação. No final de 1985, o que quer que o estivesse incomodando resolveu-se, e nos próximos 15 anos, mais ou menos, não apareceria mais nenhum outro sinal de algum problema de saúde.

Esse panorama começou a mudar no segundo ano do novo século. Em julho de 2001, Fidel foi filmado pela primeira vez vacilando durante um discurso. Ele parecia desorientado e atordoado, quase caindo antes de ser carregado por assessores para longe. Nada semelhante jamais ocorrera antes, e os meios de comunicação do mundo todo informaram que Fidel desmaiara por alguns segundos.

Em duas aparições subseqüentes, ocorridas naquele verão, o dirigente mostrou-se estranhamente incoerente por breves períodos, enquanto os integrantes de suas platéias contorciam-se em desconforto. Algo estava errado, era óbvio, mas independentemente do que tenha sido o assunto foi mantido no mais estrito sigilo. Ele começou a usar tênis ao invés das botas quando dava corridinhas em manifestações de massa em Havana. Fidel começava a escorregar para fora de seu personagem.

Seguiram-se outros incidentes. O pior dos escorregões de que se tem notícia aconteceu em outubro de 2004, quando Fidel apareceu na TV tropeçando desengonçadamente ao sair de um palanque baixo depois de completar um discurso. Ele estatelou-se no chão, quebrando a patela do joelho esquerdo e o braço direito. Depois disso, passou semanas em uma cadeira de rodas. E, desde então, o braço quebrado parece ter perdido vigor.

Em todos os incidentes nos quais se envolveu, Fidel e o regime apressaram-se em garantir à opinião pública que o dirigente recuperara-se prontamente, estava bem e comandava o país como antes. No entanto, a realidade é que muitos cubanos suspeitam que seu comandante-em-chefe enfrenta uma ou duas doenças potencialmente fatais. Já circularam boatos sobre um câncer recorrente, ataques do coração, pequenos derrames, o mal de Alzheimer e o mal de Parkinson.

Vários visitantes estrangeiros que passaram algum tempo com Fidel depois de 2001 falaram sobre os lapsos mentais, sobre divagações estranhas e sua inabilidade em concentrar-se. Alguns ficaram surpresos ao notar o quanto a aparência física de Fidel deteriorou-se nos últimos anos. Sua pele tornou-se mais pálida; ele está corcunda e enxerga com dificuldade. Seu característico jeito de caminhar, antes imponente, retraiu-se para virar um rijo arrastar de pés.

A freqüência e a duração de suas *performances* em público diminuíram, as viagens ao exterior não acontecem tanto quanto antes e, mesmo dentro da ilha, Fidel comporta-se de forma sedentária, o que não era típico dele. Ele ainda consegue pronunciar discursos, mas costuma fazê-lo sentado agora, muitas vezes se deixando levar por estranhos solilóquios. Observadores internacionais perguntam-se de modo crescente se ele sobreviverá para celebrar seu aniversário de 80 anos, no dia 13 de agosto de 2006, ou se naquela altura talvez já esteja entregue a um estado de completa falta de lucidez. Nesse meio-tempo, Raúl passou a desempenhar um papel cada vez maior nos bastidores, quem sabe já agindo como um tipo de regente, filtrando e checando as ordens de Fidel antes de chegarem a seus subordinados.

◁ ☆ ▷

Foi no auge da crise do começo da década de 1990 que Raúl começou a impor-se, aparentemente com a mesma determinação mostrada em Houston, em 1959. Desta vez, no entanto, assumiu o papel do irmão mais flexível, mais cauteloso, mostrando-se menos atrelado a ideologias do que Fidel. Impressionado com o modelo político-econômico da China, Raúl defendeu a adoção de reformas descentralizadoras de abertura dos mercados, apesar de não ter obtido quase nenhum êxito nesse sentido. Conseguiu autorização de Fidel, que o fez provavelmente a contragosto, para promover o engajamento entre os *establishments* militares de Cuba e dos Estados Unidos e para permitir a oficiais de alta patente que auferissem lucros com a administração de vastos setores da economia.

O momento da virada para os irmãos Castro deu-se em 1993, quando episódios de violência de rua tomaram um bairro da periferia de Havana em julho antes de, meses mais tarde, distúrbios ocorrerem em uma cidade próxima. O mais infausto levante aconteceu em Havana, em agosto de 1994. Milhares de manifestantes tomaram as ruas da região do Malecón gritando "Liberdade" e "Fora Fidel".[8]

Raúl e seus generais ficaram receosos diante da possibilidade de a estabilidade social ruir e de o comando e o controle exercidos pelos militares serem colocados em risco. Seria preciso garantir que a instituição montada por Raúl durante toda a sua vida não se dilacerasse, e o caminho mais seguro para que isso ocorresse seria dar ordens para que os soldados participassem de um incidente sangrento do tipo ocorrido na praça Tiananmen. E ele sabia que, se a polícia não conseguisse controlar a situação, Fidel insistiria para que os militares concluíssem a tarefa. Mas as Forças Armadas não foram treinadas para controlar multidões e nunca dispararam contra civis. A maior parte dos comandantes relutaria em seguir ordens para realizar uma missão desse quilate.

A situação nas ruas mostrava-se tão desfavorável que Raúl precisou avisar a população que não seriam tolerados novos distúrbios. Os militares fariam o que fosse necessário para preservar a ordem, declarou, advertindo "os inimigos da revolução" sobre o perigo de "calcularem mal suas ações" e acrescentando que nós "temos canhões e outras coisas em quantidade mais do que suficiente para defender esta ilha". Neste momento, "Raúl, o Terrível" traçava seu limite, mas suas ameaças apenas contribuíram para minar ainda mais o pequeno apoio popular com que contava.[9]

Como de praxe, também, Fidel tentou aliviar a crise provocando uma outra contenda com os Estados Unidos. Depois dos distúrbios de rua de 1994, o dirigente incentivou uma terceira onda de migração marítima – desta vez envolvendo cerca de 40 mil embarcações – que saiu da costa norte da ilha, rumo à Flórida. Muitos dos que partiram para a travessia não contavam com nada mais que remos e garrafas de água potável.

Centenas de milhares de pessoas dispunham-se a correr riscos em qualquer frágil geringonça que flutuasse, mas um acordo negociado estabeleceu-se permitindo um fluxo anual de imigrantes para os Estados Unidos envolvendo ao menos 20 mil pessoas. Alguns descreveram a manobra como uma chantagem demográfica realizada por Cuba. Ainda em vigor hoje, o acordo fez diminuir parte da pressão feita sobre o regime e Fidel, uma vez mais, conseguiu tirar alguma vantagem de uma crise interna.

Raúl rechaçou manifestar-se publicamente a respeito das migrações de 1965, 1980 e 1994, o que torna razoável inferir que ele não apoiava entusiasticamente tais medidas. O raciocínio de Raúl talvez tivesse sido o mesmo do general Rafael del Pino, que, após sua deserção, contou que alguns dos oficiais militares mais honoráveis de Cuba consideravam Mariel um "circo romano". Del Pino e outros oficiais acreditavam que Fidel instilara, de forma desnecessária, uma onda de instabilidade na ilha.

Esses homens preocupavam-se antes com proteger a estabilidade interna do que com investir contra os Estados Unidos.

Não foi apenas em Miami que observadores chegaram à conclusão, no começo da década de 1990, de que o regime não sobreviveria por muito tempo mais. Eu incluía-me nesse grupo. Em agosto de 1993, presidi o encontro final de um grupo de pesquisa formado por especialistas da CIA e de outras agências de inteligência em questões cubanas a fim de elaborar uma outra estimativa nacional. Concluímos haver "uma probabilidade maior do que nunca de que o governo de Fidel Castro caia dentro dos próximos anos".[10]

Ainda acredito que tínhamos razão, que as probabilidades o desfavoreciam um pouco. Soube mais tarde que autoridades cubanas chegaram à mesma conclusão. Uma dessas autoridades admitiu, tempos depois, em uma conversa reservada com um membro do alto escalão do governo norte-americano, que Cuba "encontrava-se a apenas seis meses de um colapso econômico". Eles preparavam-se para uma hiperinflação e uma onda generalizada de instabilidade.[11]

Diante de uma sublevação iminente, Fidel deixou-se convencer de que apenas um fluxo constante de moeda forte vindo do exterior salvaria a ele e à revolução. A situação revelava-se tão terrível que Fidel dispôs-se, com vistas a manter seu poder absoluto, a transigir sobre princípios antes sagrados da revolução. Havia apenas duas formas realistas por meio das quais uma quantidade suficiente de moeda forte poderia ser adquirida: o turismo em grande escala envolvendo estrangeiros e o envio de dólares por exilados cubanos.

O primeiro – escancarar as portas de Cuba para os turistas estrangeiros – era um remédio amargo e perigoso. Durante décadas, imperara o dogma de que ondas de turistas contaminariam e desestabilizariam a sociedade revolucionária. Fidel proclamara antes que um dos seus maiores feitos morais havia sido erradicar a prostituição, os jogos de azar e outras atividades criminosas associadas ao turismo da era Batista. Se um número significativo de visitantes tivesse autorização para ingressar novamente na ilha caribenha, grande parte disso voltaria a ocorrer. As drogas e a indústria do sexo proliferariam. As taxas de criminalidade aumentariam e, mais alarmante do que tudo, os cubanos ficariam expostos ao contágio de idéias e atitudes contra-revolucionárias.

Desde então, o setor turístico cresceu para tornar-se uma das duas principais fontes de renda de Cuba, provocando todas as conseqüências temidas. No entanto, a política de *apartheid* turístico adotada pelo governo provocou conseqüências ainda mais calamitosas e potencialmente desestabilizadoras. O cidadão comum da ilha foi banido dos bares, praias, hotéis e restaurantes reservados aos turistas estrangeiros e à elite do regime. Essa segregação provoca um profundo ressentimento entre a população cubana, bombardeada durante tantos anos com peças de propaganda sobre a sociedade supostamente igualitária do país.

A decisão do governo, tomada em julho de 1993, de começar a legalizar o uso de moedas estrangeiras teve um efeito ainda pior no sentido de alimentar tensões sociais. Até então, era crime para um cubano ter dólares norte-americanos. O governo, porém, tinha de incentivar os cubanos do exterior a enviarem dinheiro para seus parentes na ilha. Os dólares contam com uma taxação pesada e a maior parte do dinheiro recebido é gasta em lojas oficiais que cobram preços exorbitantes por alimentos e outros produtos de primeira necessidade. A dolarização permitiu aos cubanos que prestam serviços a estrangeiros que aceitem gorjetas e cobrem taxas ao mesmo tempo em que todos os tipos de prostituição de rua e de empreendimentos individuais voltaram a florescer.

A criminalidade, o uso de drogas e a indústria do sexo aumentaram acentuadamente, já que muitos cubanos vêem vantagens maiores em assediar os estrangeiros para obter dinheiro em moeda forte do que em seguir carreiras profissionais nos moldes tradicionais. Médicos e físicos dirigem táxis. Cientistas e engenheiros desempregados servem mesas em troca de gorjetas. O número de cubanos matriculados nas universidades caiu para a metade da cifra verificada em 1990. De que adianta um diploma, perguntam-se muitos jovens, quando há tão poucos empregos e quando se pode ganhar dez ou cem vezes mais prestando serviços para os estrangeiros do que trabalhando para o governo?

A discriminação racial fora supostamente eliminada décadas atrás. Na realidade, o problema aumentou porque os afro-cubanos costumam ser discriminados na busca por vagas de trabalho no setor turístico. E, já que em termos comparativos um número menor de negros possui parentes no exterior, esse grupo tem menos chances de receber remessas de moeda forte, sendo confinados, portanto, às privações da economia baseada no peso.

Surgiu, como resultado disso, um sistema de castas. Economistas estrangeiros concluíram que, nos primeiros anos do século atual, a distribuição de bens e de renda tornou-se mais desigual em Cuba do que em quase todos os demais países latino-americanos. Ironicamente, o único país no qual as grotescas desigualdades haviam sido supostamente erradicadas para sempre agora se transformou, quase com certeza, em uma sociedade quase tão injusta quanto era antes de os irmãos Castro terem conquistado o poder.

As economias paralelas funcionam lado a lado. Os ricos e a nomenclatura do regime têm acesso a moedas fortes e, portanto, a produtos e serviços indisponíveis para as massas. Os pobres têm de fazer mágica para subsistirem com os pesos desvalorizados enquanto enfrentam as longas filas de racionamento e a escassez de quase todos os produtos de primeira necessidade. As animosidades surgidas ao longo dessa nova fissura social devem intensificar-se após Fidel deixar o poder, oferecendo a Raúl, previsivelmente, problemas atrozes que não poderão ser solucionados rápida ou facilmente.

A revolução está literalmente em ruínas. Uma pesquisa realizada pela Universidade de Miami descobriu que, apenas em Havana, estima-se que 300 construções desabem todos os anos e que cerca de 100 mil habitantes da cidade vivam dentro de moradias inseguras.[12] As auto-estradas, os serviços de comunicação, os sistemas de esgoto e as redes de água, além de outras instalações cruciais de infra-estrutura, deparam-se com estágios avançados de deterioração. A degradação espalhou-se pela ilha atingindo quase todos os setores da sociedade civil. Até mesmo autoridades do governo e do Partido Comunista admitem entre si, após se certificarem de que estão fora do alcance de escutas, que o sistema fracassou. Raúl herdará todos esses problemas. E não terá outra alternativa a não ser tentar, de alguma forma, minorá-los.

◁ ☆ ▷

Um regime pretoriano dominado por Raúl e os generais deve, quase certamente, suceder Fidel, apesar de ser impossível determinar por quanto tempo conseguirá permanecer no poder. Os preparativos para uma sucessão sem percalços já se realizam há algum tempo, e os oficiais militares do segundo e do terceiro escalão possuem todos os motivos para continuarem juntos, ainda que pelo motivo mínimo de garantirem seus privilégios.

As elites civis, individualmente ou mediante qualquer aliança concebível, não conseguirão desafiar os militares enquanto eles continuarem unidos. O Partido Comunista e as organizações de massa representam cascas vazias que, sob o comando dos irmãos Castro, perderam importância. Os grupos oposicionistas dedicados à defesa dos direitos humanos e da democracia continuam a ser pequenos e dispersos. Portanto, no curto prazo, não há ninguém capaz de confrontar os *raulistas*. A maior ameaça à estabilidade pode dar-se se os novos líderes do país cometerem erros de cálculo ao enfrentarem os desejos de mudança alimentados por uma população cada vez mais insatisfeita.

Com algo entre 50 mil e 60 mil integrantes, as Forças Armadas são a instituição mais poderosa, competente e influente de Cuba. E são também a mais rica. As várias empresas do setor turístico e de outros setores controladas por oficiais graduados da ativa ou da reserva encontram seu centro de comando no quarto andar do prédio do Ministério da Defesa. O general Casas, genro de Raúl e o segundo na cadeia de comando do ministério, dirige essas atividades voltadas a auferir lucros, aparentemente sem nenhum tipo de supervisão externa. Eles ficam com cerca de 60% dos rendimentos do turismo e com dois terços da moeda forte obtida na rede de varejo.[13] Oficiais graduados também comandam vários outros ministérios e agências do governo.

Raúl atuou como o principal arquiteto na realização dessas mudanças nas missões militares. Da mesma forma como Fidel quando fez concessões a fim de permitir a entrada de turistas estrangeiros e a dolarização, Raúl não tinha ilusões sobre os perigos em colocar nas mãos de alguns oficiais selecionados fluxos substanciais de dinheiro. No entanto, como a economia entrava em colapso, Raúl concluiu não haver outra alternativa para garantir a sobrevivência das Forças Armadas e da revolução. Apesar disso, o custo pago pela instituição tem sido tão alto que não se pode mais deduzir com segurança que o alto-comando permanecerá unido quando o novo regime enfrentar seu primeiro teste de peso.

O moral, a disciplina e o antes predominante sentimento de propósito nacional comum vêm sendo minados enquanto os ressentimentos e os casos de inveja entre os oficiais intensificam-se. Há fissuras que correm em paralelo com as verificadas na sociedade como um todo, fissuras ao longo das quais alguns, os protegidos de Raúl e seus aliados de alta patente, prosperam devido ao acesso à moeda forte ao passo que outros precisam virar-se às margens, dentro da economia do peso. Os oficiais mais jovens, os lotados em províncias situadas fora dos centros turísticos e os militares de baixa patente encontram-se em sua maioria, provavelmente, do lado pobre do divisor de águas. E há boas chances de tradicionalistas da linha-dura existentes dentro das Forças Armadas estarem horrorizados e furiosos enquanto assistem à antes altiva instituição transformar-se em um celeiro de consumismo voraz.

Um dos coronéis de Raúl oferece um bom exemplo disso. Ele controla um espaçoso e elegante prédio de apartamentos localizado no bairro de Vedado, em Havana, a uma pequena distância da missão diplomática dos Estados Unidos. O coronel vive confortavelmente na cobertura que seria dele. Um ex-diplomata norte-americano em Havana que conhece o prédio e um de seus inquilinos estrangeiros descreveu-o para mim.

Trata-se de uma construção de 12 andares, com uma fachada *art déco* ricamente decorada, e na qual há mais de 30 apartamentos. Um empresário britânico aluga uma das unidades e paga ao coronel uma boa soma de dinheiro em moeda forte, mensalmente. Esse apartamento é, provavelmente, semelhante aos demais. A unidade conta com uma grande sacada na qual podem se reunir de 30 a 40 pessoas, além de material de acabamento importado e outros detalhes dispendiosos. Todos os outros apartamentos de luxo, supõe-se, também estão alugados para estrangeiros que pagam o coronel em moeda forte.

Os cubanos pobres que moravam no prédio antes da reforma foram expulsos em um golpe que poderia ser descrito como de elitização neo-revolucionária. Com certeza, os ex-inquilinos não se dispuseram a resistir a um coronel do Exército do alto escalão e bem relacionado enquanto embalavam seus pertences e retiravam-se do local, apesar de suas opções serem sombrias em um país que enfrenta um déficit de 1,6 milhão de moradias. É difícil imaginar que um comportamento do tipo vindo de oficiais truculentos das Forças Armadas não tenha gerado animosidades capazes de minar a estabilidade durante a era pós-Fidel.

Segundo se sabe, apenas alguns oficiais perderam seus cargos devido a acusações de corrupção. Um general e dois coronéis foram demitidos por terem se envolvido em um clamoroso caso de corrupção, alguns anos atrás. Ainda assim, o ministério dirigido por Raúl parece não tolerar somente os incidentes mais ostensivos de desvio de verbas. Não foram estabelecidos padrões de comportamento e quase não há informações, fora da instituição, sobre como os empresários militares são controlados, como são escolhidos, por quanto tempo permanecem nessas funções, ou quais qualificações, além de sua penetração política, incorporam a sua nova tarefa. Conforme era de se esperar, as empresas pretorianas são tidas como ineficientes e não seriam capazes de sobreviver em um ambiente de livre mercado.

Os ganhos de curto prazo obtidos por Raúl ao distribuir sinecuras devem se transformar, quando o irmão de Fidel subir ao poder, nos inimigos mais renitentes à estabilidade. Ao conceder para oficiais protegidos acesso a um padrão de vida mais alto, Raúl assegurou a lealdade deles, mas, cabe perguntar, por quanto tempo isso continuará se verificando à medida que esses oficiais tomam gosto cada vez maior pelos frutos proibidos do capitalismo? Quase tudo que Raúl fez para inserir oficiais no setor da economia dominado pelas moedas fortes possui implicações deletérias. Se os generais e coronéis entrarem em conflito entre si, a sobrevivência do regime *raulista* estaria imediatamente ameaçada. Vários desdobramentos podem abalar uma estrutura de comando e controle já fragilizada.

A alternativa mais perigosa envolve o próprio Raúl. O que aconteceria se Raúl morresse antes de Fidel? Ele tem cinco anos a menos que o irmão, mas é descrito como um alcoólatra que não se reabilitou. Os momentos de estresse provocados por suas atribuições pesaram sobre Raúl de uma maneira que pode ter prejudicado permanentemente sua saúde. Boatos sobre Raúl estar gravemente doente surgem de tempos em tempos, em parte porque o irmão de Fidel costuma ficar durante longos períodos sem aparecer em público. Em dezembro de 1991, rumores perseverantes sobre sua morte obrigaram-no a dar declarações para os meios de comunicação da ilha.

"De vez em quando, surgem boatos sobre a minha morte. Durante os Jogos Pan-Americanos, houve quem dissesse que eu estava sendo mantido dentro de um congelador", afirmou aos repórteres.[14]

Diferentemente do irmão, Raúl possui um senso de humor vivaz e muitas vezes sorumbático. Ele riu, afirmando estar com a saúde boa e que caminha vários quilômetros quase todos os dias.

No dia 3 de junho de 2006, Raúl completará 75 anos de vida. No entanto, se morresse antes de Fidel, o plano sucessório seria atirado em uma situação caótica. Uma luta pelo poder ocorreria inevitavelmente, e Fidel talvez não fosse capaz de controlá-la. O cenário mais desestabilizador aconteceria se Raúl morresse em um momento no qual a capacidade mental de Fidel estivesse comprometida pela idade ou devido a alguma doença. O regime dos irmãos Castro ficaria então à beira de desintegrar-se.

A morte prematura de Raúl lançaria as três linhas sucessórias mais importantes do país – a do Partido Comunista, a do governo e a do Ministério da Defesa – em confrontos simultâneos. Fidel seria duramente pressionado enquanto rivais ansiosos para galgar posições manobrariam para obter favores e entrariam em choque uns com os outros. Fidel relutaria ao nomear um novo ministro da Defesa, cargo cujo ocupante teria nas mãos todos os instrumentos necessários para realizar um golpe de Estado. Pela Constituição, o Conselho de Estado se reuniria para escolher os substitutos de Raúl no governo. O órgão, no entanto, sempre funcionou como uma mera instância de chancela das decisões dos irmãos Castro e ficaria paralisado pela indecisão e pelos conflitos internos caso nenhum dos dois irmãos estivesse dando as cartas.

Se continuassem unidos, os generais conseguiriam prevalecer facilmente, mas as rivalidades e animosidades se tornariam declaradas se Raúl não estivesse mais por perto a fim de mediar essas relações. Observadores internacionais familiarizados com o alto-comando acreditam que não existe um consenso interno sobre quem deveria suceder Raúl como chefe da área de defesa. O general três estrelas Colomé é o oficial de mais alta patente, mas, segundo se acredita, esse homem taciturno e rígido estaria mais apto para desempenhar o cargo que ocupa atualmente, o de ministro da Defesa. O general Casas ofereceria uma opção ainda mais polarizadora devido à mácula da corrupção que tem caracterizado seus negócios.[15]

Nunca houve um plano de sucessão alternativo, ou qualquer nome que pudesse ser considerado o terceiro na linha sucessória. Nenhum outro líder do partido, do governo ou das Forças Armadas possui estatura suficiente para pretender ser o próximo depois dos irmãos Castro. Fidel e Raúl sempre adotaram medidas a fim de garantir que ninguém mais adquirisse poder suficiente para apresentar-se como candidato à sucessão de qualquer um deles. A estratégia funcionou bem durante décadas, assegurando-lhes a hegemonia, mas agora que a sucessão se aproxima esse esforço tornou-se uma bomba-relógio prestes a explodir.

Um cenário semelhante ao da praça Tiananmen também poderia dividir os militares. Mesmo que a sobrevivência da revolução estivesse em jogo, muitos comandantes das Forças Armadas provavelmente se negariam a disparar indiscriminadamente contra manifestantes civis. Há, no entanto, tropas de elite – as Forças Especiais, as primeiras a serem enviadas para Angola em 1975, e outros grupos paramilitares – que obedeceriam a ordens desse teor. Isso, porém, talvez se revelasse a fórmula mais infalível para uma guerra civil, nas quais se enfrentariam comandantes e forças legalistas e dissidentes.

Seria um cenário de pesadelo tanto para Cuba quanto para os Estados Unidos. Qualquer abalo profundo da lei e da ordem na ilha caribenha resultaria inevitavelmente em uma migração em massa pelo mar rumo à Flórida. Alguns membros da comunidade de cubanos exilados talvez regressassem na esperança de desestabilizar ainda mais o regime. Vozes influentes do *establishment* político defenderiam uma intervenção norte-americana ou internacional. E, se o número de vítimas fatais no mar ou em Cuba aumentasse vertiginosamente, não haveria nenhuma outra opção aceitável a não ser a intervenção militar. Esse seria o pior cenário possível para ambos os países.

O medo de que se instale uma crise do tipo oferece, provavelmente, o principal motivo pelo qual Raúl e o alto-comando vêm tentando, sem sucesso até o momento, aproximar-se das Forças Armadas dos Estados Unidos. Eles desejam a legitimidade que um contato desse quilate lhes concederia. Imaginam que, dessa forma, sua imagem junto ao povo cubano melhoraria. E, mais importante ainda, usariam os contatos regulares com o Pentágono para criar a idéia de ser inevitável a instalação de um regime *raulista* e de ser essa a melhor alternativa para os interesses norte-americanos. Eles acenam com a possibilidade de haver cooperação, através do estreito da Flórida, em áreas de interesse mútuo, como o combate ao narcotráfico e o controle da imigração.

Conheço vários oficiais do Pentágono, entre oficiais aposentados e da ativa, bem como acadêmicos especializados no assunto, que defendem uma aproximação do tipo. O governo Bush, porém, opõe-se à idéia acreditando que os contatos na esfera militar fortaleceriam as chances de dar-se uma sucessão pretoriana ao mesmo tempo em que minariam as chances de haver uma transição democratizante após Fidel. Como resultado, os únicos contatos freqüentes entre as duas Forças Armadas ocorrem nas negociações "da linha da cerca" em Guantánamo, onde o comandante da base norte-americana e um general cubano reúnem-se mensalmente. Os dois tratam de assuntos de interesse local, tais como cooperar em ações de combate a incêndios e em operações de emergência, além de tratarem de esforços para minorar a possibilidade de incidentes fronteiriços.

Essas negociações atingiram um patamar respeitável no começo de 2002, quando Guantánamo estava sendo preparada para receber os terroristas da Al Qaeda. O governo cubano foi comunicado antecipadamente da decisão de usar a base com aquele propósito, e autoridades militares presentes naquela área foram informadas sobre o que seus soldados deveriam esperar ver de forma a evitar surpresas desagradáveis. Alguns dias mais tarde, Havana divulgou um comunicado favorável. E então, para a surpresa da maior parte dos observadores internacionais, Raúl afirmou a repórteres que, se os detentos da Al Qaeda escapassem para o território cubano, ele tomaria todas as medidas necessárias para garantir o regresso deles a Guantánamo.

◁ ☆ ▷

Esse não foi o único indício sobre uma mudança de atitude da parte de Raúl em relação aos Estados Unidos. E eu acredito, em vista disso, que tendo subido ao poder o irmão de Fidel dará prioridade imediata a melhorar as relações com o governo norte-americano.

Ele deve encarregar intermediários de sondar as intenções dos Estados Unidos ao mesmo tempo em que proferiria declarações conciliadoras, abandonando as décadas de causticidade antiamericana do irmão. Em certa medida, Raúl já amainou seus discursos a respeito dos Estados Unidos. Com o apoio dos generais, ele provavelmente imagina que seu regime conseguirá sobreviver no decorrer do tempo apenas se puder ser superado o impasse de quatro décadas e meia. Muitas pistas já apontam nessa direção, não obstante o fato de que, enquanto Fidel continuar vivo, Raúl não reconhecerá abertamente ter um interesse do tipo.

Ao contrário do irmão, Raúl nunca agiu baseado em uma busca egoística por fama e glória ou por gratificações de caráter internacionalista. Ele não fica mais forte em situações de conflito ou de confrontação como é o caso de Fidel desde sua infância. Ele preocupa-se mais com as dificuldades econômicas enfrentadas pelos cubanos e tem sido o defensor mais influente, dentro do regime, da adoção de reformas econômicas liberalizantes. Uma vez no poder, Raúl deve ser mais tolerante e flexível. Alina Fernández, filha de Fidel, conhece bem o tio. Segundo Alina, "ele é, dos dois, o irmão pragmático".

Durante décadas, o antiamericanismo de Raúl nunca deu sinais de desaparecer, apesar de, provavelmente, não ser tão arraigado quanto o de Fidel. Quando Raúl comandava suas próprias forças guerrilheiras em 1958, seqüestrou cerca de 50 norte-americanos, entre os quais civis e militares estacionados em Guantánamo. Fidel disseminou o mito de que o irmão agiu por conta própria, encorajando a idéia de que Raúl era, dos dois, o antiamericano. Tempos mais tarde, durante a única visita realizada por Raúl aos Estados Unidos, em abril de 1959, quando se encontrou com Fidel em Houston, seu comportamento grosseiro reforçou aquela reputação. E, durante décadas, o fascínio de Raúl por qualquer coisa referente à União Soviética colocou-o na linha de frente da linha-dura cubana. Sua visão de mundo, no entanto, alterou-se de forma dramática quando a União Soviética desapareceu.

Em 1997, ano do lançamento do livro com as entrevistas amenas concedidas por 41 generais de Cuba, as idéias de Raúl a respeito dos Estados Unidos haviam claramente evoluído. O mero fato de o lançamento ter sido realizado já representava um acontecimento notável, em vista da paranóia de Fidel e do histórico clima de sigilo imperante nos mais altos escalões das Forças Armadas. Porém, ainda mais anômalo revelou-se o fato de nenhum dos generais ter manifestado opiniões de repúdio aos Estados Unidos, e isso em um momento no qual Fidel lançava ataques freqüentes contra o governo norte-americano. Obviamente, o livro havia sido elaborado e revisto pelo gabinete de Raúl e pretendia confirmar os indícios anteriores de que o alto-comando desejava melhorar as relações com os Estados Unidos, independentemente do que Fidel vinha dizendo.

Nenhum afastamento do legado de seu irmão poderia ser tão monumental para Raúl quanto defender uma reaproximação com Washington. Ele começaria a sair da sombra de Fidel, afirmando-se definitivamente como uma figura autônoma. Essa representaria uma opção política com grande aceitabilidade entre os militares, entre a maior parte dos líderes civis e, especialmente, entre a população da ilha caribenha. O objetivo principal seria conquistar uma redução significativa, ou o término, do embargo econômico imposto pelos norte-americanos. Suspeito que, ao contrário de Fidel, Raúl estaria disposto a negociar de maneira franca e sem prioridades mais altas.

Não é possível dizer até que medida Raúl desejaria envolver-se em um processo de reconciliação. Apesar disso, em vista da postura que adotou a respeito dos detentos da Al Qaeda em Guantánamo, Raúl pode estar inclinado a envolver-se em um esforço de cooperação de combate ao terrorismo com os Estados Unidos, uma possibilidade rechaçada com veemência por Fidel. Ademais, Raúl pode dispor-se a renunciar definitivamente ao uso da força nas relações internacionais de Cuba e possivelmente a até expulsar conhecidos terroristas e criminosos acusados pelos Estados Unidos de terem realizado ações puníveis com a pena capital.

Se agisse dessa forma, o palco estaria preparado para receber um processo rápido de normalização das relações. Uma lei assinada pelo presidente Clinton em 1996, a Lei Helms-Burton, que tornou mais rígido o embargo econômico, perderia apoio no Congresso e, quase certamente, seria revogada ou modificada a fim de que se aproveitassem as novas oportunidades. Se os contatos em âmbito militar tornarem-se oficiais, ações de cooperação na luta contra o narcotráfico e no controle da imigração devem multiplicar-se. O apoio popular e do Congresso para o embargo, incluindo as restrições às viagens para a ilha, provavelmente viraria pó.

As intenções de Raúl ao longo de todo esse processo, no entanto, consistiriam em obter aceitação nos Estados Unidos para um regime, em Cuba, intransigente como o chinês. Ele percebe que, se permitir uma abertura política ampla, seu governo poderia ser sufocado por demandas populares crescentes em defesa de uma maior participação na administração do país. Tanto os generais quanto a elite civil se oporiam a qualquer modalidade de descompressão política repentina, temendo, com razão, perder a maior parte de suas prerrogativas. De forma que o regime *raulista* continuará ardentemente comprometido com preservar a ordem atual e manter sob controle as expectativas da população por mudanças políticas.

A tarefa promete não ser fácil. A demanda reprimida por mudanças radicais será intensa. Uma pequena e heróica minoria dissidente tem vindo a público de forma insistente, desafiando o regime. O tamanho desse contingente deve aumentar exponencialmente depois de Fidel. Os cubanos querem ter a possibilidade de viajar, estudar e viver no exterior. Desejam ter liberdade para ler o que quiserem, consumir os produtos de entretenimento disponíveis em quase todos os demais países do mundo e expressar-se sem medo. Um número cada vez maior deles quer ser dono de suas propriedades e de seus negócios; e quer se ver livre das escutas e da intimidação dos ubíquos serviços secretos do país. As gerações mais jovens, que não conheceram nada além dos rigores e dos sacrifícios dos anos da revolução, são as mais sedentas por mudanças.

Pequenos mas amplamente representativos movimentos de dissidência e de defesa dos direitos humanos cresceram ao redor dessas necessidades. Todos os envolvidos são pacifistas. São os Gandhis e Martin Luther Kings de Cuba à procura de realizar mudanças democratizantes e não-violentas. Apesar de não terem qualquer acesso aos meios de comunicação da ilha, tornam-se conhecidos por meio do boca a boca.

Bibliotecas independentes passaram a funcionar nos lares de muitos cidadãos corajosos que emprestam livros não-subversivos para seus vizinhos. Um pequeno grupo de jornalistas independentes aguarda nas sombras pelo momento em que qualquer montante diminuto de liberdade de expressão lhes será concedido. Atualmente, escrevem matérias de cunho em sua maioria social ou literário para serem enviadas, via telefone ou correios, para fora do país. Ativistas corajosos dos direitos humanos vêm conclamando o regime a libertar os prisioneiros políticos. O Projeto Varela, de Osvaldo Paya, que funciona totalmente dentro das leis cubanas, reuniu milhares de assinaturas de cidadãos comuns em petições que defendem uma abertura democratizante no país.

Quando essas vozes independentes conquistaram uma ressonância real, na primavera de 2003, Fidel reagiu ferozmente. Cerca de 75 pessoas foram detidas e condenadas sumariamente a penas de até 28 anos de prisão. Entre esses, contam-se alguns dos mais destacados poetas, economistas independentes, bibliotecários e jornalistas do país, além de líderes idosos do Projeto Varela. Livros foram confiscados e queimados; máquinas de fax, destruídas. Um ativista foi acusado de enviar informações sobre a violação dos direitos humanos para a Anistia Internacional. Um bibliotecário independente foi condenado à prisão por compartilhar uma cópia da Declaração Universal dos Direitos Humanos.

O regime *raulista* pode sobreviver alguns meses ou vários anos a depender da habilidade de Raúl e de seus aliados ao lidarem com essa cada vez mais coesa sociedade civil independente. Sem as excepcionais qualidades de Fidel como líder e sem sua credibilidade junto à população cubana, Raúl enfrentará pressões intensas para conseguir o balanço perfeito. Ele terá de adotar medidas palpáveis a fim de aplacar o descontentamento geral e elevar o padrão de vida das massas, sem, no entanto, abrir as válvulas de forma muito exagerada ou muito precipitada. Ele terá de esforçar-se mais do que no passado para conseguir se comunicar com o povo cubano. E, provavelmente, terá de ser astuto ao enfrentar a crise. Tudo junto, a conta pode sair cara demais para os bolsos de Raúl.

Se ele quiser ter alguma chance de ficar no poder por bastante tempo, terá de superar a imagem sedimentada de "Raúl, o Terrível", o papel que permitiu que Fidel lhe atribuísse desde o começo da década de 1950. Seu governo não conseguiria manter-se de pé durante muito tempo, por exemplo, se recorrer ao tipo de ação violenta e brutal nas ruas como ameaçou adotar em 1994. Há canhões em quantidade suficiente no inventário das Forças Armadas para manter a ordem, mas esses canhões não podem ser mobilizados ou usados contra a população. Matar civis nas ruas ou nas praças provocaria, quase que certamente, a derrubada do seu regime, ou do regime de qualquer sucessor que ordenasse uma operação desse tipo.

Em seus últimos anos de vida, esse irmão mais novo, complexo e reprimido, talvez encontre sua própria *persona* política independente. Talvez então venha à tona o Raúl de verdade, um Raúl liberto das demandas inalteráveis de Fidel. Juanita, a irmã, e outros que conheceram Raúl estão convencidos de que, uma vez no poder, ele estará livre da necessidade de agradar a Fidel e honrar os ditames deste; Raúl poderá finalmente se tornar ele mesmo. Huber Matos, o ex-líder guerrilheiro que lutou ao lado dos irmãos Castro, disse-me: "Os traumas de Raúl são resultado de ele ser irmão de Fidel".

Sendo assim, a morte de Fidel representaria então a catarse de Raúl.

POSFÁCIO

Manchas sobre a independência

Quando o jornal oficial de Cuba chegou às bancas naquela manhã, um dia antes do 76º aniversário de Raúl, ficou claro que se iniciara o processo de transferência de poder. No dia 2 de junho de 2006, o *Granma* publicou um longo peã ao Ministro da Defesa sob o título revelador de "A Proximidade de Raúl".[1] Para mim e para os meus colegas do Instituto para os Estudos Cubanos e Cubano-Americanos da Universidade de Miami, onde eu trabalhava como pesquisador sênior associado, tornou-se repentinamente evidente que o bastão estava mudando de mãos.

O jornal citou uma declaração de Fidel confirmando o direito do irmão de sucedê-lo. "Todos sabem que nós detestamos o nepotismo aqui, mas eu honestamente acho que Raúl possui qualidades suficientes para me substituir no caso de eu morrer nesta batalha."

Ao artigo seguiu-se, nos dias seguintes, uma exaustiva cobertura dos meios de comunicação sobre Raúl. Rumores de que ele criara seu próprio órgão de relações públicas confirmavam-se ao retumbar constante de um esforço de publicidade sem precedentes. Perfis biográficos e matérias jornalísticas de contextualização festejavam seu heroísmo, seu talento para comandar e suas qualidades humanas. Ao divulgar feitos corajosos realizados por Raúl, os meios de comunicação oficiais queriam divulgar a mensagem de que o irmão de Fidel estava apto para exercer o poder sozinho.

Deixou-se claro também que ele governaria de forma diferente da de seu irmão. Raúl evita realizar "avaliações unilaterais" e sempre encoraja "posturas coletivistas" ao solucionar problemas, explicou o artigo. Ele comandaria o país de forma mais colegiada. Raúl desejava deixar explícito que governaria Cuba da mesma forma como administrava as Forças Armadas, procurando e respeitando o conselho de terceiros, delegando poderes e fortalecendo instituições oficiais que Fidel nunca soube muito bem como utilizar.

Houve indícios de que Raúl não desejaria ocupar todos os cargos mais altos do governo e do partido comunista como Fidel sempre fizera. Outros seriam promovidos, até talvez à presidência cubana, onde poderiam cumprir os deveres cerimoniais e representativos que Raúl não aprecia. O irmão de Fidel estaria sem dúvida no comando do país, mas fora do palco, em uma posição fortificada, nos bastidores.

O mais surpreendente nisso tudo foi o fato de a personalidade e o estilo de Raúl terem sido comparados com os do irmão. Sua "modéstia e simplicidade nas relações pessoais", sugeriu-se, representariam vantagens quando diante da grandiosidade e do narcisismo de Fidel. Foram citados ainda o "caráter profundamente humano" de Raúl, sua devoção à família e a "preocupação com suas responsabilidades como pai e avô". Para os leitores refinados, a comparação desfavorável em relação a Fidel ficou evidente. Talvez o irmão mais novo, sempre reprimido, se aproveitasse da oportunidade há tanto tempo adiada de diferenciar-se de Fidel. Os dois raramente eram vistos juntos em público, e comenta-se que suas famílias já não mantêm muito contato.

Suspeito que os irmãos Castro têm se mantido afastados já há algum tempo, que os conflitos fraternais atingiram novamente o ponto de fervura, como em abril de 1959, quando Fidel e Raúl gritaram um com o outro dentro do Shamrock Hotel, em Houston. Fidel recusou-se a abrir a economia nos termos defendidos por Raúl. Um dos aliados mais próximos deste, um contraparente e ministro do governo, fora demitido por Fidel. Os irmãos, provavelmente, estariam discordando também a respeito do mérito de várias outras autoridades do primeiro escalão. Comecei a cogitar a possibilidade de os dois terem invertido o papel, de que Fidel tenha se tornado o irmão mais intransigente, ideologicamente mais rígido.

Independentemente do que tenha ocorrido entre os irmãos Castro, no entanto, o subtexto principal em toda a cobertura dos meios de comunicação era simples o suficiente para ser compreendido. Raúl preparava a população cubana para sua iminente ascensão ao poder. Nada parecido com o artigo de jornal que tratou do assunto pela primeira vez poderia ter sido publicado se Fidel ainda estivesse sozinho no comando de Cuba.

A saúde do comandante-em-chefe havia de fato se tornado objeto de especulações sombrias à época. De tempos em tempos, correram boatos dando conta de que Fidel estava morto ou incapacitado, boatos esses pontualmente afastados quando, após longos períodos de ausência, o líder ressurgia. Mas sua habilidade como orador e sua aparência física deterioravam-se a olhos vistos. Fidel estava corcunda, fragilizado e emagrecido. Seu modo de andar era hesitante, e assessores agora o acompanhavam de perto, prontos para ampará-lo.

Não houve mais escorregões como a queda calamitosa de 2004, mas ficou claro que Fidel não conseguiu recuperar-se totalmente daquele acidente. Sempre em trânsito quando na casa dos 70 anos de idade, ele agora não se arriscava mais a afastar-se muito de seus médicos e das clínicas ligadas ao complexo onde morava, em Havana. Apesar disso, Fidel realizou um último arroubo de atividades públicas do tipo que tanto apreciou. Por um breve momento, renasceram as imagens de antigamente, de um Fidel irreprimível e carismático.

Aquele derradeiro *tour de force* começou na metade de julho de 2006. Ele viajou até Córdoba, na Argentina, para participar de uma conferência com líderes de outros países latino-americanos. Na cidade, visitou também o lar da infância de Che Guevara. Fidel viu-se recebido com êxtase pelos argentinos e por seus novos discípulos latino-americanos, os presidentes populistas Hugo Chávez, da Venezuela, e Evo Morales, da Bolívia. O inverno rigoroso do interior da Argentina, porém, enfraqueceu-o. Fidel passou a tossir constantemente.

O vigor e a firmeza que tentava tão meticulosamente projetar foram prejudicados também pelo mar de guarda-costas e outros assessores que o cercavam e o paparicavam. Em uma imagem divulgada por canais de TV argentinos, Fidel apareceu sendo carregado, ereto, escada acima por assessores, um de cada lado dele, agarrando-lhe os braços. E ele descontrolou-se quando interpelado por um repórter cubano-americano de Miami e teve de ser levado embora por assessores preocupados quando ainda não havia concluído seu discurso. Fidel sempre fingiu raiva e apresentou-se dramaticamente fervoroso nas suas atuações em público, mas não me lembro de nenhuma outra vez em que tenha tão genuína e injustificadamente ficado com raiva.

De volta a Cuba, Fidel, exausto e sentindo muitas dores, tentou continuar aparecendo em público, tentou continuar interpretando o conhecido papel do revolucionário invencível. Mas ele estava a menos de três semanas de seu aniversário de 80 anos e a viagem pela América do Sul o esgotara. Fidel deve ter percebido que precisava de atendimento médico, mas ainda assim, seguramente contrariando o conselho de seus médicos, optou por viajar para a ponta leste da ilha caribenha, até a pequena cidade histórica de Bayamo. Ele insistiu em comandar as cerimônias nacionais do 26 de Julho daquele ano, o 53° aniversário dos ataques guerrilheiros que haviam lançado sua carreira como revolucionário.

Raúl, ou algum outro representante, poderia tê-lo substituído em Bayamo. Fidel, no entanto, talvez soubesse que sua situação era tão grave que não teria outra chance de comandar o feriado de que mais gostava dentre os que celebravam os feitos da revolução, o feriado que, mais do que qualquer outro, exaltava seu extraordinário dom para liderar. Desde 1959, Fidel havia realizado quase todos os discursos principais daquela data, geralmente em palanques e diante de multidões de cubanos humildes reunidos em pé, debaixo do Sol.

Ele selecionara pessoalmente Bayamo, perto da Sierra Maestra, onde lutara como guerrilheiro, para ser o centro das celebrações. Fidel desejava estar ao lado dos *guajiros* simples da zona rural do leste de Cuba, visitando possivelmente pela última vez aquela região afastada onde passara uma juventude cheia de percalços e onde também fora chamado de "*guajiro*". Tratava-se de uma jornada de valor sentimental para um senhor de idade que nunca reconhecera publicamente ter qualquer tipo de vida interior. Independentemente do quão debilitado estivesse, as festividades em Bayamo significavam para Fidel um ritual obrigatório.

Fundada em 1512, a cidade transpirava memórias da revolução. Ela foi um dos primeiros lugares a levantar-se, na década de 1860, contra o domínio espanhol. Um filho daquela cidade foi o instigador das lutas independentistas de Cuba, libertando seus escravos e tocando o lendário Sino de Demajagua, em suas terras, perto de Bayamo, em uma convocação simbólica para a rebelião. Na universidade, Fidel roubou o sino e levou-o de volta, triunfantemente, para Havana, onde o tocou novamente. E com um olhar aguçado para a história de Bayamo, em 1953, Fidel escolheu o quartel localizado ali, junto com o de Moncada, em Santiago, como alvos para os primeiros ataques surpresa que iniciaram sua odisséia como revolucionário.

A manhã acabava de surgir novamente, 53 anos mais tarde, quando Fidel caminhou lentamente para tomar seu lugar na frente de uma multidão reunida no centro da cidade. Na hora marcada, milhares de bandeirolas cubanas tremularam em saudação, agitadas e mantidas no alto por uma platéia até ali calada. Os relógios marcavam apenas 7h, e muitas daquelas pessoas tinham percorrido grandes distâncias, transportadas de ônibus para lá por chefes locais do partido comunista, ao longo de estradas esburacadas, no meio da noite.

Os veículos de comunicação cubanos afirmaram que 100 mil pessoas tomaram a espaçosa praça da Pátria, não obstante outros observadores terem calculado um número muito menor de presentes. Vários membros do Politburo e dirigentes do primeiro escalão do aparato civil de governo também compareceram, em uma demonstração de solidariedade. Mas Raúl ausentara-se. O hino nacional ressoou e outras pessoas discursaram e distraíram o público por cerca de 40 minutos, fazendo todo o possível para entusiasmar a multidão.

O Sol começava a raiar quando Fidel começou a falar. Anos antes, seria fácil para ele continuar discursando até perto do pôr-do-sol. Porém, ele e seus médicos sabiam que Fidel conseguiria sair-se muito melhor se evitasse, naquele dia, o escaldante Sol de verão. Lendo um texto preparado com antecedência, ele exaltou as conquistas do país nas áreas da saúde, da educação e da construção, apresentando enfadonhos detalhes estatísticos. Fidel não disse nada memorável ou em qualquer medida revelador a respeito de seu estado mental naqueles momentos de angústia pessoal. Ao contrário de várias de suas participações anteriores no 26 de Julho, não houve relatos sobre seus feitos triunfais durante a revolução. Ele enfrentou alguns acessos de tosse e, em um dado momento, enervou-se porque a multidão não chacoalhava as bandeirolas de forma suficientemente enérgica.

"É um bom exercício físico continuar agitando-as", afirmou aos presentes. Deve ter sido algo empolgante ver todo aquele entusiasmo forçado.

Fidel discursou durante quase duas horas e meia. Aquele pronunciamento, e um outro mais curto realizado algumas horas mais tarde em Holguín, ofereceram um triste anticlímax para as quase seis décadas de suas notáveis *performances* em público. A multidão reunida em Bayamo deu sinais de cansaço e mal-humor. Nada do que Fidel disse empolgou-os, inspirou-os ou fez nascer esperanças sobre um futuro melhor. As pessoas presentes ali se limitaram a agir maquinalmente diante dele.

No dia seguinte, 27 de julho, Fidel submeteu-se a uma cirurgia secreta e altamente delicada em Havana.[2] Quatro dias transcorreriam até as 18h do dia 31 de julho, quando surgiu um comunicado oficial sobre o que estava acontecendo. Uma "proclamação" supostamente escrita por Fidel, mas que revelava também a mão de Raúl, fora divulgada.

Fidel transferiu para o irmão, "em caráter provisório", todas as suas responsabilidades no governo, no partido comunista e nas Forças Armadas. A proclamação também revelou que Fidel havia sido operado devido a uma "aguda crise intestinal". Ele teria enfrentado um "sangramento significativo". Nenhuma outra informação foi divulgada porque, segundo disse o comunicado, a saúde de Fidel sempre fora um "segredo de Estado".

Na metade de setembro, ele não conseguiu participar da conferência de cinco dias dos países não-alinhados que, como o memorável conclave de 1979, atraiu líderes de mais de cem países para a capital cubana. Esse era um evento que Fidel empenhou-se energicamente para organizar e, se tivesse um mínimo de disposição, não há dúvida de que faria ao menos uma aparição relâmpago para banhar-se nos aplausos e gritos de aprovação daquela amigável platéia. Mas Fidel estava fraco demais para atravessar a pequena distância que separava seu leito hospitalar do salão de conferências. Raúl comandou o evento no lugar dele, e Fidel conseguiu apenas conversar rapidamente, ao pé de sua cama, com Hugo Chávez e com outros de seus líderes estrangeiros favoritos.

Ele tampouco conseguiu participar do evento marcado para o dia 2 de dezembro de 2006, quando a celebração atrasada de seu aniversário de 80 anos deveria coincidir com as paradas e festividades do dia das Forças Armadas de Cuba. Havia muitos rumores de que Fidel apareceria ao menos em uma curta mensagem de vídeo, gravada em seu quarto de convalescente, ou que eventualmente se sentasse em um palanque do qual poderia acenar para a multidão de cubanos reunida para a ocasião. Dignatários do mundo todo e representantes de importantes veículos de comunicação fizeram-se presentes, todos na esperança de vê-lo.

No entanto, naquele momento, seu estado de saúde deteriorara-se ainda mais e ele não poderia arriscar-se a sair. Logo, um jornal espanhol com acesso a fontes aparentemente confiáveis informaria que Fidel fora submetido a três cirurgias grandes devido a uma diverticulite complicada por uma infecção e por complicações pós-operatórias. Um importante médico de Madri viajou até Havana, no final de dezembro, para dar uma opinião sobre o caso enquanto equipes de especialistas cubanos avaliavam a possibilidade de realizar mais uma intervenção. Tais reportagens pareciam desmentir os boatos anteriores sobre Fidel estar sofrendo de um câncer terminal, mas o prognóstico continuava a ser um mistério. Ele continuava gravemente doente. Mariela, a filha de Raúl, afirmou a um repórter estrangeiro, à época, que Fidel encontrava-se "fragilizado".

◁ ☆ ▷

Celebrações barulhentas eclodiram no centro do bairro de Little Havana, em Miami, assim que as notícias sobre a cirurgia de Fidel vieram a público, no dia 31 de julho de 2006. Muitos comemoravam em delírio o que acreditavam ser o iminente colapso do regime revolucionário. Do outro lado do estreito da Flórida, em Cuba, no entanto, as ruas das cidades e a zona rural continuavam mergulhadas em calmaria. Para a surpresa e a consternação de seus inimigos mais eminentes nos Estados Unidos, a sucessão planejada pelos irmãos Castro desde janeiro de 1959 avançava sem percalços. Agora no papel de presidente interino, Raúl mantinha-se firme no poder.

O dirigente, no entanto, não desejava correr qualquer risco. Os quatro dias de atraso para reconhecer oficialmente a primeira cirurgia de Fidel permitiram a convocação de forças militares da reserva e a dispersão de membros dos serviços de segurança. Raúl dependia de dois de seus subordinados de maior confiança – o chefe do Estado-Maior das Forças Armadas, Álvaro López Miera, e o ministro cubano do Interior, Abelardo Colomé Ibarra – para adotar as medidas necessárias com vistas a garantir a ordem.

Os bairros e as cidades da grande Havana mais preocupantes foram ocupados. Dissidentes conhecidos foram colocados sob vigilância ostensiva. Alguns foram detidos e intimidados. O grupo de defesa dos direitos humanos Repórteres Sem Fronteiras, com sede em Paris, protestou em setembro de 2006 sobre o fato de um jornalista independente e a família estarem sendo continuamente ameaçados. Ativistas pacíficos dos direitos humanos viram-se perseguidos. As medidas repressivas ajudaram a garantir que não houvesse nenhum distúrbio nas ruas, nenhum levante como os de 1993 e de 1994. De um modo geral, os cubanos mostravam-se ansiosos e confusos, mas não houve notícia sobre tentativas de atrapalhar o processo sucessório.

No final das contas, a legitimidade de Raúl à frente do governo nunca foi colocada em dúvida, ao menos não dentro dos círculos do poder. A proclamação do irmão cedendo o controle do país provisoriamente reiterava o desejo de Fidel, manifestado diversas vezes, sobre ver Raúl sucedê-lo. A Constituição comunista também estipulava claramente o que deveria ocorrer naquelas circunstâncias. Os conclaves mais graduados do partido e do governo ratificaram a sucessão em diversas ocasiões. Até os cubanos que odiavam e temiam Raúl aceitaram, ainda que a contragosto, a inevitabilidade da sua ascensão.

As autoridades do governo civil não tinham qualquer incentivo para, ou quaisquer condições de, enfrentá-lo. Seria melhor unir forças ao redor de Raúl a fim de obter o máximo de vantagens que pudessem ao em vez de adotar qualquer medida capaz de provocar uma onda de instabilidade. A maior parte dessas autoridades, de toda forma, acreditava que seus prospectos eram positivos, que Raúl fora sincero quanto a sua disposição de delegar poderes e dividir responsabilidades. A proclamação de Fidel na qual cedeu o controle do governo apontara seis dirigentes bem conhecidos para assumir pastas importantes de forma a colaborar com Raúl. De posse desses cargos, nenhum deles, com quase toda certeza, conspiraria contra o novo dirigente. No entanto, os líderes civis, e isso era mais importante, não duvidaram que, enquanto contasse com o apoio dos generais encarregados de comandar as Forças Armadas e os serviços de segurança, Raúl continuaria invulnerável.

Ele também passou a controlar o aparato do partido comunista, a terceira instituição mais poderosa de Cuba. Raúl assistira à reinstalação do Secretariado do partido em maio de 2006, quando se iniciava a transferência de poder. Durante um quarto de século, até Fidel desmontá-lo em 1991, o Secretariado, sob a liderança de Raúl, havia atuado como o principal órgão deliberativo do partido. Na opinião de Fidel, aquela estrutura tornara-se morosa e inchada. No entanto, Raúl, um organizador nato, sabia que precisaria do Secretariado novamente. Hoje, o órgão é dominado por José Ramón Machado e por Esteban Lazo, membros do Politburo e lugar-tenentes fiéis do novo dirigente cubano.

Com um faro político certeiro, Raúl começou a honrar, naqueles primeiros meses, suas promessas de compartilhar o poder. Ele começou a montar uma ampla frente dentro do regime, atraindo autoridades com perfis contrastantes em termos de participação na revolução e de diferentes origens e gerações. Outros líderes surgiram ao lado dele saindo de debaixo da longa sombra projetada por Fidel, realizando discursos importantes, representando Cuba no cenário internacional e participando de deliberações colegiadas.

Um dos rostos novos que surpreendeu foi o de Ramiro Valdés, o eterno arquirival de Raúl. O ex-ministro do Interior recebeu o comando do importante Ministério da Informação e das Comunicações. A nomeação mostrou que mesmo os antigos inimigos teriam agora a chance de colaborar. A manobra, de outro lado, também serviu para advertir a população cubana de que não haveria nenhum tipo de abertura política. A reputação de Valdés como membro da linha-dura excedia, possivelmente, até mesmo a de Raúl.

O novo líder cubano não tem ilusões sobre a forma negativa com que a maior parte dos cubanos vêem-no. Em pesquisas realizadas secretamente por estrangeiros presentes na ilha e entre os que emigraram recentemente para os Estados Unidos, os índices de rejeição a Raúl revelam-se consistentemente altos. Ele ficou em um distante último lugar, entre 12 autoridades cubanas, em uma enquete realizada em 1999 com os que tinham chegado havia pouco à Flórida – essas pessoas foram questionadas sobre qual líder respeitavam mais. Agora que exercia o poder em caráter provisório, melhorar a imagem de "Raúl, o Terrível" tornara-se uma prioridade.

Raúl sabe também que tem acumulado inimigos ao longo de muitos anos. As famílias e amigos dos cubanos executados e perseguidos podem se mostrar extremamente indóceis. Rafael del Pino, ex-general da Força Aérea de Cuba e importante peça da batalha da baía dos Porcos, relatou-me um caso do tipo, de 1963, que pode ser ilustrativo. Del Pino desertou em 1987.

Um jovem tenente da Aeronáutica chamado Guarino foi flagrado fumando maconha dentro de seu alojamento na base aérea de Holguín, no leste de Cuba. A transgressão, raramente grave, chegou aos ouvidos de Raúl. As Forças Armadas, então, eram ainda jovens e inexperientes, enfrentando as sérias ameaças vindas de guerrilheiros patrocinados pelos Estados Unidos e de elementos infiltrados. A disciplina nas casernas representava um problema sério.

"Raúl, o Terrível" fez valer sua fama. Dentro de menos de uma semana, Guarino foi julgado em uma corte marcial, condenado e executado por um pelotão de fuzilamento na própria base. Com quase nenhum relatório de serviços de inteligência em mãos, Raúl escolheu pessoalmente os responsáveis por impor a punição. A fim de que a lição sobre o destino do jovem oficial ficasse gravada de forma indelével, a maior parte dos carrascos eram amigos de Guarino e tinham recebido maconha dele.

O general del Pino disse-me que, com aquele ato de justiça draconiana, o consumo de drogas foi erradicado definitivamente das Forças Armadas e Raúl conseguiu ampliar enormemente sua autoridade. O general, no entanto, também acredita que, passadas mais de quatro décadas, alguns dos parentes do jovem oficial continuem ainda "caçando Raúl", esperando por uma chance para zerar o placar.

Há outros casos semelhantes. Ex-membros das Forças Armadas e dos serviços de inteligência, talvez alguns ainda em atividade, odeiam Raúl devido à cumplicidade dele, ainda que relutante, durante o julgamento e execução, em 1989, do general Arnaldo Ochoa e de outros oficiais. Os expurgos e a reestruturação dos serviços de inteligência e de segurança que se seguiram não teriam conseguido, quase certamente, neutralizar todos os assassinos em potencial que, anos depois, continuariam dispostos a matar Raúl.

Na metade de junho de 2006, duas semanas depois de os meios de comunicação cubanos terem começado a falar dele, Raúl realizou um discurso para uma selecionada platéia de militares no qual deixou à mostra, confessamente, seus temores. Ele comparecia naquele momento diante de alguns dos generais mais poderosos do país, veteranos das campanhas sangrentas travadas na África e na América Central.

Incrivelmente, Raúl usava um colete à prova de balas e um capacete. Ao contrário de Fidel, que também teria usado tais equipamentos de proteção algumas vezes

– apesar de nunca ter mostrado qualquer sinal disso –, fotos e imagens de TV feitas durante o discurso de Raúl mostraram claramente o colete aparecendo sob o uniforme e o capacete protuberante por debaixo do quepe militar.

Del Pino, seu ex-camarada de armas, brincou com Raúl em um comentário divulgado publicamente e que, é provável, refletia os sentimentos de ao menos alguns dos oficiais cubanos.

"De quem o senhor está com medo, senhor Ministro?"

Del Pino ficou imaginando que Raúl sentiria talvez um "medo terrível dos jovens oficiais e soldados" reunidos para ouvir seu discurso, dentre os quais qualquer um poderia ter conseguido entrar escondido com algum tipo de munição que então usaria para disparar balas assassinas contra Raúl enquanto ele estivesse no parlatório.

"O senhor foi inteligente por usar o colete à prova de balas e o capacete, Camarada Ministro", afirmou del Pino, sarcasticamente. "Talvez algum desses garotos dissesse: 'Basta!' – e então abreviasse a linha sucessória antes mesmo de Fidel ter partido."[3]

É provável que os jovens cubanos sejam os menos propensos a aceitá-lo. Um grande número deles mostra-se apático e distante de um sistema que não lhe oferece oportunidades ou estímulo. Cerca de um quinto da população, o quinto nascido após 1980 – a imensa "Geração Perdida" de Cuba, formada por 2,5 milhões de pessoas mais ou menos –, cresceu e chegou à maioridade durante uma época de extremas dificuldades econômicas e imenso isolamento.

A maior parte dos jovens encontra dificuldades para atender a suas necessidades básicas, deparando-se com um futuro pouco promissor e quase nenhuma opção para progredir. Somente uma diminuta parcela dos cubanos possui autorização para acessar a internet. As notícias e os programas de entretenimento chegam exclusivamente pelos meios de comunicação oficiais. As opções de leitura são enormemente limitadas. Viajar para fora do país é uma alternativa da qual dispõem apenas alguns poucos cubanos de confiança.

Muitos deles estão desempregados. Os que possuem acesso às moedas fortes saem-se muito melhor, mas, com freqüência, seu padrão de vida mais alto resulta de arranjos humilhantes e desmoralizantes. Os jovens adultos sonham com escapar de Cuba – ilegalmente a bordo de jangadas ou pequenas embarcações, ou ganhando o *"bombo"*, a loteria realizada pela missão diplomática dos Estados Unidos em Havana e por meio da qual escolhem-se os cerca de 20 mil cubanos autorizados a emigrar todos os anos para o território norte-americano.

Os problemas representados por essa juventude já eram conhecidos e já tinham sido descritos publicamente antes da doença de Fidel. O chanceler Felipe Pérez Roque, um acólito, referiu-se a essa geração potencialmente instável em um discurso notavelmente sincero proferido em dezembro de 2005. O ministro reiterou um alerta feito um mês antes pelo próprio Fidel, afirmando que a sobrevivência da revolução corria perigo. Em sua imensa maioria, os jovens possuem pouca ou nenhuma "memória histórica", reclamou o chanceler. Eles são materialistas apáticos, preguiçosos e frustrados. Em uma sociedade que ainda valoriza as virtudes coletivistas, são pessoas extremamente individualistas e desprovidas de convicções revolucionárias. Pouco resultou da invectiva do chanceler porque o regime não possui opções de curto prazo para motivar ou atrair para junto de si essa juventude insatisfeita.

Mas quando Raúl teve a chance de enfrentar ele próprio o conflito de gerações, esse transformou-se talvez em sua maior prioridade. E, ao contrário de Fidel, o novo dirigente mostrou-se disposto a correr alguns riscos. No final de 2006, o novo líder discursou diante de uma grande platéia de universitários em Havana, implorando-lhes que debatessem "destemidamente" os problemas de Cuba a fim de encontrar soluções. O regime começou a transformar o *Juventud Rebelde*, o jornal diário devotado às questões da juventude, na publicação mais interessante e surpreendentemente honesta de Cuba. Seguindo as recomendações de Raúl, esse periódico passou a divulgar comentários críticos e debates encorajadores sobre os problemas econômicos do país. Mesmo vacas antes sagradas, como o sistema público de saúde de Cuba, começaram a ser avaliados nas páginas do jornal.

Em sua edição da véspera do Ano Novo, no final de 2006, o jornal publicou os resultados de uma pesquisa realizada entre 280 jovens a fim de saber mais sobre as esperanças e as aspirações deles. Muitas das respostas revelaram-se insuspeitadamente sinceras.[4] Alguns jovens, talvez pensando em Fidel, opinaram que Cuba precisava de "líderes eficientes". E, segundo observaram os editores, todos os entrevistados concordaram que a economia cubana precisava melhorar. Um tal grau de honestidade e de autocrítica nos meios de comunicação controlados nunca apareceu quando Fidel estava à frente do país.

Durante sua presidência interina, Raúl afastou-se cautelosamente de várias de outras políticas tradicionalmente associadas ao irmão. Concedeu uma liberdade maior aos intelectuais, aos artistas e aos homossexuais havia muito tempo perseguidos. Um filme premiado que trata da amoralidade da repressora polícia secreta da Alemanha Oriental entrou em cartaz em Havana. No final de 2007, ao menos um site de internet independente, e muitas vezes irreverente, obteve autorização para continuar funcionando. Não houve mais relatos sobre a aplicação da pena de morte, mesmo no caso de um grupo de jovens delinqüentes condenados pelo assassinato de um oficial das Forças Armadas.

Em um gesto que poderia ser descrito como de blasfêmia contra-revolucionária, Raúl confessou que os problemas econômicos de Cuba são "sistêmicos". E, em vez de culpar o embargo econômico dos Estados Unidos ou bodes expiatórios internos, Raúl deixou claro que os problemas resultavam da corrupção, da ineficiência e de um planejamento central excessivamente rígido. O dirigente, então, encorajou a população a discutir os problemas de Cuba e a propor soluções por meio do Partido Comunista e de outras organizações da revolução. Logo correram notícias de que os cubanos, estupefatos, aproveitavam-se dessa chance sem precedentes para atacar abertamente o sistema marxista. Quase nada escapou das críticas deles, críticas essas que, segundo alguns relatos, mostravam-se freqüentemente mordazes. Sem abrir mão dessa iniciativa potencialmente desestabilizadora, Raúl revelou, em dezembro de 2007, que mais de 5 milhões de cubanos – de uma população total de pouco mais de 11 milhões de pessoas – tinham aderido ao seu apelo.

Em outro discurso, no qual sinalizou sua intenção de reformar o ineficiente setor agrícola, Raúl prometeu mudanças "estruturais e conceituais". Em vista de suas referências anteriores de respaldo à lei da oferta e da procura, quando defendeu as reformas de abertura econômica na década de 1990, e em vista das várias empresas voltadas a obter lucros e que oficiais das Forças Armadas tiveram autorização para comandar, Raúl provavelmente planeja lançar iniciativas de mercado na zona rural. Alguns agricultores já estão sendo pagos segundo o volume de sua produção e estão obtendo áreas de terra, tudo com vistas a aumentar a oferta de alimentos nos mercados. E é provável que ocorram novas e mais dramáticas reformas no setor agrícola.

O estilo de Raúl na liderança de Cuba, sempre tão diferente do estilo extravagante de Fidel, viu-se bem recebido pelos cubanos. Para o alívio deles, o novo dirigente proferiu apenas alguns discursos desde julho de 2006 e, ao contrário dos pronunciamentos intermináveis e erráticos do irmão, as falas de Raúl pautam-se pela concisão, pela precisão e por manterem seu foco. Ele costuma evitar as primeiras páginas dos jornais cubanos e tem se esforçado para disseminar uma imagem de homem de família. Raúl fez saber que prefere cumprir as jornadas habituais de trabalho e que não deseja ser incomodado altas horas da noite. Diferentemente do irmão, o novo líder cubano não permite que sua imagem seja associada a feitos heróicos ou a características pessoais extraordinárias.

Acima de tudo, Raúl dissemina a impressão de estar voltado exclusivamente à solução dos problemas internos de Cuba. Ele ignorou quase totalmente o movimento dos países não-alinhados que Cuba lidera desde setembro de 2006 e, a contar do confinamento de Fidel, não viajou para o exterior, segundo se sabe. Todos esses passos foram calculados, certamente, para contrastar os perfis pessoal e de líder de Raúl com o de Fidel e para mostrar que as prioridades dele afinam-se melhor com as necessidades reais da população.

O resultado aparente é que Raúl conseguiu melhorar sua imagem. No começo de 2008, cerca de um ano e meio depois de ter assumido o comando do país em caráter provisório, o novo dirigente conseguira alimentar de forma significativa as esperanças da população a respeito de mudanças de peso e projetava uma imagem de líder mais pragmático, moderado e tolerante do que Fidel jamais fora. Naquele momento também, Fidel, que desde 26 de julho de 2006 nunca mais apareceu em público, perdera grande parte de seu carisma popular na ilha caribenha. Os cubanos ficaram aliviados com o fato de que o antigo dirigente não conseguira mais lhes impor suas doutrinas intransigentes. Eles não eram mais instados a reunirem-se sob o Sol forte para aturar discursos de cinco ou seis horas de duração. Um cubano proeminente disse-me que "Fidel foi esquecido pelo povo de forma tão completa como o foram os enfadonhos filmes russos que se viram obrigados a ver durante tantos anos".

Apesar disso, sob o comando de Raúl, não houve nenhum indício de que ocorrerá uma abertura política na ilha. O veto a qualquer forma de oposição ou de participação política independente do partido comunista tem sido imposto implacavelmente, como sempre. Uma nova e rígida campanha para acabar com as antenas parabólicas, autorizadas apenas para alguns poucos, iniciou-se durante os primeiros meses de 2007. Os prisioneiros políticos continuam encarcerados em condições as mais deploráveis. O conhecido interesse de Raúl pelas reformas econômicas e por uma tolerância social maior simplesmente não se estende ao domínio da política. O dirigente e os que o cercam não possuem intenção nenhuma de permitir o surgimento de uma oposição política organizada.

◁ ☆ ▷

De seu isolado quarto de hospital, Fidel vem emitindo periódicas "reflexões" publicadas e divulgadas pelos meios de comunicação oficiais. No momento em que escrevo estas linhas, na metade de março de 2008, mais de 90 arrazoados do tipo já apareceram, tratando de toda sorte de assuntos, dos mais importantes aos mais irrelevantes, geralmente entrelaçados com ataques aos Estados Unidos que se mostraram, de toda forma, mais duros e pormenorizados do que quaisquer declarações enunciadas por Raúl ou pela equipe de governo dele. E é notável também o fato de Fidel ter se referido ao irmão apenas uma ou duas vezes em seus pronunciamentos, não tendo nenhuma vez congratulado ou encorajado Raúl, não tendo nenhuma vez sancionado as medidas tomadas por este último como presidente interino. A tensão entre os dois irmãos parece novamente ter chegado a um ponto crítico.

Então, quando em janeiro de 2008 Fidel revelou em dois de seus textos publicados que não mais "se agarraria ao poder", tudo indicava que a renúncia total tornava-se finalmente iminente. Por vontade própria ou não, Fidel não conseguiria dar início a um novo mandato como presidente do Conselho de Estado e, portanto, seria substituído no cargo de presidente de Cuba. O longo e frenético reinado de Fidel – o dirigente encontrava-se então em seu 50º ano de ditadura – chegaria definitivamente a seu termo dentro de alguns dias.

Com palavras e com uma aparência que revelavam uma alta dose de autoconfiança, Raúl comandou um encontro da plenária da Assembléia Nacional, um órgão sem autonomia, no dia 24 de fevereiro. Ele trocara seu uniforme militar por um terno de ares empresariais feito sob medida e tornava-se presidente de Cuba com direitos plenos. Seu rápido pronunciamento de posse coalhou-se de elogios ao ausente Fidel, junto com promessas de que este seria consultado regularmente. No entanto, a verdade é que Raúl, 76, plantava-se com firmeza no comando de Cuba.

Para a surpresa da maioria das pessoas excluídas de seu círculo de poder, Raúl anunciou que José Ramón Machado Ventura seria nomeado primeiro vice-presidente do Conselho de Estado, o mesmo posto – o primeiro na linha sucessória – que o próprio Raúl ocupara durante décadas. O novo herdeiro legítimo da liderança de Cuba, um apparatchik* do Partido Comunista com 76 anos de idade, é um médico que participou do comando guerrilheiro de Raúl no final da década de 1950 e tem sido, desde então, um aliado fiel do atual dirigente cubano.

Fora de Cuba, há poucas informações sobre Machado e mesmo dentro do país ele tem se mostrado discreto. Provavelmente por escolha própria, Machado fala em público apenas raramente, atrai pouca atenção dos meios oficiais de comunicação e nunca se deixou atrelar a linhas políticas específicas ou a uma determinada campanha da revolução. Desde o princípio, ele manteve-se mais próximo de Raúl e de Che Guevara do que de Fidel. Em termos de estilo pessoal, Machado parece-se com Raúl e foi provavelmente eleito como herdeiro legítimo deste porque, antes de tudo, é o *alter ego* de Raúl.

Machado e os outros homens escolhidos pelo atual líder cubano para ocupar os altos cargos do governo refletem sua preocupação maior com garantir sua posição cercando-se de antigos veteranos de confiança e de pulso firme capazes de, se necessário, reunir qualquer poder de fogo de que possa precisar para defender o novo regime. Sendo assim, entre outros dos nomes importantes do círculo de poder atual de Cuba, há quatro poderosos oficiais das Forças Armadas: o novo ministro da Defesa, Julio Casas, velho parceiro de Raúl; seus protegidos Álvaro López Miera e Abelardo Colomé Ibarra; bem como o comandante do fundamentalmente importante Exército Ocidental baseado em Havana. Todos são generais de três estrelas. Ficou claro também que, com a promoção de Machado, Raúl pretende fortalecer o Partido Comunista e dar-lhe um papel mais incisivo e de supervisão em toda a sociedade cubana.

---

* Termo usado para designar, nos países comunistas, um funcionário em tempo integral do Partido Comunista ou do governo (N. do E.).

No entanto, a estratégia de Raúl não ofereceu nada para as insatisfeitas gerações mais jovens de Cuba. Ele e Machado, e os cinco vice-presidentes do novo Conselho de Estado, possuem em média um pouco mais de 70 anos de idade. Não há nenhuma figura carismática ou com apelo popular dentre eles. A maior parte, como Machado, atuou sempre nos bastidores e é quase desconhecida da população. Portanto, com poucas exceções, esses homens de idade (não há mulheres nos altos círculos da nomenclatura cubana) limitaram-se quase exclusivamente, no passado, a saudar e marchar sob as ordens dos irmãos Castro.

Há grandes perigos rondando o novo cenário. Ao recusar-se a dar início à legitimação de uma nova geração de sucessores, Raúl provavelmente afastou ainda mais as autoridades de escalão médio, entre civis e militares, que vêem suas chances de avançar bloqueadas pelos aliados do atual líder. Junto com a juventude já deslocada, esse grupo consiste em um grande segmento da população e poderia se tornar, quando unido, uma força potencialmente desestabilizadora.

E os sinais de um distúrbio genuíno dentro da "Geração Perdida" atingiram um nível sem precedentes na época em que Raúl assumiu a presidência. Em um incidente extraordinário, dois universitários apareceram em um vídeo, provavelmente divulgado por funcionários insatisfeitos do governo, denunciando com veemência as muitas injustiças que suportam. A gravação mostra os dois reclamando para Ricardo Alarcón, o presidente amedrontado e desafortunado da Assembléia Nacional. Raúl sabe, claro, que o crescente desconforto dessa geração alimenta-se em grande medida de seu convite para que os estudantes debatessem "destemidamente" os problemas de Cuba. Ele sabe que Fidel nunca deu abertura para críticas, mas está apostando que as queixas dos jovens cubanos poderão ser aplacadas. No discurso proferido quando tomou posse como presidente, o novo líder disse que "Cuba esteve sempre aberta ao debate", apesar de ter insistido, de forma prudente, sobre a importância de haver disciplina.

◁ ☆ ▷

Nem Havana e nem Washington adotaram quaisquer medidas excepcionais para melhorar suas relações durante os meses do governo provisório em Cuba. Pessoas inflexíveis dos dois lados do estreito da Flórida insistem em dizer que a transferência de poder para Raúl não mudou nada.

Para o governo Bush, Raúl não é melhor do que Fidel. Os Estados Unidos só negociariam com um governo de transição comprometido com uma reforma genuinamente democratizante. A Lei Helms-Burton, sancionada pelo presidente Bill Clinton em 1996, estipula em detalhes os pré-requisitos para tanto e não há manobras sendo realizadas em Washington para revogá-la. De forma parecida, porta-vozes de Cuba continuaram repisando o mesmo catálogo antiamericano de peças de propaganda ao mesmo tempo em que sinalizam a manutenção do controle do partido comunista sobre a ilha. O impasse bilateral iniciado em 1960 parece estar solidamente sedimentado.

Ainda assim, os dois governos esforçaram-se para evitar declarações estridentes ou de caráter confrontador. Os epítetos mordazes e estereotipados vindos dos dois lados no passado desapareceram de uma hora para outra. A retórica oficial de Cuba mostrou-se amena quando comparada com a malevolência antiamericana escarrada em encontros internacionais pelo presidente da Venezuela, Hugo Chávez. Os porta-vozes do governo Bush também passaram a medir suas palavras, tomando cuidado para não fazer e para não dizer nada que pudesse provocar uma onda de instabilidade em Cuba ou alimentar um outro fluxo maciço e caótico de migração rumo à Flórida. No entanto, se o caminho em direção a um eventual diálogo e a uma eventual reaproximação vem sendo aventado, não há ilusões em Washington, Miami ou Havana de que algum progresso possa ser realizado no curto prazo.

De toda forma, os primeiros sinais vindos de Raúl mostraram-se encorajadores. Apenas três semanas depois de ter substituído Fidel, o novo dirigente concedeu uma entrevista a um jornalista cubano para externar, pela primeira vez, um comentário amplo sobre questões políticas. Suas declarações sutis trataram quase exclusivamente das relações com os Estados Unidos. Raúl adotou uma postura firme, mas não uma postura beligerante, confirmando as políticas tradicionais de Cuba, mas sem lançar mão de declarações inflamadas. Ao contrário do que fez Fidel nos últimos anos, ele referiu-se ao presidente norte-americano sem rancor. Ele sugeriu estar preparado para "normalizar as relações em condições de igualdade". Mas seria necessário haver respeito por Cuba, "um país que não tolera manchas sobre sua independência".[5]

Raúl referia-se especialmente à Lei Helms-Burton, ao embargo econômico imposto pelos Estados Unidos e a dois relatórios divulgados por comissões presidenciais elencando como o governo Bush daria ajuda a um governo cubano comprometido com a democracia. Raúl talvez quisesse sinalizar que preferia esperar a fim de negociar com um novo governo norte-americano, em 2009, um governo que não tivesse laços tão profundos com os interesses cubano-americanos. Ele talvez dirigisse suas declarações aparentemente conciliadoras para, em primeiro lugar, a bancada majoritária do Partido Democrata que controla o Congresso norte-americano. Raúl, no entanto, esmerou-se para evitar os epítetos sobre a comunidade de exilados cubanos que eram comuns nas declarações de Fidel e nos meios de comunicação oficiais de Cuba. De toda forma, não se realizou nenhum esforço organizado em Miami ou em Cuba para abrir um diálogo entre as duas metades da dividida nação cubana. Se isso um dia vier a ser contemplado, seria preciso aguardar por um momento mais propício, talvez depois de o novo governo norte-americano tomar posse.

Os desafios com os quais Raúl se depara ao suceder o indomável Fidel são enormes. O irmão era uma força titânica, a personificação da revolução, a cola galvanizadora que mantinha tudo em coesão. Ironicamente, a concentração de poder que durante tantos anos Fidel manteve em suas mãos poderia, agora, transformar-se em um de seus legados mais desestabilizadores. Fidel disse certa vez que o período imediatamente posterior à morte dele poderia ser a época mais perigosa para a sobrevivência da revolução. E mesmo que os cubanos tenham neste momento tido um grande montante de tempo a fim de se prepararem para a vida pós-Fidel, haverá necessariamente grandes surpresas quando ele tiver de fato partido. Raúl não terá muito espaço para cometer erros.

Não se pode imaginar se Raúl, ou qualquer outro líder, conseguiria até mesmo aproximar-se da *performance* de Fidel. Durante quanto tempo seu reprimido e manipulado irmão caçula conseguirá sobreviver sozinho sem o habilidoso Fidel calculando as probabilidades de cada decisão importante, projetando antecipadamente várias das manobras, comunicando-se de forma criativa com as massas, enquanto sufocava de maneira impiedosa todos os seus inimigos, entre os reais e os imaginários?

Para não deixar dúvidas, Raúl possui muitos talentos excepcionais como líder – habilidades organizacionais e gerenciais, paciência, a capacidade de delegar e institucionalizar, bem como uma certa criatividade metódica. Mas essas e outras qualidades conseguirão suplantar suas fraquezas? Ele mostra-se linear e direto onde Fidel era conhecido por realizar saltos de raciocínio. Ele é cauteloso e pragmático ao passo que Fidel era audacioso e radical. Ao contrário de seu irmão, Raúl sofre e contemporiza quando precisa tomar decisões desagradáveis. Ele é cauteloso – consultando e colaborando com outros – ao passo que Fidel quase sempre agiu com prontidão e inabalável autoconfiança. Raúl depende psicologicamente de terceiros – da família, dos velhos amigos, dos colegas de confiança –, e é provável que ainda alimente dúvidas profundamente arraigadas a respeito de si mesmo, dúvidas que poderiam torná-lo incapaz de agir em uma situação de crise.

Raúl não finge ter uma vida intelectual. Nos momentos de lazer, suas leituras limitam-se aos textos leves ou de baixa qualidade. E, como ministro, sempre exigiu que os relatórios oficiais fossem resumidos a algo em torno de uma página. Além disso, o que seria um ponto potencialmente mais danoso do que quaisquer das outras deficiências de Raúl, o irmão de Fidel nunca enfrentou sozinho uma crise de proporções nacionais. Ele sempre recorreu a Fidel, que apenas raramente delegou responsabilidades. Então, o que aconteceria se Raúl, um homem afeito ao consumo de bebidas alcoólicas, se deixasse embriagar quando confrontado com a primeira e inevitável crise de seu governo?

Nada parecido com os distúrbios do começo da década de 1990 ocorreu desde então, mas uma variedade de fatos poderia provocar uma nova onda de instabilidade. As dificuldades e o racionamento de produtos atingem duramente a maior parte da população. O sistema dual de moeda divide a sociedade, formada agora por uma classe alta relativamente bem posicionada e uma massa de miseráveis bastante maior. Pouco progresso material verdadeiro verificou-se desde julho de 2006, quando do afastamento de Fidel. Mesmo com as moderadas taxas de crescimento econômico dos últimos anos, alimentadas em grande parte pelos US$ 2 bilhões em subsídios anuais enviados por Chávez, a maior parte dos cubanos continua lutando para sobreviver em condições horrendas. E, se a ajuda da Venezuela cessar repentinamente, a economia cubana mergulharia em uma profunda recessão. De outro lado, há grandes expectativas em torno de mudanças e maiores oportunidades, e essas expectativas devem continuar aumentando. Raúl percebe que seu governo acabará correndo sérios riscos se não aliviar as tensões.

Ao governar sozinho, conseguirá Raúl contrabalançar suas deficiências intelectuais, de carisma, de popularidade e, possivelmente, de falta de vigor físico? E, tão importante quanto isso, será ele capaz de, de alguma forma, começar a satisfazer as crescentes exigências do povo cubano e em especial as exigências dos jovens cada vez mais queixosos? É provável que Raúl planeje prover-lhes pão, em vez do circo revolucionário montado por Fidel. No entanto, quão fundamental será sua capacidade de comunicar essas intenções à população? E o novo dirigente já brinca com fogo. Ao encorajar os cubanos a reunirem-se e a discutirem muitos dos problemas da revolução, Raúl abre espaço a manifestações que talvez não consiga nem controlar e nem satisfazer.

Notas

PRÓLOGO

1. NIE 85-2-60, *The Situation in Cuba*, 14 de junho de 1960.

INTRODUÇÃO

1. Joseph North, "Raul Castro Tells Our Reporter of Cuba's Revolutionary Aims", *The Worker*, 1° de fevereiro de 1959, p. 7.
2. Nikita Khrushchev, *Khrushchev Remembers*, Little Brown, 1970, p. 489.
3. Aleksandr Fursenko e Timothy Naftali, *One Hell of a Gamble*, Norton, 1997, p. 14.
4. Rufo Lopez Fresquet, *My Fourteen Months with Castro*, World Publishing Company, 1966, pp. 110 e 111; e Philip Bonsal, *Castro, Cuba, and the United States*, University of Pittsburgh Press, 1971, pp. 64 e 65.
5. Teresa Gurza, "Cuba: Past, Present, Future of Socialist Revolution", *El Día*, 19 de setembro de 1975, JPRS No. 65966, 20 de outubro de 1975.
6. Teresa Casuso, *Cuba and Castro*, Random House, 1961, p. 216.
7. Jeffrey J. Safford, "The Nixon-Castro Meeting of 19 April 1959", *Diplomatic History*, Vol. 4 (outono de 1980).
8. Entrevista com Ernesto Betancourt, Washington, DC, 27 de março de 2003.
9. Entrevista com Barbara Gordon, Washington, DC, 11 de abril de 2002.
10. Hugh Thomas, *Cuba: The Pursuit of Freedom*, Harper and Row, 1971, p. 1.211.
11. Jeffrey M. Elliot e Mervyn M. Dymally, *Fidel Castro: Nothing Can Stop the Course of History*, Pathfinder Press, 1986, p. 23.
12. Herminio Portell-Vila, "Quien Mal Anda, Mal Acaba", *Bohemia Libre*, 1° de janeiro de 1961, p. 88.
13. Neill Macaulay, *A Rebel in Cuba*, Quadrangle Books, 1970, p. 14.
14. Carlos Franqui, *Family Portrait with Fidel*, Vintage Books, 1985, p. 30.
15. Bonsal, op. cit., p. 36.
16. Entrevista com Huber Matos, Miami, FL, 24 de fevereiro de 1986.
17. FBIS, 22 de janeiro de 1959.
18. Rolando Bonachea e Nelson Valdes, *Revolutionary Struggle: The Selected Works of Fidel Castro*, The MIT Press, 1972, p. 285.
19. "Excerpts from the Appearance of Fidel Castro Before the Press", Departamento de Estado dos Estados Unidos, Embaixada Norte-Americana, Havana, 13 de março de 1959.
20. Entrevista com Ernesto Betancourt.

21. Harold Scarlett, *The Houston Post*, 29 de abril de 1959, p. 1.
22. Betancourt, op. cit.
23. Thomas, op. cit., p. 1.228.
24. Bonsal, op. cit., p. 108.
25. Richard Bissell, *Reflexions of a Cold Warrior*, Yale University Press, 1996, p. 154.
26. *Revolución*, 29 de janeiro de 1959.
27. Entrevista com Jaime Costa, Miami, FL, 25 de fevereiro de 1986.
28. Gianni Mina, *An Encounter with Fidel*, Ocean Press, 1991, p. 230.
29. Pablo Díaz González, "La Travesia Histórica del Granma", *Bohemia*, 3 de dezembro de 1961, p. 46.
30. Ernesto Che Guevara, *Episodes of the Revolutionary War*, Havana, 1967, p. 9.
31. Rene Rodríguez, "From Tuxpan to Las Coloradas", *Granma English Weekly*, 6 de dezembro de 1981.
32. Entrevista com Alcibíades Hidalgo, Miami, FL, 6 de agosto de 2004.
33. Ibid.
34. Tomas Borge, *Face to Face with Fidel Castro*, Ocean Press, 1992, p. 143.
35. Thomas, op. cit., p. 1.087.
36. Entrevista com Lucas Morán Arce, San Juan, Porto Rico, 27 de fevereiro de 1986.

CAPÍTULO UM

1. Robert Quirk, *Fidel Castro*, W.W. Norton, 1993, p. 4.
2. Alina Fernández, *Memorias de Una Hija de Fidel Castro*, Plaza y Janes Editores, S.A., Madri, 1997, p. 11.
3. Agradeço a Juan Tomas Sánchez, da Associação Cubana de Cultivadores de Cana-de-Açúcar, e ao Dr. José Álvarez, professor de economia dos alimentos e dos recursos, Universidade da Flórida, por compartilharem suas descrições sobre a *zafra* cubana.
4. Alina Fernández, *Castro's Daughter: An Exile's Memoir of Cuba*, St. Martin's Press, 1998, p. 80.
5. Entrevista com Barbara Gordon, Washington, DC., 11 de abril de 2002.
6. Rafael Díaz Balart, entrevista realizada por Adriana Bosch, para a *American Experience*, PBS, 2 de junho de 2003.
7. Leycester Coltman, *The Real Fidel Castro*, Yale University Press, 2003, p. 5.
8. Harvey Cox, *Fidel and Religion: Castro Talks on Revolution and Religion with Frei Betto*, Simon & Schuster, 1987, p. 115. Este é o relato autobiográfico mais extenso já realizado por Fidel Castro.
9. Norberto Fuentes, *La Autobiografía de Fidel Castro* (Vol. 1), Ediciones Destino, Barcelona, 2004, p. 110.
10. *Fidel and Religion*, op. cit., p. 98.
11. Entrevista com Juanita Castro, Miami, FL, 24 de fevereiro de 1986.
12. *Fidel and Religion*, op. cit., pp. 128 e 138.
13. Entrevista com Amado Llorente, S.J., Miami, FL, 25 de fevereiro de 1986.
14. Entrevista com José Ignacio Rasco, Coral Gables, FL, 24 de fevereiro de 1986.
15. Lee Lockwood, *Castro's Cuba: Cuba's Fidel*, Vintage, 1967, pp. 16 e 17.
16. Ibid., p. 184.
17. Georgie Anne Geyer, *Guerrilla Prince*, Little Brown and Company, 1991, p. 23; entrevista com Lucas Morán Arce, San Juan, Porto Rico, 27 de fevereiro de 1986.
18. Juana Castro, "My Brother Is A Tyrant And He Must Go", *Life*, 28 de agosto de 1964, p. 27.
19. Entrevista com Manuel Romeu, Hato Rey, Porto Rico, 27 de fevereiro de 1986. Teresa Casuso, *Cuba and Castro*, Random House, 1961, p. 131, oferece essencialmente o mesmo relato.

20. "Interview with *Musawwar's* Reporter", anexo liberado para consulta, Embaixada dos Estados Unidos no Cairo, 11 de fevereiro de 1966.
21. Alina Fernández, *Castro's Daughter*, op. cit., p. 5.
22. Teresa Casuso, "I Saw Castro Change", *Look*, 21 de novembro de 1961, p. 128.
23. Entrevista com Frei Betto, op. cit., p. 170.
24. Gerardo Rodríguez Morejón, *Fidel Castro: Biografía*, P. Fernández y Cia, Havana, 1959, pp. 221 e 223.
25. Entrevista com Alina Fernández, Miami, FL, 10 de novembro de 2004.
26. Juan O. Tamayo, "Castro's Family", *Miami Herald*, 8 de outubro de 2000.
27. Entrevista com Lucas Morán Arce.
28. Mario Parajón, "Fidel y Raúl Vistos por Juanita", *El Mundo*, Havana, 9 de janeiro de 1959, p. A7.
29. Elliott e Dymally, op. cit., p. 213.
30. Ibid., p. 23.
31. Ann Louise Bardach, *Cuba Confidential*, Vintage Books, 2002, p. 59.
32. Parajón, op. cit.
33. Tomas Borge, *Face to Face with Fidel Castro*, Ocean Press, 1992, p. 38.
34. Bardach, op. cit., p. 59.
35. FBIS, 27 de março de 1991.

CAPÍTULO DOIS

1. A carta faz parte da coleção da família Pino.
2. Georgie Anne Geyer, *Guerrilla Prince: the Untold Story of Fidel Castro*, Little Brown & Company, 1991, p. 25.
3. Serge Raffy, *Castro el Desleal*, Santillana Ediciones Generales, 2004. A descoberta dele é confirmada por Katiuska Blanco, *Todo el Tiempo de los Cedros*, Casa Editora Abril, Havana, 2003, um livro chancelado sobre a história da família Castro e Ruz e sobre a genealogia dela.
4. Alina Fernández, *Castro's Daughter*, St. Martin's Press, 1998, p. 7.
5. As duas fotos fazem parte do livro sobre Fidel Castro, *Fidel, My Early Years*, Ocean Press, 1998.
6. Carlos Franqui, *Diary of the Cuban Revolution*, The Viking Press, 1976, p. 2.
7. *Fidel, My Early Years*, op. cit., p. 39.
8. Ibid., p. 44.
9. Franqui, op. cit.
10. Entrevista com o padre Amado Llorente, Miami, FL, 25 de fevereiro de 1986. Teresa Casuso, *Cuba and Castro*, Random House, 1961, p. 131, escreveu algo semelhante sobre Fidel, mencionando "algum ferimento escondido relacionado com a infância dele e que nunca cicatrizou".
11. Harvey Cox, *Fidel and Religion: Castro Talks on Revolution and Religion with Frei Betto*, Simon & Schuster, 1987, p. 110.
12. Franqui, op. cit., p. 88.
13. *Fidel, My Early Years*, op. cit., p. 44.
14. Geyer, op. cit., p. 51.
15. Franqui, op. cit., pp. 3 e 7.
16. Leycester Coltman, *The Real Fidel Castro*, Yale University Press, 2003, p. 49.
17. Raúl Castro, entrevista concedida a revista *Moncada*, tradução da FBIS, 27 de fevereiro de 1987.

18. Entrevista com Norberto Fuentes, Coral Gables, FL, 12 de novembro de 2004.
19. Pedro Álvarez Tabio e Otto Hernández, "From Llanos del Infierno to Epifanio Díaz' Farm (V)", *Granma Weekly Review*, janeiro de 1982, p. 3.
20. Alcibíades Hidalgo, *An Enigma Named Raul*, palestra apresentada no Centro para Estudos Estratégicos e Internacionais, Washington, DC, 20 de março de 2003.
21. *Granma Weekly Review*, op. cit.
22. Entrevista com Norberto Fuentes.
23. Franqui, op. cit., p. 4.
24. Entrevista com Ramón Mestre, Coral Gables, FL, 25 de fevereiro de 1986; e entrevista com Amado Llorente, op. cit.
25. *Fidel and Religion*, op. cit., p. 120.
26. Juana Castro, "My Brother Is A Tyrant And He Must Go", *Life*, 28 de agosto de 1964, p. 27.
27. Franqui, op. cit., p. 5.
28. Carta da família Castro pertencente à coleção da família Pino; Franqui, op. cit., p. 84.
29. Blanco, op. cit., p. 528, cita o registro oficial do batismo, indicando que o nome de Fidel era Fidel Hipólito Ruz González.
30. *Fidel and Religion*, op. cit., p. 108.
31. Cheques compensados que integram coleção da família Pino.
32. Raffy, op. cit., p. 616; e Blanco, op. cit.
33. Uma cópia do diploma aparece em Blanco, op. cit., em uma página sem número.
34. Coleção da família Pino.

CAPÍTULO TRÊS

1. Entrevista com José Ignácio Rasco, Coral Gables, FL, 24 de fevereiro de 1986.
2. Entrevista de Tad Szulc com Juan Rovira, 27 de outubro de 1984, Coleção Tad Szulc, Cuban Heritage Collection, Bibliotecas da Universidade de Miami.
3. Entrevistas com o padre Quevedo, Aibonito, Porto Rico, 28 de fevereiro de 1986; e com o padre Feliz, San Juan, Porto Rico, 28 de fevereiro de 1986.
4. Entrevista com Rasco.
5. Lee Lockwood, *Castro's Cuba: Cuba's Fidel*, Vintage, 1967, p. 23.
6. Entrevista coletiva de Fidel Castro, FBIS, 27 de abril de 2000.
7. Uma referência importante ao New Deal apareceu em uma carta escrita por Fidel da prisão na ilha de Pinos, no dia 15 de abril de 1954. O texto deixa transparecer um tanto de admiração pelo impacto das reformas do New Deal, mas também os instintos autoritários e de repúdio ao mercado livre, bem como o fato de ter compreendido mal a crise "das nomeações de juízes" enfrentada por Roosevelt. Fidel escreveu: "A prosperidade que se seguiu, após anos dominados pela pobreza, não foi um subproduto do acaso ou o resultado do famoso jogo livre da oferta e demanda, mas o resultado de medidas sólidas adotadas corajosamente pelo governo. Ele atacou o espírito conservador entrincheirado na Suprema Corte; ele precisava livrar-se de alguns velhos legalmente, forçando-os a aposentarem-se. Em vista do caráter, da mentalidade e da história da população dos Estados Unidos, Roosevelt obteve, na verdade, alguns resultados maravilhosos". Carlos Franqui, *Diary of the Cuban Revolution*, The Viking Press, 1976, p. 76.
8. Entrevista de Szulc com Juan Rovira, op. cit.
9. Franqui, op. cit., p. 76.
10. Entrevista com Luis Aguilar, Coral Gables, FL, 22 de outubro de 2002.
11. Gianni Mina, *An Encounter with Fidel*, Ocean Press, 1991, p. 171.

12. FBIS, 27 de março de 1991.
13. Entrevista por telefone com Juan Grau, Cidade do México, 10 de dezembro de 2004.
14. Hugh Thomas, *Cuba: The Pursuit of Freedom*, Harper and Row, 1971, p. 876.
15. Alberto Bayo, *Mi Aporte al la Revolución Cubana*, Impresa Ejército Rebelde, Havana, 1960, p. 21.
16. Norberto Fuentes, *La Autobiografía de Fidel Castro* (Vol. 1), Ediciones Destino, Barcelona, 2004, pp. 88 e 89.
17. Roger Miranda e William Ratliff, *The Civil War in Nicaragua*, Transaction Publishers, 1993, p. 52.
18. Leycester Coltman, *The Real Fidel Castro*, Yale University Press, 2003, p. 221.
19. Georgie Anne Geyer, *Guerrilla Prince*, Little Brown, 1991, pp. 32 e 33.
20. "Exclusivo: Diario de Campana de Raúl Castro", *Revolución*, 26 de janeiro de 1959, p. 4.
21. Entrevista com Alina Fernández, Miami, FL, 10 de novembro de 2004.
22. Entrevista concedida por Raúl Castro a Mario Vázquez, Raña, *El Sol de Mexico*, Havana, *Prensa Latina*, 21 de abril de 1993.
23. Depoimento de Juanita Castro, Washington, DC, Comissão da Câmara dos Representantes sobre Atividades Antiamericanas, 11 de junho de 1965.
24. Entrevistas com Bernardo Benes, Surfside, FL, 30 de janeiro de 2002, e Manuel Romeu, Hato Rey, Porto Rico, 27 de fevereiro de 1986.

CAPÍTULO QUATRO

1. Lee Lockwood, *Castro's Cuba: Cuba's Fidel*, Vintage, 1969, p. 156.
2. Alfredo "El Chino" Esquivel, entrevistado por Adriana Bosch para a *American Experience*, PBS, Miami, FL, dia e mês não especificados do ano de 2003.
3. Robert Quirk, *Fidel Castro*, W.W. Norton, 1993, p. 22.
4. Quirk, op. cit., p. 16; Pardo Llada, op. cit., p. 86; e Alina Fernández, *Castro's Daughter*, St. Martin's Press, 1998, pp. 43 e 54, na qual escreveu que "ele sentava-se confortavelmente no sofá e exigia uma manicure".
5. Ver, por exemplo, Lockwood, p. 72.
6. Discurso proferido na Universidade de Havana, 4 de setembro de 1995, em Fidel Castro, *Fidel, My Early Years*, Ocean Press, 1998, p. 82.
7. Quirk, op. cit., p. 23.
8. Entrevista de Tad Szulc com José Ignácio Rasco, Tad Szulc Collection, Cuban Heritage Collection, Bibliotecas da Universidade de Miami; ver também Pardo Llada, *Fidel*, Plaza y Janes Editores Colombia, Ltda., Bogotá, 1976, p. 29.
9. Pardo Llada, op. cit., pp. 19 e 20.
10. Lionel Martín, *The Early Fidel*, Lyle Stuart, Inc, 1978, p. 46.
11. Gianni Mina, *An Encounter with Fidel*, Ocean Press, 1991, p. 36.
12. Entrevista com Esquivel, op. cit. Ver também Pardo Llada, op. cit., p. 38, e Georgie Anne Geyer, *Guerrilla Prince*, Little Brown & Company, 1991, pp. 54-58.
13. *Fidel, My Early Years*, op. cit., p. 87.
14. Pardo Llada, op. cit., p. 11.
15. Luis Conte Aguero, *Fidel Castro: Psiquiatría y Política*, Ed. Jus., México, 1968, p. 31, escreveu que "Fidel não conseguia aceitar as limitações de seu país".
16. Quirk, op. cit., p. 18.
17. Geyer, op. cit., p. 61.

18. Pardo Llada, op. cit., p. 29.
19. Anotações sobre o encontro com Fidel Castro feitas por Herbert Matthews, Herbert Matthews Papers, Biblioteca de Livros Raros e Manuscritos, Universidade Columbia.
20. Stephen G. Rabe, *The Most Dangerous Area of the World: John Kennedy Confronts Communist Revolution in Latin America*, University of North Carolina Press, 1999, pp. 36-39.
21. Entrevista com Barbara Walters, em *Bohemia*, 1° de julho de 1977, traduzido pelo Departamento de Registros Taquigráficos do governo cubano, Havana.
22. Discurso proferido na Universidade de Havana, 4 de setembro de 1995, em *Fidel: My Early Years*, p. 86.
23. Entrevista com Walters, op. cit.
24. Philip Bonsal, *Castro, Cuba, and the United States*, University of Pittsburgh Press, 1971, p. 57.

CAPÍTULO CINCO

1. Hugh Thomas, *Cuba: The Pursuit of Freedom*, Harper and Row, 1971, p. 891.
2. Peter Bourne, *Fidel*, Dodd, Mead & Co., 1986, p. 48.
3. Entrevista com Arturo Alape, setembro de 1981, em *Fidel: My Early Years*, Ocean Press, 1998.
4. Carlos Franqui, *Diary of the Cuban Revolution*, The Viking Press, 1980, pp. 9-19; entrevista coletiva concedida por Fidel Castro em Cartagena, Colômbia, 13 de agosto de 1993, FBIS, 17 de agosto de 1993; e entrevista com Alape, op. cit.
5. Entrevista concedida por Enrique Ovares a Jaime Suchlicki, Miami, FL, 24 de maio de 1967, in Suchlicki, *University Students and Revolution in Cuba, 1920-1968*, University of Miami Press, 1969, p. 54.
6. Entrevista com Alape, op. cit., p. 125.
7. Entrevista coletiva em Cartagena, op. cit.
8. Entrevista com Ovares, op. cit.
9. Gerardo Gallegos, *El Bogotazo*, monografia sem data.
10. K. S. Karol, *Guerrillas in Power*, Hill & Wang, 1970, p. 122.
11. Lionel Martín, *The Early Fidel*, Lyle Stuart, Inc, 1978, p. 64.
12. Ibid., p. 38 cita um discurso proferido por Fidel Castro no Chile no dia 19 de dezembro de 1971.
13. Betto, in *Fidel, My Early Years*, p. 132.
14. Martín, op. cit., p. 72
15. Karol, op. cit., p. 123.
16. Robert Quirk, *Fidel Castro*, W.W. Norton & Co., 1993, p. 29.
17. Pardo Llada, *Fidel*, Plaza y Janes Editores Colombia, Ltda, Bogotá, 1976, p. 42.
18. Provas documentais da coleção da família Pino.
19. Pardo Llada, op. cit., p. 62.
20. Coleção da família Pino.
21. Georgie Anne Geyer, *Guerrilla Prince*, Little Brown & Company, 1991, p. 100.
22. Entrevista concedida por Rafael Díaz Balart a Adriana Bosch, Miami, FL, 2 de junho de 2003, *American Experience*, PBS; e Geyer, op. cit.
23. Coltman, op. cit., p. 56; Ver também Geyer, op. cit., p. 100; entrevista de Rafael Díaz Balart, op. cit.; e Pardo Llada, op. cit., p. 41.
24. Quirk, op. cit., p. 33.
25. Carlos María Gutiérrez, "A Conversation with Fidel", *Marcha*, Montevidéu, Uruguai, 18 de agosto de 1967; *Punto Final*, Chile, 1°-15 de setembro de 1967, relata uma história bastante semelhante.
26. Ibid.

CAPÍTULO SEIS

1. Rufo López Fresquet, *My Fourteen Months with Castro*, World Publishing Company, 1966, p. 49.
2. Luis Conte Aguero, *Fidel Castro: Vida y Obra*, Editorial Lex, Havana, 1959, p. 10.
3. Entrevista concedida por Raúl Castro a Mario Vázquez Raña, *El Sol de Mexico*, Havana, *Prensa Latina*, 21 de abril de 1993.
4. Testemunho de Juanita Castro, Washington, DC, Comissão da Câmara dos Representantes sobre Atividades Antiamericanas, 11 de junho de 1965.
5. Juana Castro, "My Brother Is A Tyrant And He Must Go", *Life*, 28 de agosto de 1964, p. 28.
6. Teresa Gurza, "Cuba: Past, Present, Future of Socialist Revolution", *El Día*, 19 de setembro de 1975, JPRS 65966, 20 de outubro de 1975.
7. Entrevista de Vázquez Raña com Raúl Castro, op. cit.
8. Raúl Castro, "VII Aniversario del 26 de Julio", *Verde Olivo*, 16 de julho de 1961, p. 4.
9. Jesus Montane, in Carlos Franqui, *Diary of the Cuban Revolution*, The Viking Press, 1976, p. 54.
10. Herbert Matthews Papers, Biblioteca de Livros Raros e Manuscritos, Universidade Columbia.
11. Aleksandr Fursenko e Timothy Naftali, *One Hell of a Gamble*, Norton, 1997, p. 71.
12. Autor desconhecido, "Youth in the Struggle for Their Rights", *Pravda*, 24 de março de 1953, no. 83, p. 3.
13. Jules Dubois, *Fidel Castro*, Bobbs-Merrill, 1959, p. 274.
14. *El Día*, op. cit.
15. Lee Lockwood, *Castro's Cuba: Cuba's Fidel*, Vintage Books, 1969, p. 163.
16. Nikolai Leonov, *Likholete*, Moscou, 1994, p. 29; tradução de Alexei Porfirenko.
17. Lester Rodríguez, "La Acción del Palacio de Justicia", *Verde Olivo*, 25 de julho de 1971, p. 11.
18. Ibid.
19. Peter Bourne, *Fidel: A Biography of Fidel Castro*, Dodd Mead & Co, 1986, p. 82.
20. Hilda Gadea, *Ernesto: A Memoir of Che Guevara*, Doubleday, 1972, p. 98.
21. *El Día*, op. cit.
22. Fursenko e Naftali, op. cit.; entrevista com Timothy Naftali, Nova York, NY, 16 de novembro de 2004.
23. Fursenko e Naftali, op. cit., p. 11.
24. Jon Lee Anderson, *Che Guevara: A Revolutionary Life*, Grove Press, 1997, pp. 194 e 195.
25. Ernesto Che Guevara, *Episodes of the Revolutionary War*, Guairas, 1967, p. 23.
26. Alberto Bayo, *Mi Aporte a la Revolución Cubana*, Imp. Ejercito Rebelde, Havana, 1960, pp. 83-91.
27. Tad Szulc, *Fidel, A Critical Portrait*, William Morrow & Co., 1986, p. 360.
28. *Revolución*, 26 de janeiro de 1959.
29. "Dialogue with a Deputy of the Enemy", transcrição de "Interview of Fidel Castro by Congressman Stephen Solarz", Havana, 6 de julho de 1981.
30. Entrevista com Norberto Fuentes, Coral Gables, FL, 12 de novembro de 2004.

CAPÍTULO SETE

1. J. Niles Riddel, "National Security and National Competitiveness: Open Source Solutions", apresentação no Primeiro Simpósio Internacional, 2 de dezembro de 1992.
2. Teresa Casuso, "I Saw Castro Change", *Look*, 21 de novembro de 1961, p. 125.
3. Despacho da Embaixada dos Estados Unidos em Cuba para o Departamento de Estado, 18 de fevereiro de 1959, in Mark Falcoff, *The Cuban Revolution and the United States*, U.S.-Cuba Press, 2001, p. 83.

4. Comunicação de Juanita Castro no Encontro do Conselho de Informação das Américas, Nova Orleans, LA, 18 de janeiro de 1965, da Theodore Draper Collection, Arquivos Hoover, Universidade Stanford.
5. Fidel Castro, *Fidel, My Early Years*, Ocean Press, 1998, p. 141.
6. Herbert Matthews Papers, Biblioteca de Livros Raros e Manuscritos, Universidade Columbia.
7. Entrevista com Barbara Walters, em *Bohemia*, 1° de julho de 1977, traduzida pelo Departamento de Registros Taquigráficos do governo cubano, Havana.
8. Tad Szulc, *Fidel: A Critical Portrait*, William Morrow, 1986, p. 39.

CAPÍTULO OITO

1. Charles O. Porter, "An Interview with Fidel Castro", *Northwest Review*, outono de 1963, p. 82.
2. Gianni Mina, *An Encounter with Fidel*, Ocean Press, 1991, p. 12.
3. Entrevista por telefone com Betty Whitehurst, 7 de dezembro de 2004.
4. I. F. Stone, "Prefatory Note", in *Che Guevara, Guerrilha Warfare*, Vintage Books, 1969, p. viii.
5. Andrés Suárez, *Cuba: Castronism and Communism, 1959-1966*, MIT Press, 1967, p. 52.
6. Carlos Franqui, *Family Portrait with Fidel*, Vintage Books, 1985, p. 54.
7. Entrevista com Huber Matos, Miami, FL, 24 de fevereiro de 1986.
8. Jean-Paul Sartre, *Sartre on Cuba*, Ballantine Books, 1961, p. 44.
9. Ibid., pp. 134 e 135.
10. Entrevista com Domingo Amuchástegui, Miami, FL, agosto de 2004.
11. Charles Shaw, "A Visit to Raul Castro's Rebel Hideout in Cuba", *The Sunday Bulletin*, Filadélfia, PA, 3 de agosto de 1958.
12. Entrevista com Alina Fernández, Miami, FL, 10 de novembro de 2004.
13. Ibid.
14. Agradeço ao professor Harold Shukman, da Faculdade de St. Antony, Universidade Oxford, pela ajuda com essa interpretação de Lênin.
15. "Playboy Interview: Fidel Castro", *Playboy*, agosto de 1985, p. 58.
16. Lee Lockwood, *Castro's Cuba: Cuba's Fidel*, Vintage, 1969, p. 6.
17. Evan Thomas, *The Very Best Men*, Simon and Schuster, 1995, p. 208.
18. Entrevista com Jas Gawronski, *La Stampa*, FBIS, 28 de dezembro de 1993.
19. Sally Quinn, *The Washington Post*, 27 de março de 1977.
20. Jeffrey M. Elliot e Mervyn M. Dymally, *Fidel Castro: Nothing Can Stop the Course of History*, Pathfinder Press, 1986, p. 202.
21. Ex-membros do governo cubano que hoje moram em Miami.
22. Mina, op. cit., p. 245.
23. Rolando Bonachea e Nelson Valdes, *Revolutionary Struggle: The Selected Works of Fidel Castro*, The MIT Press, 1972, p. 372.
24. Anatoly Dobrynin, *In Confidence*, Random House, 1995, p. 85; Leycester Coltman, *The Real Fidel Castro*, Yale University Press, 2003, p. 220.
25. John Gerassi, ed., *Venceremos: The Speeches and Writings of Ernesto Che Guevara*, Simon and Schuster, 1968, p. 35.
26. Lockwood, op. cit., p. 74.
27. Hermínio Portell-Villa, *Dallas Morning News*, 25 de julho de 1963, conforme citado por Ward M. Morton, *Castro as Charismatic Hero*, Occasional Publications Number Four, Universidade do Kansas, janeiro de 1965, p. 7.

28. Rafael del Pino, *General del Pino Speaks*, Fundação Nacional Cubano-Americana, 1987, p. 12.
29. Entrevista concedida por Florentino Aspillaga a Georgie Anne Geyer, 14 de abril de 1988, em local não identificado da Virgínia, Georgie Anne Geyer Collection, Arquivos Hoover, Universidade Stanford.
30. A análise sobre Granada baseia-se no meu texto "Castro and the World: The Dilemmas and Anxieties of Cuba's Aging Leader", in *Cuban Foreign Policy: The New Internationalism*, ed. Jaime Suchlicki e Damián Fernández, Universidade de Miami, 1985.
31. Sally Quinn, op. cit.
32. Carlos Franqui, *Diary of the Cuban Revolution*, The Viking Press, 1980, p. 73.
33. Entrevista com Barbara Walters, em *Bohemia*, 1° de julho de 1977, traduzido pelo Departamento de Registros Taquigráficos do governo cubano, Havana, julho de 1977.
34. Heberto Padilla, *Self Portrait of the Other*, Farrar, Straus, Giroux, 1990, p. 20.
35. K. S. Karol, *Guerrillas in Power*, Hill & Wang, 1970, p. 467.
36. Elliott e Dymally, op. cit., p. 219.
37. Entrevista com Walters, op. cit.

CAPÍTULO NOVE

1. Estimativa Nacional de Inteligência, 85-1-75, *Cuba's Changing International Role*, 16 de outubro de 1975.
2. Peter Kornbluh e James G. Blight, "Dialogue with Castro; A Hidden History", *The New York Review of Books*, 6 de outubro de 1994.
3. FBIS, 23 de dezembro de 1971.
4. Henry Kissinger, *Years of Renewal*, Simon and Schuster, 1999, p. 816.
5. Fundação Nacional Cubano-Americana, *Castro's Puerto Rican Obsession*, Publication 21, 1987, p. 18.
6. Edmund Mahony, "'Águila Blanca': The Wells Fargo Robbery", *The Hartford Courant*, 11 de novembro de 1999.
7. Edmund Mahony, "A Rocket Attack, An FBI Revelation", *The Hartford Courant*, 12 de novembro de 1999; ver também Jorge Masetti, *In the Pirate's Den: My Life as A Secret Agent for Castro*, Encounter Books, 1993, pp. 75-77.
8. Edmund Mahony, "Wells Fargo Reward Soars", *The Hartford Courant*, 8 de dezembro de 2004.
9. Edmund Mahony, "Clemency Granted Despite Havana Connection", *The Hartford Courant*, 7 de novembro de 1999.
10. Robert A. Pastor, "Puerto Rico as an International Issue", in Richard J. Bloomfield, ed., *Puerto Rico: The Search for a National Policy*, Westview Press, 1985, p. 116.
11. Masetti, op. cit.
12. Entrevista com Barbara Walters, em *Bohemia*, 1° de julho de 1977, traduzido pelo Departamento de Registros Taquigráficos do governo cubano, Havana.
13. Bill Gertz, "DIA Fears Cuban Mole Aided Russia, China", *Washington Times*, 1° de fevereiro de 2003.
14. FBIS, 22 de julho de 1993.

CAPÍTULO DEZ

1. Citado em Piero Gleijeses, *Conflicting Missions*, University of North Carolina Press, 2002, p. 316.

2. Entrevista com Alcibíades Hidalgo, Miami, FL, 10 de novembro de 2004.
3. FBIS, 4 de setembro de 1979.
4. Gleijeses, op. cit., pp. 212 e 213.
5. Rafael del Pino, *General del Pino Speaks*, Fundação Nacional Cubano-Americana, 1987, p. 15.
6. FBIS, 18 de setembro de 1973.
7. Stuart I. Rochester e Frederick Kiley, *Honor Bound: American Prisoners of War in Southeast Asia, 1961-1973*, Naval Institute Press, 1999, pp. 394-409.
8. Estimativa Nacional de Inteligência, 85-1-75, *Cuba's Changing International Role*, 16 de outubro de 1975.
9. *Foreign Relations of the United States*, Vol. VI, p. 383, cabograma de 23 de janeiro de 1959 enviado pela embaixada em Havana para o Departamento de Estado.
10. Jorge Masetti, *In the Pirate's Den*, Encounter Books, 1993, pp. 49-56.
11. Ibid., pp. 66 e 67; e Claribel Alegría e Darwin Flakoll, *Death of Somoza*, Curbstone Press, 1996, pp. 131-135.
12. Entrevista concedida por Florentino Aspillaga a Georgie Anne Geyer, 14 de abril de 1988, em local não identificado, Georgie Anne Geyer Collection, Arquivos Hoover, Universidade Stanford.
13. Bruce D. Porter, *The USSR in Third World Conflicts*, Cambridge University Press, 1984, p. 34.
14. Jorge Domínguez, *To Make a World Safe for Revolution*, Harvard University Press, 1989, p. 105.
15. Entrevista concedida por Fidel Castro a Robert McNeil, FBIS, 20 de fevereiro de 1985.
16. Wayne Smith, *The Closest of Enemies*, W. W. Norton, 1987, pp. 206 e 207.
17. Entrevista com Manuel Sánchez Pérez, FBIS, 2 de janeiro de 1986.
18. Del Pino, op. cit.

CAPÍTULO ONZE

1. Andres Oppenheimer, *Fidel's Final Hour*, Simon & Schuster, 1992, p. 77.
2. Entrevista com Alcibíades Hidalgo, Miami, FL, 10 de novembro de 2004.
3. Ibid.
4. Entrevista com Huber Matos, Miami, FL, 24 de fevereiro de 1986.
5. FBIS, 13 de julho de 1989.
6. Philippe Clarence e Jaboco Machover, "It Isn't Always Necessary to Tell the Truth", *The Globe*, 10 de novembro de 1989.
7. Entrevista com Hidalgo.
8. FBIS, junho e julho de 1989.
9. Ibid.
10. FBIS, 11 de julho de 1989.
11. Pedro Álvarez Tabio e Otto Hernández, "From Llanos del Infierno to Epifanio Díaz' Farm (II)", *Granma Weekly Review*, abril de 1981, p. 5.
12. A. B. Montes, "The Military Response to Cuba's Economic Crisis", Agência de Inteligência da Defesa e Centro para o Estudo de Informações, da CIA, agosto de 1993.
13. "An Assesment of the 'Ochoa Affair' in Cuba", Conselho Nacional de Inteligência, 13 de julho de 1989.
14. FBIS, 19 de julho de 1989.
15. Entrevista com Hidalgo.

16. Luis Báez, *Secretos de Generales*, Editorial Losada, Barcelona, 1996, pp. 21-32; e Jon Lee Anderson, *Che Guevara: A Revolutionary Life*, Grove Press, 1997, p. 554.
17. Báez, op. cit.
18. Ibid., pp. 123 e 567.
19. Ibid., p. 31.
20. Ibid., p. 25.
21. Lee Lockwood, *Castro's Cuba: Cuba's Fidel*, Vintage, 1967, p. 170.
22. "Interview with Armed Forces Minister", republicação no *Granma*, 11 de janeiro de 1987.
23. Entrevista com Barbara Walters, em *Bohemia*, 1º de julho de 1977, traduzido pelo Departamento de Registros Taquigráficos do governo cubano, Havana.
24. Entrevista concedida por Fidel Castro a Herbert Matthews, 2 de maio de 1966, Herbert Matthews Papers, Biblioteca de Livros Raros e Manuscritos, Universidade Columbia.
25. Simone de Beauvoir, "What is the Situation of the Cuban Revolution?", *France Observateur*, Paris, 7 de abril de 1960.
26. Heberto Padilla, *Self Portrait of the Other*, Farrar, Straus, Giroux, 1990, p. 143.
27. Depoimento de Orlando Castro Hidalgo, "Communist Threat to the United States Through the Caribbean", 16 de outubro de 1969, Subcomissão da Comissão de Justiça do Senado dos Estados Unidos para Investigar a Aplicação da Lei de Segurança Interna e outras Leis de Segurança Interna, p. 1.427.
28. Markus Wolf, *Man Without a Face*, Random House, 1997, pp. 310 e 312-314.
29. Ibid., p. 311.
30. *Secretos de Generales*, op. cit.
31. A. B. Montes, op. cit.

CAPÍTULO DOZE

1. Gianni Mina, *An Encounter with Fidel*, Ocean Press, 1991, p. 249.
2. FBIS, 5 de agosto de 1994.
3. *Cuba: The Outlook for Castro and Beyond*, Estimativa Nacional de Inteligência, 93-30, agosto de 1993.
4. FBIS, 31 de janeiro de 1991.
5. FBIS, 23 de dezembro de 1991.
6. FBIS, 2 de maio de 1991.
7. FBIS, 5 de abril de 1991.
8. *Economist*, 3 de setembro de 1994.
9. FBIS, 5 de agosto de 1994.
10. Estimativa Nacional de Inteligência, op. cit.
11. Entrevista com uma autoridade do primeiro escalão do governo norte-americano que ouviu isso de uma autoridade importante do governo cubano em 2004.
12. Eric Driggs, "Deteriorating Living Conditions in Cuba", Instituto para os Estudos Cubanos e Cubano-Americanos, Universidade de Miami, 14 de outubro de 2004.
13. *Cuba Facts*, Número 9, março de 2005, Instituto para os Estudos Cubanos e Cubano-Americanos, Universidade de Miami.
14. FBIS, 20 de dezembro de 1991.
15. Partes desse debate e de outros sobre as Forças Armadas baseiam-se em meu estudo *The Cuban Military and Transition Dynamics*, Instituto para os Estudos Cubanos e Cubano-Americanos, Universidade de Miami, 2003.

POSFÁCIO

1. José Ramón Fernandez e Asela de los Santos, *Cercania de Raul, Granma*, 2 de junho de 2006.
2. Miguel Bonasso, *Relato de la Nueva Gran Batalla de Fidel, Pagina Doce*, Buenos Aires, Argentina, 14 de setembro de 2006.
3. Lazaro Barredo Medina,"No Enemy Can Defeat Us," *Granma*, 18 de agosto de 2006.
4. Rafael del Pino, *Vestido por el Enemigo, La Nueva Cuba*, 22 de junho de 2006.
5. Dora Perez, Jesus Arencibia et.al."Dibujo de la Cuba Futura," *Juventud Rebelde*, 31 de dezembro de 2006.

Índice Remissivo

Impressão e acabamento
Imprensa da Fé